王 辉 周玉忠 主编

语言规划与语言政策：
理论与国别研究（续）

中国社会科学出版社

图书在版编目(CIP)数据

语言规划与语言政策：理论与国别研究：续／王辉，周玉忠主编. —北京：中国社会科学出版社，2015.5
ISBN 978-7-5161-6413-6

Ⅰ.①语… Ⅱ.①王…②周… Ⅲ.①语言规划-研究-世界②语言政策-研究-世界 Ⅳ.①H002

中国版本图书馆CIP数据核字（2015）第133448号

出 版 人	赵剑英
责任编辑	任　明
特约编辑	李晓丽
责任校对	邓雨婷
责任印制	何　艳

出　　版	中国社会科学出版社
社　　址	北京鼓楼西大街甲158号
邮　　编	100720
网　　址	http://www.csspw.cn
发 行 部	010-84083685
门 市 部	010-84029450
经　　销	新华书店及其他书店
印刷装订	北京市兴怀印刷厂
版　　次	2015年5月第1版
印　　次	2015年5月第1次印刷
开　　本	710×1000　1/16
印　　张	25
插　　页	2
字　　数	419千字
定　　价	88.00元

凡购买中国社会科学出版社图书，如有质量问题请与本社联系调换
电话：010-84083683
版权所有　侵权必究

前　　言

语言规划与语言政策（Language Planning and Language Policy，LPLP）作为社会语言学的一个年轻的分支学科，对其正式的学术研究发端于20世纪60年代，至今才50余年时间。20世纪90年代以来，随着人们对濒危语言、语言生态、语言权利、英语的全球传播等问题的关注，语言规划与语言政策研究走出了70—80年代的低谷，获得了新的生命力，成为一门复兴的学科，日益彰显其重要性。

我国的语言规划与语言政策研究是随着20世纪70年代末以来应用语言学与社会语言学的发展而发展起来的，先后出现了一批有分量的研究成果。为方便同行了解中国语言规划与语言政策的发展脉络和主要成果，2004年，我们编辑了《语言规划与语言政策：理论与国别研究》一书。该书选编了20世纪90年代中期以来十年间我国语言规划研究的优秀论文34篇，涉及理论探索和国别研究两部分。该书经由中国社会科学出版社出版后，受到同行和读者的好评，并被列为一些高校语言学及应用语言学或汉语言文字学专业硕士生或博士生的参考书。2004年，在中国传媒大学举办的第四届社会语言学学术研讨会上，我们向与会代表介绍了此书，此书的内容与此次研讨会的主题"语言规划的理论与实践"非常契合。

进入21世纪以来，我国的语言规划与语言政策研究更是呈现井喷态势，涌现了一批有影响的论著，研究的深度和广度也不断拓展。中国的语言规划与语言政策研究已进入了深入发展时期。语言规划与语言政策相关学术会议的召开，若干研究机构的成立，《中国语言生活绿皮书》的持续出版及其英译本的全球发行，经典著作的汉译推介，专门学术刊物的创立，硕士或博士学位点（方向）建设和人才培养，都为推动中国语言规划与语言政策学科的发展起到了积极作用。

时隔十年，我们决定再编辑一本《语言规划与语言政策：理论与国别研究（续）》，以对最近十年来我国语言规划与语言政策的主要研究成果进行梳理和总结。本书从近十年来公开发表的众多学术论文中精选了30篇，依然按照理论和国别两方面来编排。当然，这只是一个大致的分类而已。理论部分侧重语言功能规划，语言资源与语言问题，国外语言规划理论与流派，外语教育政策与社会经济发展，学科发展与演变以及语言规划的经济学分析等内容。国别部分主要涉及中国、美国、欧盟、德国、法国、印度、澳大利亚、日本、塔吉克斯坦、马来西亚、菲律宾、巴西、摩洛哥等国家或国际组织的语言规划与语言政策。本书中收录的论文体现出较高的学术价值和应用价值，相信对了解中国近十年来语言规划与语言政策研究成果，推动我国语言规划与语言政策研究的进一步发展，为政府制定语言政策与规划有一定的积极意义。因为篇幅所限，有些优秀的论文未能收录。论文的格式做了相应调整，以形成全书统一的体例。

我们对语言规划与语言政策的研究始于本世纪初。十余年来，我们的研究取得了一些进展：2004年我们编辑出版了《语言规划与语言政策：理论与国别研究》一书；2005年宁夏大学成立语言规划与语言政策研究所（挂靠外国语学院）；2006年我们获得了两项国家社科基金项目；2006年外国语学院开始招收语言规划与语言政策方向硕士研究生；2010年我们出版了《澳大利亚语言政策研究》（王辉，中国社会科学出版社）；2011年我们出版了《美国语言政策研究》（周玉忠，外语教学与研究出版社）和《美国当代语言立法》（巨静，宁夏人民教育出版社），并获得一项国家语委科研项目。2015年3月我们出版了《全球化、英语传播与中国的语言规划研究》（王辉，社会科学文献出版社）。李宇明先生曾评价说："语言政策研究，是我国的短板，你们地处西北，但得风气之先。祝取得更多成就。"这些研究上的进展和受到的肯定激励着我们编辑一本新的语言规划与语言政策方面的论著。我们欣慰的是，本书即将由中国社会科学出版社付梓出版。

本书的出版得到各位入选论文作者的大力支持和鼓励，在此表示诚挚感谢。感谢中国社会科学出版社任明先生在本书出版过程中提供的帮助。感谢宁夏大学外国语学院硕士生王亚蓝在论文的检索、收集、校对及与部分作者联络中付出的辛苦。感谢宁夏大学国际教育学院美国留学生研究生Rebecca Hoi-Yun Finke（凯恩）在校对英文目录方面提供的帮助。

Cooper 在其著作《语言规划与社会变迁》（1989）中曾说："规划语言就是规划社会。"在当今的全球化和信息化时代，语言规划与语言政策面临的环境更加复杂多变。全球化和信息化使各个国家、组织、语言集团之间的相互依存关系更加明显。语言规划与语言政策不再是一个国家的内部事务，已成为跨越国家边界的共同主题。语言规划与语言政策受到政治、经济、文化等诸多因素的影响，成为一种极其复杂的社会行为。实施语言规划与语言政策的难度加大，其成败与否对国家和社会建设产生重要影响。因此，从现实的角度来看，语言规划与语言政策研究意义更加重大。

中国的语言规划与语言政策研究一方面要有开放的、国际化的学术视野，另一方面要结合中国语言生活的实际，在实践中发展、创新理论和方法。中国的语言规划与语言政策研究需要汉语界、外语界、少数民族语言学界等相关领域专家学者及政府部门的跨界沟通，需要海内外同行的共同努力。愿本书的出版能引起读者对语言规划与语言政策研究的兴趣、关注和思考。我们也期待下一个十年中国的语言规划与语言政策研究与国际同步，取得新进展、新突破。

由于编者水平所限，书中不足之处，请读者批评指正。

王　辉　周玉忠
2014 年 12 月 12 日

目 录

理 论 研 究

语言功能规划刍议 ………………………………… 李宇明（3）
语言资源与语言问题 ……………………………… 陈章太（13）
国外语言规划理论流派和思想 …………………… 周庆生（25）
外语教育政策与社会经济发展 …………………… 王克非（43）
语言规划和语言政策
　　——从定义变迁看学科发展 ………………… 刘海涛（52）
语言规划研究五十年 ……………………………… 王　辉（63）
语言规划的经济学分析 …………………………… 薄守生（78）

国 别 研 究

国家通用文字政策论 ……………………………… 李宇明（89）
中国的语言国情及民族语文政策 ………………… 戴庆厦（110）
语言规划的动因与效果
　　——基于近百年中国语言规划实践的认识 … 郭　熙（120）
关于我国语言战略问题的几点思考 ……………… 蔡永良（135）
语言文字法制建设
　　——我国语言规划的重要实践 ……………… 魏　丹（148）
论中国当代语言规划的方法 ……………………… 郭龙生（167）
中国外语规划与政策的基本问题 ………………… 赵蓉晖（184）

中国的关键外语探讨 …………………………………… 张治国（197）
新疆区情与语言规划 …………………………………… 张　梅（208）
美国国家外语能力建设模式分析 …………… 文秋芳　张天伟（217）
美国21世纪以来的语言政策 ………………… 巨　静　周玉忠（230）
美国国防语言战略与中国国防语言的现状与对策 ……… 王建勤（242）
欧洲联盟语言状况及语言政策 ………………………… 刘海涛（255）
德语正字法改革的历程及其历史经验
　　——兼与《通用规范汉字表》比较 ……… 赵守辉　尚国文（270）
法国的语言政策与语言规划实践
　　——由紧到松的政策变迁 ………………… 戴曼纯　贺战茹（284）
印度语言政策与语言文化 ……………………………… 周庆生（296）
基于语言规划观的澳大利亚语言政策模型构建及启示 …… 王　辉（312）
近年来日本英语教育的发展及政策变革 ………… 李雯雯　刘海涛（322）
塔吉克斯坦独立后的语言政策变迁 …………………… 李　雅（336）
马来西亚语言政策的变化及其历史原因 ……………… 李洁麟（348）
菲律宾语言教育政策的历史演变及启示 ……………… 李娅玲（364）
巴西的语言政策简况 …………………………………… 杨　涛（371）
摩洛哥官方语言政策变迁背景分析 …………………… 李　宁（378）

Contents

Part I: Theoretical Studies

A Discussion of Language Function Planning ·················· *LI Yuming* (3)

Language Resources and Language Problems ············ *CHEN Zhangtai* (13)

Theories and Schools of Language Planning ············ *ZHOU Qingsheng* (25)

Foreign Language Education Policies and Socioeconomic Development
·· *WANG Kefei* (43)

Language Planning and Language Policy: Reflections on the Discipline's
Evolution through the Change of Definitions ··············· *LIU Haitao* (52)

A Survey of Language Planning over the Past Fifty Years
·· *WANG Hui* (63)

Economic Analysis on Language Planning ··················· *BO Shousheng* (78)

Part II: Practice in Selected Polities

Onthe National Policy for Standard Written Chinese ········ *LI Yuming* (89)

Language Situation in China and Language Policy for Ethnic Minorities
·· *DAI Qingxia* (110)

Cause and Effect of Language Planning: Findings Based on Language
Planning Practices in China over the Past 100 Years ····· *GUO Xi* (120)

Some Thoughts on the National Language Strategy of China
·· *CAI Yongliang* (135)

Construction of the Legal System of Language-The Important Practice
of Language Planning of China ··························· *WEI Dan* (148)

On the Approaches of Contemporary Language Planning in China
.... GUO Longsheng (167)
Foreign Language Planning and Policy in China: Essential Issues
.... ZHAO Ronghui (184)
Critical Foreign Languages to China .... ZHANG Zhiguo (197)
Current Situation and Language Planning in Xinjiang ...... ZHANG Mei (208)
An Analysis on the Construction of the Model of U. S. National Language
   Capacity Development .... WEN Qiufang & ZHANG Tianwei (217)
Language Policy in the U. S. since the 21st Century
.... JU Jing & ZHOU Yuzhong (230)
U. S. Defense Language Strategy and the Current Situation and Future Strategy
   of Chinese Defense Language .... Wang Jianqin (242)
The Language Situation and Language Policy in the EU ... LIU Haitao (255)
Progress of Orthographic Reform of German and Its Historical Experience:
   A Comparison with the Table of Commonly Used Normal Chinese Characters
.... ZHAO Shouhui & SHANG Guowen (270)
Language Policy and Language Planning in France: From Thick Policy to
   Thin Policy .... DAI Manchun & HE Zhanru (284)
Language Policy and Linguistic Culture in India ... ZHOU Qingsheng (296)
A Language Policy Model of Australia Based on Language Planning
   Orientations: Construction and Implication .... WANG Hui (312)
Introduction to Development and Reforms of Japan's English Education in
   Recent Years .... LI Wenwen & LIU Haitao (322)
Language Policy Changes after Independence of Tajikistan ...... LI Ya (336)
Malaysian Language Policy: Changes and Historical Causes
.... LI Jielin (348)
Language Education Policies in the Philippines: Evolutions and Implications
.... LI Yaling (364)
A Language Policy Model of Australia Based on Language Planning
LanguagePolicy in Brazil: A Brief Introduction .... YANG Tao (371)
AnAnalysis on the Policy Changes of the Official Language of Morocco
.... LI Ning (378)

理论研究

语言功能规划刍议

李宇明

语言规划（Language Planning）是政府或学术权威部门为特定目的对社会语言生活（Language Situation）和语言本身所进行的干预、调整和管理。通常，人们将语言规划分为两种：1. 语言地位规划（Language Status Planning），确定语言（包括文字）及其变体的社会地位，以及不同场合应该使用什么语言等；2. 语言本体规划（Language Corpus Planning），对语言及其文字进行改革、规范、完善等工作，也包括为没有文字的语言创制文字，为文字设计注音方案等。这两种语言规划，都涉及语言的功能，且包含着对语言功能的规划，但是，其关涉的语言功能方面的规划，表述上多为隐性而非显性，规划得也较为粗疏，不够系统，不够缜密。因此，对语言功能有专门规划之必要。语言功能规划（Language Function Planning）是语言地位规划和语言本体规划的结合与延伸，是语言规划的新角度、新进展。同时，通过语言功能规划也会进一步丰富、完善语言的地位规划和本体规划。

一 语言的功能层次

语言功能是指语言在社会生活中所发挥的功能。社会生活是分领域的，虽然划分社会生活领域并无一定之规，但是不同的国家和地区却有大致的习惯，这种习惯可以通过职业分类、行业管理部门的设置等体现出来。若干社会生活领域可以整合为更宽阔的领域，某社会生活领域也可再细分为若干小领域。既然社会生活可以分领域，不同领域可以进行平面整合或者是层次叠架，那么语言功能也应当是分领域的，而且语言功能领域也可以进行平面整合或者是层次叠架。

根据中国语言生活状况和语言规划的经验，可以将语言功能大致划分为如下八个层次：

Ⅰ. 国语。国语是指能够代表国家的语言。早在清末，我国就有了国语的概念，之后经过国语运动，逐渐确定了国语的标准。中华人民共和国没有规定国语，但有"普通话"的概念。2000年通过的《中华人民共和国国家通用语言文字法》① 规定，国家通用的语言文字是普通话和规范汉字。因此，普通话实际上具有国语的地位，行使着国语的职能。相应地，规范汉字实际上具有"国字"的地位，行使着国字的职能。世界上许多国家也没有明确规定国语，如美国；而有些国家则规定双国语甚至多国语，如加拿大、瑞士、比利时等。

Ⅱ. 官方工作语言。官方工作语言是指国家和地方工作机关工作时应当使用的语言（包括文字）。依照《中华人民共和国国家通用语言文字法》的规定，我国的官方工作语言是普通话（包括规范汉字），但是在现实生活中，汉语方言及介于普通话与方言之间的"地方普通话"，还较为普遍地使用。我国实行民族平等政策，《中华人民共和国宪法》② 第四条第四款规定"各民族都有使用和发展自己的语言文字的自由"，第一百二十一条规定"民族自治地方的自治机关在执行职务的时候，依照本民族自治地方自治条例的规定，使用当地通用的一种或者几种语言文字"。在民族自治地方，自治地方的通用民族语言也是官方工作语言。例如内蒙古自治区，自治区的官方工作语言是蒙古语和国家通用语言；在达斡尔、鄂温克、鄂伦春自治旗，官方工作语言除蒙古语和国家通用语言之外，还分别有达斡尔语、鄂温克语和鄂伦春语。

我国在召开全国人民代表大会、中国人民政治协商会议全体会议等重要会议时，工作语言还使用蒙、藏、维吾尔、哈萨克、朝鲜、彝、壮等七

---

① 《中华人民共和国国家通用语言文字法》，2000年10月31日第九届全国人民代表大会常务委员会第十八次会议通过，2001年1月1日起实施。

② 《中华人民共和国宪法》，1982年12月4日第五届全国人民代表大会第五次会议通过，此后有四个修正案：1988年4月12日第七届全国人民代表大会第一次会议通过的《中华人民共和国宪法修正案》，1993年3月29日第八届全国人民代表大会第一次会议通过的《中华人民共和国宪法修正案》，1999年3月15日第九届全国人民代表大会第二次会议通过的《中华人民共和国宪法修正案》，2004年第十届全国人民代表大会第二次会议通过的《中华人民共和国宪法修正案》。

种语言文字。这些语言文字也具有国家层面官方工作语言的性质。

官方工作语言与国语常常具有一致性，有很多国家，国语也就是官方工作语言。但是，国际上国语与官方工作语言不一致、甚至相互分离的情况也不罕见。例如：新加坡的国语是马来语，官方工作语言是英语；印度的国语是印地语，国家的官方工作语言是英语（印地语等在名义上和实际上是不是官方工作语言，尚不清楚），印度各邦还有其他的官方工作语言；加拿大的国语是英语和法语，在国家层面和英语区，这两种国语也是官方工作语言，但是在魁北克省法语区，官方工作语言只使用法语，英语在一般生活中也受到相当严格的限制。

Ⅲ．教育。教育是非常重要的语言功能层次。特别是教材、教师讲课和考试等环节的教学语言，许多国家都有明确规定。我国的教学语言是国家通用语言文字，在少数民族地区提倡双语教学，目的是使受教育者"民汉兼通"。少数民族语言发育状态和使用情况的不同，双语教学也有各种不同的模式。外国语文只是学习的科目，不是法定的教学语言，但是现实中不少教育机构在用外国语文作为教学语言，这是现实提出的需要分析研究的问题。

Ⅳ．大众传媒。大众传媒主要有平面媒体、音像媒体①和网络媒体，是当今人们须臾不能离开的充满生机的语言生活。大众传媒在传播国家通用语言文字、创造新文体、新词语等方面发挥着巨大作用。② 这一领域的语言功能十分强大，也最为语言规划者所重视。大众传媒主要使用国家通用语言文字；民族地区和面向民族大众的，也使用民族语言文字。此外也有少量的汉语方言、繁体字、外国语文在大众传媒中使用。网络媒体是一种新兴媒体，其语言文字多数与平面媒体、音像媒体相同，但也有许多特点。

Ⅴ．公共服务。政府、行业或服务业向社会提供服务，一般都需要语言文字作为服务中介。理论上讲，公共服务应该使用服务对象所习用的语言文字服务对象的多元，决定了服务语言（文字）的多样。对于较为宽泛的服务对象，如机场广播、路名标牌、商品说明书、博物馆解说词等等，应使用国家通用语言文字，民族自治地方应同时使用民族语言文字。

---

① 也称"有声媒体"。
② 关于大众传媒对语言的作用，详见李宇明《大众媒体与语言》的有关论述。

Ⅵ. 公众交际。在全国范围内的公众交际，一般多采用国家通用语言文字。民族地区和汉语方言区域内的公众交际，还应根据实际情况使用民族语言和汉语方言。

Ⅶ. 文化。文化是民族的精神家园。继承传统文化、借鉴外国文化、发展现代文化，是当代文化繁荣的必由之路。继承、借鉴和发展文化，每种语言（文字）及其方言①都有其作用。

Ⅷ. 日常交际（包括家庭交际）。在日常生活中，公民使用他最自然的语言文字进行交际。当前的情况是，使用汉语方言和民族语言是日常交际最主要的语言现象，也有使用普通话和"地方普通话"的 。特殊的家庭可能还使用外国语文。

二　语言现象

语言现象在本文中是指语言（文字）及其变体。中国是世界上语言现象最丰富的国度之一，当今应考虑的语言现象主要有五种：

A. 普通话和规范汉字。《中华人民共和国宪法》和《中华人民共和国国家通用语言文字法》等中国的法律法规，规定了普通话和规范汉字是国家的通用语言文字。国家大力推广普通话和规范汉字，使其在国家公共事务、教育、大众传媒以及社会公共服务、公众交际等领域发挥最为重要的功能。学习、使用国家通用语言文字，牵涉到公民的生存权和发展权，是中国公民的最为基本的语言权利 。

B. 少数民族语言。少数民族是中华民族大家庭不可分离的成员，《中华人民共和国宪法》《中华人民共和国民族区域自治法》② 等一系列法律法规，都体现了民族平等、语言平等的基本理念。据不完全统计，截止到2006 年，国家和地方颁布的涉及少数民族语言文字的法律法规规章 276件，其中国家级的法律法规规章 83 件，地方（包括省级、州级、县级）法规规章 193 件。③ 这些法律法规规章保障着中国少数民族方方面面的语

---

① 也包括外国语文。

② 《中华人民共和国民族区域自治法》，1984 年 5 月 31 日第六届全国人民代表大会第二次会议通过，2001 年 2 月 28 日第九届全国人民代表大会常务委员会第二十次会议修正。

③ 参见国家民委文宣司《民族语文政策法规汇编》和教育部语言文字应用管理司《新时期语言文字法规政策文件汇编》。

言权利。

　　中国少数民族语言通常认为有80余种，[①] 就现有的研究成果看，应该在百种以上。[②] 民族语言之间差别较大，有的使用人口过千万，有的只剩下十几人；有的民族有共同语而无方言，有的则方言分歧严重，甚至没有形成民族共同语；有的有传统文字和大量文献，有的有现代文字但文献不多，有的没有文字，有的曾有文字但已失传；有的充满生机，有的则处于濒危状态。[③] 不同的民族语言（文字）都是中华民族宝贵的文化资源，具有法理上的平等性，但在现实生活中的功能却大相径庭。蒙古语文、藏语文、维吾尔语文、哈萨克语文、朝鲜语文、彝语文和壮语文，在国家重大政治生活中都在发挥作用，在蒙古族、藏族、维吾尔族、哈萨克族、朝鲜族、彝族和壮族自治地方，发挥着主要语言文字的作用，而有些民族语言只在日常交际、甚至家庭中使用。对民族语言（文字）进行语言规划，必须分类研究，因实制宜，循序渐进，应特别重视可操作性。

　　C. 汉语方言。汉语方言之丰富世界闻名，大的方言近10种，小方言土语不计其数。国务院1956年2月6日发布的《关于推广普通话的指示》指出："汉语统一的基础已经存在了，这就是以北京语音为标准音、以北方话为基础方言、以典范的现代白话文著作为语法规范的普通话。"[④] 这一指示规定了北京语音和北方话的语言地位，但是没有规定别的汉语方言的语言地位。在社会语言生活中，汉语方言究竟应该发挥什么样的功能，尚缺乏语言规划层面的规定。但是在现实生活中，汉语方言的语言功能还相当重要：公务员用方言行使公务的、教师用方言教学的不在少数；广播电视有一定比例的汉语方言节目；在公众服务、公众交际、文化传承、日常交际中，汉语方言发挥着不容替代的功能；汉语方言为普通话的发展提供了大量营养，在其基础上形成的各种各样的"地方普通话"，在语言生

---

　　① 《中国大百科全书（语言文字卷）》（中国大百科全书出版社1988年版）列出的少数民族语言只有63种。
　　② 参见《中国语言名录》，"中国语言生活状况报告"课题组《中国语言生活状况报告2005（上编）》第431—434页。
　　③ 关于少数民族语言的一般情况，可参见中国社会科学院民族研究所的《世界语言报告（中国部分）》。
　　④ 见教育部语言文字应用管理司《国务院发布〈关于公布《汉字简化方案》的决议〉和〈关于推广普通话的指示〉50周年纪念文集》第85页。

活中发挥着不可忽视的作用；汉语方言在香港、澳门、台湾等地所发挥的语言功能更强。

D. 外国语文。中国现代意义上的外语教育，起于清朝末年。[①] 百余年来，随着外语教育的发展和国家的不断进步，外国语文已经成为语言生活中不可缺少的语言现象。国家重要的记者招待会常有外语翻译，国家的重要文件有不少译成了外文；外语是中国高考的必考课程，中国学习外语的人数为世界之首；广播电视有外语的频道和节目；在公共服务、公众交际、科学技术、文化传播等领域，外国语文也有不小的功能。尽管如此，外国语文并没有进入法律法规层面的语言规划，只是在教学、考试、晋职、用人等方面有一些规章制度。

E. 繁体字。繁体字是中华民族的宝贵财富，在历史文化的传承、境外华人社区的交往、书法艺术的弘扬、文字学研究等方面，有着重要作用。语言生活需要培养研究和使用繁体字的专门人才，同时也需要大众有一定的繁体字知识与素养。《中华人民共和国国家通用语言文字法》等法律法规规定了繁体字可以使用的领域，但从当今语言生活的需求来看，应重视繁体字的语言规划。

三 语言功能规划

语言功能规划的主要任务，就是规划各功能层次的语言作用，换言之，就是规划各种语言现象在各功能层次的价值与作用。上面讨论了八个功能层次和五种语言现象，从操作层面来看，语言功能规划就是填写好下面这张表格：

语言功能规划表（示意）

	国家通用语言文字	少数民族语言	汉语方言	外国语文	繁体字
国语	+	?	-	-	-
官方工作语言	+	±	?	-	-
教育	+	±	?	±	±
大众传媒	+	±	±	±	±

---

① 参见高晓芳《晚清洋务学堂的外语教育研究》。

续表

	国家通用语言文字	少数民族语言	汉语方言	外国语文	繁体字
公共服务	+	±	±	±	±
公众交际	+	±	±	−	±
文化	+	+	+	±	+
日常交际	+	+	+		±

语言功能规划表的填写，反映的是深入研究的结果。在"刍议"之时就把这个表填起来，只能是示意性质的，是一种学术构想，远不是结论。表中符号的含义是：

"+"表示某语言现象可以在这一功能层次上发挥作用。

"−"表示某语言现象不能在这一功能层次上发挥作用。

"？"表示尚无明确的判定，不清楚某语言现象能否或应不应该在这一功能层次上发挥作用。例如少数民族语言在国语层面是何地位，就值得进一步研究。如前所述，我国没有规定国语，事实上国家通用语言代行国语的职能。民族语言同汉语言具有平等的法律地位，理论上说也应能代行国语的职能，而事实上并没有代行国语的职能，比如在联合国工作语言中，中文只指汉语文。

"±"有两重含义：1. 在这一功能层次上，某些语言现象发挥作用，某些语言现象不发挥作用。例如在大众传媒领域，一些民族语言有出版物、电台和电视台，而一些民族语言因其没有文字而没有出版物，因其使用人口太少而没有这种民族语言的电台、电视频道。2. 在这一功能层次上的某些领域发挥作用，某些领域不发生作用。例如汉语方言，在大众传媒这一功能层次一般不发挥作用，只在方言频道或方言节目中发挥作用。再如繁体字，它在一般的教育领域不发挥作用，但是在特殊的教育领域（如古代汉语、方言学、古代文学等）还发挥着重要作用。

上表虽然是示意性质的，但从中已经可以得到一些有趣的规律或倾向性的东西。例如：

1. 普通话和规范汉字是全功能型的，在每一功能层次都能发挥作用。这正是国家通用语言文字应该承担的语言职能，也是国家大力推广普通话和规范汉字所取得的成就。

2. 少数民族语言在中国语言生活中发挥着仅次于国家通用语言的功

能。细而察之，在功能层次上自Ⅰ至Ⅷ，功能依次增强。当然，不同的少数民族语言之间有较大差异，但是都有"自Ⅰ至Ⅷ，功能依次增强"之趋势。

3. 汉语方言是具有根基的语言，在中国语言生活中发挥着重要职能。不同的汉语方言，其语言功能有较大差异，但是也都遵循"自Ⅰ至Ⅷ，功能依次增强"这一趋势。

4. 外国语文的功能集中在中间功能层次上，主要在教育、大众传媒、公共服务和文化传播等层面有作用。当然，不同的外语语种，在中国语言生活中发挥的功能也不相同，当下的情况是：英语的功用最大；韩国语的使用发展较快，因为中韩民间交往相当频繁，特别是中国一些城市形成了韩国人社区；而世界绝大多数语种，其实在中国的语言生活中并没有作用，这是应当引起高度重视的。

5. 在大陆语言生活中，繁体字与简化字互补使用。

6. 就语言现象来看，自A至E，语言功能呈现依次减弱的趋势。

7. 就功能层次看，高端使用的语言现象少，自Ⅰ至Ⅷ渐次增多。高端层次讲究语言的统一与交际效率，使用语言现象少是合理的；较低的功能层次与大众日常生活密切相关，语言现象应该多样化。这体现了语言生活中主体性与多样性的统一，兼顾了语言效率与语言资源的保护。

四 结语

语言功能规划是在语言的地位规划和本体规划的基础上进行的，是从语言生活的角度进行的更为缜密、操作性更强的语言规划。本文关于功能层次的划分和语言功能规划表的填写，虽然多为感性，尚需严密的科学论证和实践检验，但是笔者已经从中感受到了这种规划的必要性，从中发现了一些有趣的学术话题，也发现了一些国家语言政策层面的课题。比如：

政府管理的应当是社会语言生活，语言本身的工作主要应由学者承担，只有对语言生活产生较大影响的本体问题，政府才来干预。政府所要管理的语言生活，主要是较高功能层次的，较低功能层次的语言生活，政府可以给予帮助和指导，但不应过多干预。

语言规划不能仅仅考虑交际效率，不能仅仅是为了解决语言给社会带来的麻烦，还要充分考虑到"语言是资源"这种理念和民族地区、汉语方言地区的语言感情；不仅要考虑精英文化的弘扬，还要考虑草根文化的传承；同时还要辩证处理理想化与现实性的关系，等等。

通过合理的语言功能规划，可以使各种语言现象各安其位，各尽其用，各展其长，构建起多种语言现象互补共生、和谐相处的"多言多语"生活。

参考文献

[1] 陈章太：《语言规划研究》，商务印书馆2005年版。
[2] 戴昭铭：《规范语言学探索》，生活・读书・新知三联书店1998年版。
[3] 费锦昌：《中国语文现代化百年记事》，语文出版社1997年版。
[4] 高晓芳：《晚清洋务学堂的外语教育研究》，商务印书馆2006年版。
[5] 国家民委民族问题研究中心：《欧安组织民族问题资料汇编》，民族出版社2006年版。
[6] 国家民委文宣司：《民族语文政策法规汇编》，民族出版社2006年版。
[7] 教育部语言文字应用管理司：《新时期语言文字法规政策文件汇编》，语文出版社2005年版。
[8] 教育部语言文字应用管理司：《国务院发布〈关于公布《汉字简化方案》的决议〉和〈关于推广普通话的指示〉50周年纪念文集》，2006年。
[9] 李建国：《汉语规范史略》，语文出版社2000年版。
[10] 李宇明：《大众媒体与语言》，姚喜双、郭龙生：《媒体与语言——来自专家与明星的声音》，经济科学出版社2002年版。
[11] 李宇明：《中国语言规划论》，东北师范大学出版社2005年版。
[12] 李宇明：《构建和谐的语言生活》，"中国语言生活状况报告"课题组《中国语言生活状况报告2006（上编）》，商务印书馆2007年版。
[13] 吕冀平：《当前我国语言文字的规范化问题》，上海教育出版社2000年版。
[14] 全国人大教科文卫委员会教育室、教育部语言文字应用管理司：《中华人民共和国国家通用语言文字法学习读本》，语文出版社2001年版。
[15] 全国文字改革会议秘书处：《全国文字改革会议文件汇编》，文字改革出版社1955年版。
[16] 全国语言文字工作会议秘书处：《新时期的语言文字工作——全国语言文字工作会议文件汇编》，语文出版社1987年版。
[17] 王均：《当代中国的文字改革》，当代中国出版社1995年版。
[18] 《清末文字改革文集》，文字改革出版社1958年版。
[19] 吴元华：《务实的决策——人民行动党与政府的华文政策研究》，联邦出版社

1999年版。
[20] 现代汉语规范问题学术会议秘书处:《现代汉语规范问题学术会议文件汇编》,科学出版社1956年版。
[21] 徐大明:《中国社会语言学新视角——第三届中国社会语言学国际学术研讨会论文集》,南京大学出版社2007年版。
[22] 姚亚平:《中国语言规划研究》,商务印书馆2006年版。
[23] 赵沁平:《加强语言文字应用研究 构建和谐的语言生活》,《语言文字应用》2007年第1期。
[24] 中国社会科学院民族研究所:《世界语言报告(中国部分)》,2000年。
[25] 中国社会科学院民族研究所"少数民族语言政策比较研究"课题组、国家语言文字工作委员会政策法规室:《国外语言政策与语言规划进程》,语文出版社2001年版。
[26] 中国社会科学院民族研究所"少数民族语言政策比较研究"课题组、国家语言文字工作委员会政策法规室:《国家、民族与语言——语言政策国别研究》,语文出版社2003年版。
[27] "中国语言生活状况报告"课题组:《中国语言生活状况报告2005(上编)》,商务印书馆2006年版。
[28] 中国语言文字使用情况调查领导小组办公室:《中国语言文字使用情况调查资料》,语文出版社2006年版。
[29] 周玉忠、王辉:《语言规划与语言政策:理论与国别研究》,中国社会科学出版社2004年版。

[原文载于《语言文字应用》2008年第1期]

语言资源与语言问题

陈章太

2008年我在《语言文字应用》杂志上发表《论语言资源》一文，文中主要从多方面阐述语言是一种极为重要的社会资源，对语言资源应当进行有效保护建设与合理开发利用，以及我国的语言资源状况与分类。文章没有谈及与语言资源相关的语言问题。本文拟着重讨论语言资源和语言问题的关系与转化。

一 问题的缘起

1. 关于语言资源热

在人类历史上，很长时期里人们普遍认为语言是表情达意和沟通思想的手段和方式，后来近一步将语言看成是承载文化、进行交际的社会最重要交际工具。到了近现代，随着社会的变化和人们交往的频繁，社会各种利益的冲突，以及国家、地区、民族关系的复杂化，引发了许多与语言有关的麻烦和社会矛盾、民族纠纷乃至争斗，于是人们普遍把语言看成既是承载传递信息的载体，又是引发社会矛盾和纠纷的问题，更多地把语言看成需要认真对付的麻烦问题。

到了20世纪七八十年代以后，随着当代社会的发展和现代经济、文化、科技等的发达，人们的语言观念又发生了深刻的变化，越来越多的人既把语言视为现代交际工具，同时认为语言是一种极为重要的社会资源，它具有特殊的政治、经济、文化和科技等价值，可供利用与开发，同时需要加以保护与建设。于是学界和社会逐渐形成了语言资源热，研究、开发语言资源的人越来越多，在一般人不经意中，悄然产生了诸多新的语言应用学科和语言职业、语言产业，如语言政治学、语言经济学、语言生态学、语言规划学、语言教育学、语言测试学、语言矫治学、应用语言学、社会语言学、文化语言学、心理语言学、生理语言学、计算语言学、法律语言学、传播语言学、广告语言学、公关语言学、导游语言学等学科；又如语言教师、语言咨询师、名称设计师、语言翻译师、语言矫治师、语言工程师、语言速录师、语言经理人等职业；还如辞书编纂、语言翻译、语言教学、语言培训、语言测试、语言治疗、广告语言设计、语言信息处理、语言技术产品开发、多媒体语言技术设计开发等产业。尽管有些新的语言应用学科和语言产业还处于初创阶段，还不够成熟也不够完善，但它们正在发展，活力渐显，前途广阔，这是可以肯定的。

语言资源热的形成是社会发展和人们语言观念更新的表现，也是人类社会进步的反映，其意义重大，必将促进语言及其应用研究的进一步发展，值得我们高兴与欣慰！

2. 语言资源热背后的隐忧

在对我国近期语言资源发展状况加以观察分析后，会发现在语言资源热的背后，存在着一定的隐忧。主要是：（1）我国的语言资源热刚刚有些温度，其热度还不高，对语言资源及其相关问题的研究有待进一步深入。社会上一般人乃至负有一定领导责任者，对语言的重要性和语言的资源价值了解不多，认识、关注自然不足，也就谈不上重视了。有许多人对我国实行各民族语言平等政策，和推广国家通用语言文字普通话和规范汉字对国家、民族、社会发展的重大意义不甚了解，也不知道《宪法》《国家通用语言文字法》《民族区域自治法》，以及其他相关法律中有关语言文字及其使用的规定，我国的语言资源热有待升温。（2）在语言应用、语言规划和语言资源研究、实践中，比较重视语言资源的价值与利用，而较少关注语言问题的存在或可能产生，特别是对宏观方面、带有全局性的语言问题，如：公民语言权利的维护与保障，国家通用语言与民族语言的关系，民族语言变化与民族语言发展的关系，共同语与方言的关系，母语与外语的关系，汉语发展与推广战略，外语发展战略与规划，语言现代化、标准化、信息化，弱势群体的语言保护与发展，濒危语言、方言的保护与保存，双语多语制，语言与宗教等问题，关注、研究不够。近年来发表的有关研究报告、论著及其他有关成果，其内容基本反映了这一状况，值得我们反思。即使是每年发布的专门研究我国现实社会语言生活的《中国语言生活状况报告》，因受该书性质的限定，对语言问题的调查研究也有所不足，对重大语言问题论述不多，所谈的问题也多是点到为止。这对国家的语言安全、语言发展与和谐语言生活构建是不利的，应当引起我们的深思与警觉。

二 语言资源的形成、分类及其性质转化

1. 语言资源的构成

语言资源构成大致包括以下这些方面：语言种数、方言土语种数、语言地位、语言声望、语言规范、语言功能、语言活力、语言文化、语言信息、语言人口、语言教育、语言能力等。

2. 语言资源的形成及其条件

语言本身只是一个音义结合的结构系统，或者叫符号系统。这个结构系统产生以后，必须能为人类社会服务，被人类社会所接受和使用，才能形成有价值、可发展的语言资源。这就是说，语言资源的形成至少必须具备两方面条件：一是语言结构系统本身基本完备、好用，能够为人类社会交际服务；二是人类社会或一定人群能够接受并愿意使用这个结构系统。两大条件缺一都不能形成语言资源。似乎可以说，人类历史上自古至今产生的无数语言，不管它是什么民族、什么地区、什么人群创造的，只要进入社会与社会交际结合，就都具有不同的价值，也都是语言资源，只不过是其资源价值有高有低、有大有小、有长效有短效等之别。即使是波兰医生柴门霍夫（L. Zimenhof）创制的国际辅助语言世界语，尽管其实用价值受到一些质疑，推行不很理想，但它仍为世界许多人所使用，仍具有相当价值，当然也是语言资源。至于克里奥尔语（Creole）乃至皮钦语（Pidgin）或称洋泾浜语等混合语，在社会也有些人使用，也有一定价值，也是语言资源。好像只有些人创造的那些所谓世界语的语言方案，因为没有为人们所接受、使用，没能进入社会，所以不能成为真正的语言，而只是语言方案，这些所谓世界语的方案不能视为语言资源。

就语言结构系统来说，其语言资源价值具体体现在语音系统、词汇系统、语法系统和语义系统，以及这些系统的完备、规范程度，功能、活力、声望状况，也就是说，这些系统越完备，规范程度越高，功能、活力、声望越高越强，其语言资源构成的条件越充分，语言资源价值就越大，反之其语言资源构成的条件就越缺乏，其语言资源价值就越小。就社会接受、使用方面说，主要体现在社会实际需要，语言使用者的意识、意愿，社会发展变化，语言政策、语言规划引导等。这方面的情况越好，语言资源构

成的条件越具备，其语言资源价值体现越显著。比如各个国家官方语言、通用语言、地区通用语言、民族共同语、标准语等，这些语言资源的形成和体现，都是由各有关语言系统所具备的条件和社会相关条件，包括社会交际需要和人们的意愿，以及政治、经济、文化等条件所决定的。

3. 语言资源的分类

语言资源的构成相当复杂，为语言资源恰当分类也就比较困难。但为语言资源分类，对语言资源价值评估认定、语言资源保护建设与开发利用具有重要意义，所以必须对语言资源进行必要的分类，哪怕这种分类是初步的、不成熟的。

从语言使用的性质和范围考虑，语言资源似可分为世界语言资源、国家语言资源、地区语言资源、区域语言资源、民族语言资源、群体语言资源、家庭语言资源和个人语言资源等。世界语言资源是指在世界范围或世界一定范围内使用的跨国家、跨区域、跨民族的语言资源；地区语言资源是指国家以下的大小地区所拥有的语言资源；区域语言资源是指跨国家跨民族或跨地区的语言资源。

从语言功能、语言活力和语言资源价值考虑，语言资源似可分为：超强价值语言资源，如一些跨国家、跨区域的语言，许多国家、民族、地区的通用语言，像我国的蒙古语、藏语、维吾尔语、哈萨克语、朝鲜语、壮语、彝语等；一般价值语言资源，如许多国家、区域、民族、地区所拥有的语言功能、活力一般的语言资源，像我国多数少数民族语言；弱价值语言资源，如一些国家、区域、民族、地区所拥有的语言功能减弱，语言活力较差的语言，我国一些使用人口较少，使用范围较窄的少数民族语言；超弱价值语言资源，如不少国家、区域、民族、地区拥有的一些语言功能萎缩、语言活力很差、已经濒临消亡的语言，我国一些只在很小范围内很少人使用的濒危语言，如满语、赫哲语、普标语、仙岛语、达让语、格曼语、桑孔语等20多种语言；已消亡但仍有某些价值的语言资源，如中世纪通行于欧洲的古罗马拉丁语、印度的吠陀语、梵语、巴利语，英国的科尼什语、马恩语，印尼的古代爪哇语，我国历史上的于阗语、西夏语、鲜卑语、契丹语、女真语、和田语、焉耆语等语言。①

方言土语也是重要的语言资源，方言土语资源的分类，可以参照语言

---

① 徐世璇：《濒危语言研究》，中央民族大学出版社2001年版。

资源的分类，但至少还要考虑方言土语所属语言和各方言土语所承载的文化信息等情况，具体分类需另作讨论。

4. 语言资源性质的转化

世上的事物常常具有两重性或多重性，语言也是这样，它既是特殊的社会资源，可以为人们所利用，充分发挥其无穷的资源价值，创造巨大的社会财富，又可以成为复杂的语言问题，给社会造成重大的伤害和负担，需要人们认真去对付、解决。语言的这两重性不是固定不变的，而是可以转化的，语言资源性质的转化就体现这种情况。

语言资源性质转化的原因是多方面的复杂的，有表层直接的原因，也有深层间接的原因。表层直接的原因主要是：语言和语言资源本身的变化，语言使用者和语言资源拥有者的语言需要的变化，社会对语言需要的变化，以及语言政策、语言规划和语言干预的变化等；深层间接的原因主要是，社会状况的变化，政治、经济、文化、科技、宗教等的变化，语言关系、语言生活的变化和人们语言观念的变化等。

从国家语言资源与语言问题关系来看，中国、澳大利亚、印度、格鲁吉亚四国都有一定的代表性。四国都是多民族多语言的国家，语言资源丰富，同时也存在或潜在着语言问题，但四国的语言资源和语言问题的关系表现不同。中国是二者关系解决较好，语言资源较长时期保持健康发展，半个多世纪来没有发生大的带全局性的语言问题的国家。澳大利亚是二者关系发生过曲折、转化，最终走上语言资源健康发展的国家[1]。印度是二者关系长期存在不协调或不够协调，语言问题有时严重（如上世纪60年代）有时稍好但麻烦不断的国家[2]。格鲁吉亚则是长期存在语言与民族、宗教纠葛、冲突，语言问题不断出现的国家[3]。澳大利亚、印度、格鲁吉亚的语言问题及解决问题的经验、教训对我们有所启示，值得我们重视。

---

[1] 参阅周庆生主编《国家、民族与语言》第四章第四节，语文出版社2003年版。"中国语言生活状况报告"课题组编，《中国语言生活状况报告（2007）》参考篇《澳大利亚语言政策与语言规划进程》，商务印书馆2008年版。

[2] 参阅黄长著编著《各国语言手册》印度篇，重庆出版社2000年版。周庆生主编《国外语言政策与语言规划进程》第七章，语文出版社2001年版。"中国语言生活状况报告"课题组编，《中国语言生活状况报告（2008）》参考篇《印度语言政策演变》，商务印馆2009年版。

[3] 参阅"中国语言生活状况报告"课题组编《中国语言生活状况报告（2008）》参考篇《格鲁吉亚语言政策与语言冲突》，商务印馆2009年版。

中国对二者关系之所以解决得较好，表层直接的原因主要是，长期以来各种语言和语言资源本身平稳发展变化不大，语言功能和语言活力基本满足社会和各种群体的需要，公民语言权利得到保障，各民族语言平等政策和推广普通话政策取得成功，积极稳步实施语言规划收到成效，必要的语言干预得当等；深层间接的原因主要是，长期以来，民族关系、阶层关系、群体关系、宗教关系比较和谐，中国社会稳定进步，政治、经济、文化、教育、科技等发展较快，主体化和多样性的社会语言生活和谐发展，语言关系协调较好，语言使用者语言观念的转变与进步等。

从地区语言资源与语言问题关系来看，香港和澳门两个特别行政区的语言资源和语言问题关系值得我们关注。香港是一个多语地区。1997年回归中国前是英国殖民地，港英政府在香港长期致力于推广英语，英语是香港的官方语言，主要在行政、法律、教育、金融、贸易等领域使用，其语言资源价值主要体现在政治、教育、经济方面。粤方言是香港广大市民使用的所谓"低层语言"，它主要用于社会生活、商贸活动、教育教学和广播电视，充分表现出社会价值、经济价值和文化价值。此外还有普通话及其他方言，其语言资源主要体现在社会价值、经济价值和文化价值。英语和粤方言的资源价值得到了充分体现，但它们也挤压了普通话及其他方言发展的空间，特别是普通话长期得不到发展，在一定程度上造成了语言问题。1997年香港回归祖国，实行一国两制，特区政府确定"两文三语"的语文政策，规定中文、英文同为官方语文，粤方言、普通话和英语为社会交际用语。各种语言较好发挥其资源价值，社会语言生活和谐发展，中文和普通话的地位大大提高，其语言资源的政治价值、经济价值、教育价值和社会价值得到较好体现，粤方言的原有资源价值得到保持与发展，英文的资源价值也基本得到保持，而英语的资源价值有所下降，普通话的资源价值上升还不能适应社会变化发展的需要，这在一定程度上转化为语言问题。香港语言资源和语言问题的转化，表层直接的原因主要是，语言功能的变化，社会需求和语言政策、语言规划的变化；深层间接的原因主要是，香港社会体制、社会生活和政治、经济、文化、语言关系、语言观念、语言生活等的变化[①]。

---

① 参阅"中国语言生活状况报告"课题组编《中国语言生活状况报告（2005）》《香港语言状况与语言政策》《中国语言生活状况报告（2006）》《普通话在香港》，商务印书馆2006、2007年版。

澳门也是一个多语地区，1999年回归中国前是葡萄牙的殖民地，葡萄牙语是澳门的唯一官方语言，粤方言是澳门的主要方言，中文在1992年才取得澳门官方语言的地位，社会上还使用闽方言、吴方言、客家方言、普通话和英语等。澳门回归祖国后，语言关系和语言资源发生变化，葡萄牙语的官方语言性质不变，但实际地位和语言资源价值有所下降，中文、普通话的地位、作用和语言资源价值上升较快，粤方言的作用、价值不变，英语的作用、价值逐渐上升。澳门语言资源和语言问题的变化及其原因基本与香港相同，只是语言状况及变化方式和变化程度有所差别。①

从群体语言资源与语言问题关系来看，我国农民工群体的语言资源与语言问题就很值得我们研究。这次与本文同时发表的《城市农民工的语言资源和语言问题》一文，用具体的事实和数据表明，大批从农村进入城市的农民工，他们大多数在家乡使用的是母语方言，不会或不大会讲普通话或其他方言，他们进城以后，原来掌握的母语方言失去了资源价值，成为语言交际障碍，也就是变成为语言问题。面对新的环境，他们中的许多人从语言问题中走出来，尽快学会了普通话或其他方言，从而获得新的语言资源，改善了自己的生活、工作和交际条件，同时保持着母语方言，使新学的语言方言和母语方言都发挥语言资源的价值。也有不少农民工进城后因其语言生活和语言观念发生了较大变化，逐渐扬弃了母语方言，致使新掌握的语言方言和母语方言产生矛盾，在一定程度上成为语言问题。这不能不引起人们的关注！最好的情况是，既学会普通话或其他方言，也保持好母语方言，让它们各自发挥其作用，各显其语言资源价值。实际上语言掌握越多越好，正如知识、技能等其他资源获得越多越好一样。

我们在重视、开发语言资源过程中，应当深入研究并妥善解决语言资源和语言问题的关系，有效保护、发展语言资源，及时解决语言麻烦，防止语言资源转化为语言问题，这对语言政策、语言规划的成功制定与顺利实施，国家语言安全有力保障，社会语言应用健康发展，和谐语言生活构建，具有十分重要的意义。

比如普通话是我国法定的国家通用语言，它历史悠久，文献丰富，功

---

① 参阅"中国语言生活状况报告"课题组编《中国语言生活状况报告（2005）》《澳门语言状况与语言政策》《中国语言生活状况报告（2006）》《澳门法律语言状况》，商务印书馆2006、2007年版。

能完备，活力强盛，规范化程度很高，使用人口众多，使用范围广阔，语言声望至上，国际影响越来越大，语言资源价值巨大，是有超强价值的语言资源。但是如果我们对它不知道珍惜与爱护，不注意保护与建设，或者开发、利用不当，如推广不力或过急，要求过低或过高，语言政策失误，教学培训测试方法不当，等等，都会对普通话造成伤害，影响它的声望，在语言应用、语言关系中带来麻烦或矛盾，使普通话这个超强价值的语言资源，可能转化为语言问题，造成国家、社会的损失。世界语言史上不乏这方面的事例，这是值得我们高度注意和警惕的。

三 语言问题的构成及其转化

1. 关于语言问题

随着我国学界对语言资源的重视与热议，语言问题也为人们所关注，频频被有关论著所引用，在语言研究、语言应用、语言规划以及有关的论著中，常常出现"语言问题"这一概念，已往连续发布3年的《中国语言生活状况报告》，每年都多次提到"语言问题"。这一概念的意思，一般指因为语言及其使用存在某些尚未解决的问题而给社会交际和语言使用带来困难和麻烦，或造成、引发社会矛盾与冲突等。我查阅了一些与语言资源、语言问题有关的资料，和一些较有影响的语言学著作、专业词典，以及语文性、百科性辞书，还没有查到关于"语言问题"的专门解释与描述。因此这里试着对这一概念作如下的描述：语言问题是语言学、社会语言学的专业术语，多指因语言及其社会应用所带来的困难、麻烦或冲突。具体指因语言结构、地位及其功能等的缺失、变异，或因相关制约因素的变化，如社会、政治、经济、文化、宗教等因素，及语言关系、语言观念、语言政策的变化，使得语言在社会应用中发生困难与障碍，甚至可能造成、引发社会、民族、宗教、群体等的矛盾与冲突，这些与语言、语言社会应用及其相关因素有关的需要认真对付、解决的麻烦和疑难的事情，称为语言问题。或可简单定义为"语言问题是指由语言及其社会应用带来的需要认真对付、解决的困难与麻烦"。这样的定义是否恰当、周全还可研究。

2. 语言问题的构成与表现

语言问题是由语言及其使用本身的问题，以及语言外部各相关社会因素构成的。就语言内部来说，语言结构系统的语音系统、词汇系统、语法系统、语义系统，还有文字系统的缺失、不完备，如语音系统的不完整，词汇的贫乏，语法的不严密，语法功能差，语义表达力弱，语言规范化程度不高，或是没有文字形式，以及语言文字本身长期停滞不变或是变化太大太快，都会影响、降低、削弱语言的功能、活力、地位及声望，使得语言不能很好适应社会及社会发展的需要和人们交际的需要，从而造成语言问题。中外语言史上不断有语言濒危、消亡，其中许多濒危语言就是因为语言本身的缺失所造成的语言问题长期没能解决或解决不好而造成的。如我国南方有些少数民族语言因为词汇比较贫乏，语法规则比较简单，语言规范化程度较低，特别是没有文字，其语言活力、语言声望较差，加上语言外部社会因素的局限，逐渐造成语言问题，并导致语言濒危，这值得我们重视。北美洲、南美洲的一些印第安语和非洲一些弱势语言，以及澳洲的一些土著语言，也有类似的情况。

就语言外部相关社会因素来说，社会、政治、经济、文化、科技，以及语言关系、语言政策等的变化，特别是这些方面带有体制性的变化，如社会体制变化，政治体制变化，经济体制转型，文化科技重大发展等，对语言及其使用都会提出新的要求，并采取相应的措施和做法，这都可能造成语言问题。如世界上一些国家成为殖民地以后，殖民政府总是极力推行宗主国的语言，甚至往往采用高压强制的做法，这必然引起殖民国家人民的抵制与反抗，由语言问题引发社会矛盾与冲突。而当殖民地国家取得独立以后，新的政府多数要选择、推行本国民族语言，这也可能产生新的语言问题。又如20世纪60年代印度发生的暴乱及流血事件，就是印度政府强力推行国家主要官方语言印地语，以及有的邦强力推行本邦主要语言为官方语言所引发的。再如新中国成立后，我国的政治体制、经济体制发生深刻的变化，急迫要求语言文字适应社会变革的需要，而那时我国的语言生活基本上是单语制，以使用各自民族语言或各种方言为主，普通话既不普及也不够规范，还没有真正成为汉民族共同语和全国通用语言，文字及其使用也存在缺陷，这个时候我国的语言问题成为全党全国关注的问题，大力推广普通话，积极稳妥地进行文字改革和加强现代汉语规范化便成为国家重要任务，语言问题逐渐得到解决。到了20世纪80年代后，我国实行并深化改革开放，加强现代化、信息化建设，而语言文字的规范化标准化还不能很好适应国家、社会发展的需要，因而构成了新的语言问题。至于近些年出现的移民群体、农民工群体等的语言状况,是我国当今社会新的语言问题。

语言问题的表现,主要是语言结构、功能、地位、活力、声望、规范等的缺失,通过应用与社会诸因素以及使用语言的人紧密结合,并受社会相关因素及语言使用者的影响和制约而表现出来的。无论是社会语言问题、区域语言问题、民族语言问题、群体语言问题,还是家庭语言问题和个人语言问题的表现都是如此。

3. 语言问题与语言安全

语言问题与语言安全关系密切,而语言安全与国家社会安全关系密切,值得关注与重视。所谓语言安全,我认为是指语言文字及其使用能够满足国家、社会稳定、发展的需要,不出现影响国家、社会安全的语言问题。语言安全的内容相当丰富,涉及方面较广,具体包括语言文字本身状况和语言文字使用与国家社会安全的关系。就语言文字及其使用的状况来说,语言种类、数量、地位、功能、活力、声望、规范化等,还有语言权利保障,民族语言关系协调,通用语言、官方语言作用、推广与维护,母语保持、发展与教学,弱势语言、方言保护,跨境语言对待,双语多语使用与教学,外语设置与教学,外语人才培养与储备,语言信息处理与信息安全,网络语言使用与引导,语言文字使用与社会管理,全民族语文素质提高与社会发展,语言国际传播、交流与国际影响,等等,都与国家、社会的安全稳定发展有密切的关系。就国家、社会方面来说,要求语言及其使用应当适应国家、社会稳定发展的需要,同时为做好语言安全提供各方面条件,尽力避免因语言问题而影响国家、社会安全的事情发生。而国家、社会对语言安全也可能会有负面影响,如对社会语言问题处理不当,语言关系协调不好,语言权利保障缺失,语言地位确定不妥,对重大语言问题重视不够,语言政策乏力,语言规划不周,对语言安全缺乏敏感性和预见性等,都可能造成语言问题,并对国家、社会安全不利。

例如,美国在"9·11事件"发生后,深感语言对国家安全的重要性,因此在美国总统的指导下,由教育部部长、国务卿、国防部长以及国家情报局局长共同制定了一个国家安全语言计划,旨在大幅度增加学习美国急需语言的人数,特别是能够熟练掌握所谓"关键语言"的人数,诸如阿拉伯语、汉语、俄语、印地语、土耳其语、波斯语、日语、韩语等,拨出大批经费,供实施该计划使用。① 而世界上有些国家,其语言既复杂,又有缺失,还常常与复杂的民族、种族、宗教、政治等关系纠葛在一起,因此其语言问题长期得不到解决或解决不好,语言安全缺乏保障,因语言不安全而引发的国家、社会不稳定、不安全的事件时有发生,如苏联、印度、斯里兰卡、比利时、格鲁吉亚,以及非洲的毛里塔尼亚等。②

4. 语言问题的转化

前文说到,语言具有两重性,它既是有价值的社会资源,又是惹麻烦的社会问题,二者不是固定不变,而是可以互相转化的。语言资源转化为语言问题的原因,主要是语言结构的缺失,语言规范化不高,没有文字形式,语言功能和语言活力不强;而语言外部的原因,主要是该语言使用者语言观念的局限,社会不够稳定,发展缓慢,对该语言的需求不太急迫,语言政策、语言规划乏力或失误,语言干预不当等。世界语言演变史上这方面的案例很多,如上文提到的苏联、印度、毛里塔尼亚等都发生过这方面的事例。我国近代史上的语言演变也有类似的情况,因语言本身的缺失和社会的局限,国语长期未能发挥主导作用,各种语言、方言分散割据,语言资源没能显示其价值,反而转化为突出的语言问题。

语言问题转化为语言资源,也是由语言本身与社会因素两方面的因素和条件所决定的,主要是加强语言规范与建设,恰当确定其地位和作用,完善其语言功能,增强其语言活力,并在社会方面为语言的发展和语言问题的转化,创造有利的条件,如科学制订语言政策和语言规划,加强语言立法和语言管理,保障语言权利,提供语言服务,协调语言关系,利用语言价值,促进语言发展。以色列复活希伯来语,是语言问题转化为语言资源最成功的范例。犹太民族和犹太文化已有 4 千多年的历史,希伯来语是犹太民族的语言,它随犹太民族的多灾多难走过了坎坷曲折的道路,经历了从形成、发展、衰落、几近消亡到复兴的过程。希伯来语在相当长的历史时期里,脱离了犹太人的生活口语,只成为宗教活动中使用的"死了的语言"。19 世纪中叶,犹太民族重新崛起,希伯来语也逐渐在犹太人生活口

---

① 参阅"中国语言生活状况报告"课题组编《中国语言生活状况报告(2006)》参考篇《(美国)国家安全语言计划》,商务印书馆 2007 年版。

② 参阅周庆生主编《国家、民族与语言》,语文出版社 2003 年版;周庆生主编《国外语言政策与语言规划进程》,语文出版社 2001 年版;黄长著编著《各国语言手册》,重庆出版社 2000 年版;[以色列]博纳德·斯波斯基著《语言政策》,(英国)剑桥大学出版社 2004 年版。

语中使用。特别是1948年以色列国正式成立后，确定希伯来语为以色列官方语言，实现"一个民族，一种语言"，使希伯来语复活并焕发出青春，取得突变式的发展。以色列复活希伯来语，这在语言史上是一大奇迹。①

我国有些使用人口较少的少数民族语言，在复杂的语言环境、语言关系和语言演变中，能够从语言问题转化为语言资源，从而保持其强盛的语言活力，充分发挥其语言资源价值，如基诺语②、阿昌语③、喀卓语④、锡伯语⑤等，这很有启示意义，值得我们关注和研究。

四　结语

语言自产生并成为人类社会重要交际工具，就具有社会资源价值，同时也潜藏着需要研究、对付的麻烦，只是人们一般不大觉察不大注意而已。语言资源与语言问题总是相伴存在，并且随着社会发展和语言使用者的变化，语言资源和语言问题也会不断发生转化，以得到不断发展。这种转化一旦停止，语言就会丧失它的功能与活力，而被语言赖以存在的社会所淘汰。这或许是语言演变发展的一条规律，值得作更深入细致的研究。

参考文献

[1] 徐世璇：《濒危语言研究》，中央民族大学出版社2001年版。
[2] 戴庆厦：《基诺族语言使用现状及其演变》，商务印书馆2007年版。
[3] 戴庆厦：《阿昌族语言使用现状及其演变》，商务印书馆2008年版。
[4] 戴庆厦：《云南蒙古族喀卓人语言使用现状及其演变》，商务印书馆2008年版。
[5] 中国锡伯族双语研究编委会：《中国锡伯族双语研究》，新疆科学技术出版社2004年版。

[原文载于《云南师范大学学报》（哲学社会科学版）2009年第4期]

---

① 参阅周庆生主编《国家、民族与语言》第一章第六节，语文出版社2003年版。
② 戴庆厦：《基诺族语言使用现状及其演变》，商务印书馆2007年版。
③ 戴庆厦：《阿昌族语言使用现状及其演变》，商务印书馆2008年版。
④ 戴庆厦：《云南蒙古族喀卓人语言使用现状及其演变》，商务印书馆2008年版。
⑤ 中国锡伯族双语研究编委会：《中国锡伯族双语研究》，新疆科学技术出版社2004年版。

国外语言规划理论流派和思想

周庆生

一 引言

某一社会中的语言使用问题往往会受到该社会成员的关注或干预,他们或者抱怨报纸编辑人员的复函语意含糊不清,或者倡导进行一种拼写法的改革,或者主张保险规则要用"大白话"来写,或者建议某一社区的教育体制应发挥少数民族语言的作用,或者呼吁有关部门应该培训法庭译员,或者提议某一机构应该研发国际通行术语,或者建议政府应该选定一种或多种官方语言,等等。在社会语言学中,这些问题均被囊括在一个统一的研究领域即语言规划当中。

"语言规划"这个术语是在20世纪50年代后期由美国语言学家Haugen引入学术界的(Haugen,1959),该术语是指为了改变某一语言社区的语言行为,而从事的所有有意识的尝试活动,"从提出一个新术语到推行一种新语言"(Haugen,1987:627)都可以纳入语言规划之中。后来,学者们不断修订或改用这个概念,使语言规划的内涵不断扩大,既包括社会整合当中的语言和社会语言,也包括社会整合当中跟语言密切相关的经济和政治。语言学中采用语言规划这个术语,明显受到社会学中"社会规划"这个术语的影响。在现代,社会规划和语言规划的联系是非常紧密的。譬如,挪威的语言规划与扩大社会民主之间的紧密联系就特别引人注目。如果脱离或不考虑160多年来挪威的社会变迁、经济变迁和政治变迁,那就根本没有办法理解现代挪威语的发展。

二 语言规划的维度

在人类社会的历史长河中,语言规划作为一种社会现象,已经存在几千年了,但是作为一个独立的研究领域,不过是近50多年来的事。学者们从不同的维度研究语言规划,其中最著名、最有影响的是语言本体规划和语言地位规划。率先提出并论证这两大规划的是德裔加拿大语言学家海因茨·克洛斯(Heinz Kloss,1967)。他认为应该区分两种不同的语言,一种是作为自主的语言系统的语言,一种是作为社会制度的语言。以这两种不同的语言观为基础,他进一步划分出:语言本体规划,即关注语言本身或语言内部结构的规划;语言地位规划,系指某一特定社会中,为了改变一种语言或语言变体的使用和功能而付出的种种努力。

(一)语言本体规划

典型的本体规划主要包括以下一些活动:为一种语言的口语设计一种书写系统,从事拼写法改革或文字改革,创造新词术语,出版语法书籍。语言本体规划的核心是建立统一的语言标准和规范,实现语言标准化。不同种类的语言标准化进程各不相同。语言标准化的不同类型或不同阶段大致分为以下五种:

尚未实现标准化的口语。这种语言只有口语,尚无文字,尚未设计出记录该语言的书写系统。譬如,埃塞俄比亚的盖拉语、莱索托的布蒂语,等等。

部分实现或尚未实现标准化的书面语。该类书面语主要在初等教育中使用,其特点是语言形态系统和句法系统存在较大的变异。大多数的美洲印第安语都属于这种类型。

新标准语。在教育和行政管理部门使用,但不适宜在科学技术等研究层面使用。譬如,乌干达的卢干达语、南非的科萨语、法国及西班牙的巴斯克语。

古标准语。在工业时代之前曾广泛使用,缺少现代科学技术词汇和语域。譬如,古希腊语、古希伯来语和拉丁语。

完善的现代标准语。在现代各个交际领域中使用,包括科学技术领域。譬如,英语、法语、德语、丹麦语、现代希伯来语,等等。

(二) 语言地位规划

地位规划旨在为某种语言配置一些新的功能，通过实施规划，使该语言成为教学媒体用语或者成为官方语言等，该规划影响到一种语言在社会中所起的作用。

根据语言规划人员的划分，语言在社会中能够发挥的功能大概有十几种（Cooper, 1989: 99-119）。具有一定社会功能的语言可以概括为：

官方语言。在全国范围内使用，具有各种政治、文化代表性的法定语言。许多国家的宪法或法规明确规定了一种或多种语言的官方功能。例如，在爱尔兰，宪法规定爱尔兰语和英语共同享有官方的地位。

省区语言。在某一省份或地区使用的官方语言。该语言的官方功能不是全国性的，而是区域性或地方性的。譬如，1974年以来，加拿大魁北克省的官方语言只是法语这一种语言，而加拿大国家的官方语言则是英语和法语这两种语言。

通用语。也称作更广泛交际语言，是一个国家内部不同语言群体之间使用的一种或多种交际用语。譬如，肯尼亚和坦桑尼亚的斯瓦希里语，印度的印地语和英语。

国际语。在外交关系、外贸、旅游等国际领域使用的主要语言。例如，在中世纪的欧洲，国际交往使用的主要语言是拉丁语，现今则是英语。

首都语言。国家首都附近使用的主要交际语言。如果一个国家的政治权力、社会声望和经济活动都集中在首都，那么，首都语言的功能就特别重要。譬如，在比利时首都布鲁塞尔的周围，有些省份的官方语言是荷兰语，有些省份的官方语言是法语，而布鲁塞尔的官方语言则是荷兰语和法语这两种语言。

群体语言。主要在某一群体（如某一部落或外国移民聚落的成员）中使用的规范的交际语言。例如，在英国，非洲—加勒比移民中使用的牙买加混合语就是一种群体语言。

教育语言。某一国家或地区初等或中等教育中使用的语言。譬如，挪威初等教育中广泛使用的诸多地方方言。

学校课程语言。通常作为中等或高等教育中的一门课程来讲授的语言。例如，法语是德国高级中学中讲授的一门课程。

文学语言。主要在文学作品中或主要由学者使用。例如，拉丁语是18世纪之前欧洲文学特别是科学写作的主要用语。

宗教语言。宗教仪式使用的特定语言。譬如，伊斯兰教、犹太教在吟诵宗教经文和祷告时使用的一种神圣语言，即伊斯兰教使用的阿拉伯语，犹太教使用的希伯来语。

大众媒体语言。报刊、广播、电视等媒体使用的语言。比如，以色列政府明确规定了希伯来语、阿拉伯语等的播音时数。

工厂语言。在工作场所交际中使用的语言。譬如，德国工厂中的主要用语是德语，但是，在特定的生产线上，占优势的语言却是土耳其语、希腊语、意大利语及其他一些移民语言。语言本体规划和语言地位规划是语言规划人员划分出来的两种不同的概念，但二者之间也存在着紧密的关联。要为一种语言配置一种新的功能，这本属于语言地位规划，但是该规划往往要求对该语言系统做出一定程度的改进，譬如，研发一种新的文体，创制并规范新词术语等，这又属于语言本体规划。

（三）语言声望规划和语言习得规划

语言声望规划刻意营造一种有利的心理环境，这种环境对于语言规划活动取得持久成功具有至关重要的作用。假如某种语言必须在社会上推广开来，可是该语言只是在比较低俗的文化层面使用，而在比较高雅的层面没有什么地位，那么为该语言制定一项声望规划就显得十分必要了。为了改变拟定推行的某一语言的地位，使该语言能够得到全社会的认可，就需要增强该语言的社会声望。从这个意义上讲，语言声望规划通常是语言地位规划的一个先决条件或前提。

在语言习得规划方面，已经有许多致力于语言学习、语言推广和语言普及方面的实例。其中一个著名例证是，某国的政府设立类似"英国文化委员会"或德国"歌德学院"的文化机构，并为这类机构提供一定的资助，以便推动本国语言的对外传播。换句话说，就是推动其他国家将某国语言作为其的第二语言进行学习。另一个有名的例子是，新西兰毛利语区推行土著语言毛利语，开展毛利语言习得活动。20世纪80年代初期，大多数毛利儿童已经不懂得他们祖先的语言。语言学家认为毛利语已经成为一种濒危语言。为了挽救毛利语，毛利社区建立了所谓的"语言巢"，社区中还能讲毛利语的许多老人志愿到学龄前儿童学校担任护理人，为这些学校中的毛利儿童讲授毛利语。

三 语言规划过程

一般认为，典型的语言规划程包括"选择"、"编典"（codification）、"实施"和"细化"（elaboration）这四大阶段。现实中的这些阶段可能是相继出现的，也可能是交错出现或按照其他顺序出现的。

在语言规划的初始阶段，总要在可供选择的诸多语言形式或语言变体当中选出一种或几种，然后将选中的语言定为规范语言，予以推广，这是大多数语言规划活动的基础。按照这个思路也可以认为，语言规划是对语言多样性做出的一种合乎规范的回应。

（一）选择

选择是指挑选某种语言或语言变体，以便使其能在一定社会中履行某些特定的功能，诸如官方功能、教学功能、宗教功能等。一般说来，所挑选的都是最有声望的方言或语言。以现代法语为例，该语言的基础方言是巴黎周边地区所使用的最有声望的方言。然而，语言规划人员有时候也谨慎地创造一种合成语，其中融入了多种不同的方言。譬如，巴斯克语是法国西南部和西班牙西北部使用的一种跨境语言。该地区原有四种主要的方言，20世纪60年代后期创造了一种统一的巴斯克标准语，把四种方言混为一体。

（二）编典

编典是指为挑选出来的语言创制一种语言标准或语言规范，通常分为三个步骤：第一，文字化，研发一种书写系统；第二，语法化，确定语法规则或语法规范；第三，词化，对词汇进行辨识。编典工作通常由语言学会或语言委员会负责组织管理，编典工作通常由个人完成。

文字化。为没有书面语只有口语的语言创制一种文字，通常面临着种种选择：是采用以词和词素为基础的词符文字，还是采用以音节为基础的音节文字，或者采用以单个元音和辅音为基础的拼音文字？是选用一种现成的书写系统，还是创制一种新的书写系统？

非洲西南部纳米比亚的纳马文，源自莱茵传教协会克努森撰写的一本纳马语识字课本。该书采用拉丁字母拼写纳马语，通过增加一些记音符号来标记纳马语中的吸气音。

俄罗斯东正教教会的主教圣斯特凡采用了不同的战略。早在14世纪，他就倡导科米语的标准化。科米语属于芬兰乌戈尔语系，在卡马河与伏尔加河之间的地区使用。圣斯特凡主教精通希腊文和教会斯拉夫文，但是，他并没有采用这两种文字中的某一种来书写科米语，而是另外创造了一种阿布尔（Abur）字母。该战略使得科米文成为一种独特的文字，从而增强了该民族中各个群体的民族认同感。

文字化还包括对现行文字的修改。譬如，20世纪30年代，苏联当局曾以俄罗斯语的西里尔字母为基础，为该国诸多非俄罗斯语言设计过书写系统。此举的目的是要在全国推行一种共同的书写系统，为非俄罗斯民族学习俄语提供方便。不过，自20世纪90年代初苏联解体以来，许多东欧国家又将本国的西里尔字母改成了拉丁字母。

语法化。为了减少一种语言在句法以及形态方面出现的变异，需要确定一种标准的语法形式，制定一套规范的语法规则，这是语言规划过程中的一个重要方面，Haugen把这个过程叫"语法化"。英语动词第三人称单数的词尾-s，在不同的口语变体中会出现不同的形式变化，譬如，She likes him（她喜欢他）和 She like him（她喜欢他），第一句动词 like 后加有词尾-s，这是标准英语的用法；第二句动词后没有添加词尾-s，所以不是标准英语。

词化。为选定的语言或语言变体再筛选出一套适当的词汇，并付诸出版。词化工作旨在排除外来词，通常具有净化语言的作用。以印度印地语的标准化为例，从波斯语、英语和其他语言借来的常用词，都被源自古梵语的借词及其他适当的词所取代了。

正词法、语法书和词典是编典过程的三大典型成果。

(三) 实施

把在"选择"阶段和"编典"阶段做出的决定变成社会政治现实就是实施。实施包括使用新制定的语言标准出版教科书、报刊和其他书籍，并将该标准语言引入新的语用领域，特别是引入教育体制领域。语言规划中的"选择"和"编典"过程通常由受过语言学训练的人员唱主角，而"实施"过程则由国家来操办。

推行一种新标准的语言或变体语言,还会涉及推行该语言时使用一种营销技术,该技术包括奖励作者使用新标准语出版他们的作品,向公务员发放新标准语使用津贴,甚至刊登广告。以以色列国推广希伯来语为例,以色列建国之前的很长时间,巴勒斯坦地区已经出现了使用希伯来语发布的告示"希伯来人说希伯来语"。后来希伯来语学院向各专业领域发送了该领域使用的术语表,并出版了各领域适用的术语。多年以来,以色列广播电台每日两次广播一分钟讽刺节目,在这个节目中,有两人使用日常话语对话,其中一位指出另一位谈话中的错误,给出书面语或在正式场合惯常使用的规范语言;有时候则引用该话语在《圣经》中的用法,做出正误选择判断。

"实施"还指从法律上强制执行某种语言政策。加拿大魁北克省的《法语宪章》(101法案)规定,该省各公共领域一律使用法语。另外,"实施"也指鼓励,而不是从法律上强迫。例如,在西班牙的加泰罗尼亚自治区,鼓励并支持使用加泰隆语,但没有从法律上强制推行。

(四)细化

细化(elaboration)一称"精制",有时也称"现代化",是指一种语言经过编典之后,不断地研发新术语和新文体,以满足人们现代生活不断交往和科学技术不断进步的需求。创制并传播新词术语是语言细化的主要方面,丰富和发展一种语言的词汇通常采用多种不同的战略或手段。以西非的豪萨语为例,该语言的使用人口约为5000万,豪萨语用来丰富词汇的主要手段是:

1. 从阿拉伯语或英语中借用

英语:government(政府)→ 豪萨语:*gwamnatì*

阿拉伯语:al qali(审判)→ 豪萨语:*àlkaalii*

2. 扩大本土语词的意义

"大使"(*jàkaadàa*) → "重要地方的使者"

"发展"(*cîigàba*) → "进步,继续"

3. 创制新术语

"直升机"(*jirgin samà mài sàukařūngūlu*) → "像兀鹫那样能升天和降落的点燃的工具"

"联合国"(*Màjàlisař Dikìn Duuniyàa*) → "世界上缝合起来的委员

会"

术语的现代化如同上述"词化"那样，通常具有净化语言的特征。譬如，以色列的希伯来语学院规定，在创造希伯来语的新词术语时，新词的词根应从希伯来语和闪语中选取，不得从非闪语中选用。

对任何一种语言来说，"细化"都是一个不断发展的过程。人类社会中新思想、新概念、新发现的产生是永无止境的，这就要求人们不断创造一些新词术语来交谈、写作和表达新事物。

四 语言规划流派

近一个多世纪以来，国外语言规划研究大致可以分为四大流派，即弹性规范学派、理性选择学派、适应学派、语言治理学派。

（一）弹性规范学派

弹性规范学派主要由欧洲斯堪的纳维亚地区和捷克的语言学家组成，其中比较有名的代表人物是瑞典的语言学家泰格奈尔（Tegnér）、诺勒（Noreen），丹麦的叶斯泊森（Jespersen）以及捷克布拉格派的语言学家马泰休斯（Mathesius）和阿夫拉内克（B. Havránek）。

泰格奈尔没有依附当时颇具浪漫主义特色的净化语言的大趋势，而是主张语言是一堆符号，只有"最易于传递、最易于理解"的符号才是最佳符号（Tegnér，1874）。诺勒认为，有三种规范理念可供选择，他本人倾向于所谓"合理正确的规范观"（Noreen，1892）。叶斯泊森在描述可取的语言规范时写道：为了不中止语言规范的连续性，在充分保持旧有规范的同时，还应表现出"一定的弹性"（Jespersen，1925）。

经过宗教改革运动之后，瑞典人和丹麦人已经建立起较为完善的语言规范，可是捷克的语言规范正处于草创之中，捷克布拉格派马泰休斯对语言规范的见解跟丹麦叶氏大致相同，他主张语言规范应该保持稳定，但也要有一定的弹性（Mathesius，1932）。阿夫拉内克则引入了功能变异的概念。布拉格学派的呼声引起了有关当局的关注。

（二）理性选择学派

理性选择学派是国外语言规划领域中的主流学派，有时也被称为

"标准学派"或"理想的语言规划学派"。该学派主要由北美语言学家组成，是第二次世界大战后语言学家关注全球语言问题的产物。该学派中最有影响的人物是美国语言学家Haugen，他以挪威的个案研究为基础，在1958年率先界定了"语言规划"这个术语，提出了一个框架，用以描述语言规划过程。该学派中另一位特别有影响力的人物是德裔加拿大学者克洛斯，他所做的语言本体规划和语言地位规划的划分已被学术界普遍采用。

1959年，美国语言学家弗格森创建了"华盛顿特区应用语言研究中心"，聚集了一批学者。20世纪60年代，美国召开了几次有关"发展中国家语言问题"及"语言规划过程"的国际会议，推动语言规划成为当时新兴社会语言学浪潮中的一大关注热点。随后，海姆斯和费什曼分别创立了《社会中的语言》（1972年）和《国际语言社会学学报》（1974年）杂志，夏威夷"东西方中心"主办的《语言规划通讯》开始发行。

20世纪70年代出版的语言规划系列丛书，内容涉及语言规划问题、语言规划进展、语言规划文献、语言规划组织机构等。另外，还召开过一次有关语言规划进展的研讨会，会后出版了一部重要论文集，论文集中设有决策、编典、实施、评估和北美洲语言规划等章节。该论文集的出版标志着理性选择学派的研究达到了一个新的高度。

理性选择学派认为，社会中使用的语言是可以进行理性、系统的规划的。语言规划的决策程序包括五个步骤：辨识语言问题，开展语言调查；制定规划目标；提供多种可能的解决办法，理性选择其中一种；实施这种办法；评估，将预期目标与实际结果进行比较（Rubin and Jernudd, 1971）。

关于语言调查，该学派认为，理想的语言规划应该以一个国家深入、全面的社会语言状况调查为基础。可是一般情况下，语言规划人员既没有时间也没有经费去从事大规模的田野工作，他们进行实际语言规划决策时所依据的，往往是官方人口普查提供的不完全的信息，或者是其他一些易于进行的较小范围的语言调查资料。

另外，采用问卷调查语言状况，也会遇到一些不易克服的问题，譬如，问卷的设计基本上锁定了答案的范围，答卷人一般只能从问卷所给的多种回答中选出一种，而且对于同一个问题，在不同的社会文化社区中，会产生大相径庭的多种答案。

关于语言规划的定义，该学派认为，政府及政府有关部门是开展语言规划活动的主要机构。可是，现实中的许多语言规划都不符合这种构想，也就是说，实际运作的一些语言规划并不是由政府管理的，而是由语言学院、教会、语言学会、压力集团甚至个人出面操办的。以英语国家为例，许多学者指出，英语中表示男性的代词 he（他）和 men（男人们）可以作为通称，既可表示男性，也可表示女性；而表示女性的代词 she（她）和 women（女人们）却没有这种用法，等等。这些现象表明，英语中存在着性别歧视，因而导致了一场旨在同语言上的性别歧视作斗争的争取女权的运动。该运动具有分散、杂乱的特点，既不是一种政府行为，更不可能按照语言规划的"理性选择"模式展开，但是异乎寻常地取得了成功。

（三）适应学派

语言规划中的适应学派主要来自发展中国家，特别是西非诸国，当然并不限于这些国家。其代表人物主要有班博塞（Bamgbose）和顺鲍（Chumbow）等。

适应学派认为：语言规划中的理性选择是一种欧洲中心主义或理想主义的路径，它跟非洲国家语言规划的实际经验格格不入。发达国家的语言规划通常是由政府组织实施的，而非洲大量的语言规划工作却是由非政府机构完成的，几乎没有哪个非洲国家政府制定过明确的语言政策。实际上，许多发展中国家的语言规划都不是在国家层面，而是在社区层面或基层层面展开的。另外，从大多数的个案研究来看，语言规划的决策及其实施战略，并不是依据社会语言调查资料，而是依据特定的原则制定出来的。因此，该学派提出了一种所谓"适应"路径，或称受环境制约的语言规划（Khubchandani，1983）。该学派强调，语言规划必须能够使用切实可行的术语来解释该规划的实践，必须能够兼顾不同类型、不同级别的政府或非政府组织的决策和实施，必须能够兼顾多种不同的规划机制。

（四）语言治理学派

随着语言规划研究范围的扩大，20 世纪 70 年代，一些学者尝试把语言规划放在一个普通社会规划的框架内进行探索。他们认为语言是一种"社会资源"，语言规划是一种决策过程，旨在解决"语言问题"。或者从社会政治的视角讲，旨在解决"交际问题"。因此采用一种"语言治理"

的路径（Jernudd and Das Gupta，1971），并从社会经济的视野进行分析。

20世纪80年代末期以来，为了克服将主流语言规划同单一指令性经济挂钩的弊端，语言规划研究领域出现了一种新的转型，即从"规划型"向"治理型"转移。复兴的语言治理学派是"从学术上对人民权力做出的一种反应"，它反对主流派的强制性举措，"承认众多不同的利益竞争"（Jernudd，1993：134）。在这方面，瑞典裔学者颜诺（Björn Jernudd）和捷克裔学者诺伊施图普尼（Jiri V. Neustupný）较有名气。

该学派认为，语言治理是一种过程。"在语言治理过程中，授予特定人员某种权限，以便他们能够发现其所在社区成员潜在的或实际遇到的种种语言问题，并能提出系统、严谨的解决办法。"（Jernudd and Neustupný，1991：34）所以，语言治理的中心问题就是要面向广大基层群众，解决大众语言运用中遇到或可能遇到的种种问题。

五　语言规划思想

语言并不单纯是一种交际工具，它还在社会中发挥诸多重要的功能。许多研究个案表明，在制定语言规划的过程中，思想、政治、经济、社会、民族、文化等因素的重要性往往超过语言本身。由于各国的国情及社会历史背景不尽相同，各国的语言规划目标，如从语言净化、语言标准化和语言现代化到语言复兴，从语言保持、语言传播到跨国语言交际等，也不尽相同。

从长远的观点看，语言规划的目标最终是为社会政治目标服务的。语言问题处理得当，能够促进经济发展和社会安定；语言问题处理不当，有可能引发民族问题或社会骚乱。越来越多的学者相信，语言规划实际上就是通过对语言的干预，来解决社会经济、政治问题的一种方法（Weinstein，1980：56）。

影响语言规划制定的重要思想主要有：语言多样化、语言同化和语言民族主义、语言纯净化、语言国际化和语言本土化（Cobarrubias and Fishman，1983：63-66）。

（一）语言多样化

语言多样化倡导多种语言在社会中并存，包括不同语言群体的共存，以及不同语言群体在一种公平的基础上保持并培植他们自己的语言。譬如，印度官方承认的16种语言，绝大多数都是地区使用的语言，只有英语和印地语是全国使用的语言。比利时没有全国统一的官方语言，地区不同则官方语言也不相同，南部的官方语言是法语，北部的官方语言是佛拉芒语，东部的官方语言是德语，首都布鲁塞尔地区则有法语和佛拉芒语两种官方语言。

许多语言规划理论都认为，文化多元和多语现象是一种社会语言事实。人们应该把多种语言看成是一种资源，语言规划人员应该合理开发、合理利用这种资源，不应该将其视为国家统一和社会经济发展道路上的一种障碍。语言多样化也可以促进经济发展。譬如，澳大利亚的墨尔本有一家建筑公司，工人大多来自欧洲地中海沿岸国家，分别使用希腊语、意大利语、葡萄牙语和西班牙语，只有来自马耳他的工人使用英语。可是，公司的管理工作只用英语，因而大多数工人无法有效地理解安全规则，生产事故频频发生。为了扭转这种局面，该公司管理部门开始利用工人中自然存在的关系网群体，聘用一些懂得相关语言知识的管理人员，任命来自不同语言群体的人员担任工段长，为相关职业的人员开办英语学习班，结果取得良好的经济效益。

如今，语言规划人员基本上都能正面看待多语现象，并能重视少数民族语言群体的权利和需求，但是，如何证明一个国家特别是发展中国家实行语言多样化政策的合理性，始终是困扰语言规划学者的一道难题。因为一个国家要实施多语政策，就要培养多语师资，培训多语笔译、口译人员，编写多语教材，提供多语广播和多语服务等，这势必会加重国家预算的负担。另外，跟失业人口、住房困难、医疗保健、社会保障等社会问题相比，要想证明增加对语言问题的投入比增加对其他社会问题的投入更具有紧迫性，并不是一件轻而易举的事情。

（二）语言同化思想和语言民族主义

语言同化思想认为，人人都应该会说、会用本国或本社区的优势语言。这就造成优势语言的地位更加优越。语言同化是语言规划中最常见的一种模式。18世纪大革命的法国，在将法国北部的一种法语方言定为"国语"以后，出台了一项语言规划政策，旨在消灭法语方言以及其他语言，要求小学教学全部使用标准法语，操其他方言或语言的人都要学用标准法语，规定标准法语是法国法律的唯一用语。1832年法语学院批准使用的法语正词法规则，也是一项强制性规则。苏联的俄罗斯化是语言同化的另一例证。1938年，苏联的一项法令规定，所有非俄语学校必须将俄语作为第二语言来讲授。1958年颁布的一项法令允许公民自由选择教育语言，但是在各类学校当中，俄语和加盟共和国的国语（民族语）都是强制性的语言。

研究表明，一个国家的多语制贫穷化与该国工业化程度低下之间存在着一种相关关系。有时候这种关系也被说成是一种产生诱因的关系。因此，人们相信，单语制是社会经济发展进程中具有成本效益的一条路线，语言变异、文化变异和民族变异会阻隔人们的彼此交往，引发社会政治冲突，这些冲突反过来又会阻碍经济的发展。

民族主义通常赞同语言同化思想，因为这样可以保证语言社区的每个成员都能使用占优势的语言。19世纪以来，民族国家思想极大地改变了欧洲地理政治的版图，这种思想顺应了一个民族国家采用一种"国语"或采用一种"官方语言"的趋势。如今在欧洲的40多个国家当中，约有185种有记载的语言，其中只有25种享有官方地位。亚洲、非洲、美洲和大洋洲的情况更为复杂，155个国家约有6000种有记载的语言，其中官方语言只有69种。

（三）语言纯净化

语言纯净化与语言同化的思想比较接近，产生的结果也很相似。语言纯净化可以看成是对一种语言形式的理想化的情感或理想化的态度。这种理想化的语言通常指书面语言，该书面语与日常口语相脱离，并与特定的审美价值抑或道德价值相联系。这些价值代表了该语言社区的社会思想，并且成为规范。纯净化语言的优势在于可以确保社会认可该语言，可以使得教育系统等社会机构和语言协会等官方组织能够推行该语言。使用非纯净化的或称非常规的语言会造成许多负面影响，因此不鼓励在公共领域使用这些语言。

语言纯净化的思想是随着欧洲民族国家运动的发展而发展的，民族国家运动的目标就是赋予每个民族（国族）一种独立的国语。

（四）语言国际化

语言国际化是若干前殖民地国家实行的语言规划思想，是指选择一种国外的通用语言作为本国的官方语言或教学用语。语言国际化的思想基础是全盘西化的现代化范式。语言国际化跟语言同化战略是并行共进的，二者比较相像。前殖民地国家特别是非洲许多国家的通用语言都是前殖民国家的通用语言。譬如，非洲加蓬的唯一官方语言是法语，喀麦隆的官方语言是法语和英语。这些国家选择一种或几种国际语言作为本国的国语，其动机主要是：认为国际语言有利于从社会文化、经济、政治等方面同其他国家进行交流，有利于推进本国的现代化，有利于发展本国的对外贸易和科学技术。在一些多语言共存的国家当中，由于欧洲语言在该国具有中立的地位，所以选用欧洲语言作为本国的官方语言，这有助于防止民族分离，有助于国家的一体化。然而，对全体公民来说，国家选择一种外语作为本国的官方语言确实是不公平的。但问题是，如果选择本国的一种土著语言作为全国通用的官方语言，又可能只对能够使用该语言的那个族群有利，对不能使用该语言的其他族群则不利。

无论如何，从整体上来看，非洲一些国家的语言国际化政策并不成功。因为"根据保守的估计，非洲能够使用本国官方语言的人只占20％以下"（Heine，1992：27），能够熟练使用外国语的通常是接受过良好教育的社会上层和中层人士。这又加大了社会的分化，使得掌握官方语言成为社会权力分配的一大基础。另外，该项政策也加剧了本土语言的边缘化和少数化。

纳米比亚采用英语作为本国唯一官方语言是语言国际化的一个新例证。该国使用的语言有20多种，但是，1990年的宪法只承认英语是官方语言。该项政策首先是在1981年由解放运动"西南非洲人民组织"与"联合国纳米比亚学会"共同起草的一份文件明确规定的。该文件表明，选择一种国际语言的目的是促进国家的统一和对国家的忠诚："引入英语为的是引入一种官方语言，该语言能使人民摆脱同部落的联系，在语言领域创造一个有助于国家统一的条件"（Cluver，1993）。纳米比亚宪法中有关"唯英语"的规定并不是没有问题的。譬如，该国人口中懂英语的还不到10％，外加缺少称职的英语教师和适用的教材，英语的普及受到极大阻碍。该国南部阿非利坎语的使用人口固然很多，可是，阿非利坎语没有被定为新独立国家的官方语言，主要是因为该语言与南非的种族隔离政策有关联。

（五）语言本土化

语言本土化是指选择一种或多种本土语言作为主要的交际工具和官方语言。以大洋洲的巴布亚新几内亚为例，该国的官方语言除英语外，还有以土著语言为基础的两种混杂语，一种是托克皮辛语，另一种是希里莫图语。非洲马达加斯加的官方语言是法语和马尔加什语，将马尔加什语定为本国的一种官方语言也体现了语言本土化的思想。1978年，马达加斯加的一项民族普通教学大纲首次规定，马尔加什语是该国初等学校及部分中等学校的教育用语，法语作为第二语言从小学二年级开始学习。马尔加什语的推行取得了一定的成绩，据1986年的一项统计，该国马尔加什语的脱盲率达到44%。但也存在两方面的问题：第一，能够熟练使用马尔加什语的人所占比重很小；第二，该语言作为教学语言尚待进一步规范和完善，目前只能在较低层次使用，还不能进入高等教育。

有时候语言本土化实践还包括恢复使用传统的文学语言。比如，突尼斯于1976年将古阿拉伯语定为本国的官方语言，阿尔及利亚于1989年也将古阿拉伯语定为本国的官方语言。这种选择产生的问题是，现代日常口语和古代书面语严重脱节。

语言本土化思想还反映在文字改革当中。譬如，20世纪20年代后期土耳其进行文字改革，将沿用五六百年与口语脱节的阿拉伯语和阿拉伯文改换成现代土耳其语和可以拼写土耳其口语的拉丁文。以色列将宗教语言希伯来语复兴为国语，往往被看成是语言本土化的一个极端例证。

六　小结

语言规划已经走过半个多世纪的路程，学者们对语言规划的认识和分类各不相同，不论是克洛斯提出的语言地位规划和语言本体规划的划分，还是Haugen描述的语言规划过程，抑或颜诺阐述的语言治理理论，在用来描写具体的语言规划个案时，可能非常适用，也可能部分适用，还可能不大适用。目前还没有一种世界各地普遍适用的语言规划理论，因此还十分需要进行不同国家、不同民族、不同地区、不同类型的语言规划个案研究。这些个案研究将是在较大范围内从事理论概括和理论创新的坚实基础。

20世纪80年代之前,许多语言学家曾经怀疑语言能否进行规划(Rubin and Jernudd, 1971),如今语言学家都相信,人为造成审慎的语言变化是完全可能的。但是,这并不意味着语言规划都是可取的,多数人的态度依然是"能做的,未必就是该做的"(Fishman, 1983)。语言学家在处理语言规划及语言的相关规定时,总是瞻前顾后、疑虑重重,他们习惯于把语言规划留给政治家和圈外人士来贯彻实施。

语言规划的真正目的固然是要改变人们的语言行为和语言态度,可是在长期的规划过程中,未经引导的语言势力却支配了人们的语言行为。语言规划人员必须学会引导这些社会势力进入自己的规划进程。无论如何,语言规划还有很长的路要走,现有的研究成果还不能对语言政策的发展提供有力的解释和指导。语言规划研究领域出现的问题并不仅仅局限于语言方面,还涉及社会、政治、经济、民族和历史等诸多因素。语言规划的跨学科性质,决定了要研究、创新一种综合的语言规划理论,还有种种复杂问题及困难需要我们解决和克服。

主要参考文献

周庆生主编:《国外语言政策与语言规划进程》,语文出版社2001年版。
周庆生主编:《国家、民族与语言:语言政策国别研究》,语文出版社2003年版。
Bamgbose, A. (1987), "When is Language Planning not Planning?" in *Journal of Western African Languages*, 17 (1), pp. 6–14.
Bamgbose, A. (1991), *Language and the Nation: The Language Question in Sub-Saharan Africa*. Edinburgh: Edinburgh University Press for International African Institute.
Chumbow, B. A. (1987), "Towards a Language Planning Model for Africa", in *Journal of Western African Languages*, 17 (1), pp. 15–22.
Cluver, A. D. de V. (1993), "Namibians: Linguistics Foreigners in Their Own Country", in K Prinsloo, Y. Peeters, J. Turi and C. Van Rensburg (eds), *Language, Law and Equality*, pp. 261–276. Proceedings of the Third International Conference of the International Academy of Language Law (IALL) held in South Africa, April 1992. Pretoria: University of South Africa.
Cobarrubias, J, and Fishman (eds) (1983), *Progress in Language Planning: International Perspectives*. Berlin: Mouton Publishers.
Cooper, R. L. (1989), *Language Planning and Social Change*. Cambridge: Cambridge University Press.

Fishman, J. A. (1983), "Modeling Rationales in Corpus Planning: Modernity and Tradition in Images of the Good Corpus", in J. Cobarrubias and Fishman (eds), *Progress in Language Planning: International Perspectives*, pp. 107 - 118.

Haugen, E. (1959), "Planning for a Standard Language in Modern Norway", in *Anthropological Linguistics*, pp. 8 - 21.

Haugen, E. (1987), "Language Planning", in U. Ammon, N. Dittmer and J. K. Mattheier (es), *Sociolinguistics: An International Handbook of the Sience of Language and Society*, vol I, pp. 626 - 637. Berlin and New York: de Gruyter.

Heine, B. (1992), "Language Policies in Africa", in R. K. Herbert (ed), *Language and Society in Africa: The Theory and Practice of Sociolinguistics*, pp. 23 - 35. Johannesburg: Witwatersrand University Press.

Jernudd, B. H. and J. J. Das Gupta (1971), "Towards a Theory of Language Planning", in Rubin and Jernudd (eds), *Can Language Be Planned? Sociolinguistic Theory and Practice for Developing Nations*, pp. 195 - 215. Honolulu: University Press of Hawaii.

Jernudd, B. H. (1993), "Language Planning from a Management Perspective: An interpretation of Findings", in E. H. Jahr (ed), *Language Conflict and language Planning*, pp. 133 - 142. Berlin: Mouton de Gruyter.

Jernudd, B. H. and J. V. Neustupný (1991), "Multi-Disciplined Language Planning", in D. F. Marshall (ed), *Language Planning: Freschrift in Honor of Joshua A. Fishman*, pp. 29 - 36. Amsterdam and Philadelphia: John Benjamins.

Jespersen, O. (1925), Mankind, Nation and Individual from a Linguistic Point of View. Oslo

Khubchandani, L. M. (1983), "Language Planning Processes for Pluralistic Societies", in C. Kenndy (ed) *Language Planning and Language Education*, pp. 93 - 110. London: George Allen & Unwin.

Kloss, Heinz. (1967), "'Abstand Languages' and 'Ausbau Languages'", in *Anthropological Linguistics*, 9 (7), pp. 29 - 41.

Mathesius, V. (1932). O požadavku stability ve Spisovném Jazyce, in Havránek, B. and Weingart, M. (eds), *Spisovná čeština a jazyková kultura*, pp. 14 - 31. Prague.

Noreen, A. (1892). Über Sprachrichtigkeit, *in Indogermanische Forschungen* 1, pp. 95 - 157.

Rubin and Jernudd (eds) (1971), *Can Language Be Planned? Sociolinguistic Theory and Practice for Developing Nations*. Honolulu: University Press of Hawaii.

Tegnér, E. (1874). Språk och nationalitet, *in Svensk Tidskrift*, pp. 10 - 145. Reprinted in his *Ur språkens värld*, 1. pp. 97 - 164 (Stockholm, 1922).

Weinstein, B. (1980), "Language Planning in Francophone Africa", in *Language Problems & Language Planning*, pp. 55 – 77.

[原文载于《世界民族》2005 年第 4 期]

外语教育政策与社会经济发展

王克非

一 前言

外语教育政策是国家教育政策的重要组成部分。外语教育政策的恰当与否不仅关系到国家的政治、经济、科技发展,而且关系到国家的安全、文化传统的传承以及下一代整体素质的提高。制定合适的外语教育政策需要综合考虑多种因素,从宏观到微观多层面、多方位地权衡利弊。例如,外语教育投资的成本与收益、社会对外语人才的实际需求、国家安全与国际关系的需要、学习外语的最佳年龄、外语教育与其他各课程教育的关系以及外语教育对于拓宽学习者的国际视野、增强其跨文化沟通能力和外语对年轻一代民族认同感的影响,等等,都是制定恰当的外语教育政策时必须考虑的因素。

世界上许多国家对本国的语言政策包括外语教育政策都非常重视,由此产生了丰富的研究成果和文献资料(Crystal,1997;Herreras,2001;UNESCO,2003;Gaffey,2005 等),他们的经验和教训非常值得我国教育主管部门借鉴。我国一直没有专门机构从事类似工作,对于国外的外语教育政策和措施缺乏了解,以致我们的外语教育政策的制定带有一定的盲目性。从近半个世纪的历史看,我国的外语教育规划和政策曾有过几次失误,而对当前的外语政策和现状,也有不少学者已经从不同角度撰文表示忧虑(胡文仲,2001)。

作为教育部重点人文社科研究基地的中国外语教育研究中心,近年来执行了一项多国外语教育现状及政策的调研,并在调研基础上分析外语教育政策与社会经济发展的关系,以填补我国在这方面的空白。这一调研和比较分析的成果将有助于我国制订出既切合当前经济、文化发展需要又符合外语教学特点和教育规律的改革方略，同时也能为我国对外汉语教学在世界范围内的推广提供一定依据。

二 外语教育政策的调研

在历时近四年的调研工作中，我们考察和比较了有一定代表性的13个国家和地区（分别是法国、德国、俄罗斯、欧盟、罗马尼亚、希腊、日本、韩国、马来西亚、泰国、以色列、墨西哥、巴西，包括了发达国家和发展中国家、操印欧语系语言的国家和非印欧语系语言的国家等）的社会经济现状和外语教育政策以及相关措施、基本数据、现实情况等，并对其加以比较、分析。

我们主要关注的是：（1）不同国家的外语教育政策模式及其利弊，不只是外语教育政策内容的一般性介绍；（2）考察与分析时特别注意外语教育与该国社会经济发展之间的关系；（3）研究涉及的国家为非英语国家，重点考察其英语教育，兼及其他语种教育，使考察结果对我国更具借鉴价值。

调研所涉领域的研究主要有5个方面：各国外语教育大环境（基本情况），各国的语言政策，各国的教育政策，各国的外语教育政策以及各国的外语教学。具体内容包括：

对象国的历史、地理、政治、经济、文化、教育等社会发展总况；

对象国的语言政策、双语教育政策和实践、外语教育规划及其成效得失；

国家颁发的官方文件（如相关法律法规、教学大纲或课程标准、指导框架等）；

学生正式学习外语的年龄，不同阶段（小学、中学、大学）外语学习在课程设置中所占的教学时数及教学目标；

主要外语教学策略、教学方法、培养模式等方面的实践与创新；

外语教学中综合运用现代科学技术的情况；

有代表性的或主要的大学、中学外语教材及其教学内容；

普通高校开设外语的语种和学习不同外语语种的人数及比例；

外语教师队伍及教师教育情况；

外语教育评价体系、评测方法，等等。

三　语言、社会、教育

我们谈外语教育政策与社会发展，离不开语言、教育、社会这几个关键词。

近十多年，特别是新世纪以来世界已进入全球化和信息化时代。全球化和信息化意味着世界各地人民更密切更广泛地相互交往，而这一交往最重要的工具和最突出的特点，就是语言，包括本族语和外国语。因此在全球化时代，语言的作用比以往任何时候都更加凸显。语言和教育所代表的软实力在增长，重要性日益凸显，值得密切关注。

就语言而言，我们认为语言主要是工具，是身份，是资源，是力量。

人们通过语言进行思维和认知，交流信息和情感，传承文化和知识，因此是重要的交往工具。这是人们最容易认识到的一种语言特性。

人总是生活在某个文化社团中，操表达某种文化和习俗的语言，因此最简单有效的表明自己身份和判断他人身份的手段就是语言。无数例证表明，正是由于这种身份性，语言成为民族系连和认同的重要标志。同时，人可以通过学习一门新的语言改变或提高自己的身份。

我们知道土地、森林、石油等有形的自然资源、物质资源，但人类社会还有无形的社会资源、精神资源，它们对于人类社会同样重要，同样值得开发。语言就是这样的无形资源。因为每种语言背后都蕴涵着一个民族的文化和思维等社会或精神的资源，学习和掌握一门语言就可能获得一种资源。任何语言都具有自身价值和作用；语言越强势，使用范围越广，其资源价值就越大。

长期以来人们谈到实力，总会想到经济、军事、科学技术、物质资源等方面，但现代社会，人们认识到还有同样不可不重视的软实力，那就是语言、文化、教育、信息、关系、价值观等。比之于农牧时代、工业时代，在全球化的今天，软实力的竞争更加重要。从软实力的主要代表看，语言可以说是软实力的基础，因为它是其他软实力的构成要素，是文化或意识形态影响力的保证。

对于一个社会，人是最重要的，一个会思想、会用语言表述思想的人是最重要的。那么培育这样的人，也就是我们常说的一个高素质的人，就是教育的神圣职责，也是社会和谐发展的需要。在这里，我们可以看到，语言、社会、教育三者紧密相连，是人类社会进步的真正保障。

同时，从上述语言、社会、教育相互关联的简要解说，我们也会清楚地看到外语教育对于文明社会中人的真正意义，那就是，多了一个交流工具，多了一种社会身份，多了一些无形资源，多了一份生存实力。

四 经济社会发展与外语教育的互动

在全球一体化的国际交往中，外语特别是相当于国际通用语的英语，扮演着日益重要的角色，受到世界各国的重视。不仅非英语国家更加强调英语，美国等英语国家也开始重视外语。联合国教科文组织（UNESCO）2003 出版了《多语世界中的教育》，分三部分论述多语言教育的重要性，特别是多语言的世界对教育体系带来的挑战。书中强调，在数字化时代，在全球经济和社会文化交往日益频繁的今天，语言和教育问题更加突出。如何既保留各自不同的语言和文化，用母语进行教育和传播知识，又能使接受优质教育的人们具备与世界沟通的语言能力，是全世界各国都面临的挑战。各国如何应对，如何制定外语和外语教育的政策，往往反映出国家实力、政策、教育理念等的变化。因为，社会经济的发展需要强化外语和外语教育，外语教育的发展反过来会支持社会经济的进步和全球一体化进程。

具体到一个国家，根据自己的政治、经济、军事、外交和科技发展的需要，做出关于外语在本国教育体系中的地位、比重等问题的规定，就是为本国制定了一个特定时期的外语教育政策。

（一）以亚洲新兴的工业国韩国为例

韩国的外语教育始于对中国汉字的借用，历经了照搬日本的日语教育体系，仿效美国的英语教育体系的艰辛路程。直至 1955 年韩国才开始外语教育的自主发展进程。过去 50 多年来，韩国教育试图通过制定合理的教育政策来实现人才资源的合理开发，其教育政策制定的立足点在于为自由民主主义和市场经济服务。

韩国外语教育起步较晚，但发展迅速。近 50 多年中，韩国外语教育得到国民政府和全体国民的热心支持，发生了巨大变化。历届政府根据来自各方面的要求，尤其是来自政治、经济、学术以及现实各方面的要求，适时调整外语教育政策，不断进行外语教育改革，以适应不断发展的经济社会之需。

在21世纪全球一体化大背景下，韩国为了培养具有多元语言文化和国际竞争力的人才，更加重视外语教育，加大对外语教育的投入，把外语教育放在战略发展的高度，制定一系列积极的外语教育政策，推动外语教育迅速有效地开展。所以韩国人常把经济视为第一经济，而把促进经济发展的教育视为第二经济。外语教育则是第二经济的重要组成部分。韩国50年经济崛起成为亚洲四小龙之一，既促进了外语教育事业，也伴随有外语教育的提升（张贞爱、王克非，2010）。

（二）看经济强国日本的英语教育对策

日本有悠久的学习外国、学习外语的传统，明治维新之后一百多年里，日本外语教育特别是英语教育发展极快。进入21世纪，日本政府深感英语教育对于日本全面持续发展和国际化公民培养的重要性，对英语教育提出了更多更高的要求。2002年4月，日本全国开始实行新的英语学习指导要领（相当于我国的英语课程标准）。同年7月，文部科学省在"改进英语教学圆桌会议"和"改革英语教育圆桌会议"意见的基础上，提出了"培养能使用英语的日本人的战略构想"行动计划，并对该构想的具体目标、实施步骤等作了详细说明。

2003年3月31日，文部科学省正式开始实施"培养具有英语能力的日本人"的行动计划。文部科学省大臣远山敦子亲自撰文论述这一计划的意义和要点。她指出，世界已进入一个高度全球化大竞争的时代，从经济或资本投资的角度，从国际交往的角度，从知识信息交流和获取的角度，人们都需要更多地与外部世界沟通；在这样的情形下，英语这个国际通用语起到了将不同地区不同语言的人们联系起来的作用。英语对于日本更好地与世界其他各国沟通、相互理解和信任也是至关重要的。但是日本的现实情况是，许多日本人由于英语能力的局限，还不能有效地与外国人交流思想，表达情感。因此，文部科学省采取修改文部科学省的指导要领等各种措施以提高日本学生的基本英语交流能力，并增强教师的英语教学能力等（见日本文部科学省网站http：//www.mext.go.jp/）。

这一行动计划有详细的目标描述，对初中学生、高中学生、大学生以及一般公民的英语水平都有明确的要求，对实质性地改进英语教学的能力和设施也有具体的步骤，是一个五年甚至更长时间内的提升日本国民整体英语水平的纲领性文件。

配合"培养具有英语能力的日本人"的行动计划，日本教育当局2003年开始实施"Super English"英语教学项目，即不仅把英语作为必修课进行日常教学，还把英语作为授课语言来进行其他学科的教学，这种类似于双语教学的模式已于2005年在日本100所中学进行试点。为此日本仅以政府名义聘请的以英语为母语的正规教师每年就达1000名以上，进行"Team-teaching"（课堂由一位外国人和一位日本人英语教师合作进行教学活动），并配套投资1亿8千万日元进行本国英语教师的培训（王克非，2010）。

从这些措施我们可以清楚地看到，日本英语教育随着社会的发展有了新的更高的目标，以适应日本经济、政治、文化各方面进一步走向国际的广泛需要。

（三）再看近三十年风云变幻的俄国

近三十年里，俄罗斯社会大变革。《2010年俄罗斯教育现代化纲要》将教育纳入到国家社会经济的互动体系中，使教育政策的发展变化能够与政治、经济发展相呼应、相协调，成为服务国家、服务国民的重要措施。这种教育发展观念及相应举措也深深地影响了俄罗斯的外语政策及外语教育发展，为其发展和演变提供了广阔的背景。

从俄罗斯外语教育简史看，18世纪前俄国社会比较封闭，因而几乎没什么人学习外语。此后由于社会发展、生活和交流的需要，人们开始重视学习外语。18世纪前25年是俄罗斯外语教育快速发展的时期，一批新型（教会）学校在莫斯科成立，对外国人子弟和俄国贵族青年开设拉丁语、希腊语、德语课程。19世纪上半叶一系列专门学校和普通教育机构成立，把拉丁语、希腊语、德语、法语作为必修课程，英语只在军事学校、公务和商业化学校中开设，意大利语和丹麦语只针对军事和海军学校的学生开设。随着时代的发展，近些年俄罗斯外语教育更呈现出一种多元态势，学校教育不再推行单一的外语制，虽然英语仍为俄罗斯最主要的外语学习语种，德语、法语等欧洲语言次之，汉语、日语等东方语言也开始进入俄罗斯广阔的外语教育市场。

俄罗斯外语教育的另一个特点是，高度中央集权的国家体制决定了俄罗斯的外语教育发展与国家意志紧密相连。苏联一直对教育包括语言教育实施全面的中央集权领导，曾成功地通过各种手段向其他国家推广俄语，特别是东欧和其他社会主义国家，包括中国和朝鲜。在这种背景下，俄罗斯的外语教育的规模和语种数量处于相对停滞状态，少量的外语学习也是为了国家的政治需要。但开始逐渐走出中央高度集权的俄罗斯外语教育现在也融入了国际社会的大潮，实施更灵活的外语教育政策（张朝意，2010）。

（四）再看发达的欧洲国家法国

法国是欧洲大国，是欧洲联盟重要成员国，因此其外语教育与国家乃至世界的经济、政治、科技和社会文化发展息息相关。无论法国当局还是法国民众，对外语和外语教育都有高度的认识和需求。十多年前，法国参议院文化事务委员会对法国外语教育情况进行全面调研后认为：（1）在"全球化"的大环境下，外语教育要以面向国际和跨文化的理念为中心；（2）利用欧洲发展趋势，提供语言多元选择；（3）学习外语要从"娃娃"抓起，同国外建立直接联系，利用互联网资源并最大限度地聘用外国助教。越来越多的法国民众认为，掌握外语已成为进入世界市场的有效工具，而"只懂一门语言，就好像一条腿走路"。

法国的经验也表明，外语教育与社会经济发展之间是双赢互利的关系。一方面，世界和国家的发展影响了外语教育。首先，由于全球化的发展，法国对外联系日益频繁，外语在教育体制中的地位提高了，从不受重视到逐渐"转正"，成为学校教育的正式科目。第二，随着欧洲一体化进程的发展，欧盟的外语政策全面渗透着法国外语教育政策的走向。第三，由于英语国家尤其是美国在世界经济中的"霸主"作用，英语成为学习人数最多的语种；而新兴国家在国际舞台上的崛起，给法国带来了新的就业机会，也促使这些国家的语言在法国"人气旺盛"。

另一方面，外语教学的发展也对国家的方方面面产生了影响。比如，公众的外语学习需求、语种选择也从不同角度影响着国家政策的制定。英语以近乎百分之百的学习率成为法国第一大外语，国家必须培养、选拔相应的师资以满足英语学习的需要。汉语则在中国长盛不衰、持续发展的大背景下，前所未有地在法国"火"了起来。

法国的汉语热明显受社会、政治、经济关系的影响。中法关系良好，法国官方重视同中国的关系，从而重视汉语教学。法国教育部的网站上还介绍学习汉语的种种益处。法国学习汉语的人数在1993至2003年10年间增幅达172%。法国媒体近年也越发频繁报道中国的各个方面，改变了民众的眼光，而中国经济的飞速发展和在国际舞台的崛起给了法国人想象未来的空间，不少法国家庭希望子女兼学汉语以便今后找到好的工作。当然，中国文化在法国也有长盛不衰的感召力。这一切都表明外语教育与社会经济发展变化的紧密关联（参阅戴冬梅，待出版）。

五 各国外语教育政策给我们的启示

无论东方和西方，发达国家还是发展中国家，其外语教育发展的历史、现状以及有关外语教育的政策演变的共同特点或启示是：

（1）外语教育不是单纯的语言教学，它折射出时代的需求、国家的开放程度和经济社会的发展水平，也因其消长。

（2）一个国家的外语普及程度往往反映出公民的国际意识、国家的国际化程度，预示国家未来的发展前景；因此，外语教育是现代化教育、世界公民养成的一个重要元素。

（3）外语的教学、培训、考试关系到全社会公民的个人发展、求职就业，涉及面广，关注度高，是民间和政府都十分重视的社会行为，也是日益增长的第三产业和市场。

（4）外语教育不是单纯地培养外国语言文学人才或翻译人才，应当着力结合专业来培育精通外语的高级专业人才；重视口头和书面交流能力、打造专业的国际型人才是目前各国外语教育的重点。

（5）外语教育的发展与国家外语政策密切相关，政府高层高屋建瓴的适时引导和支持是外语教育发展的关键性保障；从各国情况看，提前在小学即开设外语课程、注意多语种人才培养、鼓励国际教育交流等是当前重要的政策导向。

总之，我们的多国外语教育及其政策的调研已清晰地表明外语教育是如何与社会经济发展良性互动，互为需求的。因势利导，根据政治、经济、学术以及现实各方面的要求，重视以英语通用语为主的外语教育，把外语教育放在国家战略发展的高度，着重提高公民的文化素质和国际意识，培养具有多元语言文化和国际竞争力的人才，才是我们今天应该走的道路，才有利于国家软实力的提升，才能适应持续稳健的经济社会发展的需要。

参考文献

[1] Crystal D. *English as a Global Language*. Cambridge: Cambridge University Press, 1997.

[2] Gaffey E. Biting your tongue: Globalised power and the international language. *Variant*, 2005, 2 (22): pp. 12 – 15.

[3] Herreras J C. De. 2001. l' apprentissage à la maîtrise des langues étrangères en Europe. ELA, 2001, (123 – 124): pp. 313 – 323.

[4] UNESCO. *Education in a Multilingual World*（多语世界中的教育）. http://www.unesco.orh/education, 2003.

[5] 戴冬梅：《法国的外语教育与社会发展》，王克非等编，《外语教育政策与社会经济发展——多国外语教育政策考察与分析》，待出版。

[6] 胡文仲：《我国外语教育规划的得与失》，《外语教学与研究》2001年第4期。

[7] 王克非：《日本英语教育动向探知》，《中国英语教育》2010年第2期。

[8] 张朝意：《俄罗斯外语教育概貌》，《中国英语教育》2010年第2期。

[9] 张贞爱、王克非：《韩国外语教育国际化考察》，《外语教学与研究》2010年第5期。

［原文载于《外语界》2011年第1期］

语言规划和语言政策
——从定义变迁看学科发展

刘海涛

人类有意识影响语言发展的活动由来已久，今天人们一般用"语言规划"（Language Planning）来特指这个领域，如现在至少有两个刊名中含有"语言规划"字样的国际性学术刊物："Language Problems and Language Planning（语言问题和语言规划，John Benjamins，1977— ）"和"Current Issues in Language Planning"（语言规划的当前问题，Multilingual Matters，2000— ）。至于"语言规划"和"语言政策"，虽然有学者认为二者是有区别的，如 Ager[1] 用"语言规划"表示那些由个人或集体从事的非官方的活动，用"语言政策"特指官方的行为。但本领域的大多数文献对二者没有做详细的区分。为此本文在引用时基本按照原作者的用法直接引用，对二者也不做进一步的区分。

一般认为，术语"语言规划"首次出现于 1959 年发表的一篇题为"在现代挪威规划一种标准语言"[2] 的文章里，文章作者为 Einar Haugen。而 Haugen 自己则说 Uriel Weinreich 曾在 1957 年的一次研讨会上使用过这一术语[3]。不管是哪一种说法，'语言规划'这一术语的首次出现时间大致在 20 个世纪五十年代末，这一点是可以肯定的。

Haugen 在 1959 年的文章中，将"语言规划"定义为："一种准备规范的正字法、语法和词典的活动，旨在指导非同质言语社区中的书面和口

---

[1] Dennis Ager (2001) Motivation in Language Planning and Language Policy. Clevedon: Multilingual Matters Ltd.

[2] "Planning for A Standard Language in Modern Norway", Anthropological Linguistics, 1: 3 (1959), pp. 8—21.

[3] "Construction and Reconstruction in Language Planning: Ivar Aasen's Grammar", Word, 21 (2): pp. 188—207.

头语言应用。"后来在一篇题为"语言学和语言规划"的文章中，Haugen对此做了补充，他说"现在我宁愿将其（即他1959年的定义——刘注）视为语言规划的一个结果，它是实现语言规划工作者所做决策的一部分。语言规划的核心是'用选择的方式，对现有的语言形式进行判断的活动。'简言之，可将语言规划定义为对语言变化的评价"[1]。Haugen认为语言规划是社会规划中的一个部分，据此他也有过一个更具一般意义的语言规划定义"为一个言语社区，建立目标、政策和过程的活动"[2]。Haugen这些对语言规划的定义，看似不同，实际上，却从不同的角度道出了语言规划的许多本质属性。这一点，我们会在下面的分析过程中，看得更清楚。现在，我们开始语言规划的定义之旅[3]。

Tauli（1968）：语言规划是调节和改善现有语言，或创造新的区域性、全国性和国际性语言的活动。语言规划涉及语言的口头和书面形式的各个层面：语音、词法、句法、词汇和正字法。语言规划理论是系统研究语言规划的目标、原则、方法和策略的学科。[4]

Rubin和Jernuold（1971）：语言规划是一种有意识的语言改变，即：对语言系统本身或语言应用，以及对二者的改变。这些规划是由专门为此目的而建立或得到授权的机构来进行的。语言规划的主要任务是解决问题，它的特点是通过对制定和评价各种解决语言问题的方法，以寻求最好（或最优、最有效）的决策。

Thorburn（1971）：如果人们试图通过各种语言知识来改变一组人的语言行为时，就出现了（语言规划）。

Jernudd和Das Gupta（1971）：我们认为规划不是一种理想主义和完全属于语言学的活动，而是一种为了解决社会语言问题的政治和管理活动。

Gorman（1973）：在我看来，术语"语言规划"最适于说明这样一些

---

[1] "Linguistics and Language Planning", in *The Ecology of Language*, Stanford University Press, 1972. p. 161.

[2] "Language Planning, Theory and Practice", in *The Ecology of Language*, p. 287.

[3] 所有定义尽可能从原文献引用。没有特别注明的几个定义均转引自Robert Cooper (1989): Language Planning and Social Change. Cambridge University. 除个别无法找到原文的定义外，以下所列定义的汉译文，均由作者自译。每一个引用的定义，包括：作者名、时间和定义。

[4] Tauli, V. 1968. Introduction to A Theory of Language Planning. Uppsala. p. 27.

有组织的活动,即对语言的正字法、语法、词汇以及语义方面进行选择、规范和加工。

Das Gupta(1973):语言规划是指一组有意识的活动,这些经过系统设计的活动在一定的时间里组织和发展了社区的语言资源。

Fishman(1974):术语"语言规划"指的是对语言问题解决方法有组织的寻求,一般出现在国家一级。

Karam(1974):本术语指的是一种试图解决语言问题的活动,通常由国家来进行,其对象为语言本身或语言应用,或二者兼而有之。

Weinstein(1980):为了解决交际问题,而在政府授权下所进行的长期的、连续的有意识改变语言本体或改变语言社会功能的努力。

Neustupný(1983):语言规划指对于语言问题系统的、基于理论的、理性的和有组织的社会关注。

Eastman(1983):为了达到某些规划机构设定的目标,而将语言作为一种社会资源进行操作的活动。规划机构一般指当地的政府、教育、经济或语言权威部门[1]。

Christian(1988):语言规划是一种旨在解决语言问题的公共和系统的努力,它通过机构组织对语言使用的干预来达到相应的目标[2]。

Cooper(1989):语言规划指的是有意识去影响他人语言行为的努力,包括习得、结构和功能分配等方面。

Halliday(1990):语言规划是一种非常复杂的活动,它含有两种完全不同,而且本质上有冲突的成分:其一是有关"意义"的,这与我们有关语言和符号学的所有其他活动是相同的;其二是关于"设计"的。如果我们从更广的角度来看设计系统和进化系统的区别,那么语言规划意味着在一个自然发展的系统(即语言)中引入设计过程和设计特征。语言规划活动的重点在制度,而非本体,也就是说,它规划的不是语言的形式,而是语言与其使用者之间的关系[3]。

---

[1] 转引自 Nanette Gottlieb & Ping Chen (eds, 2001), Language Planning and Language Policy: East Asian Perspectives. Richmond: Curzon Press. p. 23.

[2] 转引自 Tessa Carroll. Language Planning and Language Change in Japan. Richmond: Curzon Press, 2001. p. 11.

[3] M. A. K. Halliday (1990), New Ways of Meaning: the challenge to applied linguistics. In: Alwin Fill/ Peter Mühlhäusler (eds.): The Ecolinguistics Reader. Continuum. 2001. p. 177.

Jernudd（1991）：语言规划是前瞻性的、有组织的语言管理，一般（但不一定）是由政府授权和资助的公共机关进行的。语言规划可以被看作一种解决问题的方法。它为寻求最佳决策的人们提供了一个可在未来实现其理想的框架[1]。

Tollefson（1991）：语言规划是所有有意识地影响语言变体的结构或功能的活动。语言政策是由政府所从事的语言规划[2]。

Bugarski（1992）：简言之，术语语言政策指的就是一个社会在语言交际领域的政策，这些地位、原则和决定反映了社区与其可操用语言、交际潜力的关系。语言规划一般被认为是在语言政策框架内所采取的一系列作用于社区语言交际上的具体措施，这些措施常用来指导语言的发展[3]。

胡壮麟（1993）认为：（1）语言规划是有意识的、有组织的活动。（2）它涉及私人和官方的努力。（3）语言规划旨在发现和解决交际问题，这些问题既有语言学的，也有非语言学的。（4）语言规划要解决的是全国性问题，故需较长时间评估并在一定社会中解决这些问题。（5）语言规划要有一定的理论框架指导[4]。

Gottlieb（1994）：语言规划是有意识的工程化的语言改变。语言政策是规划者为了达到预定目标而制定并实施的特定策略[5]。

Mackey（1991）：语言规划是对语言多样性的社会调节[6]。

Kaplan 和 Baldauf Jr.（1997）：语言规划是某些人由于某种理由试图改变某个社区语言行为的活动[7]。

Tonkin（1999）：语言规划是一种对语言选择过程进行的有意识干预，旨在影响相关的选择[8]。

---

[1] Björn Jernudd（1991）: Lectures on Language Problems. Bahri Publications.
[2] James Tollefson（1991）: Planning Language, Planning Inequality. Longman. p. 16.
[3] 转引自 Schiffman, H. F.（1998）. Linguistic Culture and Language Policy. London: Routledge.
[4] 胡壮麟：语言规划，《语言文字应用》1993 年第 2 期。
[5] 转引自 Carroll（2001）: p. 12.
[6] 转引自 Carroll（2001）: p. 12.
[7] Kaplan, Robert B. & Baldauf, Richard B.（1997）, Language Planning from Practice to Theory. Clevedon: Multilingual Matters Ltd. p 3.
[8] Humphrey Tonkin（1999）Kio estas lingvoplanado? en D. Blanke, R. McCoy, O. Buller（red.）: Por Aktiva Lingvopolitiko. Rotterdam: UEA. pp. 9 – 14.

Grin（1999）：解决语言问题是语言政策和语言规划的首要目标。所有"语言问题"的共同核心是多样性，因此语言政策的根本使命是多样性的管理[1]。

冯志伟（1999）：语言规划就是政府或社会团体为了解决语言交际中出现的问题有计划有组织地对语言文字进行的各种工作和活动工作的统称。它是语言政策的具体体现。……语言规划具有社会性、交际目的性、长期性、庞杂性和权威性的特点[2]。

许嘉璐（1999）：语言规划是国家或社会团体为了对语言进行管理而进行的各种工作的统称。所谓规划或管理，是个广义的概念，包括语言的选择和规范化、文字的创制和改革等方面的具体问题[3]。

Gottlieb 和 Chen（2001）：语言规划是有意识去指导、改变或保留一个社会语言代码的习得、结构或功能分配的努力。语言政策指的是由权威机构来进行的这些活动的系统性规划[4]。

Lo Bianco（2001）：一种最直接地将语言变为公共政策的学术领域，这就是语言政策和语言规划[5]。

Phillipson（2003）：语言政策是社会政策的集成部分。地位规划、本体规划以及获得规划[6]是语言规划的主要内容，作为语言社会学的一个分支，语言规划与经济学、人口学、教育学和语言学有关[7]。

Mühlhäusler（2003）认为：按照生态学的观点，语言规划已不再是一种流水线式的作业过程，而是一种旨在保持人类交际系统最大多样性的活动[8]。按照他的说法采用生态观的语言规划者追求的解释（语言的多样

---

[1] François Grin（1999）"Language Planning as Diversity Management: Some Analytical Principles". Plurilingua, 21: pp. 141 – 156.

[2] 《应用语言学综论》，广东教育出版社1999年版，第91页。

[3] 《语言文字学及其应用研究》，广东教育出版社1999年版，第156页。

[4] Nanette Gottlieb & Ping Chen（eds, 2001），p. 4.

[5] Joseph Lo Bianco（2001）Officialising Language: A Discourse Study of Language Politics in the United States. PhD thesis, The Australian National University.

[6] 所谓"获得规划"一般是指通过有组织的活动来推广一种语言的学习。

[7] R. Phillipson 2003. English-Only Europe Challenging Language Policy. London/New York: Routledge. p. 15.

[8] Peter Mühlhäusler（2003）Language of Environment-Environment of Language: A Course in Ecolinguistics. London: Battlebridge. p. 35.

性）正是传统语言规划者们要解决的问题①。

Baldauf（2004）：语言规划是一种有意识的、面向未来的对语言代码及语言使用的系统改变，一般由政府来进行。语言规划可分为以下四类：地位规划，本体规划，教育规划和声望规划②。

Spolsky（2004）认为有必要把一个言语社区的语言政策分为三个组成部分：语言实践——使用者在自己可操用语言变体中进行选择的惯用模式；语言信念或意识——关于语言和语言使用的信念；以及通过任何语言干预、规划或管理的方法来修改和影响这种语言实践的所有努力③。

陈章太（2005）：政府或社会团体为了解决语言在社会交际中出现的问题，有目的、有计划、有组织地对语言文字及其使用进行干预与管理，使语言文字更好地为社会服务④。

Cooper 提出过一个语言规划行为的分析模式⑤。他认为可以从以下八个方面去分析语言规划活动：谁是规划的制订者？针对什么行为？针对哪些人？要达到什么目的（或出于什么动机）？在什么条件下？用什么方式？通过什么决策过程？效果如何？显然这八要素是针对语言规划行为本身的一种分析。有学者认为要理解语言规划的总体影响不能仅考虑这些关系，而且也应该考虑这样一些因素：谁接受规划规定？接受什么规划规定？从哪儿接受规划规定？在什么情况下接受规划规定⑥？这是从语言规划的受众角度来分析问题的。

现在是回到定义本身的时候了，从跨越 45 年的三十多种定义中，我们大致可以得出语言规划具有这样一些特征：语言规划是人类有意识的对语言发展的干预，是影响他人语言行为的一种活动；语言规划是为了解决语言问题的，所谓语言问题是由语言的多样性引起的交流问题；语言规划一般是由国家授权的机构进行的一种有组织的活动；语言规划不仅仅对语

---

① Peter Mühlhäusler（2000），Language Planning and Language Ecology. In Current Issues in Language Planning. 1（3）：p. 310.

② Richard B. Baldauf Jr（2004），Language Planning. in Philipp Strazny（ed. 2004）Encyclopedia of Linguistics，Routledge.

③ Bernard Spolsky（2004），Language Policy. Cambridge University Press. p. 5.

④ 陈章太：《语言规划研究》，商务印书馆 2005 年版，第 2 页。

⑤ Cooper 1989：p. 98.

⑥ Haarmann（1990），《从语言的总体理论看语言规划：方法论框架》，载周庆生主编《国外语言政策与语言规划进程》，语文出版社 2001 年版。

言本体进行规划,更多的是对语言应用的规划,对语言和人以及社会之间关系的规划;语言规划是一种立足现在,面向未来的活动;语言规划和语言政策是国家或地区社会政策的有机组成部分;语言规划与语言学其他领域的不同在于,它通过明显的、有组织的人工干预在自然语言中引入"人造"成分。这基本上是 20 世纪 80 年代中后期之前人们对于语言规划的一些看法。90 年代以来,人们对语言规划又有了更多的认识:语言规划是对语言多样性的一种人工调节;语言规划不是要消灭语言的多样性,而是要保护这种多样性;语言规划的目的不再只是解决交际问题了,而且也应该考虑其他非交际的问题;语言规划也应该考虑受众的感受,考虑规划行为对整体语言生态系统的影响;语言规划不仅仅是语言学的一个分支,也和社会学、政治学有着密切的关系;语言规划应该被视为社会规划的一部分。

Ricento 将第二次世界大战后的语言规划和语言政策研究分为如下三个阶段[1]:

阶段	宏观—社会政治	方法论	策略
早期工作(50—60 年代晚期)	脱离殖民、建立新的国家	社会科学中的结构主义	语言问题可以通过规划来解决
第二阶段(70 年代早期—80 年代晚期)	现代化失败	社会语言学批判理论	现实主义
第三阶段(80 年代中期—现在)	世界新秩序	后现代主义	语言人权

我们认为 Ricento 讲语言规划和语言政策分为三个时期是有一定道理的。但是,从定义变迁的角度来看,我们更有理由将语言规划的发展时期分成两个大的阶段。20 世纪 50 年代至 80 年代中后期为第一阶段,20 世纪 80 年代中后期至今为一个阶段。这样的划分依据要更充分一些,因为 Ricento 所说的第二阶段的转换特征并不明显,严格说来是可以将其归结到第三阶段里的。

第一阶段的语言规划和语言政策的目标基本上与那些新创建的国家的整体目标密切相关的,即国家的统一和"现代化",而这一过程中被仿效

---

[1] Thomas Ricento (2000) Historical and theoretical perspectives in language policy and planning. Journal of Sociolinguistics 4 (2). pp. 196–213.

的对象大多是具有"一种语言、一种文化、一方领土、一种政治概念"传统的西方国家。按照苏金智（2004）的统计，在186个国家和地区中，有112个国家和地区用法律的形式明确规定了自己国家的国语或官方语言[1]。这一时期的语言规划和语言政策，在不经意间，都会流露出多语现象是混乱、贫困和落后的意象，而能够有一种标准语才是发达国家的表征。这样语言规划和语言政策的目标就成了消除由于语言的多样性所带来的语言交际问题了。显然，在这样的大前提下，多元化基本就成了无人顾及的弃儿。

但是，模仿不是解决问题的根本之道。社会政策的制定及效果与国情的方方面面有着密切的联系，世上没有灵丹妙药。语言政策作为社会政策的一部分也不例外。希冀中的"经济腾飞"和"社会发展"并没有到来。这个时候，人们开始反思，开始用批判的眼光来审视过去的做法。这种对社会政策的反思，也影响到语言政策领域。语言规划开始从单一的以语言代码为中心的理论过渡到综合考虑语言应用和各种社会和政治因素的关联问题了。语言政策和语言规划的对象也从过去的"语言"变为"语言社区"。对传统的批判和反思成了推动语言规划和语言政策向第二阶段转移的动力。

Mufwene 在一篇有关语言生态学的论文中的第一句话是这样说的："毫无疑问，20世纪90年代将被铭记在语言学史上，这是一个语言学家对语言的濒危和消失问题日益重视的时期。"[2] 语言学和社会语言学中，这种对语言多样性的重视可以被视为一种后现代主义在语言学中反映[3]。后现代主义的基本特征，如：反基础性，提倡多元性；反原子性，提倡整体性；反确定性，倡导非确定性；反对霸权，寻求和谐共存；反简单性，拥护复杂性，倡导生态观。所有这些开始渗透到社会科学的各个领域。这种思潮也影响到语言学，影响到社会语言学，当然也会影响语言规划和语言政策领域。这也就是 Ricento 所说的，在建立"世界新秩序"的大背景

---

[1]《论语言多样性背景下国际间的语言平等》，载《国际关系中的语言问题》（刘海涛主编），国际世界语协会出版，2004。

[2] Mufwene, Salikoko S. (1998): The Ecology of Language: New Imperatives in Linguistics Curricula. Paper presented at the Symposium on The Linguistic Sciences in a Changing Context, University of Illinois, Urbana-Champaign, pp. 30 – 31 October 1998.

[3] 刘海涛（2003），《后现代主义和语言学》（研究备忘录），BBI。

下，在"后现代主义"的旗帜下，通过"语言人权"这张牌来进行语言规划的缘由。对于这一点，我们是赞同的。

按照 Kymlicke/Grin（2003）的说法，目前人们在语言政策和语言规划的名称下，讨论的大多还是属于"语言政治"（politics）层面的东西，而不是"政策"（policy）。因为，政策关心的是怎么实现某个目标，而政治的中心才是选择目标的过程[1]。对于这种语言规划中的"政治中心论"，第一本语言规划理论著作（Tauli 1968）的作者给予了毫不留情的批评；他说"然而，目的论要重于社会学……语言规划的目标应该是尽可能使得语言成为一种更有效的工具。……我们应该使语言更适宜于现代文化和现代社会"[2]。这话有一定的道理，但语言不仅仅是交际的工具，它也是文化的容器和身份的象征。语言的这三种功能要求不同的政策来保证，这就使得语言政策的制定者在制定语言政策时，不得不均衡考虑各个因素间的相互关系。在不同的历史时期，语言政策的重点也会有不同。对于一个刚成（独）立的国家，语言的交际功能和象征功能就要强于文化功能，而在一定时间之后，为了长远的可持续发展，国家内部各民族的均衡发展就显出其重要性了。我们可以将语言政策和语言规划中的这种转变视为社会变化之一种，语言政策是社会政策的组成部分，社会发展各个时期重点的不同也要求不同的语言政策和语言规划来适应。早期语言规划的目的主要是解决语言交际问题，这一点从刚才提及的一些定义中不难看出，杂志《语言问题和语言规划》（LPLP）（1977—）的名字更是道出了语言规划的目的就是为了解决语言问题的真谛。当人们过分强调某种语言的交际功能，并用政策来大力强化这种功能的时候，难免会弱化其他语言的交际功能和文化功能，这是一个摆在语言规划和语言政策制定者面前的不应回避的问题。Weinstock 举了一个令人深思的例子[3]：某人有一件珍贵的木雕艺

---

[1] Will Kymlicka, François Grin (2003), Assessing the Politics of Diversity in Transition Countries. In: Nation-building, Ethnicity and Language Politics in Transition Countries. Open Society Institute. pp. 5–27.

[2] Tauli, Valter (1984), The Failure of Language Planning Research. In: Gonzalez, Andrew FSC (Red.): Panagani: Essays in Honor of Bonifacio P. Sibayan on his Sixty-seventh Birthday. Manila: Linguistic Society of the Philippines, pp. 85–92.

[3] Daniel Weinstock (2003), The Antinomy of Language Policy. In W. Kymlicka/ A. Patten (eds.): Langauge Rights and Political Theory. Oxford University Press.

术品，价值不菲，显然这种价值指的是内在价值或文化价值。在一个寒冷的冬夜，只有将这件木雕烧掉才能保命的时候，该选择木雕的实用（工具）价值还是内在价值？Weinstock认为语言有内在价值，也有工具价值，二者的高低既不能一概而论，也不是一成不变的，而应视具体的环境而定。我们认为对弱势语言不仅仅应该保护它的内在价值，而忽视其工具价值，因为不能交际的语言实际上已经丧失了语言最根本的价值。在这种情况下，也很难去保护语言所承载的文化。就强势语言而言，不能仅仅认为它只有工具价值，而忽视它的文化价值。对于强势语言内在价值的忽视，会导致它对其他文化的侵蚀。所有这些说明语言规划和语言政策不再是一个单变量的过程了，而是一个与具体的社会环境密切相关的多变量过程，并且导致语言变量改变的因素很可能来自非语言变量。计划语言的实践证明在语言的发展过程中，非语言变量的作用往往大于语言变量[1]。语言政策和语言规划的研究者们应该寻求非语言变量和语言变量之间的这种关系，力求语言系统的平稳运行，在可能的情况下，要充分挖掘语言的自我调节和发展能力。Haarmann（1990）列出了影响一个集体进行群内和群外交际的生态变量，共分为7大类35小类[2]。Kaplan/Baldauf（1997）较系统地建立了一种语言规划的生态观，并在他们编辑的几本著作（1999、2000）中采用这种方法分析了一些国家和地区的语言生态状况[3]。语言规划的生态观也在由Kaplan、Baldauf主编的《语言规划的当前问题》（Current Issues in Language Planning，2000—）得到了进一步的体现。还记得另一本含有语言规划字样的学术刊物吗？这两种刊物的名字，差不多就是我们所说的语言规划发展分为两个阶段的极好佐证。

---

[1] Blanke, Detlev (2001), Vom Entwurf zur Sprache. En: Schubert (2001, Ed.): Planned Languages: From Concept to Reality. Interface. Brüssel: Hogeschool voor Wetenschap en Kunst. pp. 37 – 89.

[2] Haarmann (1990)，《从语言的总体理论看语言规划：方法论框架》，载周庆生主编《国外语言政策与语言规划进程》，语文出版社2001年版。

[3] Kaplan, R. B. & Baldauf, R. B. (1997), Language planning from practice to theory. Clevedon: Multilingual Matters Ltd. (1999), Language planning in Malawi, Mozambique and the Philippines. (2000), Language Planning in Nepal, Taiwan and Sweden. (2003) Language and Language-in-Education Planning in the Pacific Basin. (2004) Language Planning and Policy in Africa: Volume I: Botswana, Malawi, Mozambique and South Africa. (2005) Language Planning and Policy: Europe: Vol. I: Hungary, Finland and Sweden.

在此，我们列出显现语言规划领域这种转变的一些具体特征：从工具观到资源观的转变；从结构主义到后现代主义的转变；从单变量系统到多变量系统的转变；从实用主义到语言人权的转变；从语言问题到语言生态的转变；从单纯的语言学领域向社会学、政治学以及其他学科的转变。

如果语言只是一种工具，那么人们只需追求工具的实用性、易用性、高效性就行了。而作为资源的语言，在人们眼里就有了更多的含义，为了人类的可持续发展，任何资源，特别是难以再生的资源的利用和保护就显得格外重要了。语言的资源观也会使人们从更广泛的背景去处理语言和生态的关系。正如 Nettle 所言："不同的生态模式青睐不同的社会网络，后者又造就了不同的语言群体。"①

总之，语言政策和语言规划虽然也是社会政策和社会规划的一部分，但"将语言作为对象的政策和规划要比针对其他问题的政策复杂得多"②。这也可能就是 Cooper 会用这样一句话来结束自己有关语言规划专著的原因："规划语言就是规划社会。因此，只有一个好的社会变革理论才会有一个好的语言规划理论。"③

[原文载于教育部语用所社会语言学与媒体语言研究室编
《语言规划的理论与实践》]

---

① Daniel Nettle (1999), Linguistic Diversity. Oxford University Press. p. 79.
② Joseph Lo Bianco (2001), Real World Language Politics and Policy. in Steven J. Baker (ed.) Language Policy: Lessons from Global Models Proceedings from Language Policy Conference held at the Monterey Institute in September 2001. p. 9.
③ Cooper (1989), p. 182.

语言规划研究五十年

王 辉

一 引言

人类的语言规划活动历史悠久。但是,第二次世界大战以后,语言规划才作为一门被认可的专业科目在大学里建立起来(Wright,2004:8)[①]。对语言规划的正式的学术研究大致开始于20世纪60年代。作为应用语言学的一个分支学科,语言规划并不是一个理论驱动的学术研究领域,它主要立足于解决社会中的语言问题。近50年来,语言规划研究不断深入,涵盖范围逐渐扩大,尤其是20世纪90年代以来,语言规划成为一门复兴的学科,日益彰显其重要性和研究前景。本文将回顾和分析50年来语言规划研究的总体情况,并将展望未来语言规划研究的走向。

二 语言规划的概念、类型及目标

"语言规划"(language planning)一词既用来指语言规划实践,又指语言规划学科。与语言规划有关的概念可以追溯到20世纪二三十年代布拉格学派的语言培植理论和标准语的研究,甚至更早。语言规划并不是文献中第一个描述这个领域的术语,大概第一个术语是语言工程(language engineering)[②],"语言规划"这一术语在20世纪50年代末才出现。1957

[①] Wright, S. *Language Policy and Language Planning: From Nationalism to Globalization.* New York: Palgrave Macmillan, 2004.

[②] George Miller 曾于1950年在 *Journal of Acoustical Society of America* 第22卷第6期720—725页上发表了一篇题为"Language Engineering"的文章。

年 Weinreich 在哥伦比亚大学的一次研讨会上曾使用过这个术语。1958 年 11 月 Haugen 在提交给美国人类学学会的论文中使用了语言规划这个术语，1959 年该论文发表，Haugen 成为第一个在文献中介绍这个术语的人。在这篇论文中，Haugen 将语言规划定义为："一种准备规范的正词法、语法和词典的活动，为处于非同质言语社区的写作者和说话者提供一个指导。"① 这个定义关注的只是对语言本身的规划。后来，他又将这些行为看作语言规划的结果，是语言规划者所做出的决策的实施中的一部分，而非语言规划的全部。②

学术界对语言规划的定义并不一致。Cooper 列举的语言规划的各种定义达 12 种。③ 对语言规划的不同定义反映了学者对语言规划缺乏普遍赞同的概念。早期的研究者总是将语言规划看作解决语言问题的一种技术手段。如 Rubin 和 Jernudd 认为："语言规划关注于问题的解决，其特点是形成并评估解决语言问题的方案，以找到最好（最佳、最有效）的决策。"④ 随着语言规划实践和理论的发展，人们对语言规划的认识进一步深入，语言规划的跨学科属性也得到进一步的体现。Phillipson 指出：作为语言社会学的一个专门领域，语言规划需要吸收经济学、人口学、教育学和语言学的内容。⑤

语言政策（language policy）⑥ 通常被看作语言规划的同义术语，这两个术语也经常一前一后出现。但是也有学者对这两个术语进行了区分。Kaplan 和 Baldauf 的观点很有代表性：语言规划和语言政策实际上代表了

---

① Haugen, E., Planning for a Standard Language in Modern Norway. *Anthropological Linguistics*, 1959, 1 (3): pp. 8—21.

② Haugen, E., Linguistics and Language Planning. In W. Bright. *Sociolinguistics: Proceedings of the UCLA Sociolinguistics Conference*, 1964. The Hague: Mouton, 1966: pp. 50—71.

③ Cooper, R., *Language Planning and Social Change*. Cambridge: Cambridge University Press, 1989.

④ Rubin, J. & Jernudd, B. H., *Can Language Be Planned? Sociolinguistic Theory and Practice for Developing Nations*. Honolulu: University of Hawaii Press, 1971.

⑤ Phillipson, R., *English-Only Europe: Challenging Language Policy*. London: Routledge, 2003: p. 15.

⑥ language policy 一词出现的时间更早。Spolsky（2004: 11）提到：在美国国会图书馆藏书中，第一部书名中出现 language policy 的书是 Cebollero, P. A., *A School Language Policy for Puerto Rico*. San Juan de Puerto Rico: Impr. Baldrich. 1945.

语言变化过程这一系统的两个不同方面。语言规划是一种最明显的由政府实施的行为，其意图是提升某个言语社区的系统的语言变化。而语言政策可理解为观念、法律、规范、规定、实践等的实体，其意图是在社会、团体和系统中获得经过规划的语言变化。[1] Tonkin 对两者的关系的看法也很精辟：语言规划和语言政策是互动的。理想地说，规划基于对实际语言实践的全面研究和记录，是对政策选择的探究。政策产生于这个过程，又要求用规划来使其生效。要求政策的愿望会引发规划行为，规划又会产生连贯的政策。政策通过有计划的行动来实施。不幸的是，无规划的政策或无政策的规划却经常出现。[2]

区分语言规划和语言政策是必要的，现实社会中语言规划失败的案例很多，这与人们对语言规划与语言政策在认识上的不足和不清晰有一定关系。尽管在实际的语言规划与语言政策活动中，无法将其作为两个完全独立的活动来看待，但是从概念上来说，语言规划和语言政策含义不同。语言规划比语言政策更宽泛，主要指政府或其他机构、个人等对语言及其社会功能的管理行为，其中包括语言政策。语言政策则更多地表现为观念、法律、规范、规定等，有显性和隐性之分。

除了语言政策外，语言管理（language management）也被认为是语言规划的同义术语。语言管理的概念主要由 Neustupný、Jernudd 等人提出并发展。语言管理虽然可作为语言规划的同义术语，但是作为一个概念，它强调的是一种自下而上的语言规划方式，管理的中心在于个人和社区，而传统意义上的语言规划则是一种自上而下的语言管理方法，管理的中心是政府或权威机构。

语言规划有本体规划（corpus planning）、地位规划（status planning）、习得规划（acquisition planning）[3] 和声望规划（prestige planning）四种基本类型。

Kloss 首次提出了本体规划和地位规划两种类型。本体规划是对语言本身的规划，主要包括文字化、标准化和现代化。地位规划是与语言的外

---

[1] Kaplan, R. B. & Baldauf, R. B., *Language Planning from Practice to Theory*. Clevedon：Multilingual Matters Ltd, 1997.

[2] Tonkin, H., Language Planning. In M. J. Ball. *Clinical Sociolinguistics*. Malden：Blackwell, 2005：pp. 121 – 122.

[3] acquisition planning 又被称为 language-in-education planning（语言教育规划）。

部社会环境相关的规划,包括语言的选择(如官方语言、国语等)和某些语言传播活动等。[1] 语言规划的这种二分法确定了早期语言规划研究的基本范畴。

Cooper 将习得规划从 Haugen 所提出的模型中的"实施"部分分离出来,赋予它独立的地位,成为语言规划的又一重要类型。他所依据的理由有两点:一、很多语言规划的目标是语言传播,但并非所有为语言传播进行的规划都能归入地位规划:为扩大语言使用而进行的规划可归入地位规划,为增加一门语言的使用者而进行的规划应纳入一个独立的类型。二、一门语言形式或功能的改变与这门语言的使用人数会相互影响。语言的形式、功能和习得三者之间相互依存,任何一种类型的规划都应该考虑到其他两种类型。[2] 既然教育在语言规划中的作用非常大,习得规划的重要性不言而喻。

Haarmann 提出应该在地位规划和本体规划之外加入另外一个维度,即声望规划。他认为:任何一种语言规划都必须吸引正面的价值,即规划活动必须具有声望,以保证获得语言规划者和预计会使用这种语言的人的支持。他还区分了两种声望:一种是与语言规划的产生相关的声望,另一种是与语言规划的接受相关的声望。语言规划发生在政府活动、机构活动、群体活动和个人活动等四个不同的层级中,这些层级反映不同的声望,代表不同的组织影响的效率。[3] 语言的声望规划将对语言规划的成败产生影响。

声望规划是与语言形象相关的规划。Ager 通过对威尔士、马来西亚和魁北克三个实例的分析,认为,声望规划至少包含三种不同的意义:首先,声望(形象)可以用来反映身份;其次声望可以用来描述语言政策的实施方法;第三,声望与规划者自身及规划者所规划的社区有关。[4] 目

---

[1] Kloss, H., *Research Possibilities on Group Bilingualism: A Report*. Quebec: International Center for Research on Bilingualism, 1969: pp. 1 – 91.

[2] Cooper, R., *Language Planning and Social Change*. Cambridge: Cambridge University Press, 1989: 33.

[3] Haarmann, H., Language Planning in the Light of a General Theory of Language: A Methodological Framework. *International Journal of the Sociology of Language*, 1990, 86 (1): pp. 103 – 126.

[4] Ager, D., Prestige and Image Planning. In E. Hinkel. *Handbook of Research in Second Language Teaching and Learning*. Mahwah, NJ: Erlbaum, 2005, pp. 1035 – 1054.

前声望规划的研究还很不充分，但是人们已经意识到其所强调的社会心理因素对语言规划有着重要影响。

语言规划总是为了实现一定的目标。语言规划的目标可分为语言相关的目标和政治、经济驱动的目标。Nahir提出了语言规划的11个具体目标，即：语言纯洁、语言再生、语言改革、语言标准化、语言传播、词汇现代化、术语统一、文体简化、语际交流、语言保持、辅助码标准化等。这些目标都是与语言相关的目标。政治、经济驱动的目标主要有：国家统一、民族团结、经济发展等。① Kaplan 和 Baldauf 综合了各家观点，建立了一个语言规划的目标框架。② 语言规划的目标之所以受到如此重视，是因为作为一门问题驱动的学科，语言规划本身即是目标导向的活动。应该指出的是，语言规划的目标从来都不是单一的，有些目标甚至会相互矛盾。语言规划总的目标是解决语言问题，但正如Jahr指出，语言规划行为本身也会引发语言问题和语言冲突。③

三 语言规划研究的历史发展

Ricento将第二次世界大战后语言规划的历史发展划分为三个阶段：第一阶段从20世纪50年代至60年代末期，可称为语言规划的形成期，第二阶段从70年代初期至80年代晚期，可称为反思期，第三阶段从80年代中期至今，可称为复兴期。④

（1）第一阶段（50年代至60年代末期）

早期的语言规划理论无疑受到20世纪50—60年代盛行的实证主义思想的影响。实证主义认为：政府通过理性规划（通常建立在经济规划模型和经济手段之上）能够解决许多社会问题。此外，受结构主义语言学

---

① Nahir, M., Language Planning Goals: A Classification. *Language Problems & Language Planning*, 1984, 8 (3): pp. 294–327.

② Kaplan, R. B. & Baldauf, R. B., *Language and Language-in-Education Planning in the Pacific Basin*. London: Kluwer Academic Publishers, 2003: pp. 201–226.

③ Jahr, E. H., *Language Conflict and Language Planning*. Berlin: Mouton de Gruyter, 1993: p. 1.

④ Ricento, T., Historical and Theoretical Perspectives in Language Policy and Planning. *Journal of Sociolinguistics*, 2000a, 4 (2): pp. 196–213.

和行为主义心理学影响产生的听说教学法在 20 世纪 50—60 年代享有盛誉。人们相信能够使语言发生有规则的变化,这种信念与当时的规划环境和社会问题正好相适应,新独立的国家需要进行语言选择以适应新的独立地位。①

第二次世界大战之后纷纷独立的前殖民地国家面对的重要问题是国家的统一和现代化,而这样的问题需要语言规划来帮助解决。如何选择和确定国语或官方语言,如何实现语言现代化以更好地解决交际问题,这不仅是政府需要考虑的问题,也是社会语言学家感兴趣的问题。一些语言学家被委派到世界各地去进行语言本体规划,如为本土语言创制文字、发展语法、编写词典,实现语言的标准化、现代化。语言规划之所以在二战后得到迅速发展,主要是因为新独立国家为社会语言学家提供了解决社会语言问题的舞台。那些受过结构主义语言学训练、对语言类型和社会语言学感兴趣的学者意识到推进语言学理论的巨大潜力,尝试用新的方法探索语言和社会的关系。在这一阶段,人们通常相信语言规划的有效性,相信语言问题能被解决,表现出某种乐观态度②。语言规划被看作一门在政治上中立的技术,语言统一和语言标准化被看作治疗社会问题的妙方。

(2) 第二阶段(70 年代初期至 80 年代晚期)

但是,新独立国家期待中的现代化和经济腾飞并没有到来,语言规划并不像人们先前以为的那样奏效。新独立国家不但没有摆脱前殖民者的影响,相反,比独立以前更大程度地依赖前宗主国。先前推崇的西方模式被看作新殖民主义。对语言规划的质疑、批判和反思是第二阶段的主要特征。这一时期语言学及相关社会科学的发展也对语言规划研究产生影响。自主语言学作为语言习得、使用和变化研究的范式不断受到挑战,无论在发展中国家还是发达国家,都出现了对语言学及语言规划研究的批判分析。学者开始关注语言接触的社会、经济和政治影响。人们开始意识到语言规划的负面影响和内在局限性,认识到社会语言学的构念,诸如双言、双语、多语等非常复杂,蕴含着意识形态,不能简单地用现有的描写主义

---

① Kaplan, R. B. & Baldauf, R. B., *Language Planning from Practice to Theory*. Clevedon: Multilingual Matters Ltd, 1997.

② Wright, S., *Language Policy and Language Planning: from Nationalism to Globalization*. New York: Palgrave Macmillan, 2004.

的分类法去对待。① 选择欧洲语言作为一种"中立的媒介"将导致对大国的经济利益有利，而对被边缘化了的少数族群语言使用者的经济、社会和政治利益则会产生负面影响。语言规划未能与现代性的文明模式相适应，语言行为是社会行为，受到说话者和言语社区的态度和信念以及宏观经济和政治力量的驱动和影响。

语言规划模型不能够解释语言行为，语言规划并未取得期待的效果。一些语言规划学者兴趣锐减，转向社会语言学的其他领域。甚至"语言规划"这一术语本身就像一个过时论调，给人留下控制、实证性社会工程以及技术理性等令人不悦的形象。② 语言规划研究也并未受到语言学核心领域的学者的重视。语言规划研究开始走向低谷。

（3）第三阶段（80年代中期至今）

80年代末以来世界政治格局发生了巨大变化。苏联解体、东欧剧变、冷战结束、南非的种族隔离制度的瓦解、超国家组织——欧盟的扩展、西方，尤其是美国文化和科技对发展中国家的渗透……这些都对语言规划的发展产生重要影响。语言规划在这一时期出现了新的研究主题。随着人们对濒危语言、语言生态、语言权利、语言资源等问题的广泛关注，语言规划获得了新的生命力，成为一门复兴的学科，日益受到重视。

1992年，美国著名的语言学期刊 *Language* 在第一期首要位置（1—42页）发表了一组关于濒危语言的文章。在这一年举行的第15届世界语言学家大会上，"濒危语言问题"也是会议的两大主题之一。对濒危语言的关注推动了学者在语言及语言规划研究中借用"生态"这样的隐喻来分析语言及其所处的环境，揭示语言生态系统在语言规划研究中的重要意义。语言多样性不再被看作一种问题，而成为语言规划的主要目标。Mühlhäusler 对语言规划与语言生态做了细致的研究，其观点很具有代表性。Mühlhäusler 指出：生态语言规划和传统语言规划的目标和方法都有所不同。传统语言规划的显著特点是减少语言多样性，而生态语言规划的主要目标是保持语言生态系统内交流方式的结构多样性。传统语言规划是以管理和控制为中心的精简方式，而生态语言规划则强调重建"自我调

---

① Ricento, T., *Ideology, Politics and Language Policies: Focus on English*. Amsterdam: John Benjamins, 2000b: p. 201.

② Ferguson, G., *Language Planning and Education*. Edinburgh: Edinburgh University Press, 2006: p. 4.

节"的语言多样性。就方法而言,传统的本体规划强调单一系统的规范,地位规划关注个体语言的等级。而生态语言规划对标准化的必要性表示怀疑,也不认可用一种语言取代多种方式交流的观念。生态语言规划强调去除"语言的"与"非语言的"之间的界线。① 语言规划的生态模式将成为改变全球语言格局的重要方式。

少数族群的语言权利受到空前的重视。通常认为语言权利包括少数族群语言保持、语言使用以及包括双语教育的权利。Kontra et al.②、Skutnabb-Kangas 等将语言权利同人权联系起来,形成了语言人权的概念。作为语言人权研究最有影响力的学者之一,Skutnabb-Kangas 指出:语言权利与语言人权是有区别的。前者更加宽泛。很多语言权利尽管重要,但不能或不应该看作语言人权。如果语言人权的范围太广,它就变得毫无意义。她进一步区分了两种语言权利:即必要的语言权利和充实取向的语言权利。必要的权利是指能够实现基本需要的权利,它是过上"有尊严的"生活的先决条件。充实取向的权利是一种超出基本需要的为过上"好"的生活的"额外"权利。只有必要的语言权利属于语言人权。而充实取向的语言权利,如学习外语的权利可以被看作是一种语言权利,但其并不是不可剥夺的人权,因此不属于语言人权。③ 语言权利和语言人权已经成为维护语言公平的重要的思想武器。

语言也是一种重要的资源。Ruíz 认为:双语或多语能力在诸如国际交流、国家安全、社会和教育领域等有重要的作用。语言是一种需要管理、发展和保护的资源。少数族群的语言是一种特殊的重要资源。④ Kaplan 认为,语言资源可被看作一种人力资源。从大的方面或宏观上看,语言规划是国家资源发展规划的一个方面。国家资源发展规划包括自然资源发展与保护规划、人力资源发展与保护规划两部分,而语言规划即属于国

---

① Mühlhäusler, P., Language Planning and Language Ecology. *Current issues in Language Planning*, 2000, 1 (3): pp. 306 – 367.

② Kontra, M., *Language: A Right and a Resource: Approaching Linguistic Human Rights*. Budapest: Central European University Press, 1999.

③ Skutnabb-Kangas, T., *Linguistic Genocide in Education-or Worldwide Diversity and Human Rights*. Mahwah, NJ: Lawrence Erlbaum, 2000: pp. 497 – 498.

④ Ruíz, R., Orientations in Language Planning. *Journal of the National Association for Bilingual Education*, 1984, 8 (2): pp. 15 – 34.

家人力资源规划。[1]

此外，英语的全球传播［Graddol（1997[2]、2006[3]），Brutt-Griffler（2002）[4]，Crystal（2003）[5]，Sharifian（2009）[6]］、英语与政治［Phillipson（1992）[7]，Pennycook（1998）[8]，Ricento（2000b）[9]，Mair（2003）[10]］等问题也受到很大关注。

四 语言规划的理论框架

一些学者对语言规划理论进行了有益的探索，试图构建语言规划的理论模型。其中影响较大的是 Haugen、Cooper、Jernudd、Neustupný、Kaplan 和 Baldauf 等提出的理论框架。

Haugen（1983）用四格模型表示语言规划的过程，即选择、编典、实施和完善。这个模型将语言规划分为社会（即地位规划）和语言（即本体规划）两个维度，语言的社会维度包括语言的选择（即决策程序）和实施（即教育传播），语言维度包括编典（即标准化程序）和完善（即功能发展）。这个模型还可以从语言的形式（即政策规划）和功能（即培育规划）两个角度来分析，决策和编典同形式有关，实施和完善同功能

---

[1] Kaplan, R. B. & Baldauf, R. B., *Language Planning from Practice to Theory*. Clevedon: Multilingual Matters Ltd, 1997.

[2] Graddol, D., *The Future of English*. London: The British Council, 1997.

[3] Graddol, D., *English Next*. London: The British Council, 2006.

[4] Brutt-Griffler, J., *World English: A Study of Its Development*. Clevedon: Multilingual Matters Ltd, 2002.

[5] Crystal, D., *English as A Global Language*. Cambridge: Cambridge University Press, 2003.

[6] Sharifian, F., *English as An International Language: Perspectives and Pedagogical Issues*. Clevedon: Multilingual Matters Ltd, 2009.

[7] Phillipson, R., *Linguistic Imperialism*. Oxford: Oxford University Press, 1992.

[8] Pennycook, A., *English and the Discourses of Colonialism*. London: Routledge, 1998.

[9] Ricento, T., *Ideology, Politics and Language Policies: Focus on English*. Amsterdam: John Benjamins, 2000b: p.201.

[10] Mair, C., *The Politics of English as A World Language: New Horizons in Postcolonial Cultural Studies*. Amsterdam: Rodopi, 2003.

相关。选择、编典、实施和完善构成了语言规划的基本步骤或过程。[1]Haugen 的语言规划理论可被称为语言规划的过程理论。

  Cooper 从创新扩散、市场营销、政治学、决策科学四个学科中受到启示，他认为语言规划依次包括（1）创新的管理；（2）市场营销的实例；（3）获得与保持权力的工具；（4）决策的实例。在此基础上，Cooper 提出的分析框架中从八个方面分析语言规划活动，即什么样的规划者，试图影响什么样的行为，针对什么人，为什么目的，在什么条件下，用什么方式，采取什么决策过程，达到什么效果。[2] 这个分析模式中列出的 8 个变量是语言规划要考虑的重要问题，有利于从多个角度理解语言规划行为，为后来的学者广泛引用。这个理论可被称为语言规划的变量理论。

  20 世纪70—80 年代 Jernudd 和 Neustupný 提出了分析语言问题和提供解决方案的语言管理框架，可被称为语言规划的管理理论。语言管理理论具有以下特点：管理可分为简单管理和有组织的管理。简单管理是仅对个人交际行为中出现的问题进行管理，有组织的管理则是对两个以上的人参与的语言活动进行管理，出现在不同的层面。在个人管理和有组织的管理这两个极端之间有一个过渡。语言管理是一个过程，经历偏离规范、注意、评价、选择修正方案、实施修正方案等不同阶段。语言管理、交际管理和社会经济管理之间形成层级。要想使语言形式发生改变，仅语言管理这个层级是不可能完成的，交际管理和社会经济管理也要参与其中。语言管理要建立在社区内的利益和权力关系的基础上。语言管理理论强调管理出现在各个层级：如个人、协会、社会组织、媒体、经济实体、教育机构、地方政府、中央政府或跨国机构。[3]

  Kaplan 和 Baldauf 认为语言规划是对"整个语言生态系统"而言的，进而提出了一个基于语言生态观念的语言规划模型，构建了语言规划的生态理论。模型中最大的圈表示要规划的语言生态系统。大圈内的小圈分别

---

[1] Haugen, E., The Implementation of Corpus Planning: Theory and Practice in J. Cobarrubias & J. A. Fishman. *Progress in Language Planning: International Perspectives*. Berlin: Mouton de Gruyter, 1983: pp. 269 – 289.

[2] Cooper, R., *Language Planning and Social Change*. Cambridge: Cambridge University Press, 1989.

[3] Neustupný, J. V. & Nekvapil, J., Language Management in Czech Republic. *Current Issues in Language Planning*, 2003, 4 (3 – 4): pp. 181 – 366.

表示国语（或官方语言）、少数族群语言、濒危语言以及官方语言的非标准变体。语言生态系统会受到语言变量和机构、组织因素的影响。语言变量包括语言消亡、语言生存、语言变化、语言再生、语言转用、语言融合、语言接触以及语言能力的发展。机构、组织因素包括政府机构、教育机构、言语社区、非政府组织以及其他机构。① 显然，任何语言变量或机构、组织发生变化，整个语言生态系统会随之变化。这个模型也反映出语言规划不仅发生在政府层面，还发生在言语社区甚至个人层面。

尽管学者构建了一些语言规划的理论模型，但现阶段语言规划的理论还远不成熟，需要更有系统性、预见性和解释力。

五 语言规划研究的相关出版物

20 世纪 60 至 80 年代初期，研究语言规划的文献分散在各类刊物或著作的章节中，这也反映了语言规划的跨学科属性。当时仅有两个专门刊物：1975 年创刊，由 Rubin 主编的 *Language Planning Newsletter* 和 1977 年创刊至今的 *Language Problems and Language Planning*。此外，1972 年创刊的 *Language in Society*，1974 年由 Fishman 创办的 *International Journal of the Sociology of Language*，1980 年创刊的 *Journal of Multilingual and Multicultural Development* 和 *Annual Review of Applied Linguistics* 上也经常登载语言规划的相关文章。这一时期出现了一批研究语言规划的经典论著（以论文集为主），主要包括：Fishman *et al.*（1968）②，Rubin 和 Jernudd（1971）③，Rubin 和 Shuy（1973）④，Fishman（1974）⑤，Rubin 和 Jernudd

---

① Kaplan, R. B. & Baldauf, R. B., *Language Planning from Practice to Theory*. Clevedon: Multilingual Matters Ltd, 1997.

② Fishman, J. A. *et al.*, *Language Problems of Developing Nations*. New York: Wiley, 1968.

③ Rubin, J. & Jernudd, B. H., *Can Language Be Planned? Sociolinguistic Theory and Practice for Developing Nations*. Honolulu: University of Hawaii Press, 1971.

④ Rubin, J. & Shuy R., *Language Planning: Current Issues and Research*. Washington D. C.: Georgetown University Press, 1973.

⑤ Fishman, J. A., *Advances in Language Planning*. The Hague: Mouton, 1974.

(1977)[1]、Cobarrubias 和 Fishman（1983）[2] 等。

20 世纪 80 年代末至 90 年代，语言规划的相关论著不断涌现，研究水平也达到了一个新的高度。既出现了系统、深入论述语言规划的经典之作，如 Cooper（1989）[3]、Kaplan 和 Baldauf（1997）[4]，也出现了从不同角度深入剖析或反思语言规划的力作，如 Tollefson（1991）[5]、Phillipson（1992）[6] 以及 Schiffman（1996）[7] 等。此外，著名刊物 *Annual Review of Applied Linguistics* 1994 年在第 14 卷上整卷刊载了语言规划理论与国别研究方面的论文，*TESOL Quarterly* 1996 年也开设一期专刊（第 30 卷第 3 期）专门探讨语言规划。

进入 21 世纪以来，语言规划研究日益受到重视，先后创办了三个专门的刊物：2000 年 Kaplan 和 Baldauf 创办的 *Current Issues in Language Planning*；2002 年 Spolsky 创办的 *Language Policy*；2009 年创刊的 *European Journal of Language Policy*。此外，2002 年创刊的 *Journal of Language, Identity and Education* 和 *Journal of Language and Politics* 等刊物也发表语言规划相关文章，2007 年 *TESOL Quarterly* 第 2 次开设专刊（第 41 卷第 3 期）探讨语言规划问题。

一批重要的学术专著也纷纷面世。主要包括 Ager（2001）[8]、Tollefson

---

[1] Rubin, J. & Jernudd. B. H., *Language Planning Processes*. Berlin：Mouton, 1977.

[2] Cobarrubias, J. & Fishman, J. A., *Progress in Language Planning: International Perspectives*. Berlin：Mouton de Gruyter, 1983.

[3] Cooper, R., *Language Planning and Social Change*. Cambridge：Cambridge University Press, 1989.

[4] Kaplan, R. B. & Baldauf, R. B. *Language Planning from Practice to Theory*. Clevedon：Multilingual Matters Ltd, 1997.

[5] Tollefson, J. W., *Planning Language, Planning Inequality: Language Policy in the Community*. New York：Longman, 1991.

[6] Phillipson, R., *Linguistic Imperialism*. Oxford：Oxford University Press, 1992.

[7] Schiffman, H. F., *Linguistic Culture and Language Policy*. London：Routledge, 1996.

[8] Ager, D., *Motivation in Language Planning and Language Policy*. Clevedon：Multilingual Matters Ltd, 2001.

(2002a)[1]，Phillipson（2003）[2]，Spolsky（2004[3]、2009[4]、2012[5]），Wright（2004）[6]，Ferguson（2006）[7]，Fishman（2006）[8]，Ricento（2006）[9]，Johnson（2013）[10] 等。

此外，自 2004 年起，由 Kaplan 和 Baldauf 主编，Multilingual Matters 出版的"Language Planning and Policy"国别研究系列丛书以及自 2002 年起，由 Spolsky 和 Shohamy 主编，Kluwer Academic Publishers 和 Springer 出版的"Language Policy"系列丛书也在持续出版之中。这些刊物和著作的视角更开阔，对语言规划的研究起到积极的推动作用。

值得一提的是，近几年来，随着因特网的发展，以语言规划为主题的网络学术资源也逐渐丰富起来。美国宾夕法尼亚大学等机构和个人联合创办的综合性网站"Consortium for Language Policy and Planning"，亚利桑那州立大学开设的网站"Language Policy Research Unit"，马里兰大学开设的网站"National Foreign Language Center"等电子媒体对语言规划研究的发展发挥着独特的作用。

从发表论文的数量来看，Baldauf 2002 年通过检索《语言学及语言行为文摘》（LLBA）网上数据库，发现 1973—1998 年共发表了 5898 篇与语

---

[1] Tollefson, J. W., *Language Policies in Education: Critical Issues.* Mahwah, N. J.: Lawrence Erlbaum, 2002a.

[2] Phillipson, R., *English-Only Europe: Challenging Language Policy.* London: Routledge, 2003: p.15.

[3] Spolsky, B., *Language Policy.* Cambridge: Cambridge University Press, 2004.

[4] Spolsky, B., *Language Management.* Cambridge: Cambridge University Press, 2009.

[5] Spolsky, B., *The Cambridge Handbook of Language Policy.* Cambridge: Cambridge University Press, 2012: p.15.

[6] Wright, S., *Language Policy and Language Planning: from Nationalism to Globalization.* New York: Palgrave Macmillan, 2004.

[7] Ferguson, G., *Language Planning and Education.* Edinburgh: Edinburgh University Press, 2006: p.4.

[8] Fishman, J. A., *DO NOT Leave Your Language Alone: The Hidden Status Agendas Within Corpus Planning in Language Policy.* Mahwah, N. J.: Lawrence Erlbaum, 2006.

[9] Ricento, T., *An Introduction to Language Policy: Theory and Method.* Oxford: Blackwell, 2006.

[10] Jonson D. C., *Language Policy.* New York: Palgrave Macmillan, 2013.

言规划或语言政策相关的文献。① 笔者登录该数据库检索,发现1999—2009年以"language planning"或"language policy"为关键词的文献达到3671篇。

六 语言规划研究的未来走向

50年来语言规划的研究经历了形成期、反思期和复兴期三个阶段,不断向前发展。人们试图构建语言规划理论框架的努力也从未停止。语言规划的研究成果也不断丰富。如果我们用"语言问题""技术""政治中立""发展中国家"等标签来指20世纪50—60年代的"古典"语言规划的话,经历了批判和反思之后,80年代中期以来的语言规划则可用"语言资源""语言权利""语言生态""语言与政治""全球化"等来描述其关注的主题。

未来语言规划的研究在地理范围上将不再局限于亚洲、非洲的后殖民地国家,西方国家、苏联解体后新独立的国家及国际组织的语言规划也将备受关注。语言规划的跨学科属性将得到充分的印证,正如Spolsky指出的,"语言和语言政策需要放在最广阔的背景中去看待,不能看作一个封闭的领域"。② 诸多相关学科,如政治学、政策科学、社会学、经济学、生态学、法律学、批判性语言理论、后现代主义等将会构成语言规划研究的跨学科视角,形成语言规划理论的"丛林",并将推动这门学科不断发展。

语言规划研究的视野将不断扩大,Tollefson预测了未来语言规划可能关注的问题,可概括为:(1)语言规划造成的剥削和不平等问题;(2)语言规划中的区域性法律框架;(3)将政治理论和政治过程与语言规划联系起来;(4)与社会学联系更直接,关注语言规划对移民、国家形成或政治冲突等社会问题的影响;(5)公共话语、大众传媒及政治领导人在语言规划形成中的作用;(6)更关注语言对社会认同和权力的影响;(7)从宏观向微观问题转向,与交际民族志学、微观社会语言学等

---

① Baldauf, R. B. J., Methodologies for Policy and Planning in R. B. Kaplan. (ed.) *The Oxford Handbook of Applied Linguistics*. Oxford: Oxford University Press, 2002: pp. 391–403.

② Spolsky, B., *Language Policy*. Cambridge: Cambridge University Press, 2004.

理论联系起来；（8）更关注少数族群的语言权利。①

"规划语言就是规划社会。"② 语言规划一直被认为是社会规划的一部分。在当今全球化时代，语言规划面临的环境更加复杂，语言规划也显得格外重要。从宏观角度来看，全球化使各个国家、组织、语言集团之间的相互依存关系更加明显，语言规划不再是一个国家内部的事，将成为跨越国家边界的语言战略。从微观角度来看，个人在语言规划中的作用将更受重视，个人的语言选择和语言权利将受到更多的尊重。语言规划受到政治、经济、文化等诸多因素的影响，成为一种非常复杂的社会行为。语言规划的理论和实践将结合得更为紧密。"语言政策像其他研究动态变化系统的领域一样，其本身必须做好改变的准备，不仅要接受新现象，还要用新知识来对已有的数据和理论重新进行评价。"③

[原文载于《北华大学学报》（社会科学版）2013年第6期]

---

① Tollefson, J. W., Limitations of Language Policy and Planning in R. B. Kaplan. *The Oxford Handbook of Applied Linguistics*. Oxford: Oxford University Press, 2002b: pp. 416 – 428.

② Cooper, R., *Language Planning and Social Change*. Cambridge: Cambridge University Press, 1989.

③ Spolsky, B., *The Cambridge Handbook of Language Policy*. Cambridge: Cambridge University Press, 2012: p. 15.

语言规划的经济学分析*

薄守生

语言经济学的研究实践在历史上大致经历过三个阶段：（1）把语言看成是一种民族归属，特定的母语造成了特定的人群，这些人群的经济收入有很大的差别。这阶段的研究，如美国黑人和白人的收入差距，加拿大以英语和法语为母语的人们的收入差别。母语是一种遗产，不需要个人奋斗就能够实现，而第二语言则是个人多劳多得的事情。（2）语言能力是人力资源的一个组成部分，语言技巧和其他技巧一样，都可以作为经济要素，可以通过投资获利分析。（3）语言对人们经济地位和社会地位的影响，并用经济学的成本收益分析来评价各种不同的语言政策，不同的语言政策的相对优劣比较成为一种量化上的可能。

经济学研究方法有多种，计量研究就是其一。当然，在经济现象的描写与阐述方面，数学语言与文字语言基本上旗鼓相当，它们都是经济研究手段，而不是研究目的本身。有关语言的定量研究，目前存在"一个是量不够，一个是量不准"（于根元，2006）的问题。

一 一种定量分析的尝试

从理论上讲，"语言经济学能够通过同时考虑经济变量和语言变量之间的关系为语言政策提供有效的引导。语言经济学不仅通过严格地测量语言的货币费用和价值来讨论一国语言的经济效用，而且全面地测度语言政策的社会成本和个人成本以及预期的社会效益、个人效益和文化效益，从

---

* 本文曾发表于《制度经济学研究》2008 年第 2 期（总第 20 辑），第 58—81 页，文章在此有所压缩。

不同语言的总成本和总收益比较来指导国家语言政策"（林勇、宋金芳，2004）。但是，这种变量的统计较为困难，很难切合实际。

　　对语言规划的成本收益分析的研究中，比较实际的，我们可以参考山东大学宁继鸣（2006）的博士学位论文的相关内容。论文中指出，"间接成本是指除孔子学院设立和运营的直接成本以外，由制度、设立方式、环境等因素引致的，无法从现金角度直接观测到的成本。这种成本既不表现为孔子学院支出的增加，也不表现为设立主体负担成本的加大，而是降低孔子学院整体运行效率，削弱孔子学院完成使命的能力，影响中国语言文化的传播。间接成本的特点具有难以量化、不易分摊等特性，主要包括委托代理成本、契约不完全成本、协调成本、政治成本等。通过前面的分析可知直接成本是孔子学院设立和运行的主要成本，而且无论哪种设立模式所发生的直接成本都是固定的，不受模式的影响，可以把它作为一个常量。间接成本与设立模式有较强的相关度，会随设立模式的不同而发生变化，占总成本比重较小，所以可以认为任何一个成本收益因素的变化对间接成本的影响要小于对收益的影响。本文将采用增量分析法，定性地从成本和收益两个角度分析孔子学院设立和运行的效率，建立以各成本要素和收益要素为自变量，效率为因变量的成本收益模型"；孔子学院设立的成本收益方程可以表示为 $L = F(R_1, R_2, R_3, R_4, R_5, R_6, R_7, R_8, C_1, C_2, C_3, C_4, C_5, C_6)$，"无论哪个因素的变化，只要能够使得 L 增加，那么这种变化就是有益的，是我们所希望的；反之，如果一个因素的变化使得 L 减少，那么这种变化是有害的，是我们要规避的"。论文虽然是从孔子学院设立的不同模式的角度进行成本收益分析的，但是这种思路对语言规划的成本收益分析也有很大的借鉴意义。

　　我国的语言规划，我们可以主要考虑下面一些因子：政策决策和推行成本 C_p（policy）、语言学习成本 C_s（standard language）、语言学习的机会成本 C_o（opportunity cost），所有语言个体的语言收入总和 R_b（balance）、促进外贸的收益 R_t（foreign trade），等等。另外还有，语言代际收益 R_g（relation between generations），未来的语言使用情况很难预测，一般可以认为学习强势语言时 R_g 为正数；语言的民族文化收益 R_c（culture），涉及通用语和方言，与语言统一和语言多样化有关，对国族文化与民族文化分别产生不同的影响，将根据不同情况定性为正数或负数；语言的心理收益 R_m（mentality），可以认为使用人数过半的语言的心理收益

Rm 为正数；语言的政治收益 Rp（politics），与大国强国的语言有大的共通性可能会带来更大的政治收益，语言向其他国家广泛传播可能会带来更大的政治收益。我们暂且不把文字规划和外语学习列入成本收益分析，我们这里主要探讨语言规划中的官方语言和全国通用语的选择问题。我们把语言规划的成本收益用 F =（Cp, Cs, Co, Rb, Rg, Rc, Rm, Rt, Rp）表示，我们也可以采用"增量分析法"来比较语言规划的成本收益。为了简化起见，我们首先假定两个定性前提：（1）语言的统一有利于交流成本的节约（与语言的网络效应有关）；（2）语言统一后的收益基本相同，没有太大的差别，无论是学习哪种方言或通用语。于是，成本收益分析简化为对较低成本的探求。我们假定不同方言之间的学习难度相同（事实上，普通话音系较为简单，大多数方言的音系相对复杂，学习普通话的难度 D_1 略低，学习官话的难度 D_2 稍高，学习其他方言的难度 D_3 较高，难度系数 $D_1 < D_2 < D_3$ 基本符合实际）。于是，我们可以从学习人数（为简便起见，这里暂且不涉及民族语言）的角度设想几种情况。按照方言大区分类的人口统计如下：

官话	晋语	吴语	徽语	赣语	湘语	闽语	粤语	平话	客家	民语
66223	4570	6975	312	3127	3085	5507	4201	200	3500	6661

数据来源：《中国语言地图集》（朗文出版公司1988年版），单位为万人。

我们举例性地加以比较，设想：F_1 为规定官话为全国通用语（其成本记为 C_1），F_2 为规定吴语为全国通用语（C_2），F_3 为规定粤语为全国通用语（C_3），F_4 为普通话作为全国通用语（C_4），通过比较 C_1、C_2、C_3、C_4 看哪种方案更有利。从方言人口统计和上述假设来看，有：（1）$C_1 < C_3 < C_2$ 成立；（2）官话区学习普通话的难度不是很大，总体上是 $C_4 < C_1$，所以 $C_4 < C_1 < C_3 < C_2$，也就是 $F_4 > F_1 > F_3 > F_2$，从比较优势来看，选择普通话为全国通用语是理想的选择。

把语言规划作为公共政策时，它可以作为制度经济学研究的对象，我们可以考虑帕累托最优原则。帕累托最优，指资源分配的一种状态，即在不使任何人境况变坏的情况下，不可能再使某些人的处境变好。帕累托改进是在没有使任何人境况变坏的前提下，使得至少一个人变得更好，通过帕累托改进可以达到帕累托最优。帕累托最优是公平与效率的"理想王国"，要达到帕累托最优，需要同时满足3个条件：（1）交换最优，即使再交易，个人也不能从中得到更大的利益，任意两种商品的边际替代率相同，所有消费者的效用都达到最大化。（2）生产最优，已经处于生产可能性的边界上，任意两种生产要素的边际技术替代率相同，所有生产者的产量都达到最大化。（3）产品混合最优，任意两种商品之间的边际替代率必须与任何生产者在生产这两种商品时的边际产品转换率相同。如果一个经济体不是帕累托最优，则存在一些人可以在不使其他人的境况变坏的情况下使自己的境况变好的情形（这被认为是一种低效的表现）。用以上3个条件来检验 F_1、F_2、F_3、F_4 的情形，选择 F_4 时满足条件（1）（F_1、F_2、F_3 都不满足），F_1、F_2、F_3、F_4 都不满足条件（2）和（3）。所以，$F_4 > F_1 > F_3 > F_2$ 是一种比较优势，不是帕累托最优。如果我们设想一种双语的体制，双语的流利程度相同，所有的人都能够用普通话交流，并且还能够用本地方言来交流，记为 F_{24}；所有的人都能够用本地方言交流，又能够用其他的某一种方言交流，用 F_{21}、F_{22}、F_{23} 标记。再试用以上3个条件来检验，F_{24} 满足上述（1）、（2）、（3）条件，F_{21}、F_{22}、F_{23} 上述（1）、（2）、（3）条件都不满足。从表面上看，双语制满足帕累托最优原则，但是，这种双语制是有前提的，即：一个人的双语的流利程度相同，且本地方言的保持不需要增加成本投入，这只是一种理想状态。美国有过双语教育的历史，后来基本上改为沉浸式英语教育，其原因主要在于本地方言的保持增加了成本投入。所以，语言规划至今尚难达到帕累托最优的"理想的王国"，就我国来说是 F_{24} 模式；语言规划实践中还是很重视比较优势，就我国来说是 F_4 模式。

语言规划的成本收益分析非常复杂。费什曼曾说，"无论怎么样，语言都是一种特殊资源，很难用现行的成本—效益理论来管理。原因是我们很难对语言进行度量，也很难把它同其他资源分割开来。然而，我们仍有足够的理由探讨语言与其他资源以及资源规划之间的异同。通过这种比较，语言规划的问题会变得较为清晰"（周庆生，2001：423）。

二 语言与区域经济发展的相关性分析

人口迁移是语言扩散的重要途径之一，城市对语言扩散也起到了重要的作用。"多年来，研究语言地理扩散的学者都假定创新形式的传播是沿着移民和交通路线进行的（徐大明，2006：241）"。语言与城市相关。

方言、区域通用语和全国通用语是在不同区域层次上的语言交际工具，它们的形成和发展与其所在的区域经济和政治都有一定的关联。然而，语言的统一程度与区域经济的发展之间是否存在严格的相关性呢？这个问题，需要做一个较为广大的区域的语言的调查统计，区域小了不足以说明语言统一的跨度。这种相关分析应该是一种同一区域关于时间序列的数据相关，不宜采用共时层面的不同区域的数据分析，然而我们缺乏这种数据。我们国家进行大样本的语言调查为数不多，可资利用的资料极少，我们采用《中国语言文字使用情况调查资料》的相关数据。这些数据基本上是2000年前后的数据，是一种不同区域的共时数据，委曲求全，暂且用这些数据进行分析。下面选取了属于非官话区的几个省市进行分析，有关数据如下：

部分省份	普通话人数（人）	方言人数（人）	国内生产总值（亿元）
广东	5791	8509	9662
浙江	3142	4508	6036
上海	1180	1650	4551
福建	2879	3339	3920
湖南	3418	6320	3692
江西	2661	4029	2003
山西	1378	3087	1644

注：a. 普通话人数（万人）是指能用普通话交流的人数，方言人数是指能用方言交流的人数，其数字均由《中国语言文字使用情况调查资料》（语文出版社2006年版）中统计的百分比乘以2000年第五次人口普查的数据而得。

b. 第五次人口普查数据来源于《中华人民共和国国家统计局第五次人口普查公报（第2号）》的统计。

c. 2000年国内生产总值（亿元）是《中国统计年鉴2001》（中国统计出版社2001年版）的数据，数值经过四舍五入只保留整数。

利用常规统计软件SPSS对上述数据的相关性（Correlations）分析如下：

我们可以看出，普通话和方言的相关系数为0.945，自由度为5，检验的P值为0.001，$P<0.05$，相关性非常明显；普通话和国内生产总值的相关系数为0.792，自由度为5，$P=0.034$，$P<0.05$，相关性比较明显；方言与国内生产总值的相关系数为0.672，$P=0.098$，$P>0.05$，P值超出置信区间，不具有明显的相关性。偏相关分析中普通话与方言的偏相关系数为 0.913，自由度为 4，P = 0.001，方言对普通话的影响是显著的，也可以说明"普通话在方言之中，又在方言之上"（李荣，1990）。在这里，我们可以用普通话代表语言的统一程度。

语言与经济发展的相关性分析

控制变量			普通话	方言	生产总值
	普通话	相关系数	1.000	0.945	0.792
		显著性	0	0.001	0.034
		自由度	0	5	5
	方言	相关系数	0.945	1.000	0.672
		显著性	0.001	0	0.098
		自由度	5	0	5
	生产总值	相关系数	0.792	0.672	1.000
		显著性	0.034	0.098	0
		自由度	5	5	0
生产总值	普通话	相关系数	1.000	0.913	
		显著性	0	0.011	
		自由度	0	4	
	方言	相关系数	0.913	1.000	
		显著性	0.011	0	
		自由度	4	0	

a Cells contain zero-order (Pearson) correlations.

就全国来看，"大力推广以北京语音为标准音、北方方言为基础方言的普通话，促进汉语向统一的方向发展。这是符合语言随着社会的统一而统一的发展规律的，它以经济的发展为基础，顺应建立民族统一市场的要求，用推广普通话的方法缩小方言的作用，逐步实现语言的统一。这种政策的成效仍旧决定于经济的发展，经济发展速度越快，实现这一政策的成效就会越大"（徐通锵，2007：235）。由此我们相信，在未来的一段时期内，普通话的进一步发展还是主流，也是社会的需要。

我们相信语言的统一程度与经济的发展有一定的相关性，同一区域的时间序列数据分析应该相关性更大。对此，乔纳森·普尔的看法是"语言统一性是经济发展的必要的但不是充分的条件，经济发展是语言统一性的充分的但是不必要的条件（这里指描述上的，不是因果关系上的）"

（周庆生，2001：11）。笔者基本同意这种观点。当然，我们也可以估计，随着经济的发展，在语言的统一程度达到了一个较高的水平之后，语言的统一程度会不再随着经济的发展而提高，而出现一定的语言保持。

三 语言、语言资源与语言环境研究

人们对语言、语言资源与语言环境的思考和理解，似乎与人口资源与环境经济学的某些思路和方法相类似，虽然语言资源与自然资源、语言环境与自然环境存在着根本的不同。

语言与人口、语言资源与自然资源、语言环境与自然环境、语言经济与社会经济，似乎都有可以类比的方面，但是它们之间并不是等同的。从内部逻辑来说，语言、语言资源、语言环境与语言经济需要相互结合着来研究，单单研究语言资源或语言环境都会存在许多问题，难成系统。

在这里，笔者试图从另外一个角度来分析语言、语言资源和语言环境，其框架包括语言人口密度、语言人口接近度（操某种语言的两个人之间的空间距离）、语言容量（特定区域内能够有效交际的语言类型的最大数）等。按照自然地理地貌分类，根据《中国语言地图集》的方言分区，从历史地理角度排除作为天堑影响交通的高山大河的存在，选取了属于华北平原的黄河以北（1128年以后黄河主要在现行河道以南摆动，现行黄河以北地区基本稳定，距今已有880多年的历史）的北方官话区的75个县区来研究。基本数据如下：

县区	户数（户）	人口（人）	面积（km²）
75个[a]	8429433[b]	29778957[b]	64486[c]

注：a. 包括天津市的静海县，河北省的深泽、无极、辛集、藁城、晋州、新乐、除了涿州市和高碑店市以外保定的23个县区、沧州的16个县区、衡水的11个县区、大城、文安、霸州，山东省的茌平、聊城区、除了临邑以外德州的11个县区、临清、高唐，共75个县（县级）市（县级）区。

b. 数据根据《中华人民共和国全国分县市人口统计资料2001年》（群众出版社2002年版）相加而得。

c. 根据行政区划资料和地理统计资料相加而得，单位为平方千米。

根据上述数据，我们可以做如下计算：语言人口密度：$d = p/s =$ 29778957/64486 = 461.79（人/平方千米）。按照人口呈正方形排列时，语言人口接近度：$h = \sqrt{s/p} = 46.53$（米）。假设同一个家庭内部能够很好地交流，事实上，在中国一个家庭内多语的现象并不多见。语言容量公式：$c = (1-q) \times \frac{e}{h} \times \frac{f}{p}$（c 为语言容量，e 为个人频繁活动的平均距离，h 为语言人口接近度，f 为户数，p 为人口数，q 为通话质量），计算得 $c = 0.00608353(1-q)e$（种）。其中，$0 \leq q < 1$，0 表示勉强能够通话，通话质量越高越接近 1，但是理论上只要存在两个或者两个以上的家庭 q 值就达不到 1。语言容量 c，是假定某一个特定区域在与区域外在封闭的状态下在本区域使用的语言的总数；通话质量 q，理论上是随着考察周期 t 和距离 e 的改变而改变的，一般来说在 t 确定的情况下 e 变大时 q 变小，在 e 不再改变的情况下 t 变大时 q 也变大。因为语言容量是指最大容量，所以 q 可以取极值 0，如果个人频繁活动的平均距离是方圆 50000 米的话（在当前情况下，假设 $e = 50000$ 米是可以接受的），语言容量 $c = 304.18$ 种。

　　这种分析框架是探索性的，只是一种假设模型。我们选择以上 75 个县区进行分析，主要因为这些县市满足我们分析需要的一些理想因素：地处平原交通方便、区域内部交往较多、方言区内部一致性较强、历史上的移民相对较少，等等。但是，也存在两个问题：（1）该区域不是与外界封闭的区域，该区域与全国全世界其他区域广泛地交流着，绝对封闭的区域是不存在的。（2）语言容量 c 以方言区内部较为统一为前提，得出一个大于 1 的 c 值意味着要打破这种语言内部的统一，所以，我们对 c 值理解只能是"可能的结果"而不是"存在的前提"。语言人口接近度 h 和平均个人活动距离 e 体现了语言（方言）间的接触可能性。语言容量 $c = 304.18$ 种是一种理论值，就我们选取的 75 个县区来说，语言的实际数量可以看作是 1（同属于一个方言区），在实际数量和语言容量之间有很大的空间，这并不等于说该区域 75 个县区一定要有 300 多种方言，这种分析或许可以用于解释某些现象，却不能当作确定语言数量的依据。语言分布不是人口分布的充分条件（除了"语言政治"强大有力的国家和地区外），人口分布可以给语言分布一定的解释。

　　语言人口密度、语言人口接近度、语言容量是对语言资源与语言环境的一种描述，条件相近的不同区域可以通过它们进行横向比较，在比较中发现不同区域的某些特征。但是，上述探索依然很不成熟，不能作为语言、语言资源与语言环境研究的全部框架，只能看作一种寻找"对语言资源与语言环境进行描述的工具"的尝试。就目前来说，语言、语言资源与语言环境的研究，任重而道远。

语言规划只是语言学的一个组成部分，语言规划的经济学分析却几乎是语言经济学的全部内容；然而，对语言规划进行经济学分析仅仅是其中的一个视角，语言规划还包括政治、文化、社会等众多的因素。

参考文献

于根元：《应用语言学前沿问题说略》，《长江学术》2006 年第 4 期。

林勇、宋金芳：《语言经济学》，《金融信息参考》2004 年第 5 期。

宁继鸣：《汉语国际推广：关于孔子学院的经济学分析与建议》，山东大学博士学位论文，2006 年。

周庆生：《国外语言政策与语言规划进程》，语文出版社 2001 年版。

徐大明：《语言变异与变化》，上海教育出版社 2006 年版。

李荣：《普通话与方言》，《中国语文》1990 年第 5 期。

徐通锵：《语言学是什么》，北京大学出版社 2007 年版。

[原文载于《制度经济学研究》2008 年第 2 期]

国别研究

国家通用文字政策论[*]

李宇明

文字政策是语言政策的一个部分，在中国，文字政策更是语言政策的重要组成部分。这不仅因为中国有近30种文字在使用，而且也因为中国自古重视文字，重视书面文献，相对轻视口语。被称为"小学"的中国传统语文学，分音韵、文字、训诂三门，其研究对象大致就是汉字"音、形、义"三要素，或者说"小学"就是由文字三要素生发出来的学问。中国现代意义上的语言学的产生，以1898年马建忠之《马氏文通》的出版为标志。现代意义上的语言学的诞生与发展，"小学"的地位有所下降，但其研究内容、研究方法、研究成果逐渐融入现代语言学之中，其中文字学的地位反倒得到加强，文字学研究得到了新发展。

文字之学在中国古今不衰，是因为文字在中国人的语言意识中具有重要地位，也是因为汉字具有无穷的学术魅力。世界上有文字的语言多数都采用拼音制，拼音字母的文字要素相对简单，只有音、形两要素；而汉字有音、形、义三要素，且字量庞大，字形复杂，字义繁盛，汉字的学习、使用和研究都比拼音文字的字母有更为复杂的内容，需要更高的智慧运转，文字生活也自然就更加丰富多彩。语言政策是管理语言生活的。在使用拼音文字的国度里，其语言政策中关于文字生活的内容较少，而中国的语言政策中，文字政策占有重要地位，也需要较多的内容。

本文从三个方面来阐述中国的通用文字政策：第一，规范汉字是国家通用文字；第二，文字的规范化、标准化与信息化；第三，汉语拼音的地位与功能。有些讨论也涉及民族文字政策问题。

---

[*] 本文根据2012年1月11日在日本早稻田大学孔子学院的演讲整理而成。

一 规范汉字是国家通用文字

中国的通用文字政策,主要体现在 2000 年 10 月 31 日通过的《中华人民共和国国家通用语言文字法》(简称"《国家通用语言文字法》")中。该法是中国新世纪生效的第一部法律,其第二条规定:"本法所称的国家通用语言文字是普通话和规范汉字。"这是国家用法律形式第一次明确规范汉字的"国家通用文字"地位。

(一) 规范汉字

规范汉字是指经过整理、由国家发布、在通用领域使用的现代标准汉字。[①] 这一定义包含以下几个方面的意思:

第一,规范汉字是经过整理的。

汉字在其发展历程中不断得到整理,如秦代之"书同文","罢其不与秦文合者",结束了六国长期割据所形成的"文字异形"的纷乱局面;汉代许慎《说文解字》、蔡邕《熹平石经》,唐代张参《五经文字》、唐玄度《九经字样》、颜元孙《干禄字书》,清代的《康熙字典》等,对汉字都具有程度不等的整理功能。近百年来,在语文现代化思潮的激荡下,对现代汉字的整理更为频繁和自觉。例如:

1913 年(民国二年)2 月 25 日,"读音统一会"在北京召开。审定了 7100 多字的国语读音,[②] 奠定了现代汉字的字音基础。

1935 年 8 月 21 日,国民政府教育部公布《第一批简体字表》,收简体字 324 个。这是 20 世纪 20—30 年代简体字运动成果的反映,是百年来政府颁布的第一个汉字简化方案,开启了汉字简化的先河。[③]

1956 年 1 月 28 日,国务院全体会议第 23 次会议通过了《汉字简化方案》及《关于公布〈汉字简化方案〉的决议》。1964 年 5 月,中国文字改革委员会(简称"文改会")编印《简化字总表》,共简化汉字 2238

---

① 曹先擢、傅永和、王宁、张万彬、王铁琨、费锦昌、张书岩、王立军、王翠叶、王敏、陈双新等先生,对"规范汉字"这一概念多有研究。本文规范汉字的定义,是在他们研究基础上的总结,其中受到曹先擢、王宁、张万彬、王铁琨、王翠叶等先生的影响尤大,特此鸣谢。

② 参见本社编(1958a)。

③ 1936 年 2 月 5 日,国民政府教育部奉行政院之命,训令"简体字应暂缓推行"。

个。1986年10月《简化字总表》重新发表①。此表代表着当下中国汉字使用的基本规范。

1955年12月22日，文化部和文改会联合发布《第一批异体字整理表》。

1965年1月30日，文化部和文改会发布《印刷通用汉字字形表》，确定了6196个印刷通用汉字的字形。这种字形，印刷出版业称为"新字形"或"人民体"，是今天汉字字形规范的基本依据。

1988年1月26日，国家语委、国家教育委员会联合发布《现代汉语常用字表》。收汉字3500个，其中常用汉字2500个，次常用汉字1000个。

1988年3月25日，国家语委、新闻出版署联合发布《现代汉语通用字表》，收7000个通用汉字。

1997年12月1日，国家语委发布《GB13000.1字符集汉字部件规范》。

1999年10月1日，国家语委发布《GB13000.1字符集汉字字序（笔画序）规范》。

2001年12月19日，教育部、国家语委发布《GB13000.1字符集汉字折笔规范》。

2009年1月12日，教育部、国家语委发布《汉字部首表》《GB13000.1字符集汉字部首归部规范》。

2009年3月24日，教育部、国家语委发布《现代常用字部件及部件名称规范》。

规范汉字就是在几千年汉字积累与整理的基础上，经过近百年来的整理逐步形成的，体现了对汉字系统的不断优化。当然，时代在发展，社会语言生活也在不断发生变化，对汉字的整理仍然需要适时进行。现在已经研制完成、等待发布的《通用规范汉字表》，就是为适应现代汉字生活而研制的新的汉字规范。《通用规范汉字表》收字8000有余，并有新整理的简繁汉字对照表和正异汉字对照表。

第二，规范汉字是由国家认定的。

---

① 与1964年的《简化字总表》相比，只涉及"叠、覆、像、啰、余、瞭、雠"7个字的调整。

语言的产生使人类最终脱离动物界成为万物灵长，文字的产生使人类脱离野蛮进入文明时代。相传仓颉造字时"天雨粟，鬼夜哭"，这固然是历史传说，但也从一个侧面说明了文字产生是人类历史上动天地、泣鬼神的大事业。早期文字掌握在宫廷巫吏手中，之后逐渐有官学民庠。学校的兴起，文字走出巫吏之手，由人神沟通的秘符成为人际交流的工具；文字走出宫廷墙垣，由官府专利成为社会公器。文字使用功能的不断发展，不仅需要对文字进行整理，而且需要对整理结果给以权威认定，因为文字关乎政令统一、文牍正畅和学脉传承。正如许慎在《说文解字·序》中所言："盖文字者，经艺之本，王政之始，前人所以垂后，后人所以识古。"

历史上很多朝代都对文字的使用较为关注，或是直接发布正字，或是钦定辞书，或是官府提倡。例如：秦代的书同文是政府直接进行的，罢黜六国文字，立小篆为正字。汉代许慎也将《说文解字》献于朝廷。熹平石经得到灵帝许可，立于太学讲堂，向天下公布经、文范本，开创了中国用石经来正文正字的先河。《五经文字》《九经字样》都是奉诏而作，书于太学屋壁。《干禄字书》为赠秘书监之作。清代《康熙字典》是钦定字书。切音字运动时期，卢戆章、劳乃宣都曾将其切音字方案上呈朝廷，"恭候钦定，颁行天下"①。

1911年，学部中央教育会议议决《统一国语办法案》。自此开始，包括文字在内的语言文字规范，必经政府发布或认定，已成故例。现代社会，教育普及，科学昌明，文字的社会作用与古代相比更为重要，牵涉到全民的语言生活，牵涉到国事运作，因此，全社会必须有统一的文字。国家对规范汉字给以认定，既是使规范汉字具有权威性，也是对现代汉字整理的科学成果的认定。

第三，规范汉字是在通用领域使用的。

文字使用领域非常广泛，文字的功能多种多样，文字生活纷纭多彩，要在所有领域让所有的人都使用规范汉字，既不合理也不可能。如前所述，秦时的规范文字是小篆，但是官府的书隶们为了应付繁重的文牍事务，在非正规场合创造、使用了隶书。唐《干禄字书》把字分为正、通、俗三类，在科举考试、朝堂政务等正规场合使用正字，书信留言、记账备忘之类则可以使用通字或俗字，各得其所，各尽其用。

---

① 劳乃宣：《进呈〈简字谱录〉折》，见本社编（1958b，第79页）。

文字使用的历史经验，在《国家通用语言文字法》中得到了很好体现。该法第二章规定了国家机关、教育机构、汉语文出版物、广播电影电视、公共服务行业等，应当使用规范汉字，还具体规定广播电影电视用字、公共场所的设施用字、招牌广告用字、企业事业组织名称、在境内销售的商品的包装说明、信息处理和信息技术产品等，也应使用规范汉字。同时该法也规定了一些特殊场合可以保留或使用繁体字、异体字，如文物古迹，姓氏，书法、篆刻等艺术作品，题词和招牌的手书字，出版、教学、研究中需要使用的等。

《国家通用语言文字法》的立法目的十分清楚：既保证规范汉字在通用领域中通用，保证国家信息畅通，同时也为传统汉字的使用保留了空间，在文字生活中贯彻了主体性与多样性的辩证统一。

第四，汉字规范具有历史性和空间性。

汉字已经有几千年的历史，不同时代有不同时代的正字。秦有秦之正字，汉有汉之正字，唐有唐之正字，当今有当今之正字。规范汉字是现代的标准汉字，是记录现代汉语的标准汉字。很显然，汉字规范是与时俱进的，具有历史性；社会也应当有正字的历史观，不应以古律今，不必以旧范新。

汉字规范不仅具有历史性，而且也具有空间性。由于中华文化的历史魅力，汉字早就传播到东亚邻国和南海周边，在该地区具有广泛影响。中国大陆在使用汉字，中国的其他地区和周边国家也在使用或不同程度地使用汉字，不同的国家和地区也可以有自己的正字标准。比如日本有日本的标准汉字、韩国有韩国的标准汉字。甚至中国的台湾地区、香港和澳门特别行政区，也可以有自己的正字标准。

当然，汉字规范的空间性虽然认可不同地区和国家的汉字正字标准，但是必然大家生活在同一时代，或者是同胞，或者是邻居，在共时的层面上使用着有共同来源的汉字，无论是从信息传递的角度看，还是从文化交流的角度看，都应当相互沟通，缩小差异，特别是不要人为扩大相互之间的差异。

（二）文字平等政策与国家通用文字

规范汉字既是记录现代汉民族共同语的汉字规范，同时也是国家的通用文字。要正确地把握国家通用语言文字的使用，需要了解中国文字的基本状况，了解中国的文字平等政策。

第一，中国是一个多民族多语言多文种的国家。

中国的语言文字状况比较复杂。官方认可的民族有56个，还有一些人群的民族成分没有认定，如西藏的僜人、夏尔巴人，云南的八甲人、老品人等。语言与民族的关系是纵横交错的，传统的所谓"一个民族一种语言"的说法，是把问题简单化了。

中国究竟有多少语言，还是一个当今难下定论的问题。据孙宏开、胡增益、黄行主编的《中国的语言》[①] 报道，中国现有语言129种。不过其中有些是混合语，有些语言的身份还有待确定。笔者认为，说中国有100多种语言，可能较为稳妥。在这100多种语言中，有文字的语言不足1/4。据研究，目前有文字的少数民族有22个，使用着28种民族文字[②]；加上汉族汉字，可以说中国的23个民族使用着29种文字。

第二，地位平等，功能互补。

中国实行民族平等政策，民族区域自治是中国重要的政治制度。民族平等体现在多个方面，语言文字平等是主要方面之一。中华人民共和国《宪法》《民族区域自治法》《教育法》《义务教育法》《民事诉讼法》《刑事诉讼法》等法律中，都有关于保证少数民族语言文字使用的规定。其中《国家通用语言文字法》第八条表述得最为精炼："各民族都有使用和发展自己语言文字的自由。"

但是，语言文字平等主要是语言地位上的平等，在现实使用中是有差别的，特别是文字的使用更是如此。有许多语言没有文字，这样的语言就不容易进入学校教育，不能够具有自己的出版传媒体系，不能够在国家的政治生活中发挥作用。有文字的语言，由于文字体系的发育状态不同，使用状况也有较大差异。

规范汉字不仅是汉民族最为通用的交际工具，而且在国家交际层面，在跨民族交际层面，在对外国际交际层面，也是最为通用的交际工具，发挥着其他中国文字无法比肩的作用。不过，这并不等于说可以用规范汉字代替其他中国文字。在国家重要的政治生活中，在特殊的交际场合中，也会同时使用少数民族文字。比如，在全国人民代表大会和全国政治协商会

---

① 商务印书馆2008年版。

② 参见戴庆厦主编（2009，第2页）。

议召开期间，会使用蒙古文、藏文、维吾尔文、哈萨克文、朝鲜文、彝文、壮文等七种少数民族文字；国家一些重要的法律、文件等，也都会翻译为这七种文字。

在民族自治地方，普遍实行"双语"或"多语"制度，文字上自然也是使用"双文"或"多文"制度。在国家通用文字与少数民族文字共同使用时，一般都是少数民族文字在上，国家通用文字在下，以显示对少数民族文字的尊重，其实也是对少数民族的尊重。

显然，中国各民族的语言文字具有平等的政治地位和语言地位，但是由于各种文字的发育状态和使用状况不同，在现实语言生活中所发挥的功能也不相同。处理好国家通用文字与民族文字的关系，处理好各少数民族文字之间的关系，就可以使文字生活和谐，各种文字在使用功能上相互补益。

二 汉字的规范化、标准化和信息化

语言规划一般都细分为地位规划和本体规划。上节讲的是规范汉字的地位，属于地位规划；本节的内容基本上属于本体规划。汉字的本体规划，概括讲就是实现"三化"：规范化、标准化和信息化。①

（一）汉字规范化

中华人民共和国成立之后，语言文字工作主要完成三大任务。1958年1月10日，国务院总理周恩来在中国人民政治协商会议全国委员会作了《当前文字改革的任务》的报告。报告一开始就指出："当前文字改革的任务，就是：简化汉字，推广普通话，制定和推行《汉语拼音方案》。"②

周恩来总理当时所讲的"文字改革"，是广义的，其外延几乎包括了当时的所有语言文字工作。他所讲的"简化汉字"，也不仅仅是简化了一批汉字，而是在进行文字整理工作，目标是实现文字的规范化。正如周恩

---

① 这"三化"，也适合国家的少数民族文字规划。事实上，中国少数民族文字的规范化、标准化和信息化工作已经有了较快发展。具体情况请参看李宇明主编（2011）。

② 周恩来（1958，第1页）。

来总理所说:"由于汉字难写,人民群众不断创造了许多简字。尽管历代的统治者不承认,说它们是'别字''俗字',简字还是在民间流行,并且受到群众的欢迎。因此,我们应该说,远在文字改革委员会成立之前,人民群众早已在改革汉字,而文字改革委员会的工作,无非是搜集、整理群众的创造,并且经过各方的讨论推广罢了。同时,我们也采用了某些日本简化了的汉字。可见使用简字方面存在的一些分歧并不是汉字简化工作引起的,而'汉字简化方案'的制定,目的正在于把这个分歧引导到一个统一的规范。只有在汉字简化工作方面采取积极措施,才能逐渐转变这种分歧现象。"①

当年以"简化汉字"名义所进行的文字整理工作,其实是清朝末年以来、包括民国时期的语言文字运动的继续,其中也受到东邻日本简化汉字的影响。当然,由于当时的历史条件,文字整理主要考虑的是中国大陆的文字生活,更多地照顾了成人扫盲和儿童识字问题。

(二) 汉字标准化

1986 年 1 月,中国召开了第一次"全国语言文字工作会议",以此为标志,中国的语言文字工作进入了"新时期"。这次会议有许多值得关注的地方,与文字相关的问题有:

第一,建议废止《第二次汉字简化方案(草案)》。会后不久,国家语委就向国务院作了《关于废止〈第二次汉字简化方案(草案)〉和纠正社会用字混乱现象的请示》②,国务院 1986 年 6 月 24 日为此发了批转通知:"1977 年 12 月 20 日发表的《第二次汉字简化方案(草案)》,自本通知下达之日起停止使用。今后,对汉字的简化应持谨慎态度,使汉字的形体在一个时期内保持相对的稳定,以利社会应用。"③ 这表明进行了几十年的"汉字简化"工作到此将告一段落。

第二,"汉语拼音化"不再作为当前国家语言文字工作的任务。时任国家语委主任刘导生在代表会议所做的《新时期的语言文字工作》中指出:"汉字的前途到底如何,我国能不能实现汉语拼音文字,什么时候实

---

① 周恩来(1958,第 5 页)。
② 见全国语言文字工作会议秘书处编(1987,第 331—333 页)。
③ 见全国语言文字工作会议秘书处编(1987,第 330 页)。

现，怎样实现，那是将来的事情，不属于当前文字改革的任务……"①

第三，实现文字的标准化。"文字规范化"和"文字标准化"这两个概念十分接近，要严格把二者的外延、内涵都解释清楚，还有点困难，大概可以说，标准化是高级的规范化，规范化的进一步升华就是标准化。前述保持汉字形体的相对稳定、汉字简化告一段落、汉语拼音化不作为当前的工作任务等，都是为实现文字的标准化创造条件。文字标准化就是使现代汉语用字做到"四定"：定量、定形、定音、定序。

1. 定量。确定现代汉语的用字数量。汉字数量古今积累，中外交合，各种字形相加字量已在10万左右。其中，有些只存于字书之中，而从没有在现实生活中使用过；有些是古代使用而当今不用的古字；有些是异体字甚至是错讹字；有些字只是用在人名、地名中；有些字的读音、意义都不明确。就共时用字而言，字种数量远远不需要那么多。例如：

十三经，6544字。孙中山《三民主义》，2134字。老舍《骆驼祥子》，2413字。《毛泽东选集》（1—5卷），3136字。中国国家语言资源监测与研究中心采集2005年的报纸、广播电视、网络等语料，建成了总字次达到7亿的媒体语料库，对这个语料库的统计显示，581个汉字覆盖率为80%，934字覆盖率为90%，2314字覆盖率为99%。②

文字是用来记录语言的，文字的数量以能够较好记录语言为限。现行汉字是记录现代汉语的，因此，为实现文字的标准化，首先应当确定现代汉语的当用字量。就语文实践和大量数据来看，现行用字的总字量大约为8000—10000，其中最常用字600左右，次常用字1000左右，常用字2500左右。

2. 定形。在一定的字量范围内，为每个汉字确定标准字形。定形牵涉到笔画样式、笔画书写顺序（笔顺）、笔画之间的平面关系（平行、连断、相接、交叉……）、偏旁类型、偏旁组合关系等。字形确定要有一些基本原则，例如：

第一，一字一形。也许就书法和一些特殊的文字活动而言，一字多形有其意义，有其价值，但是就一般的文字生活而言，一字多形是低效的，是文字冗余现象。

---

① 见全国语言文字工作会议秘书处编（1987，第24页）。
② 见国家语言资源监测与研究中心编（2006，第7页）。

第二,"厚今薄古"。汉字在历史演变中,字形发生了很大变化。一些不同的笔形演变成了相同笔形,一些不同的偏旁合流为一,也有一些相同的笔形和结构在不同的字中写法有异,还有一些字形习非成是。这些变化,这些现象,可能造成汉字原本的造字理据的泯失,加剧字际关系的错综复杂性。尽管如此,还是应当承认汉字的这种演变结果,不应扭今复古。"约定俗成"是语言文字发展演变的第一定律,也是语言文字规范的首要依据。

第三,照顾系统。汉字结构具有系统性,在确定每个字的字形时,要考虑汉字的笔画系统、笔顺系统、偏旁系统、笔画组合系统、偏旁组合系统等。尽量减少孤例,充分考虑汉字结构的系统性,有助于汉字字形系统的优化,也有助于提升汉字学习效率、节约社会记忆成本和汉字信息的加工成本。

汉字定形是循序渐进的工作,对于常用字的字形,要尽量少动或不动。字形整理时,还要考虑到更大字量的情况,考虑到其他使用汉字的国家和地区的情况。

3. 定音。规定现代汉语用字的标准读音。由于语音演变、方言影响、外语读音介入、汉字字形分合等原因,便会产生一字多音现象。一字多音现象有的是"多音字",有的是"异读字"。多音字的每一个字音对应一个或几个字义,每个读音都不是多余的;当然,每个读音是否都是必要的,需要"审音"。异读字是字义相同但读音不同,字之异读一般来说对于学习和使用是冗余的,需要选择一个音作为正音。

汉字定音,基本上是伴随着异读词审音进行的。1956 年 1 月成立普通话审音委员会,1963 年 2 月编出《普通话异读词三次审音总表初稿》。1982 年 10 月成立新的普通话审音委员会,1985 年 12 月发布《普通话异读词审音表》。

汉字定音工作仍是今天的重要任务。原来审音表的疏漏需要补正,新的字音现象需要审定,轻声儿化字需要有个固定的范围,有许多人名、地名、科技术语名的字音需要斟酌,中国使用的日本"国字"需要给一个汉语读音,等等。2011 年 10 月 28 日,成立了新一届普通话审音委员会,向社会开通了"普通话审音网",审议通过了《普通话审音委员会章程》,听取了课题组的《普通话审音原则制定和〈普通话异读词审音表〉修订》的报告。新世纪的审音工作相信能够为汉字定音做更多的事情。

4. 定序。确定现代汉语用字的排列顺序。汉字排序过去主要是字典、词典的需要，而到了信息数量"爆炸式"增加、信息检索成为日常事体的时候，字序的确定就显得重要起来，因为字序是信息排序的基本依据。

给汉字排序的方式有多种，不同的排序方式形成不同的字序。字序可概括为音序和形序。由于同音字的大量存在，音序一般来说是不能完全解决字序问题的，需要形序给以一定的帮助。形序往往与偏旁、笔画类、笔画数、笔顺等相关，因此，为了满足定序的需要，在汉字定形工作中还要确定偏旁部首、笔画类型，并要根据一定的规则确定偏旁部首的排序、笔画类型的排序和笔顺等。

（三）汉字信息化

文字标准化的提出，是为了主动适应计算机语言处理和信息检索等要求。1986 年召开的全国语言文字工作会议就认识到："当前，世界正处于信息化迅速发展的时代，利用电子计算机进行信息处理，实现图书情报工作自动化，印刷排版现代化，生产管理自动化，以及办公室事务自动化，已经成为现代化建设中的重要课题。因此，加强语言文字研究，促进语言文字的规范化、标准化，提到了比以往任何时期都重要的地位。"[①] 在当时能够认识到信息化与语言文字规范化、标准化的关系，应该说是具有远见卓识的。但是，由于当时计算机语言处理的水平还十分有限，信息化的时代特征还不明显，只是"小荷才露尖尖角"，所以当时文字标准化的"标准"还不足够。随着计算机语言处理的发展，实现文字的信息化，还需要在"四定"的基础上做更多工作。

首先，要给每一个汉字一个计算机码位。过去汉字的要素是"形、音、义"三要素，文字信息化使汉字具有了"形、音、码、义"四要素。要使全世界所有的计算机都能够认识汉字而不至于出现乱码，必须通过国际标准化组织来统一对汉字进行编码。过去的汉字整理工作可以只在大陆进行，而文字信息化要求在不同的国度和地区间协作进行，并且还要得到国际社会的认可。ISO10646 的工作，CJK[②] 统一汉字编码字符集的工作，

[①] 全国语言文字工作会议秘书处编（1987，第 22 页）。

[②] CJK 是中国（Chinese）、日本（Japanese）、韩国（Korean）的缩写，其中 C 包括 G（中国大陆）和 T（中国台湾）。

就是中国（大陆、台湾）、日本、韩国共同努力的结果，是汉字标准国际化的具体体现。

其次，汉字整理的字量空前加大。过去汉字整理基本上是在现代通用字的范围内进行的。但是，随着计算机语言处理能力的迅速提高，各种现实信息和历史文献信息都需要数字化。计算机需要处理的字量空前加大，以前不需要特别关注的人名、地名用字，物理化学和中医中药等科技用字，古代文献用字等，现在都进入了文字整理的视野。也就是说汉字整理的范围由通用字发展到特殊用字，由现代汉语用字发展到历史文献用字，甚至由隶楷等"今文字"发展到甲骨文、金文和篆书等"古文字"。

第三，字际关系成为突出问题。字量扩大其实并不仅仅是字量问题，还需要在更大的范围内考虑字形问题、字际关系问题等。字形问题集中在如何处理新旧字形、特别是在规范汉字之外的范围怎样处理新旧字形问题。而更艰巨的任务是字际关系的整理。庞大的字量，是不同时代、不同地区、不同场合用字的集聚，异体字占了很大比例，梳理字与字之间的关系，做好简繁汉字、正异汉字之间的对应，需要学术功力和大量的时间。特别是使用汉字的国家和地区还有不同的正字标准，互联网域名已经可以使用汉字，古代文献的出版印行成为现代文化生活的重要内容，这就需要建立大字量的字际关系映射表、古今汉字统一查检表。在如此背景下，字际关系的研究就显得更为重要。

第四，汉字标准成为工业标准。汉字信息化使汉字标准由文化规范成为工业标准，由为人服务的柔性规范成为为机器服务的刚性标准，由文化消费成为可以赚取经济红利的文化产品。这种转变从政策、管理、研制、推广、社会理念等各方面，从标准制定、发布、实施等各环节，都需要发生相应的转变，以适应文字信息化。

三 汉语拼音的地位与功能

汉字自身的表音功能有限，为学习汉字的需要必须有注音工具。古代为汉字注音，是利用汉字来实现的。早期是用较通俗的汉字为较难的汉字注音；后来在古印度语言学的影响下，音韵学快速发展，发明了"反切"，用两个汉字的声韵相切为汉字注音。

明代，西洋传教士来到南洋和中国，为了传教和学习汉语，设计了不少汉语拼音方案,其中以利玛窦的拉丁字母式拼音对后世影响最大。到了清朝末年,以卢戆章1892出版《中国第一快切音新字》为发端,兴起了朝野关注、影响深远的切音字运动。切音字运动不仅出现了很多汉字注音方案,而且产生了用切音字代替汉字的思潮。这一思潮所引发的汉字存废的争论,持续了百年之久,至今仍未止息。

1911年,清朝学部中央教育会议议决的《统一国语办法案》,是中国近代史上政府通过的第一个语言规划文件,标志着中国语言政策由隐性向显性的转变。《统一国语办法案》吸收了切音字运动的成果,初步确定了北京话在国语中的地位,而且非常重视音标在国语推行中的重要性,提出了音标制定的原则及相关事项:"音标之要则有五:一、音韵须准须备;二、拼音法须合公例;三、字画须简;四、形式须美;五、书写须便。无论造新征旧,必以兼合此要则者,方能使用。又须兼备行楷两种。该音标订定后,先在各省府厅州县酌定期限,试行传授。遇有滞碍,随时举报总会修正。修正确当后,再行颁布,作为定本。"[①]

百年前这一音标制定原则是相当科学的,但是清政府已经无力完成这一任务。1913年召开的读音统一会,通过了汉字笔画式的注音字母,1918年正式公布,使用至今。1928年9月,国民政府大学院(教育部)公布《国语罗马字拼音法式》。1931年9月,中国新文字第一次代表大会在苏联的海参崴召开,通过了《中国拉丁化新文字的原则和规则》,这一常被简称为"北拉"的新文字方案,在当时的中国产生了不小影响。

1958年2月11日,第一届全国人民代表大会第五次会议通过了《关于〈汉语拼音方案〉的决议》。1977年,联合国第三届地名标准化会议,决定采用《汉语拼音方案》作为拼写中国汉语地名的国际标准。1979年,联合国秘书处采用汉语拼音作为转写中国人名、地名的标准。1982年,国际标准化组织决定采用《汉语拼音方案》作为汉语罗马字母拼写法的国际标准,编号为ISO-7098。[②] 1986年1月,第一次全国语言文字工作会议明确表示,汉字拉丁化不再是中国语言文字工作的任务,这算是政府对百年汉字命运争论的一个明确态度,也是对汉语拼音性质、作用的一个外延限定:汉语拼音不是文字方案。

[①] 见本社编(1958b,第43—144页)。
[②] 见周有光(1988)、苏培成主编(2003,第252—261页)。

谈文字政策，按说应该不谈汉语拼音（以下所说的"汉语拼音"，基本上是指《汉语拼音方案》规定的汉语拼音），但是，由于汉字与汉语拼音的关系密切，由于汉语拼音与汉字的命运曾经息息相关，所以，要全面论述中国的通用文字政策，不能不谈汉语拼音问题，或者说汉语拼音是汉字政策的一个重要补充内容。

（一）汉语拼音的地位

《国家通用语言文字法》第十八条，专门对汉语拼音做了规定："国家通用语言文字以《汉语拼音方案》作为拼写和注音工具。""《汉语拼音方案》是中国人名、地名和中文文献罗马字母拼写法的统一规范，并用于汉字不便或不能使用的领域。"

这些条文规定了汉语拼音的地位：第一，是国家通用语言（普通话）的拼写工具；第二，是国家通用文字的注音工具；第三，是国际公认的中国人名、地名和中文文献罗马字母拼写法的规范；第四，在汉字不便或不能使用的领域发挥职能。更为概括地说，汉语拼音的地位就是"工具"与"辅助"：是国家通用语言文字的拼写和注音工具；辅助汉字发挥作用。汉语拼音的"工具"与"辅助"地位，决定了汉语拼音的三大基本功能：

1. 为汉字注音。这是继反切、注音字母、《国语罗马字拼音法式》之后，汉字的最为通行、最为有效的注音工具，也是汉语拼音三大功能中基本上没有争议的功能。

《汉语拼音方案》采用的是拉丁字母。拉丁字母在世界具有较大的通行性，因为世界上多数文字采用的都是拉丁字母形体，非拉丁文字也普遍具有拉丁转写方式。而且拉丁字母式的汉语拼音，经过较长时期的试验，从利玛窦方案，到切音字的一些方案，到国语罗马字，到中国拉丁化新文字等，都是采用的拉丁字母式，汉语的哪个音用什么字母表示，积累有大量的经验。

拼音方式实行的音素制，能够较为准确地反映字音，便于学习和拼读。汉语拼音也有用双字母表示一个音素的，如 zh、ch、sh、ng、er；有个别字母表示多个音素的，如 i、e；有些音素在拼写中有省略现象，如 iou→iu、uei→ui、uen→un。但是，其基本制式还是音素制，具有音素制的优越性。

汉字本身表音成分有限，需要一个注音工具；汉语拼音采取音素制，能够较为准确地注音；汉语拼音采用拉丁字母，形体上国际通行且有长期的试验。有此三者，使汉语拼音成为汉字的优秀注音工具，为汉字的教育和使用立下了汗马功劳。[①]

2. 拼写普通话。把有声的语言记录到书面上，是留声录音设备发明之前人类贮存语言的基本方式。用汉字记录普通话，是最为基本的方式；用国际音标记录普通话，一般都是为了研究或教学；用汉语拼音记录普通话，称为"拼写"，是处于文字、音标之间的一种记录汉语的方式。

拼写的作用是多方面的，比如普通话学习、学术交流、文化应用等。拼写在实际语言生活中也有不少表现，比如儿童拼音读物，外国人学汉语的阅读材料，外文学术文献中汉语的材料、论著篇目的引用等。拼写与注音的不同之处，不仅在于拼写的对象是语言，注音的对象是文字，而且拼写需要有正词法，诸如字母大小写、分词连写、标点符号用法、篇章的其他要求，等等。就此而言，拼写从样式看与拼音文字已无大别，与拼音文字的差别主要是语言规划学上的地位，或者说是身份。拼写体现的是对汉字的一种辅助。

法律规定"《汉语拼音方案》是中国人名、地名和中文文献罗马字母拼写法的统一规范"，这是对1977年联合国第三届地名标准化会议决定和ISO-7098的认可，所体现的也是汉语拼音拼写普通话的功能。人名、地名、中文文献在拼写时，都需要依据正词法。在现实生活中，对人名、地名拼写时，很多人使用给汉字注音的方式，不分词连写，不能正确使用大小写，这是汉语拼音正词法教育不普及的表现之一。

3. 辅助汉字发挥作用。在某些活动、某些场合中，汉字有时候不便发挥作用，有时候不能发挥作用。例如飞机班次、火车车次、产品型号、外文地图中的中国地名、进出外国海关凭证上的中国人姓名、参加国际活动时的中国人姓名、计算机键盘的汉语拼音编码、汉字语音排序检索，等等，都常常需要使用汉语拼音，体现着汉语拼音"辅助"汉字的功能。

汉语拼音的功能还有很多，比如：

(1) 中国盲文、聋人使用的手指语、船舶旗语、灯光通信（又称"灯号"）等采用汉语拼音。汉语拼音为特殊教育做出了贡献，为特殊领

---

① 参见吕叔湘（1983）；王力、周有光（1983）。

域的通信做出了贡献。

（2）随着中国的改革开放，到中国旅游、学习、工作的外国人与日俱增，致使中国大中城市的市政名称、街道名称、交通标牌等都注有汉语拼音。汉语拼音的使用广泛度前所未有。

（3）20世纪50年代以后，中国曾经为一些少数民族制定文字方案或文字改革方案，其中许多方案都吸收了汉语拼音的成果。这些方案有的还在使用，有的已经弃用，但要看到，一些弃用的方案又在信息化中重新发挥作用。比如中国的维吾尔族和哈萨克族，在20世纪60年代曾经创制了拉丁化新文字。新文字从字母设计到正词法都受到汉语拼音的重要影响，并从1964年一直使用到1982年。当这两个民族重新恢复阿拉伯维、哈文之后，计算机语言处理和网络逐渐兴起，出现了不少维哈文的拉丁方案，当年的拉丁化新文字稍加改造用于计算机语言处理，据研究是较为优化的方案。①

（4）计算机语言处理和现代信息产品的广泛使用，使汉语拼音的作用发挥到前所未有的程度。手机输入、计算机键盘编码、计算机程序设计语言、词汇库贮存、计算机语法信息词典、语料标注、汉字文本与汉语拼音文本自动转换系统等等，都在以汉语拼音为基础。为此，国家语委在2001年专门制定了《〈汉语拼音方案〉的通用键盘表示规范》。汉语拼音几乎成了人机对话和计算机处理汉语汉字的主要工具，同时应视为现代公民的必备素质。

很显然，随着中外交往越来越频繁，随着信息技术的发展及其产品在日常生活中的广泛应用，随着信息检索的量的激增和使用的普及化，需要用汉语拼音辅助汉字发挥作用的场合越来越多，汉语拼音的作用越来越巨大。汉语要在信息世界和国际世界中畅行，必须充分发挥汉语拼音的作用。

（二）汉语拼音正词法

汉语拼音要出色完成拼写国家通用语言文字的任务，要在"汉字不便或不能使用的领域"出色发挥作用，必须建立完善的汉语拼音正词法。汉语拼音正词法是指汉语拼音的拼写规范及书写格式的准则，包括音节的

---

① 参见盛桂琴（2003）。

拼写和词的拼写等。历史上的多种汉语拼音方案、汉字拼音化方案，都涉及正词法问题，如卢戆章、蔡锡勇、朱文熊的切音字方案，如国语罗马字和北方话拉丁新文字等。

1958年的《汉语拼音方案》，主要解决的是音节拼写问题，但已经考虑到了词的拼写，为汉语拼音正词法留下了发展空间。比如隔音符号（'）的设置："a，o，e开头的音节连接在其他音节后面的时候，如果音节的界限发生混淆，用隔音符号（'）隔开，例如：pi'ao（皮袄）。"再如音节以i、u、ü开头时，为了避免同前一音节连写时发生音节界限混淆，要把i、u分别改作y、w，或是在i、u、ü之前添加y、w。①

为使《汉语拼音方案》更好地发挥拼写功能，在以往实践中完善汉语拼音正词法，1982年3月，中国文字改革委员会成立了汉语拼音正词法委员会。1988年7月，国家教委和国家语委发布《汉语拼音正词法基本规则》。1996年1月，《汉语拼音正词法基本规则》（GB16159—1996）作为中华人民共和国国家标准由国家技术监督局发布。2012年6月29日，《汉语拼音正词法基本规则》重新修订发布，并同时发布了《中国人名汉语拼音字母拼写规则》。汉语拼音正词法的主要问题基本解决。

汉语拼音正词法研制与使用的主要困难，有以下几个方面：

1. 词的辨认存在困难。汉语的词素、词、词组之间的界限有一定的模糊性，尽管大多数词的辨认不成问题，但的确有一部分词具有辨认难度。而且由于汉语书面语是以字为单位书写的，长期的阅读习惯形成了人们的"字意识"优于"词意识"。汉语拼音正词法实行分词连写，由于汉语客观上词与其上下单位的模糊性，由于人们主观上词的意识淡漠，便使分词连写出现一定困难。

2. 成语拼式问题。汉语较多地使用成语，成语多为四字格，如果一条成语连续拼写，拼音形式过长。较为常见的处理办法，是在拼式中间加"-"，这样既保持了成语的整体性，又达到减短拼式的目的。但是，把"-"加在成语拼式的什么地方，却有不同意见和不同做法。例如：

（1）凡四字格的成语，皆采取"2+2"的切分方法。此法的优点在于好运用，但不能反映成语内部的结构关系。

（2）依照成语内部的结构关系进行切分。但是，不是每个使用者都

---

① ü前添加y时，ü上面的两点省略为u，如 üe→yu、üe→yue、üan→yuan、ün→yun。

具有足以分析成语结构的语法和构词知识,实际执行起来有相当的困难。例如"一衣带水",可能有三种拼法:① yīyīdàishuǐ;② yīyī-dàishuǐ;③ yīyīdài-shuǐ。2012年3月出版的《现代汉语词典》(第6版)的成语拼写,一般都采取"2+2"的切分方式,但是"一衣带水"则采用了①yīyīdàishuǐ的方式,宁可让拼式长一点,也不做切分。① 这样做法的长处是不需要分析成语的结构关系,或者说不做破坏成语结构的切分,但不足之处是整部词典成语的拼法不统一。成语拼式问题其实是一个技术问题,应当权衡利弊,做出一个利于实际应用的处理。

3. 声调的标示方法。汉语是有声调的语言,如果正确反映汉语的读音,就需要在每个音节的韵腹处标上调类符号。作为注音工具,也许标调方式的问题并不怎么突出;但是如果作为拼写工具,标调方式的问题就凸现出来了。其一,个个音节标调,形式上不美观(有人批评说是"满脸麻子"),手写起来、键盘输入起来都不方便;其二,轻声要不要标调,如何标调;其三,变调现象如何处理,是标本调还是标变调。历史上曾经有字母重写、或用几个字母专门表示调类的做法,而现在计算机学界习惯用"1、2、3、4"分别表示阴平、阳平、上声和去声。

4. 专有名词的拼写问题。专有名词在拼写上常有许多特殊性,如人名、地名、科技语名、组织机构名、品牌型号名、特殊日期名,等等。专有名词在语言中出现频率高,负载信息量大,词语构造复杂,其学术研究也比较薄弱,是汉语拼音正词法的主要研究内容,也是正词法的主要规定内容。

此外,外族、外国的专有名词怎样在汉语拼音中表现,也是一个需要解决的问题。对于使用拉丁文字的语言,是否原形照搬?对于使用非拉丁文字的语言,是依照该语言的拉丁方案转写,还是按照其汉字翻译转写?其中,中国少数民族的人名、地名等专有名词的音译转写问题,不仅牵涉到使用上的合理与方便,还牵涉到民族政策和民族感情。日本人名、地名一般用汉字,但是读音与汉语有别,汉语拼音拼写日本的人名地名,是用中国的汉字读音,还是用日文的拉丁化方案?

汉语拼音正词法还有一些其他问题,比如:汉字与汉语拼音的转换只能单向进行,从文字转换为拼音较为容易,但是从拼音转换为文字就会遇

---

① 见中国社会科学院语言研究所词典编辑室编(2012,第1529页)。

到同音词问题，特别是人名、地名的转换更为困难。汉语拼音正词法的研究不多，实践不够，特别是有人对正词法有思想成见，担心正词法的完善会使汉语拼音变成文字方案，从而对汉字的前途造成不利影响。

汉语拼音不仅中国使用，国际上也在使用。要给每个汉语词语一个合适的拼音形式，不要说外国人，就是中国人，甚至是中国的语言学工作者都有一定困难。要真正方便使用者，只有正词法的规定是不够的，应当有一个足够量的汉语拼音词汇表。据悉，国家语委正在已有辞书的词语拼音标注的基础上，研制一个15万—20万词的汉语拼音词汇表。这是一项值得期待的文化工程。

四 结语

根据本文的讨论和中国语言政策，中国的通用文字政策可以这样表述：坚持简化字的规范地位，在一个时期内保持汉字形体的相对稳定。推动汉字的规范化、标准化和信息化。充分发挥规范汉字的主导作用，依法处理好繁体字、异体字的使用问题，依法处理好国家通用文字与少数民族文字的关系。重视汉语拼音的应用。满足经济社会发展和中国走向世界的汉字应用需要。[①]

这一表述包含这么几个方面的意思：1. 维护中国自1935年以来的汉字简化成果，在中国大陆不把繁体字作为国家通用文字。2. 保持汉字形体的相对稳定，不再成批量地简化汉字。3. 推动汉字的规范化、标准化和信息化，是当前文字工作的主要任务。4. 依法处理好国家通用文字与少数民族文字的关系，处理好规范汉字与繁体字、异体字之间的关系，构建和谐的语言生活。这种和谐的语言生活在文字政策上的表现，就是国家通用文字要发挥交际上的主导作用，但也要保护少数民族文字的使用，并对繁体字、异体字的使用留下空间。5. 汉语拼音方案虽然不是文字方案，但它是国家通用语言文字的拼写和注音工具，是汉字的得力助手，在汉字不便使用和不能使用的领域发挥作用。在信息化时代和国际化时代，更要重视发挥汉语拼音的作用。6. 制定文字政策的目的，也是衡量文字政策优劣的标准，就是满足经济社会发展的需要，满足中国走向世界的汉字应

---

① 这一表述，受到陈章太先生的著作和交谈等多方面影响，特此感谢。

用需要。

主要参考文献

本社编:《1913年读音统一会资料汇编》,文字改革出版社1958年版。
本社编:《清末文字改革文集》,文字改革出版社1958年版。
本社编:《汉语拼音论文选》,文字改革出版社1988年版。
本社编:《语言文字规范手册》,语文出版社2006年版。
曹先擢:《谈谈普通话异读词审音》,语文出版社2009年版。
戴庆厦主编:《中国少数民族语言研究60年》,中央民族大学出版社2009年版。
费锦昌:《中国语文现代化百年记事(1892—1995)》,语文出版社1997年版。
傅永和:《字形的规范》,语文出版社2000年版。
高更生:《现行汉字规范问题》,商务印书馆2002年版。
国家语言资源监测与研究中心编:《中国语言生活状况报告(下编)》,商务印书馆2006年版。
李建国:《汉语规范史略》,语文出版社2000年版。
李宇明:《规范汉字和〈规范汉字表〉》,《中国语文》2004年第1期。
李宇明:《中国语言规划论》,商务印书馆2010年版。
李宇明:《中国语言规划续论》,商务印书馆2010年版。
李宇明主编:《中国少数民族语言文字规范化信息化报告》,民族出版社2011年版。
李宇明、费锦昌主编:《汉字规范百家谈》,商务印书馆2004年版。
厉兵编:《汉字字形研究》,商务印书馆2004年版。
刘导生:《新时期的语言文字工作》,载全国语言文字工作会议秘书处编《新时期语言文字工作——全国语言文字工作会议文件汇编(1986年1月)》,语文出版社1987年版。
吕冀平:《当前我国语言文字的规范化问题》,上海教育出版社2000年版。
吕叔湘:《〈汉语拼音方案〉是最佳方案》,《文字改革》1983年第2期。
马丽雅、李红杰:《少数民族语言使用与文化发展政策和法律的国际比较》,中央民族大学,2008年。
全国文字改革会议秘书处编:《第一次全国文字改革会议文件汇编》,文字改革出版社1957年版。
全国语言文字工作会议秘书处编:《新时期语言文字工作——全国语言文字工作会议文件汇编(1986年1月)》,语文出版社1987年版。
盛桂琴:《互联网上维吾尔、哈萨克拉丁字符方案的字母选用问题》,载苏培成主编《信息网络时代的汉语拼音》,语文出版社2003年版。

苏培成主编:《信息网络时代的汉语拼音》,语文出版社2003年版。
苏培成主编:《当代中国的语文改革和语文规范》,商务印书馆2010年版。
孙宏开、胡增益、黄行主编:《中国的语言》,商务印书馆2008年版。
王均主编:《当代中国的文字改革》,当代中国出版社1995年版。
王理嘉:《汉语拼音运动与汉民族标准语》,语文出版社2003年版。
王立军:《汉字的自然发展规律与人为规范》,《语言文字应用》2008年第2期。
王宁:《字形调整应适应信息时代的要求》,《中国社会科学报》2009年第3期。
王宁:《谈〈规范汉字表〉的制定与应用》,李运富主编:《民俗典籍文字研究中心论文选集》(第一集),中华书局2011年版。
王力、周有光:《进一步发挥〈汉语拼音方案〉的作用》,《文字改革》1983年第2期。
徐世荣:《四十年来的普通话语音规范》,《语文建设》1995年第6期。
于锦恩:《民国注音字母政策史论》,中华书局2007年版。
中国社会科学院语言研究所词典编辑室编:《现代汉语词典》(第6版),商务印书馆2012年版。
周恩来:《当前文字改革的任务》,人民出版社1958年版。
周有光:《〈汉语拼音方案〉和国际标准》,《语文建设》1988年第1期。

[原文载于《世界汉语教学》2013年第1期]

中国的语言国情及民族语文政策

戴庆厦

中国是一个多民族、多语种、多文种的国家，语言文字状况与国家政治、经济、文化的发展息息相关。本文主要谈论中国的语言国情及中国的民族语文政策，分以下五个问题来介绍。

一　中国的语言国情：一个多语种、多文种的国家

做好民族语文工作，必须先了解国情和语言国情。只有这样，才能因势利导，对症下药，避免盲目性。否则，所形成的思想和提出的对策就没有根据。所以，首先介绍一下中国少数民族语言文字的基本情况。

1. 中国的语言

中国有 56 个民族，使用着 100 多种不同的语言。这是到目前为止语言学家经过实地调查得到的数字，实际数目有可能更多。

为什么语言总数大于民族总数？这是因为有些民族使用一种以上的语言，如瑶族使用三种语言——勉语、布努语、拉珈语。

为什么多年来一直使用"80 多"，"100 多"、"120 多"这些不准确的数字？这是无可奈何的。原因有二：一是我们的语言调查尚未结束，还在进行中，还会有一些尚未被发现的语言。二是语言种类的确定和划分还处于完善中。有些"话"究竟是语言区别还是方言区别，还存在不同的认识。

中国的少数民族语言可以从不同角度进行不同的分类。

（1）从语言系属上看，我国语言分属于汉藏、阿尔泰、南岛、南亚、印欧等五大语系。

（2）从使用人口上看，使用人口最多的是壮语，有 1300 万人，使用

人口最少的是赫哲语，只有200多人。

（3）从方言差异上看，有的差异大，有的差异小。如壮语南北方言的差异比壮语北部方言与布依语的差异大。

（4）有的语言有历史悠久的文字，如蒙古、藏、维吾尔等语言；而有的只有历史较短的文字，如景颇文、傈僳文等；还有许多民族没有文字，如德昂族、布朗族等。

（5）从是否跨境的角度上看，有跨境和非跨境的区分。有的语言只分布在中国，如土家语、白语、土语等；有的语言是跨境语言，如景颇语分布在中国、缅甸、印度、泰国等国。

（6）从语言使用活力上看，有强势语言和弱势语言之分。有些语言处于濒危或衰变的境地，如赫哲、土家等语言。

2. 中国的文字

在中国的55个少数民族中，有24个民族有代表自己语言的文字。由于有的民族使用一种以上的文字，如傣族使用傣仂文、傣那文、傣绷文、金平傣文等四种文字，所以24个民族共使用33种文字。

类型多样是我国民族文字一个最重要的特点。世界文字的主要类型在中国都能看到。从文字结构特点上分，有以下几种类型：图画文字、象形文字、音节文字、拼音文字。按字母形式可分为拉丁字母文字和非拉丁字母文字。非拉丁字母的文字种类很多，有印度字母、叙利亚字母、阿拉伯字母、方块形拼音文字、斯拉夫字母等。文字的历史长短不一，有创始于7世纪前后的藏文，有出现于11世纪的蒙古文，一些拉丁字母的新文字只有近百年的历史。

3. 科学地认识民族语文的功用和价值

中国民族语文有三个重要价值：一是应用价值；二是资源价值；三是文化价值。

中国少数民族的语言文字是中华民族重要的文化遗产，是取之不尽的资源。保护好少数民族语言文字，对于中国的发展、繁荣，以及维护世界和平和人类团结都有重要的意义。

进入现代化新时期，不能低估民族语文的作用。时至今日，民族语文仍然存在三个"不变"：一是重要性不变。它仍然是少数民族不可或缺的交际工具，是一项重要的资源。二是感情价值不变。少数民族对自己的母语具有深厚的感情，必须予以尊重。三是复杂性不变。

二 我国民族语文的基本国策：保护少数民族语言

保护少数民族语言文字是我国政府一贯坚持的国策。它是由科学的民族观、语言观，少数民族的发展需要，以及少数民族语言文字的演变规律和使用特点决定的。

语言是民族的重要特征之一，与民族的生存、发展、情感和谐息息相关。少数民族对自己的母语都是充满感情的，把它当成民族的象征、民族精神的力量，与自己的民族紧密联系在一起。历史经验告诉我们，对语言的保护和尊重，有利于民族发展、民族进步；对语言的歧视和不尊重，必然会阻碍民族发展和破坏民族团结。

为了保护少数民族语言的使用和发展，中国政府不仅把语言保护写入宪法和法规中，而且还采取各种措施保护少数民族语言文字。如规定在学校教育中使用少数民族语言，大力培养民族语文人才，出版少数民族文字的读物，为没有文字的少数民族创制新文字，为文字不完备的民族改革或规范文字等。

早在1949年9月29日中国人民政治协商会议第一届全体会议通过的《共同纲领》第五十三条就已规定："各少数民族均有发展其语言文字、保持或改革其风俗习惯及宗教信仰的自由。"1954年9月20日，第一届全国人民代表大会第一次会议通过的《中华人民共和国宪法》第三条规定："各民族都有使用和发展自己的语言文字的自由。"后来，这一思想反复写进历次的宪法中。这是中国政府对待少数民族语文问题的一贯立场。

各民族地区还根据本地区的实际情况制定了一些法规。如《西藏自治区学习、使用和发展藏语文工作的规定》《延边朝鲜族自治州朝鲜语言文字工作条例》等。

为了做好民族语文工作，全国各地成立了众多民族语文工作机构。如民族语文工作指导委员会、术语标准化技术委员会、民族语文信息机构、双语研究机构等。

1. 大力发展少数民族语言教学

早在1951年11月23日，教育部在112次政务院会议上所作的《关于第一次全国民族教育会议的报告》中就已明确指出："关于少数民族教育中的语文问题，会议规定凡有现行通用文字的民族，如蒙古族、朝鲜族、藏族、维吾尔族、哈萨克族等，小学和中学的各科课程必须用本民族语文教学。有独立语言而尚无文字或文字不完全的民族，一面着手创立文字和改革文字；一面得按自愿原则，采用汉族语文或本民族所习用的语文进行教学。"

半个多世纪以来，特别是进入新时期，各地中小学的民族语文教学得到了很大的发展，如新疆维吾尔自治区目前使用少数民族语文授课的普通中学有870所，占普通中学总数的51%，小学有4581所，占68.2%。用少数民族语文授课的中小学中，有维吾尔语小学3727所，中学635所；哈萨克语小学707所，中学185所；蒙古语小学47所，中学24所；锡伯语小学8所，中学3所；柯尔克孜语小学92所，中学23所。

由于我国不同民族的情况存在不同的类型，因而在语言教学的实施中应科学地划分民族语文教学的类型，实行"分类指导"。这是认识民族语言教学的重要前提，也是顺利开展民族语言教学的必备条件。

我国的民族语文教育大致可分为以下几种类型。一是全过程型：即从小学到中学、中学到大学的全过程。二是中小学阶段型：即从小学至中学阶段，在各类课程中实行民族语文授课。此外，为适应民族语文发展的需要，在一些高等学校、中等学校设立民族语言专业，专门培养民族语文的教学、翻译、科研和行政管理人才。

2. 帮助少数民族创制、改进和改革文字

1954年5月，中央人民政府政务院文化教育委员会民族语言文字研究指导委员会及中华人民共和国民族事务委员会向中央提交了《关于帮助尚无文字的民族创立文字问题的报告》。1956年1月3日，《人民日报》发表了《加速完成创立少数民族语言文字的工作》的社论。1956年3月，国务院颁布了《关于各少数民族创立和改革文字方案》的批准程序和实验推行分工的《通知》，进一步提出了有关少数民族创制和改革文字方案的批准程序和实验推行问题。

为了做好少数民族文字的创制、改革、改进工作，从1951年起国家就组织对民族地区的部分语言进行调查。从1956年至1958年，7个调查队基本摸清了全国少数民族语言文字的基本情况，对需要创制、改革、改进的文字提出了具体的方案，先后创制了13种拉丁字母形式的拼音文字。

3. 大力培养民族语文人才

民族语文工作在中华人民共和国建立之前几乎是一片空白，那时从事民族语文工作的人寥寥无几。中华人民共和国建立后，为了发展民族语文事业，中央决定大力培养民族语文干部。

1950年，政务院批准了《筹办中央民族学院试行方案》。《方案》规定，在中央民族学院建立语文系。除中央民族学院设立了语文系、开设了数十种民族语言的专业外，西北民族学院（1951年）、西南民族学院（1951年）、广西民族学院（1952年）、云南民族学院（1956年）都相继设立了民族语文专业，培养了大批从事民族语文工作的骨干。

4. 加强少数民族语言文字信息化建设

目前已制定了多种传统通用民族文字编码字符集、字形、键盘的国家标准和国际标准，开展了民族语文资料库建设。民族语言文字研发与应用也取得了成绩。如近年来新一代藏文软件研发取得全面突破，开发了基于Linux的藏文操作系统、藏文输入系统、藏文办公套件、藏文电子出版系统等。

5. 开展了民族语言语料库资源和自然语言技术处理的建设

三 构建语言和谐：新时期民族语文工作的一项重要任务

党的十六届四中全会把构建社会主义和谐社会摆在重要地位，作为提高党的执政能力的重要任务之一。构建和谐社会，对人来说，是人与人之间的相互尊重和理解；对民族来说是民族之间的团结、互助。语言和谐是社会和谐、民族和谐的组成部分之一，是关系到社会民族是否和谐的一个重要因素。

1. 语言和谐有助于民族团结

在一个多民族的社会里，语言关系如何，是和谐还是不和谐，直接关系到社会的稳定、民族的团结。因为语言与民族总是紧密联系在一起的，人们总是把具体的语言看成是属于某个具体民族的。对语言的尊重就是对民族的尊重，对语言的歧视就是对民族的歧视。语言的不和谐就会造成对民族的伤害。

在我国的历史上，以及在国外的一些多民族国家中，由于语言不和谐引起语言矛盾，并导致民族矛盾的案例，时有发生。但在我国，新中国建立后由于废除了民族压迫制度，实行了民族平等和语言平等的政策，不同民族的语言关系，其主流是和谐的，是受到少数民族称赞的。当然，也存在某些不和谐的现象，但不是主流。

近几年，本人多次去云南省德宏傣族景颇族自治州调查研究少数民族语言，亲眼看到了那里的语言关系呈现出一派和谐的景象。这个州居住着傣、景颇、德昂、阿昌、傈僳等少数民族，他们都有自己的语言。少数民族普遍兼用汉语，其中还有不少人还能兼用另一少数民族语言。他们在家庭内、在村寨内，都使用自己的母语，在不同民族之间大多使用汉语进行交际，也有使用双方都能使用的少数民族语言进行交际的。不管在什么地方，少数民族使用自己的语言都会得到尊重。有本族文字的少数民族学生，在小学阶段既学本族语文又学汉语文，但从中学起主要学汉语文。少数民族语言在电视、广播、出版中得到使用。总的说来，这里的不同语言各就各位，各尽所能，和谐有序。和谐的语言关系成为和谐的民族关系的一个重要组成部分。

但回忆起"文化大革命"期间到这个地区，看到的则是一些语言不和谐的现象。那时，由于"左"的思想的干扰，民族语文机构被撤销了，学校中的民族语文教学也被迫停止了，一些人甚至想以汉语来取代少数民族语言。这种不公正的语言关系，在一定程度上影响了民族关系，这个历史教训是很深刻的。

进入新时期以后，语言关系也在发生前所未有的新变化，民族语文的使用和发展也随之出现了一些新问题，也会出现一些不和谐的现象。比如，少数民族为了更快地发展自己，对学习汉语文的要求空前高涨，这时社会上就容易出现忽视民族语文作用的趋向，甚至会出现对民族语文的不尊重。汉语文使用人口多，社会功能强，在语言使用的竞争中处于强势地位，而少数民族语文由于使用人口少，使用范围小，在竞争中处于弱势地位。强势和弱势共存，如果在处理二者的关系时不谨慎、不明智，就有可能忽视民族语文不可替代的作用，出现不和谐。语言的不和谐，在现代化进程中势必影响民族间的团结。

2. 语言和谐有助于各民族的发展繁荣

我国现时民族语言使用的基本情况是：除少数一些民族和部分杂居区外，大多数民族大多数地区，特别是民族聚居区，都还普遍使用本民族语言，本族语言仍然是他们日常生活的主要交际工具。新中国成立后半个多世纪的时间，虽然随着社会发展的需要，少数民族中兼用汉语文的比例在不断增长，但并未改变大部分人仍使用本族语言的基本事实，少数民族语言仍是他们日常交际的主要工具，有其不可替代的作用。历史的经验已经证明，母语教育是儿童阶段开发智力最好的手段，在使用民族语言的地区，应该重视母语教育，根据具体情况确立母语教育的体制，处理好母语和通用语汉语的关系。

3. 语言和谐符合我党坚持的民族平等、语言平等的原则

四 语言竞争：语言演变的自然法则

任何事物都有两面性，对待语言关系，既要看到和谐的一面，又要看到竞争的一面。

1. 什么是"语言竞争"

语言演变包括两个方面的内容：一是语言结构的演变，包括语音、语法、词汇、语义等方面的演变，其演变主要受语言内部因素的制约；二是语言功能的演变，包括语言使用功能大小的升降、语言使用范围大小的变化等，其演变主要受语言外部社会条件的制约，语言竞争是制约语言功能变化的主要因素之一。

不同事物共存于一个系统中，除了统一的一面外，还有对立的一面。这是由于事物间存在差异，有差异就有矛盾，有矛盾就有竞争。不同的物种有竞争，不同的人有竞争，不同的语言也有竞争。这是普遍规律，是不以人的意志为转移的。不同的语言共存于一个社会中，相互间普遍存在着相互竞争的语言关系，可以说，语言竞争是语言关系的产物，是调整语言协调于社会需要的手段。比如，英语在世界上是一种影响力较大的语言，在一些国家里，它与本国语言在使用上存在竞争，如在菲律宾、马来西亚、新加坡等国，英语是他们的官方语言，而这些国家的居民还有自己的母语，二者在语言地位、语言使用范围上存在竞争。

我们这里所说的"语言竞争"，是指语言功能不同所引起的语言矛盾，属于语言本身功能不同反映出的语言关系。这是语言关系在语言演变上反映的自然法则，有别于靠人为力量制造的"语言扩张"、"语言兼并"或"语言同化"。前者符合语言演变的客观规律，有利于语言向社会需要的方向发展，有着积极的意义；而后者是强制性的，违反语言演变的客观规律，违背民族的意志。

2. "强势语言"和"弱势语言"

认识语言竞争的性质，必须涉及"强势语言"和"弱势语言"两个

不同的概念。存在于同一社会的不同语言，由于各种内外原因（包括语言内部的或语言外部的、历史的或现时的），其功能是不一致的。有的语言功能强些，有的语言功能弱些。强弱的不同，使语言在使用中自然分为"强势语言"和"弱势语言"，这是客观存在的事实。多语社会的语言，语言竞争通常出现在强势语言与弱势语言之间，其关系错综复杂。所以，要准确解决一个多民族国家的语言关系，区分这一对概念是必要的，也是不能回避的。

要说明一下，这里使用"强势语言"与"弱势语言"的名称，是为了区分语言功能的大小，这是属于社会语言学的概念，与语言结构特点的差异无关，因而丝毫不含有轻视弱势语言的意味。不同语言的内部结构各有自己的特点，也各有自己的演变规律，这是由各自语言机制系统的特点决定的，不存在"强势"与"弱势"的差异。

但"强势"与"弱势"是相对的。汉语是强势语言，是就全国范围而言的。在我国的少数民族地区，不同的少数民族语言，其功能也不相同。其中，使用人口较多、分布较广的少数民族语言是强势语言，使用人口较少、分布较窄的少数民族语言则是弱势语言。其"强势"与"弱势"之分，是就局部地区而言的。比如，在我国新疆的维吾尔、哈萨克、柯尔克孜等民族杂居的地区，维吾尔语通行最广，是强势语言，其他少数民族语言则是弱势语言。在广西，壮族人口多，与毛南语、仡佬语相比，是强势语言，一些毛南人、仡佬人会说壮语，甚至转用了壮语。

3. 语言竞争的不同走向

由于语言功能的大小不同，加上不同语言的社会历史条件不同，因而语言竞争存在不同的走向主要有以下几种：

一种走向是：互相竞争的语言长期共存，功能上各尽其职，结构上相互补充。在竞争中，各自稳定使用。虽有强弱差异，但弱者有其使用的范围，不可替代，不致在竞争中失去地位。我国少数民族语言和汉语的关系多数属于这类。

另一种走向是：弱势语言在与强势语言的较量中，功能大幅度下降，走向衰退。其表现是：功能衰退的语言只在某些范围内（如家庭内部、亲友之间、小集市上等）使用；部分地区出现语言转用。这类语言可称为衰变语言。

还有一种走向是：弱势语言在竞争中走向濒危，在使用中完全为强势语言所代替。我国历史上分布在北方的一些语言，如西夏、鲜卑、契丹、女真、焉耆、龟兹等语言，在语言竞争中消亡了。还有一些语言目前正处于濒危状态。

以上三种不同的走向反映了语言竞争的不同层次。

五 怎样认识语言竞争与语言和谐的关系

1. 必须从理论上认清语言竞争与语言和谐的关系

从本质上说，语言和谐与语言竞争既有矛盾，又有统一。有矛盾，是说不同的语言在统一社会的交际中，其功能的范围、大小处于不断的竞争之中。竞争之中，既有使用功能上的相互消长，又有互相排斥的一面，甚至会出现语言衰变和语言消亡。有统一，是说不同的语言在统一的社会中，虽然存在竞争，但还有其不可替代的作用。一种语言只要能生存下去，那么与别的语言在功能上总是互补的，即不同语言在统一的社会中总是各尽所能，各守其位。

世界毕竟是多元社会、多元文化的，预计未来的社会也会如此。一个多彩、多样的社会总是由大小不同的民族、大小不同的语言构成的，不会是"清一色"的。多样性是合理的，体现了客观世界的"美"。当然，在现代化进程中，"一体化"是不可避免的，但即便是一体化，也还会存在差异，差异是永恒的，未来的世界不可能只有一种或几种语言。

2. 正确处理语言和谐与语言竞争的关系

不同语言共处于一个社会之中，由于语言功能的差异，在使用中必然会出现语言间的竞争。应当怎样认识语言竞争呢？

语言竞争是语言发展、演变的一条客观规律；是不可避免的。因为在一个多语的社会中语言竞争是协调语言关系的一个重要手段。它能使不同的语言通过竞争，调整各种语言的使用功能和特点，发挥各种语言应有的作用，有利于语言更好地为社会服务。语言竞争虽是一种不以人们意志为转移的自然现象，但人们可以通过语言规划、语言政策来加以规范，或引导其向更理想的方向发展。

构建语言和谐，必须处理好强势语言和弱势语言的关系。强势语言的存在和发展有其优越的条件，容易受到人们的重视；而弱势语言则因其功能弱，在发展中存在许多难处。处理的原则是扶持弱者。

3. 按语言的实际情况区别对待

不同语言的功能及其变化，是由其人口、分布、文化、教育以及民族关系、语言关系等因素综合决定的，有其各自的演变规律。人口多的，不同于人口少的；聚居的，不同于杂居的；有文字的，不同于无文字的；跨国境的，不同于非跨境的；濒危的，不同于衰变的，等等。因此，绝不能同样对待、用"一刀切"的方式，而应该是"一把钥匙开一把锁"，从而正确处理多语社会的语言文字问题。

4. 要制定必要的法规、政策、措施，逐步实行民族语文立法

民族语文需要通过立法来确定其地位，应当用法律来保护它。特别是经济迅速发展的今天，处于弱势的民族语文的作用容易被忽视，更需要通过立法来保障其正常的使用和发展，使其有利于现代化建设和民族团结、民族和谐。

但是必须看到，民族语文立法是艰难的。之所以艰难，主要有三个原因。一是我国各民族语言文字的情况存在较大的差异：人口多的民族与人口少的民族不同；南方民族与北方民族不同；有文字的语言和没有文字的语言不同；内地民族和边疆民族不同，等等。情况的差异使得立法难以把握不同语言的共性和个性。二是在现代化进程中，各民族语言的情况都发生了不同程度的变化，其变化速度较过去为快，其变化形式具有与过去不同的特点。这就使得立法难以瞄准实际，对症下药。三是我们对我国的语言国情还缺乏全面深入的了解，还未能从理论上认识其特点。这会使立法缺乏必要的高度和宏观把握。正因为如此，多年来社会各界虽然对民族语文立法的呼声很高，也做过一些工作，但收效不大，迟迟不前。

我们认为，当务之急是做好调研工作。调研工作怎么做？一是要组织专门小组深入各个民族地区调查研究民族语文工作中与立法有关的问题，客观地、科学地梳理民族语文使用和发展中存在的问题，明确立法应该解决的问题。二是加强全国范围内的语言国情调查，对我国民族地区的语言生活做到心中有数。三是增强民族语文立法的理论意识，提高对民族语文立法的必要性、可能性的认识。在具体操作上，建议由下至上进行。即由自治县、自治州、自治区先做，然后再做全国的。中央可以先抓试点，摸索经验。

[原文载于《汉语国际教育》2010年第四辑]

语言规划的动因与效果
——基于近百年中国语言规划实践的认识

郭 熙

一 问题的提出

中国现代的语言规划已有百年的历史。然而，和世界上许多地方一样，尽管有各种各样的语言规划传统和实践，但我们对语言规划理论的认识却依然十分有限。

一般认为，"语言规划"这个术语是在20世纪50年代后期由美国语言学家Haugen引入学术界的[1]。该术语是指为了改变某一语言社区的语言行为，而从事的所有有意识的尝试活动，从提出一个新术语到推行一种新语言[2]都可以纳入语言规划之中[3]。围绕着语言规划，社会和学界存在各种分歧，人们也试图从不同的角度认识语言规划。

然而，西方的语言规划思想真正对中国产生影响应该是改革开放以后，而其中影响较深的或许是Haugen。他的《语言学与语言规划》一文经林书武翻译发表于《国外语言学》1984年第3期[4]。

就中国来说，尽管在很长的时间里并没有系统的规划理论，但中国语言规划实践的成就却是有目共睹的。有人认为，中国传统的规划主要集中

---

[1] Haugen, E., "Planning for a Standard Language in Modern Norway", in Anthropological Linguistics, 1959, pp. 8 – 21.

[2] Haugen, E., "Language Planning", in U. Ammon, N. Dittmer and J. K. Mattheier (eds.), Sociolinguistics: An International Handbook of the Science of Language and Society, 1987, vol. I, pp. 626 – 637. Berlin and New York: de Gruyter.

[3] 周庆生：《国外语言规划理论流派和思想》，《世界民族》2005年第4期。

[4] Haugen：《语言学与语言规划》，林书武译，《国外语言学》1984年第3期。

在规范化方面。据戴昭铭考证,中国古代文人们讨论了两千多年的语文是非问题,经常使用的是"雅俗""正谬""文质""工拙"一类词语。① 其实事情不是这么简单。中国历史上几次大的语言变革,包括秦始皇的书同文和北魏孝文帝的变法,都为中华民族的形成、发展和统一的维护起到了积极的作用。

下面的讨论将会围绕一些历史事实,对语言规划的历史和现状中的一些问题进行重新的认识和分析。

二 历史上语言规划成功和不成功的案例

中国近百年来在语言规划方面取得的成就是巨大的,有成功的经验,也有失败的教训。成功的范例我们首先想到的应该是推广普通话。

毫无疑问,中国的普通话推广是成功的。郭熙在谈到中国语言国情的特点时指出了中国语言规划的阶段性成功,对其令人鼓舞的成就进行了描述;同时,也指出了这种成功背后所付出的代价②。

在推广普通话的同时,汉语拼音的推广也取得了很大的成就。中国一改传统上以字注音、以注音字母注音的方式,实现了汉语拼音的拉丁化。它不仅在识字教学和普通话的推广方面起到了积极作用,也在其他一些领域如信息处理方面得到了广泛的应用。汉语拼音已经成了须臾不可或缺的工具。这一方案也得到了世界上的广泛认可。联合国秘书处从1979年6月15日起采用汉语拼音作为在各种拉丁字母文字中转写中华人民共和国人名和地名的标准。1982年8月国际标准化组织(ISO)通过决议,采用《汉语拼音方案》作为在文献工作中拼写有关中国的专门名词和词语的国际标准。

中国近百年语言规划成就中还有一个几乎所有的汉语使用者都从中受益但尚未引起广泛注意的,这就是"言文统一"。由于各种原因,中国传统上有"言""文"之分。文言文原是古人口语的要点记录,后来同实际口语的距离越来越远。唐宋起,白话文书面语逐渐兴起。清末,白话文的实践不断扩大。戊戌变法前后就有14种白话报,1500余种白话小说。而

---

① 戴昭铭:《汉语研究的新思维》,黑龙江人民出版社1998年版,第272页。
② 郭熙:《中国社会语言学》,浙江大学出版社2004年版,第86—89、286—287、290页。

此期提倡白话文的理论也兴盛起来，要求"我手写我口"，"言文一致"。1920 年，当时的教育部训令小学一、二年级教语体文（白话文）。白话文运动及其前后的一系列语言、文化运动，使白话文不断丰富与规范，成为现代汉民族共同语，其形成与推广促进了国家统一和繁荣富强，文言文适合"目治"。白话文"目耳兼治"，弥合了言文之间的鸿沟，使口语与书面语既保持一定距离，又能良性互动。①"言文统一"源于民间运动，功成于政府推行，可以说是民间规划和政府规划共同作用的结果。

近百年语言规划也有不少不成功的例子。这里主要谈四个：

1. 老国音

中国现代语言规划中最早的不成功的例子应该是"老国音"。1913 年由当时教育部"读音统一会"确定的老国音，以北京音系为基础，增加微母、疑母洪音和细音，区分尖团音，保留入声，是一个所谓纵贯古今，顾及南北的理想系统。这一"国音"后来被所谓"新国音"，即今天以北京音系为基础的普通话语音系统所取代。就系统性而言，老国音各方兼顾，同时又跟中古音系形成严整的对应关系，似乎非常合理。但它在实践上是失败的。对此学界有过深刻反省，检讨了其中不成功的原因②。

近来有人在网上为老国音翻案，认为"老国音"的不成功是"限于当时各方面的条件和认识，未能很好地推广"，"新国音使用纯粹的北京音系，仅顾及华北地区的汉语，恰恰这一地区的汉语变异得离中古汉语最远。进入 21 世纪后，保卫南方诸语（官方称为"方言"）的呼声此起彼伏，这与逐渐认清汉语发展轨迹的民众对普通话音系的先天缺陷的不满也有一定的关系。"③ 事情未必这么简单。笔者搜集到了几本民国时代的注有老国音的字典，一本是《注音国语新字典》，一本是《学生字典》。这两本词典印数都相当可观。《注音国语新字典》版本中，1934 年 6 月版已经是第 29 版，此书我们收藏的最后版本是 1940 年，可惜的是版权页有所损坏，版次不详；《学生字典》则达 131 版。这两本字典的印数表明它们应该有一定的影响力。然而，老国音并没有因为这些词典的大量发行而成功。

---

① 眸子：《纪念白话文运动九十周年》，《语言文字应用》2009 年第 4 期。
② 郭熙：《中国社会语言学》，浙江大学出版社 2004 年版，第 86—89、286—287、290 页。
③ 百度百科：http：//baike. baidu. com/view/1071781. htm。

2. 拼音化

1951年，毛泽东明确提出了"文字必须改革，要走世界文字共同的拼音方向"的主张。（王爱云，2010）1955年毛泽东再次说到拼音化问题："拼音文字是较便利的一种文字形式。汉字太繁难，目前只作简化改革，将来总有一天要作根本改革的。"① 这种想法其非只有毛泽东才有，当时乃至再往前到"五四"的一代志士仁人中，有这种想法的并非少数。五四新文化运动中，很多文化教育名人认为，汉字难学难写难认，影响了教育的普及。而拼音文字只要记住几十个字母就行了，很容易学习。他们赞同简化汉字，或赞同废除汉字、采用新拼音文字，不少人提出简化汉字和拼音文字的详细方案。这个时期，文字改革思潮可以说是达到了顶峰。这种思想后来在延安得到了延续。1936年，毛泽东告诉斯诺，他相信迟早汉字会被抛弃。1940年12月25日，边区政府宣布，从1941年1月1日起，拉丁新文字与汉字具有同等的法律地位，政府所有文件和法律将同时使用两种文字。这一工作后因局势变化而中断。1944年，边区教育部长徐特立告诉外国记者，共产党希望在建立民主统一的中国以后再引进新文字。②

毛泽东提倡汉字拼音化改革，但也深知"文字改革工作关系到几万万人，不可操切从事"③。拼音化的目标后来随着1986年全国语言文字工作会议的召开实际上停止了。

3. 二简

继20世纪50年代《汉字简化方案》提出后，中国文字改革委员会1977年12月20日推出了《第二次汉字简化方案（草案）》，其中的简化汉字通常被称为"二简字"。二简方案分为两个表：第一表收录了248个简化字，推出后直接实行；第二表收录了605个简化字，推出后仅供讨论，没有直接实行。1978年8月以后，二简字试用全面停止④。

应该说，"二简字"的产生有其特殊的时代和社会背景，它的公布和后来给所谓汉字规范化带来的影响一直有争议，但从其后来的命运来看，它毕竟是失败了。

---

① 《毛泽东书信选集》，第454页。
② 郭熙：《中国社会语言学》，浙江大学出版社2004年版，第86—89、286—287、290页。
③ 《建国以来毛泽东文稿》第4册，中央文献出版社1990年版，第236页。
④ 苏培成：《当代中国的语文改革和语文规范》，商务印书馆2010年版，第381页。

上面的例子可以看出，成功的语言规划应该满足以下的条件：(1) 有社会需求，这是基础；(2) 有政府的推行。"推普"的成功和"老国音"的失利都可谓典型的例子。简单说来，以往的规划有这样的特点：(1) 目标相对简单；(2) 阻力相对较小；(3) 管理范围相对单一；(4) 处理方式简单。

三　语言规划的动因、效果和阻力

上面总结中国语言规划的一些实例，其根本想法在于寻找语言规划的目标及目标实现中的经验和教训，探索其中的一些规律。那么语言规划的动因到底是什么？遇到的问题有哪些？它们来自哪里？

（一）动机的多样性

刘海涛介绍了丹尼斯·阿格（Dennis Ager）对语言规划和语言政策活动的动机的分析[①]。阿格把它们分为 7 类：identity（身份或认同），ideology（意识形态），image（形象），insecurity（不安），inequality（不平等），integration（融合）和 instrumental（工具）。除了这 7 个 I 之外，阿格认为还应该增加以下两个因素：决策者或政策制定者对于某种语言的态度（attitudes）以及他们想通过这些活动所达到的具体目标（goals）。赵守辉（2008）则介绍了以目标为导向的语言规划框架。其中包括地位规划、本体规划、习得规划和声望规划（赵译作"声誉规划"），历数了各自的目标和采取的措施。

在相当长的一个时期里，许多中国语言学者一直非常关注政府的语言规划，并且往往是积极的倡导者、参与者和实践者。然而，只有语言学者的语言规划是不完善的，因为语言学家对语言规划的认识可能有自身的局限性。在处理语言规划及语言的相关规定时，他们总是不容易摆脱自己学科的束缚。我们曾经以新加坡政府的语言规划为例进行过讨论（郭熙，2008），从中看到了政治家的高明。事实上，Haugen 早就指出，在语言规划中，语言学是必要的，但不是充分的。需要政治、人类、社会、美学和

[①] 刘海涛：《语言规划的动机分析》，《北华大学学报》2007 年第 4 期。

哲学各个领域的学者共同努力。① 而刘海涛特别提及20世纪90年代以来人们对语言规划的更多认识：语言规划是对语言多样性的一种人工调节；语言规划不是要消灭语言的多样性，而是要保护这种多样性；语言规划的目的不再只是解决交际问题，而且也应该考虑其他非交际的问题；语言规划也应该考虑受众的感受，考虑规划行为对整体语言生态系统的影响；语言规划不仅仅是语言学的一个分支，也和社会学、政治学有着密切的关系；语言规划应该被视为社会规划的一部分。这些认识显然是非常有意义的②。

从中国语言规划的实践来看，关心语言规划的人主要是政治家、语言学家、民族学家、以及教育家，等等。按理说，不同领域的人目的应该不同，政治家关心国家或民族的一统，语言学家关心语言的纯洁和健康，民族学家关心民族文化的保护，教育家关心语言对教育的影响。然而，中国各界的人的关注点好像都在交际的"互通性"。动机的多样性应该带来的是规划主体和规划对象的多样性。人群不是单一的，动机也不会单一。语言规划正在从单一目标走向多重目标。只有多方兼顾的语言规划，才更有生命力。

（二）语言规划的层次性

应该说，中国的语言规划在很长的时间里又是缺乏理论支持的。由于动机单一，中国语言规划的目标好像也比较简单。例如，只是简单地把语言规划分成地位规划和本体规划。后来也有人根据西方的研究增加了教育规划和声望规划，但并没有进行深入的讨论。李宇明③提出了功能规划，这是对中国语言规划理论的一大贡献。但由于这一理念出现较晚，不少人尚未深入认识到其中的价值。

以往语言规划的目标主要是对语言进行管理，所以非常关注本体规划，希望通过本体规划为地位规划提供各种标准和依据，在教学、传播和维护方面做出了自己的贡献。然而，语言规划并不只是一个简单的管理问题。它还涉及语言培植、保持和认同建构等多个方面。我们既需要创新的

---

① Haugen：《语言学与语言规划》，林书武译，《国外语言学》1984年第3期。
② 刘海涛：《语言规划和语言政策——从定义变迁看学科发展》，《语言规划的理论和实践》，语文出版社2006年版，第55—60页。
③ 李宇明：《语言功能规划刍议》，《语言文字应用》2008年第1期。

语言规划，也需要保守的语言规划。

社会是复杂的。规划有社会动机，使用者有个人动机；政府有社会目标，使用者有个人习惯。但人们对语言规划的各种关系似乎没有进一步的梳理。上述不同类型的语言规划处于不同的层次。本体规划是语言内部的规划，地位规划是语言外部的规划。其中教育规划、传播规划和声望规划都是外部规划。这种划分对于处理语言和社会的关系是有益的。如果把规划的动因考虑进来，就可以看出传播规划、教育规划、声望规划等都是源于动因的划分。教育规划的动因包括语言的传承和维护，国家、民族、文化的认同建构，等等。

语言规划的层次性还表现在适用对象的不同上。对此我们已经进行过讨论，这里不再赘述①。

（三）结果的两面性

我们曾讨论过语言规划动机的多样性和结果的两面性（郭熙，2009）。不审慎的语言规划或政策的苦果一些国家或权力机构已经尝过。影响或制约语言规划动机的因素多种多样。所有的语言规划都会受到时代背景、技术条件、社会思潮、认识角度、所规划语言本身的声望和地位等等的影响。毛泽东在延安时和到北京后语言观念出现差异就是其中的一例②。

有意思的是，在不少情况下，认识到语言多重价值的并不是语言学家。例如客家人"宁卖祖宗田不丢祖宗言"的古训，就表明他们看到了自己语言丢失的严重后果，把自己的方言看成了一种文化。事实上，语言认同问题曾一度引起重视，例如孙中山对国家认同建构的理念和实践③，遗憾的是，这些努力后来被忽略了。因为那些什么家们想到的各种救国改革设想，都是要提高教育水平。这就难免使语言规划出现偏差。语言规划者和社会语言学家应该关心语言规划的价值取向以及具体规划的可行性。语言规划也具有一定的破坏性，主要表现在对语言的过度干预。这些需要事先的防范。另一方面，语言规划可以实现自己的目标，但实际上能力也

---

① 郭熙：《华语规划论略》，《语言文字应用》2009 年第 3 期。
② 郭熙：《中国社会语言学》，浙江大学出版社 2004 年版，第 86—89、286—287、290 页。
③ 郭熙：《以"国、中、汉、华、唐"为上字的词与社会认同建构》，《语言教学与研究》2007 年第 4 期。

很有限。《说文解字》对汉字规范有大功，但却无法阻止汉字的隶化。

由于语言规划有其负面效应，所以，从一开始就应该两面抓，以便化被动为主动。以推普和保护方言为例，过去强调的是推普不是消灭方言，为什么不说在推普的同时积极采取措施保护方言？纵观中国语言规划的历史，这方面过去的确没有想得太多，人们的出发点似乎非常简单。除了孙中山，好像基本上是停留在交际这个最原始的立足点上。

语言规划中，地位规划所涉及的主要是人及其语言生活。传统上各种规范标准只关涉到少数文人，而且是这少数文人可以控制书面语。但尽管如此，他们仍然无法阻止语言的发展和变化。我们对汉语中称呼父亲方式的考察证明了这一点[①]。在今天这个追求多样性的时代，媒体种类多，语言使用者广泛，语言的可控性越来越弱。

事实上，一直存在规划语言和规划使用者语言生活的问题。这里不妨重提一下"做"和"作"区分的旧话：区分"做"和"作"有什么好处，不区分它们有什么坏处？如果区分了没有好处，不区分也没有坏处，我们为什么要在十三亿人中花费这么大的气力教它们区分？我们的规范是要方便使用者，还是要给使用者增加麻烦？生活在今天的人需要花更多时间去学习和掌握更为重要、更为有用的东西。

（四）语言规划的阻力

苏培成用了"阻力定律"这个概念，意思是说语言文字上的改革总有这样那样的阻力。就整体而言，语言规划必然有各种各样的阻力。有的阻力是客观的，有的阻力则是主观的。例如，"老国音"推行所遇到的阻力，表明我们的规划违背了客观条件或规律，它的失败是必然的；"二简字"的阻力在我们看来主要是人为的，尽管也有不少客观因素在内；新维文的阻力主要是政治和文化的；广州的所谓"废粤语"实际上是由信息误读造成的，当然，这里面也掺杂了非常复杂的政治文化和经济因素。明白了阻力来自哪里，哪些可以克服，哪些无法克服，做好预案是非常重要的。44个汉字的公布，网民发起热议，成了《规范汉字表》的沙盘推演，使后者的推进更加稳妥。

阻力来自人，同时在很大程度上源于人的态度。例如，民族主义是一

[①] 郭熙：《对汉语中父亲称谓的多角度考察》，《中国语文》2006年第3期。

种态度，民族虚无主义是另一种态度；现代派是一种态度，国粹派是又一种态度。强势语言的语主和弱势语言的语主自然会有不同的态度，而强势语言语主和弱势语言语主内部也可能持有不同的态度。强势群体有自信和宽容的一面，而不担心外来语言的"入侵"；强势语言中也有一些可能会自居老大，把自己的意志强加于人。弱势群体的自卑和自卫意识也是如此，前者可能导致在语言竞争中缴械投降，也可能是严防死守，坚持最后一道防线。社会语言学家应该负起社会道德责任，不应成为简单的政治工具。应该强调语言规划的道德性、道德评价，保证科学性。

不同阶段的规划阻力不同，不同层次的规划阻力也不同。以中国为例，对语言规划绝对服从的时代似乎已经过去。如何科学地制定语言规划和语言政策，化阻力为动力成了当务之急。陈章太讨论了语言规划的基本原则。他认为，语言规划是一项整体性系统工程，不仅是语言及其使用的问题，还与社会生活、政治经济、文化教育、科学技术、民族宗教，以及观念心理等有密切关系。他把语言规划的基本原则确定为：科学性原则、政策性原则、稳妥性原则、经济性原则。这些原则有利于消除各种阻力，更好地实现语言规划的目标[①]。

制定语言规划的时候应该考虑到以下一些方面：

（1）动机：社会目标的考虑；

（2）受众利益：含情感、习惯等；

（3）预后效果：可行性，有无负面效果，若有，其危害程度如何。

这意味着，语言规划本身也需要规划。

四 检验：以中国法定计量单位改革为例

中国国务委员刘延东在纪念《中华人民共和国国家通用语言文字法》颁布十周年座谈会上的讲话中说：

推广和普及国家通用语言文字，是维护国家主权与尊严、体现国家核心利益的战略举措，对于建设人力资源强国、加快社会主义现代化建设，传播弘扬中华文化、增强国家软实力，维护民族团结和国家统一、建设中

---

① 陈章太：《语言规划研究》，商务印书馆2005年版。

华民族共有精神家园具有重要而深远的意义。①

这是中国领导人近年来少有的就语言问题的"亮相",可以说是领导层语言观念的一个重大突破,也将是中国今后一个时期语言规划的重要指导思想。按照这样的思路,同时根据我们前面的讨论,这里将以中国法定计量单位改革涉及语言方面的一些情况为例进行讨论。

1959年6月25日国务院发布《统一计量制度的命令》,确定以米制(即公制)为我国的基本计量制度。1984年2月27日,国务院于发布《国务院关于在我国统一实行法定计量单位的命令》,1985年,国家又颁布了《中华人民共和国计量法》。1995年10月5日,国务院办公厅发出了《国家技术监督局关于进一步实施法定计量单位请示》(以下简称《请示》)的通知,指出国务院同意该请示并请各地执行。

《请示》内容很多,这里只选取与我们有密切关系的几节。《请示》写道:

> 我国在宣传和推行法定计量单位、废除市制、限制英制、改革米制等方面做了大量工作,取得了明显的成效……科学、统一、实用的法定计量单位的推广和采用,进一步统一了我国计量制度,对贯彻改革、开放的方针,促进对外贸易、科技交流起了积极作用,取得了较好的效果。②

《请示》尤其肯定了新闻出版和媒体等方面的工作:

> 坚持了新闻、出版、教育先行的原则。报刊、广播、电视重视了法定计量单位的使用,普及面甚广。大、中、小学教材就采用法定计量单位组织了两次大规模的修订。出版物已普遍使用法定计量单位。

然而,既然有这个"请示",一定是执行得不太理想,《请示》说:

> 计量单位的改革工作,虽取得了很大成效,但由于涉及面广,加之习惯、经费等原因,推行法定计量单位的工作发展还很不平衡,任务还很艰巨。
>
> 在报刊、广播、电视以及公文中,还经常出现一些非法定计量单位,尤其是市制单位斤和担等。

这是一个非语言部门的涉及语言的规划。《请示》说到了影响国务院命令贯彻的因素,认为是"由于涉及面广,加之习惯、经费等原因"。问

---

① 中国政府网:http://www.gov.cn/ldhd/2011-01/20/content_1789523.htm。
② 见110法律咨询网:http://www.110.com/fagui/law_4888.html,下同。

题似乎并非这么简单。我们逐项进行分析。

(一) 社会目标

毫无疑问，这里的社会目标无可指责，是好的。

(二) 受众利益

根据我们前面的讨论，语言规划应该考虑到受众的感受。总体而言，这个规划无大碍，国内"被规划"没有大的问题。但一些具体方面可能影响到受众。看看圈外人是怎么说的：

我是一名报纸编辑，本报社的校对们很认真，也很较真，他们严格遵守语言规范，有时严格得近乎死板。前不久，我编发了一篇关于阶梯电价的稿件，稿子里有十几个"度"字，校对非得将之一个个改为"千瓦时"。"千瓦时"比"度"更符合相关语言规范，这个我也知道，但"度"显然更简洁、更方便、更便于阅读。关键是，老百姓都说"几度电"，报纸上非得说"几千瓦时电"，难道不别扭吗？报纸是给老百姓看的，不是供语言专家审核的。

这次，校对很不情愿地听从了我的意见，但类似的争执还有很多。比如，"今年以来"须表述为"今年初以来"，"月赚4个亿"须表述为"月赚4亿元"……更离奇的是，一个人去菜市场"买了3斤肉"，这样的表述竟然不符合语言规范，而应该表述为"买了1.5公斤肉"或"买了1500克肉"——真不知道这样的语言规范是不是诚心和老百姓的习惯对着干，更不知道如此规范意义何在。实际上，很多媒介并没有严格遵守语言规范，我想很多时候是故意不遵守或者没法遵守，他们宁肯"遵守"受众的习惯。[①]

我想，浦江潮的看法很有代表性。这个规定真的打破了使用者的习惯。打破习惯本身无大碍，问题是这个规定混淆了社会的不同层面和对象，给使用者带来了不必要的麻烦。

(三) 预后效果

这个规定"预后不良"。主要有以下几个方面：

---

① 浦江潮：《语言规范不要"化简为繁"》，人民网，2010年10月22日 http：//culture. people.com.cn/GB/27296/13024301.html。

（1）表述缺位

这个方案把普通老百姓的语言使用和科学计量混同起来，混淆了层次。导致了一些奇怪的表达现象。这种现象已经波及由笔者主编、供海外华人使用的《中文》教材。出版社为了保证"校对质量"，要求将《中文》教材中的"公斤、公里"都改为"千克、千米"之类，让人哭笑不得。

（2）文化传承

汉语有很多成语都使用传统的"度量衡"计量单位。《汉语大词典》中，在"度"的方面，含"里"的成语70个，"寸"59个，"尺"60个；在"量"的方面，含"斗"的成语17个，"升"2个，"石"1个；在"衡"的方面，含"斤"和"两"的成语各为11个，"钱"6个。不分青红皂白地硬性改变计量单位，将意味着这些成语从我们语言中消失。这可能是规划者所没有想到的。

（3）华人社会的一统和华语的传播、维护

当我们"被规划""千米""千克"的时候，海外境外的华人社会仍在使用"公里""公斤"；我们改成了"米、厘米"，海外境外仍在使用"公尺""公分"。这些都无疑给华语的传播和使用带来了不少的麻烦。

究其原因，这些规划的动机是"国际化"，便于管理，因此要规范化、标准化。而这里的规范、标准化的前提是顺着西方的路子走。然而，我们看到的事实是，世界上许多国家都没有采用所谓"国际化的公制"，美国仍然在用英里和加仑。

我们不反对采用公制，我们所不赞成的是不分场合、不讲条件的"公制"。事实上，按照原来的"公制"，用"公里"换算"里或华里"，用"公尺"换算"尺"或"市尺"，用"公斤"换算"斤或市斤"，既照顾到了公制，又继承了传统，何乐而不为？

应该说，上述简单的法定计量单位规划，是语言规划方面动机单一化的一个典型例子。

五 进一步的思考

随着社会的发展，语言规划的价值取向正在变化。我们必须考虑语言规划与认同建构的关系，重视语言规划中的情感因素。语言规划的过程不只是执行一种规划，它同时又是一个建构的过程。这是语言规划和其他规划所不同的地方。

我们不反对语言规划。事实上，我们还缺乏许多规划。例如：语言教育规划、语言传播规划、语言维护规划、语言声望规划。已有的规划中，我们可能还缺乏多样性的考虑，缺乏规划的重要目标。传统的语言规划理念和模式已经不适应今天的快盘时代、电话时代。语言正在快速变化，我们正在从地球村变成地球城。我们正面临着传统的快速消亡。我们很快不会写字了，我们是否可以丢掉键盘，重新回到写字时代同时又能适应或满足现代生活和工作的需要？又如，中国面临越来越多的非法移民问题，广东东莞的外国人监狱外语语种已经达到48种，我们如何服务，如何教育改造犯人，如何管理业已形成的合法和非法移民的社会？中国的语言规划的任务越来越广泛了。

Ager在考察声誉规划中引进形象规划概念，从而将语言规划中软因素的作用提到前所未有的高度，标志着语言规划思想的最前沿发展[1]。周明朗说：

语言意识形态和语言秩序的变动直接影响到人们的多语教育价值观。在语言市场上，掌握一门语言就意味着拥有经济价值的语言资产。但是，在有价的语言市场上语言是有等级的。我认为这个等级是由语言秩序决定的。一个语言在语言秩序中的地位越高，该语言在语言市场上的政治和经济价值就越大。一个人一旦掌握高等级语言，就会拥有更多的政治和经济资本。[2]

然而，汉语形象的提升似乎还没有提到中国语言规划的议事日程。所谓"汉语难学"这一不好的形象塑造言论流行甚广，很少有人纠正。如何塑造汉语形象，提升汉语在语言秩序中的地位，应该引起注意。

我们还需要对语言规划进行预后研究。根据我们对中国学术期刊网的检索，"语言规划的结果"共有16篇文献提到，"语言规划的动机和目标"共有39篇文献提到，而"语言规划的后果"这个提法，就目前看到的材料，只有我一个人在说。这不由使我想起了《素问·四气调神大论》

---

[1] 刘海涛：《语言规划和语言政策——从定义变迁看学科发展》，《语言规划的理论和实践》，语文出版社2006年版，第55—60页。

[2] 李宇明：《语言功能规划刍议》，《语言文字应用》2008年第1期。

的一段话：

是故圣人不治已病治未病，不治已乱治未乱，此之谓也。夫病已成而后药之，乱已成而后治之，譬犹渴而穿井，斗而铸锥，不亦晚乎。

我们的语言规划理论仍然不深入，我们的认识仍然停留在规范化上。一个新的规划出台，应该多听一些声音，应该有一个沙盘推演，形成预警机制。

中国语言规划的百年历史使我们积累了丰富的经验。今天的世界已经不是百年前或过去百年的世界，中国也不再是过去的中国；语言问题也不再是过去的语言问题，汉语正在走向世界。我们面临着新的挑战。坚持多样性，强化国家和民族认同，推进汉语的传播和维护，保护国家安全，坚持标准化和规范化工作，努力开展科学的、能与国际接轨的中国语言规划，是每一个语言人应该为之奋斗的。

参考文献

[1] Haugen, E., "Planning for a Standard Language in Modern Norway", in *Anthropological Linguistics*, 1959, pp. 8 – 21.

[2] Haugen, E., "Language Planning", in U. Ammon, N. Dittmer and J. K. Mattheier (eds.), *Sociolinguistics: An International Handbook of the Science of Language and Society*, 1987, vol. I, pp. 626 – 637. Berlin and New York: de Gruyter.

[3] 周庆生：《国外语言规划理论流派和思想》，《世界民族》2005 年第 4 期。

[4] Haugen：《语言学与语言规划》，林书武译，《国外语言学》1984 年第 3 期。

[5] 戴昭铭：《汉语研究的新思维》，黑龙江人民出版社 1998 年版，第 272 页。

[6] 郭熙：《中国社会语言学》，浙江大学出版社 2004 年版，第 86—89、286—287、290 页。

[7] 眸子：《纪念白话文运动九十周年》，《语言文字应用》2009 年第 4 期。

[8] 王爱云：《毛泽东与中国共产党领导的文字改革》，《党的文献》2010 年第 3 期。

[9] 苏培成：《当代中国的语文改革和语文规范》，商务印书馆 2010 年版，第 381 页。

[10] 刘海涛：《语言规划的动机分析》，《北华大学学报》2007 年第 4 期。

[11] 赵守辉：《语言规划国际研究新进展——以非主流教学为例》，《当代语言学》2008 年第 2 期。

[12] 郭熙：《多元语言文化背景下母语维持的若干问题：新加坡个案》，《语言文字应用》2008 年第 4 期。

[13] 刘海涛：《语言规划和语言政策——从定义变迁看学科发展》，《语言规划的理

论和实践》,语文出版社 2006 年版,第 55—60 页。
[14] 李宇明:《语言功能规划刍议》,《语言文字应用》2008 年第 1 期。
[15] 郭熙:《华语规划论略》,《语言文字应用》2009 年第 3 期。
[16] 郭熙:《以"国、中、汉、华、唐"为上字的词与社会认同建构》,《语言教学与研究》2007 年第 4 期。
[17] 郭熙:《对汉语中父亲称谓的多角度考察》,《中国语文》2006 年第 3 期。
[18] 陈章太:《语言规划研究》,商务印书馆 2005 年版。

[原文载于《新疆师范大学学报》(哲学社会科学版) 2013 年第 1 期]

关于我国语言战略问题的几点思考

蔡永良

随着全球化的加速推进，世界各民族语言文化的接触与交流日益广泛，矛盾与冲突日益激烈。我们已经不能单纯地从"交流思想的工具"，更不能仅仅从经典语言学家书斋里的符号系统角度理解语言，而是要从其承载、传承、建构特定文化的功能与机制这一角度理解和把握其本质特征。语言的传播意味着文化的传播，语言的交流意味着文化的交流，语言的趋同意味着文化的趋同。因此，在语言接触频繁、矛盾冲突激烈的当下，语言已经开始对民族文化的健康发展和持续繁衍产生影响。语言已作为一个战略问题摆在我们的面前，迫使我们对它进行理性的思考，以便实施有效的应对措施。

一 问题的提出

"语言战略"作为一个术语问世不久，它作为一个问题引起人们的广泛关注有其复杂的背景，美国政府近年来采取的一系列"语言战略"举措是其最直接的背景。2003 年 8 月，美国国会议员 Rosh Holt 向议会提交了一份《国家安全语言法案》(*National Security Language Act*)，将语言提到"影响国家安全"的高度；2005 年 1 月美国政府发布白皮书《国家外语能力行动倡议书》，号召美国公民学习国家需要的"关键语言"(critical language)；同年 5 月，美国民主党参议员 Lieberman 与共和党参议员 Alexander 向议会提交了《2005 年美中文化交流法案》，要求在 5 年内从联邦资金中拨款 13 亿美元用于汉语教育；2006 年 1 月 5 日，美国教育部与国防部联合召开全美大学校长国际教育峰会，布什总统与会并发起《国家安全语言计划》，做出拨款 1.14 亿美元的承诺，支持"国家旗舰语言项目"等美国国家安全语言计划项目（Walker 2008）。美国历史上政府高层对语言问题从未有过如此强烈的反应。虽然从表面上看，这些举动是美国政府在"9·11"事件中吃了"语言之亏"后所做出的相应调整，但其背后具有十分深远的战略意义。美国政府这一系列所谓"国家安全语言计划"的政策，其实质是通过有效的语言规划以及语言教育维护美国的国家安全，维护美国在全球范围内的政治、经济、文化优势，加强美国在国际各领域的领导地位（王建勤，2010）。美国政府的语言战略举措引起了其他各国政府包括我国政府的高度关注。

　　加速前进的全球化也许是语言战略问题凸显的更为深远的背景。经济贸易全球化不可避免地导致了文化全球化，文化全球化的主要特征是英语在世界范围内的广泛传播致使全球文化的"英美化"（Anglo-Americanization）。英语事实上已成为世界通用语，占据了极大的语言使用空间：目前世界上说英语的人数达到15亿，英语是62个国家的官方语言，70%—80%的学术出版物用英文出版，英语几乎是所有国际组织与机构以及学术会议的工作语言，同时英语是国际上外语教育最主要的语言（Tsuda 2010）。英语在世界范围内的广泛传播导致了语言接触和交流的不平衡，引发了激烈的语言矛盾与冲突，迫使人们冷静、严肃、深入地观察和研究外语教育及其规划与政策。早在20世纪90年代，就有学者从后帝国主义、后殖民主义理论视角剖析英语海外教育的本质特征，指出这是一种新形势下的"帝国主义"，即"语言帝国主义"（Phillipson，1992：1-16），英语海外教育是英帝国海外殖民的重要组成部分（Pennycook，1998：19-23），因此接受英语教育者不可避免地面临"抵御语言帝国主义"的挑战（Canagarajah，1999：7-11）。这些思考实际上从理论高度提出了国家语言战略的问题。

　　再看我国，随着改革开放国策的实施，语言教育尤其是外语教育有了长足的发展，成绩巨大，但是由于经济利益的驱使、就业的压力以及对语言文化关系的认识缺失等因素，语言教育也出现了不少问题，现状比较混乱，法律法规不够健全，没有比较明确的前景计划，没有比较合理的布局，也没有比较科学的管理措施，基本处于放任自流的状态。另一方面，改革开放使我国综合国力大幅增强，国际竞争力迅速提升，从一个"本土型"国家转向一个"国际型"国家，承受更多的国际担当（李宇明，2010：4），其具体体现之一是对外汉语教育规模不断扩大和发展。对外汉语教育自21世纪开始走出国门，发展速度十分惊人。但是，如同蓬勃发展的外语教育，在这惊人的速度后面同样隐藏着问题和矛盾，需要对其进行科学、全面、深刻的思考。

近年来，我国学术界包括语言学界开始重视语言教育、语言传播以及语言规划的宏观方面研究，开始从战略高度认识和把握语言传播、语言教育以及语言规划与政策，若干高校已开始培养语言规划与政策方向的硕士和博士，语言战略、外语战略研究中心相继成立，相应的学术刊物正在创办，学术论坛不断举行，不少文章著作已经面世，这一切构成了我国语言战略问题提出的国内背景与基础。

二 理论依据

语言战略问题首先是一个理论问题。为什么语言具有战略意义，其理论依据是什么？要回答这一问题，必须从语言的定义入手。语言的定义有许多，语言学家从不同角度对语言进行了定义，有的认为语言是一个符号系统结构，有的认为语言是交流思想的工具，有的认为语言承担社会文化功能。为了便于讨论，这里我们把这3种语言观分别称作"结构论"、"工具论"和"功能论"。结构论在理论语言学界比较流行，其代表人物当推现代语言学之父索绪尔，他认为语言是一个符号体系，是一个系统结构，语言各个不同成分都是相对而确定的。索绪尔把语言分成作为语言知识体系的"la langue"和语言实际使用的"la parole"，认为代表语言本质特征的是作为内在系统结构的语言知识体系，而不是作为外在表现形式的语言应用状态，因此他强调语言学家应当研究"语法"结构，而不是"语用"情况（Saussure，2001：169）。这是结构主义语言学的核心思想之一。这一思想开创了现代语言学，确立了语言学的科学地位，影响了20世纪大半个世纪的语言研究，包括美国结构主义语言学以及乔姆斯基的语言学研究，其影响至今仍然清晰可觉。

语言是一个符号体系，是一个结构系统，这是正确的，但问题是语言不仅是一个符号系统，除这一本质特征之外，它还有其他十分重要的本质特征。语言是用来交际的，语言的意义在于交际，因此语言首先是一种交际的手段、一种沟通的途径、一种交流的工具。目前充斥市场的语言学教科书关于语言的定义大概都是这样的：语言是交际的工具。这就是工具论。语言是工具这一思想在外语教学界最为流行，其源头可以追溯到20世纪70年代兴起的英语交际教学法。交际法认为语言是一种交际工具，只有在交际实践中才能学会使用这种工具（Widdowson，1978：87）。工具论具有强烈的实用主义色彩，外语教学主要是英语教学的专家学者比较崇尚这一观点。这一领域国际著名专家Richards（2006：10）甚至主张外语教师把语言教学与所教语言的文化割裂开来，把语言纯粹当作一种工具进行教学。语言交际法的理论来源是功能主义语言学，功能主义语言学把语言功能分为3种：表意、组篇和人际功能，但从该学派大量文献中可以看出他们的兴趣点主要集中在具有强烈工具性的语言组篇功能。因此，迄今为止仍然有很多语言学家认为：语言充其量是一种交际工具。这一思想仍然是当代语言学界的主流观点。

当代语言学以及外语教育研究强调语言是一种工具，也是正确的，语言确实是一种工具，但是语言学家在强调语言工具性的同时，忽视了语言更为宏观的文化性和社会性，外语教学研究专家强调习得语言这一工具时忽视了习得者文化和价值观念乃至思维模式的变化。语言处在人类活动的所有关系之中，对其产生影响并受其影响（Steffensen，2007：12－14）。当下十分活跃的认知语言学的理论基础之一是：语言是人类思维最重要的载体，与人的思维功能与机制密不可分，人们主要通过语言认识和把握外部世界，而且在一定程度上受到语言的制约（陈平，2008：6）。这是"语言相对论"的核心理念。语言相对论在强调语言相对性的同时揭示了人类思维的相对性，同时还揭示了文化的相对性：不同的语言具有不同的思维模式和文化范式乃至意识形态（蔡永良，2004：73）。如果说人类族群思维的差异很大程度上是由他们所操不同语言所引起的，如果说文化是人类最重要的活动——思维活动—最主要的产物，那么我们完全可以理解为什么语言是文化的载体，具有承载和传承文化的功能；同时，我们还可以说语言具有建构文化的功能，不同的语言通过不同的思维活动建构不同的文化。

语言具有思维功能和文化功能告诉我们语言既是人的本质属性又是人的社会属性。由于人不是作为纯粹的个体存在而是以文化的、社会的人存在的缘故，语言作为人的本质属性存在必然也决定其作为人的社会属性存在。这就是为什么语言是人们所属群体最重要的认同标记，并在个体之间和群体之间起着区别异同作用的原因（Lier，2004：108）；这也就是国际社会中语言扮演国家民族标记的缘故;这也就是为什么语言接触总是同样充满"你死我活"冲突的症结。我们以为这就是语言的社会功能。法国当代语言学家 Calvet（1998：15）指出："由于语言一开始就与权力纠缠在一起……语言战争成为人类历史的一部分。"当我们看到语言的思维、文化与社会功能以及由此衍生的语言冲突的时候，我们才能真正意识到语言战略的必要性和重要性。

三 实现途径

实现语言战略的主要途径是语言规划与语言政策，语言规划的主体是语言之间关系以及语言总体格局的确定，包括各种相关语言的定位。美国语言政策研究专家 Schiffman（1996：24）认为，国家的语言政策可分"显性"和"隐性"两种。显性语言政策指国家明文规定的政策，如许多国家在宪法中规定国家官方语言;隐性语言政策是体现语言态度、立场以及观点的语言意识形态，亦称"语言文化"（linguistic culture）。国家的"语言文化"在相当大的程度上影响、制约甚至决定与语言相关的政策。除 Schiffman 的"显性"和"隐性"语言政策之外，中间还有在各个政策层面与语言相关的政策，比如有些国家的"入籍法"规定要进行该国的官方语言测试，再比如面广量大的语言教育政策等。从许多国家的实践来看，语言教育是实现语言战略的另一条重要途径。

语言规划的前提是多语现象的存在，而多语现象是人类社会的本质特征，世界上几乎所有国家都存在多语格局，有的国家有几种语言，有的国家有几十种，有的国家则有成百上千种。比如根据 Ethnologue 网 2010 年的资料显示，印度有 428 种语言，其中 415 种语言是"活着"的语言，即人们正在使用的语言;又如小国巴布亚新几内亚有 830 种语言，其中 820 种仍然是人们使用的语言。国家的统一与使用的便捷迫使他们对众多语言进行规划，为各种语言进行定位，确定官方语言。有的国家确定一种官方语言，有的国家确定两种或更多的官方语言，如巴布亚新几内亚的官方语言有 3 种：英语、土克丕辛语（Tok Pisin）、希利姆陀语（HiriMuto）。国家的官方语言并不一定是通用语言，比如印度的官方语言是印地语，而使用十分普遍的却是英语;巴布亚新几内亚更为流行的是两种皮钦语，它们被称做"国家语言"（national language）。语言规划既是一个确定语言关系的共时现象，又是一个随语言关系不断变化的历时发展过程：前者被学者称为"地位规划"（status planning）；后者既包括地位规划，又包括"本体规划"（corpus planning）。一种处于弱势的民族语言如巴布亚新几内亚的希利姆陀语被确定为官方语言需要扶持和培育，以得到更强的生命力；而英语成为印度通用语言和巴布亚新几内亚官方语言是历史原因造成的，经历了漫长的历史过程。

根据 Tollefson（1991：2）的观点，语言规划本质上是不平等的。很简单，在实践层面上一个国家不可能把所有的语言都确定成官方语言，而且这个国家所有的语言也没有可能都成为通用语言。然而，国家的统一和使用的便捷都是比较复杂的概念，国家的统一是否需要绝对的语言统一加以保障？所有国家确定的官方语言是否都是使用最便捷的语言？这些问题的答案并不是简单的"是"与"否"两个字。这大概就是几乎所有国家或多或少都存在语言矛盾与冲突的缘故（Horowitz，2001：289），而处理这种语言矛盾与冲突、决定取舍、区分轻重、布局定格等一系列措施构成语言规划的核心内容，同时又是国家语言战略的外在体现。

如果说语言规划是实现语言战略的一个动态过程，那么我们可以把语言政策看成是语言战略明显的标记。语言政策可以分成显性和隐性两种，显性政策还可以分成总体和具体两种。

许多国家在其宪法中明文规定某一种语言为官方语言，这就是总体政策。国家有时候也会对某一种与语言相关的现象做出具体的规定，比如20世纪末我国对外来词语的使用做出了一些规定，强调汉语普通话的标准等，这就是具体的语言政策。所谓隐性政策指的是没有明文规定而同样能够实现语言战略的途径。许多研究语言规划与语言政策的专家多次发问"美国是否有语言政策"（Spolsky，2004：93）。Schiffman（1996：14）认为，美国的语言政策更多地属于隐性政策，其中最典型的例子莫过于新生美国政府用英语作为美国宪法语言的决定。Hernandez-Chavez（1995：135-140）认为美国政府选择英语撰写美国宪法开始了将英语凌驾于其他语言之上并压迫其他语言的政策。然而，无论是语言的总体政策还是具体政策，也无论是语言的显性政策还是隐性政策，都是在不同程度地实现一个国家特定思想或原则支配下的语言战略。支配语言战略的思想或原则便是与相关国家的指导思想、意识形态及社会文化等紧密相连的语言战略思想。

语言教育是实现语言战略另一个十分重要的途径。语言教育虽然以语言为主体，但本质上是同语言战略息息相关的文化手段。语言教育并不是外语教学研究专家们所断言的那样仅仅是某种语言教学和习得的过程。首先语言的选择本身就说明了语言的战略选择。学校教授语言甲而不是语言乙或语言丙并不是随机抽样的结果，而是深思熟虑的政策。美国19世纪下半叶曾经对原住民实施过封闭式的唯英语教育，他们把原住民的孩子集中到千里之外的寄宿学校，只准他们说英语，不准他们说母语，试图"清除他们野蛮的母语，使他们习得文明的英语，把他们培养成美国社会有用的文明人"，其真正的目的是"统一语言，同化蛮夷"（蔡永良，2007：177）。这种语言教育显然是美国语言战略的一个重要组成部分。

现代语言教育中还有一部分比重较大的外语教育，外语的选择同样是由外语战略所决定的。如上文提及的美国政府大张旗鼓地声称要组织实施"关键语言教育"（critical language education），起因是"9·11"事件中外语起到了不容小觑的作用——美国谍报机构没有及时破解恐怖分子用来联络通信的语言。当然，这是十分典型的例子。取舍教学外语的原因多种多样，比如我国"文革"前选用俄语是出于意识形态的考虑，"文革"之后选用英语是出于改革开放、经济发展的需要，而这些考虑和需要都属于语言战略的范围。外语接受国家必须从战略角度对外语做出取舍，而对于外语输出国，外语教育的战略意义也许更大。最典型的例子莫过于世界范围内的英语教育。英语在被推广到世界的每一个角落、赚回无数英镑的同时，也替代了英国以往称霸海洋的坚船利炮。由此可见，语言教育包括外语教育是国家实现语言战略包括外语战略的重要途径。

四 战略展望

我国是世界人口最多的国家，由56个民族组成。根据Ethnologue网2010年资料显示，中国现有语言236种，其中有1种已经停止使用，其他都是活用语言。汉族人口占全国总人口的93.6%，汉语是使用人口最多的语言。汉语内部有许多方言，有些方言之间的差异程度甚至比欧洲某些不同国家语言之间的差异还要大。因此，我国的语言格局同样十分复杂，需要有一个高瞻远瞩的语言战略。目前，我国正处在改革开放经济腾飞的阶段，外语教育十分兴旺，各种外语不断涌入，同样需要确定科学合理的外语战略。

　　数千年的历史发展使汉民族成为中华民族的主体，汉语成为中华民族的民族语言。20世纪西方语言学者提出了"语言民族主义"的观点，这实际上是对语言与文化、语言与民族关系的客观描述。历史表明，一个民族的主要属性由语言及基于其构建的文化，包括宗教等决定。我国现代历史上的新文化运动中涌现出许多文化革命的杰出先驱，如胡适、陈独秀、钱玄同、瞿秋白、鲁迅等，他们把当时国家落后与懦弱的原因之一归结为汉语与汉字，试图废除汉语和汉字，但是他们的努力只是徒劳，原因在于他们忽视了语言、文化、民族之间不可分割的关系。中华民族之所以存在是因为汉语的存在，华夏文明之所以繁衍发展是因为汉语的繁衍发展，废除汉语就等于消除华夏文明，最终涣散中华民族。Spring（2001：7）曾把美国原住民描述为"一筐苹果"（a basket of apples），原因是因为他们失去了语言——外表仍然是红种人，而内在却已经是白种人。自新文化运动以来，尤其是改革开放以来随着外语教育的无限制扩展，我国各阶层的语言文化民族意识颇有淡漠之势，而淡漠语言的文化民族意识本身就是对华夏文明乃至中华民族意识的淡漠。因此，我国语言战略的当务之急是在思想界、理论界以及广大民众之中强化这一意识，从社会文化的高度认识语言的功能，真正做到如爱护自己的眼睛那样珍爱我们的母语。

　　强调汉语语言的文化与民族意识并不是强调汉语语言沙文主义。语言生态学告诉我们，语言生存发展一如生物生存发展一样需要一个平衡良好的环境，多语共存是语言生态的基本条件，多语共存有助于语言的发展，而且语言生态实际上就是文化生态，语言生态的失衡必然导致文化生态的失衡（Mufwene, 2001: 157; Lier, 2004: 123; Bang & Door, 2007: 5）。因此，要保护少数民族的文化，维护我国多元文化格局，关键在于保护少数民族的语言。自1949年中华人民共和国成立以来，我国对待少数民族语言的态度始终是积极和建设性的，积极鼓励少数民族语言发展，这是明智的语言战略。在文化交流日益频繁的当下，更应采取积极有效的措施与方法，比如双语教育等，维护少数民族语言的生存与发展，维护我国语言乃至文化生态的平衡。

　　普通话作为标准的汉语本身具有标准语与方言之间的矛盾。为使用方便，我们必须强调标准，但是我们也不能忽视这样一个事实：标准语的基础是方言，而且更重要的是，孩童语言的习得大都是通过方言而不是普通话实现的,普通话是通过某种形式的教育才获得的。2007年上海外国语大学中国外语战略研究中心成立大会上,暨南大学郭熙教授关于新加坡语言政策的学术报告揭示了一个有趣的现象。英国殖民者统治新加坡近150年,试图击败其主要语言对手华语,把新加坡的语言统一成为英语,但没有做到,而这一目标恰恰是新加坡独立后在华裔领导人当政短短的40多年时间里通过大张旗鼓的"华语运动"得以完成的,这是十分具有讽刺意味的,其原因在于新加坡当政者实行的华语运动是普通话的学习和强化,忽视了新加坡华语主要是以闽、粤、客家等方言形式存在的事实,运动结果适得其反,表面上是要加强华语,而实际上削弱了华语,为英语一统新加坡奠定了基础。这究竟是新加坡当政者的良苦用心,还是弄巧成拙,不得而知,但其中有一个道理十分明确:标准语的生命力存在于为其基础的方言。语言有生命力的前提是它必须拥有"原语者"(native speaker),没有"原语者"的语言是没有生命力的,世界语兴旺不起来的原因就是它没有"原语者"。严格意义上说,标准语的"原语者"是其方言的"原语者",普通话亦然。因此在处理普通话与方言的战略格局时,必须考虑这些关系,强化统一标准的同时,不能弱化方言这一标准语言的根基。最近我国出现了重视方言的积极态度,比如有些地方电视台播出了方言节目,这是好现象。

我国的外语教育历史悠久。自改革开放以来,外语教育发展十分迅速,而且经久不衰。各种外语培训、考试、项目促成了各类办学机构,教学资料、教学节目铺天盖地,几乎到了泛滥的地步。我国语言战略正面临外语的冲击和挑战。

目前,由于英语的特殊地位,我国外语教育实际上成了英语教育的代名词。英语教育十分普及,几乎贯穿了国民系列教育体系各个层面,还有许多形形色色的培训项目。首先就英语专业教育这一块而言,Chang(2006:513 – 525)估计我国大学英语专业在校生已超过20万,而根据戴炜栋教授在2010年3月首届"外教社杯"全国大学英语教学大赛媒体新闻发布会上的致辞,截至2009年这一数字已升至80万;其次是面广量大的大学英语教育,每一个在校大学生都必须接受不同程度的英语教育;最后是中学英语教育,从大学入学考试看,英语已经上升至同语文、数学三足鼎立的位置。许多省份从小学三、四年级开始就开设英语课程,有的甚至幼儿园就开设。20世纪末,还兴起了一股英汉双语教育热,而双语教育实际上是原本用汉语授课的课程加上适量的英文,所以双语教育加重了英语在教育体系中的比重。此外,职称评定、干部提升、就业应聘等附加各种外语水平的条件,把英语教育推到了"全民学英语"的极致。

平心而论,从 1979 年至今这一股英语教育的热潮对我国改革开放、经济发展的贡献是不可低估的,但是也产生了不少问题。比如,低水平的重复劳动在教材建设、课程设置、教育过程等各个层面都存在,教育资源浪费严重。北京外国语大学教授刘润清就曾抨击过大学英语教育浪费现象,触及了一个不可否认的事实。更加严重的问题是英语文化的渗透。上文已经讨论过语言与文化的关系,当人们接受一种语言教育时,不可能不接受那种语言的文化教育,一如语言与文化不可分离的关系,语言教育与文化教育也无法分离。开展毫无限制的英语教育,尤其是在学生母语教育尚未完成、民族文化意识尚未确立之前,将会严重影响受教育者民族语言文化包括思想意识的形成和健康发展。如果我们还在担心民族意识的淡漠以及所谓的"全盘西化",那么毫无限制的英语教育正在有效地促进民族意识丧失和"全盘西化"。况且,在世界范围内通过广泛的英语教育传播英语文化是英语国家的语言战略,而我们却很少从语言战略高度来认识英语教育。此外,我国毫无限制的英语教育现状说明我国的外语战略还处在无序状态。许多国家和地区在外语教育方面均有比较系统的规划和严格的规定,如日本 (Butler, 2007: 129 – 147)、以色列 (Spolsky, 2004: 22 – 23) 以及北欧国家 (Skutnabb-Kangas 2000: 78 – 100) 等。即便我国台湾省,也在 2007 年规定禁止在幼稚园教学英语。我国外语战略的无序状态亟待改变。

面对我国外语教育现状,我们应该认真思考和研究下列问题:(1) 我国改革开放和经济发展需要多少外语人才?(2) 通过什么样的途径培养这些人才?是不是一定要通过无限制的英语教育来实现所需人才的培养?(3) 我国小学英语教育是否有必要?(4) 评定职称和提升干部时外语水平要求是否应该一刀切?(5) 如何在英语教育过程中抵制和消解英语文化的负面影响?(6) 外语教育中英语与其他外语的合理比重和格局是什么?这些问题有待语言学者、语言教育专家以及语言政策制定者进一步探讨研究。

最后,孔子学院的发展同样需要缜密的理论思考。随我国改革开放不断深入,经济不断发展,国力不断增强,汉语正在走出国门,受到诸多国家的关注和青睐。应运而生的孔子学院发展迅猛，短短 4 年时间里已相继在 90 多个国家和地区建立了 300 多所。这一惊人速度是其他类似的海外语言推广机构所无法比拟的。但是，过快的发展速度并不一定都是好事，尤其是教育事业，一哄而上背后往往隐藏着矛盾与问题，甚至过失与谬误，需要人们认真思考和严肃讨论。2008 年 11 月教育部语信司·南京大学中国语言战略研究中心在南京大学召开的 2008 年国家语言战略学术研讨会上，一位年轻学者提出了 5 个问题：（1）孔子学院的长远发展是否只能依靠语言的功利性需求？（2）孔子学院的发展是应该适应市场功利性需求还是坚持文化传播？（3）如何让海外学习者从功利性学习转变到因被中华文化吸引而学习？（4）如何保证孔子学院"需求与供给"的均衡？（5）如何保证孔子学院"数量与质量"的均衡？（张璟玮，2008）这是十分有意义的 5 个问题，既有理论层面的思考，又有实践层面的探索。理论上我们要充分认识语言的社会文化功能，把握住在国际舞台上将华夏文明发扬光大的有利契机，争取加强和巩固汉语语言文化在世界民族语言文化之林中应有的地位和影响，为维护世界语言文化多元格局乃至人类文明可持续发展作出贡献。实际操作过程中，我们要实事求是，因地制宜，充分吸取其他语言文化推广机构包括我国历史上海外汉语语言文化传播的成功经验和失败教训，例如引进市场机制等。当然这些理论思考和实践探索需不断深入和扩展，从而为我国孔子学院的健康发展提供理论指导和实践参考。

参考文献

[1] Bang J. C. & Door J. (eds.), *Language, Ecology and Society: A Dialectal Approach.* London and New York: Continuum, 2007.

[2] Butler Y. G., Foreign language education at elementary schools in Japan: Searching for solution amidst growing diversification. *Current Issues in Language Planning*, 2007, 8 (2): pp. 129 – 147.

[3] Calvet L., *Language Wars and Linguistic Politics.* Oxford: Oxford University Press, 1998.

[4] Canagarajah A. S., *Resisting Linguistic Imperialism in English Teaching.* Oxford: Oxford University Press, 1999.

[5] Chang J., Globalization and English in Chinese higher education. *World Englishes*,

2006, 25 (3–4): pp. 513–525.

[6] Hernandez-Chavez E., Language policy in the United States: A history of cultural genocide. In Phillipson R et al (eds). *Linguistic Human Rights: Overcoming Linguistic Discrimination.* Berlin and New York: Mouton de Gruyter, 1995.

[7] Horowitz D. L., *The Deadly Ethnic Riots.* Berkeley, CA: University of California Press, 2001.

[8] Lier L., *The Ecology and Semiotics of Language Learning: A Sociocultural Perspective.* New York and London: Kluwer Academic Publishers, 2004.

[9] Mufwene S. S., *The Ecology of Language Evolution.* Cambridge: Cambridge University Press, 2001.

[10] Pennycook A., *English and the Discourses of Colonialism.* London and New York: Routledge, 1998.

[11] Phillipson R., *Linguistic Imperialism.* Oxford: Oxford University Press, 1992.

[12] Richards J., *Communicative Language Teaching Today.* Cambridge: Cambridge University Press, 2006.

[13] Saussure F., *Course in General Linguistics.* Beijing: Foreign Language Teaching and Research Press, 2001.

[14] Schiffman H. F., *Linguistic Culture and Language Policy.* London and New York: Routledge, 1996.

[15] Skutnabb-Kangas T., *Linguistic Genocide in Education—Or Worldwide Diversity and Human Rights?.* Mahwah, NJ: Lawrence Erlbaum Associates, 2000.

[16] Spolsky B., *Language Policy.* Cambridge: Cambridge University Press, 2004.

[17] Spring J., *Deculturalization and the Struggle for Equality: A Brief History of the Education of Dominated Cultures in the United States* (3rd Ed.). New York: McGraw-Hill Higher Education, 2001.

[18] Steffensen S. V., An introduction to dialectal linguistics. In Bang J C & Door J (eds.). *Language, Ecology and Society: A Dialectal Approach.* London and New York: Continuum, 2007.

[19] Tollefson J., *Planning Language, Planning Inequality.* New York: Longman, 1991.

[20] Tsuda Y., *The Hegemony of English and Strategies for Linguistic Pluralism: Proposing the Ecology of Language Paradigm.* http://www.toda.org/Default.aspx? PageI = 292, 2010.

[21] Walker G., *Transforming Chinese Education in the United States: The National Flagship Program.* Nanjing University, Nanjing: China National Language Strategy Symposium, 2008.

[22] Widdowson H. G. , *Teaching Language as Communication*. Oxford：Oxford University Press，1978.

[23] 蔡永良：《重温"语言相对论"》,《苏州大学学报》2004年第6期。

[24] 蔡永良：《美国的语言教育与语言政策》,上海三联书店2007年版。

[25] 陈平：《语言民族主义：欧洲与中国》,《外语教学与研究》2008年第1期。

[26] 李宇明：《中国外语规划的若干思考》,《外国语》2010年第1期。

[27] 王建勤：《美国国家语言战略与我国语言文化安全对策》. http：//www. edumandarin. com /，2010.

[28] 张璟玮：《关于孔子学院发展战略的一些思考》,南京大学,2008国家语言战略学术研讨会,2008年。

[原文载于《外语界》2011年第1期]

语言文字法制建设
——我国语言规划的重要实践

魏 丹

语言文字法制建设是国家语言规划的重要内容，同时，也是我国语言规划的重要实践。十几年来，我国在语言文字法制建设方面进行了重要的实践和探索，积累了一些经验，形成了工作思路。回顾和总结我国语言文字法制建设的历程，研究、分析、思考语言文字法制建设的有关问题，对进一步加强语言文字法制建设，更好地适应社会发展的需求，实现2020年语言文字工作规划目标，具有重要意义。

一　国家语言文字法制建设

语言文字法制建设主要包括语言立法和执法监督两大方面。

（一）立法——制定《中华人民共和国国家通用语言文字法》

2000年10月31日，中华人民共和国全国人民代表大会常务委员会第十八次会议审议通过了《中华人民共和国国家通用语言文字法》（简称《国家通用语言文字法》），2001年1月1日起施行。《国家通用语言文字法》科学地总结了新中国成立五十多年来语言文字工作的成功经验，第一次以法律形式确定了普通话和规范汉字作为国家通用语言文字的法律地位，充分体现了国家的语言文字方针、政策，是中国第一部语言文字方面的专门法律。这部法律的颁布实施是中国人民语文生活中的一件大事，标志着中国语言文字规范化、标准化工作开始走上法制轨道，将对中国社会语文生活产生重大而深远的影响①。

国家在语言文字立法方面主要做了以下工作：

1. 解决了三大问题

《中华人民共和国国家通用语言文字法》主要解决了三个大问题：

第一，用法律的形式确定普通话、规范汉字作为我国国家通用语言文字的地位。

我国是一个多民族、多语言、多文种的国家，有56个民族，近百种语言，30来种现行文字。处理好语言文字问题，对维护国家统一、促进民族团结具有重要意义。我国现行的语言文字地位一律平等，但通用的范围不同，分为国家通用语言文字和民族自治地方、少数民族聚居地方通用的语言文字两个层次。《国家通用语言文字法》规定普通话、规范汉字是国家通用语言文字，在全国范围内通用，包括民族自治地方和少数民族聚居地方。② 在民族自治地方和少数民族聚居地方，国家通用语言文字和当地通用的少数民族语言文字可同时使用。

第二，用法律形式确定公民在国家通用语言文字方面的权利，以及部分行业从业人员在使用国家通用语言文字方面的义务。

《国家通用语言文字法》规定"公民有学习和使用国家通用语言文字的权利"，第一次确定了公民在国家通用语言文字方面的权利；规定了国家机关、学校、新闻媒体的从业人员在使用国家通用语言文字作为公务、教学和宣传用语用字方面的义务。

第三，对语言文字的社会应用进行管理③。

《国家通用语言文字法》对国家机关、学校、新闻出版、广播电视、公共服务行业、公共场所设施、招牌、广告、企业事业组织名称、在中国境内销售的商品包装和说明书以及信息技术产品的用语用字提出了要求④，并对不按规定使用的情况做出了处罚规定；提出了语言文字工作主管部门统筹协调，其他主管部门各司其职，条块结合、齐抓共管的语言文

---

① 《〈中华人民共和国国家通用语言文字法〉学习读本》，第3页，全国人大教科文卫委员会教育室、教育部语言文字应用管理司编，语文出版社2001年版。

② 同上书，第14页。

③ 魏丹：《语言立法与语言政策》，《语言文字应用》2005年第4期。

④ 《〈中华人民共和国国家通用语言文字法〉学习读本》，第14页，全国人大教科文卫委员会教育室、教育部语言文字应用管理司编，语文出版社2001年版。

字工作管理体制。

2. 体现了国家的语言政策

我国语言政策的指导思想是：坚持语文生活主体化与多样性的和谐统一，妥善处理推行国家通用语言文字与学习使用民族语言的关系，处理好方言、繁体字和外国语言文字的学习和使用问题，统筹考虑语言文字的规范、发展与中华传统语言文化的保护、弘扬等问题。

《中华人民共和国国家通用语言文字法》主要体现的国家语言文字政策为：各民族语言文字平等共存，禁止任何形式的语言文字歧视。普通话、规范汉字是国家通用语言文字，国家推广普通话，推行规范汉字。各民族都有学习、使用和发展本民族语言文字的自由；国家鼓励各民族互相学习语言文字；在民族自治地方和少数民族聚居地方，国家通用语言文字和当地通用的少数民族语言文字可以同时使用①。方言和繁体字、异体字是客观存在的，有其自身的使用价值和领域。国家推广全国通用的普通话，推行规范汉字，并不是要消灭方言和繁体字、异体字，方言、繁体字、异体字将在一定领域或特定地区内长期存在。

3. 督促和指导地方立法

2000年11月，《中华人民共和国国家通用语言文字法》颁布后，中宣部、全国人大教科文卫委员会、教育部、司法部和国家语言文字工作委员会等五部委发出了《关于学习宣传和贯彻实施〈中华人民共和国国家通用语言文字法〉的通知》，要求"各地可结合本地实际情况，制定本地区《国家通用语言文字法》的实施办法或语言文字方面的地方性法规、规章，逐步把语言文字工作全面纳入法制轨道"②。根据《通知》的要求，教育部语言文字应用管理司与全国人大教科文卫委员会教育室于2002年、2004年和2005年，联合召开了三次地方语言文字立法工作座谈会，督促和指导地方语言文字立法工作。到目前为止，根据《国家通用语言文字法》，西藏、黑龙江和新疆修订了已颁布的语言文字方面的地方法规。北京、山西、四川、重庆、山东、湖北、天津、云南、辽宁、吉林、上海、江苏、湖南、福建、广西、安徽、宁夏、浙江、贵州、内蒙古、陕西、河

---

① 《〈中华人民共和国国家通用语言文字法〉学习读本》，第14—15页，全国人大教科文卫委员会教育室、教育部语言文字应用管理司编，语文出版社2001年版。

② 同上书，第5页。

北以及汕头、太原、大连、西安、南昌、贵阳新颁布了28个语言文字地方法规和规章，总共出台了31个地方法规和规章。其中，地方法规23个，地方政府规章8个，涉及25个省（自治区、直辖市），6个省会市、计划单列市和国务院公布的较大的市。语言文字法律法规体系框架已经形成。

4. 形成语言文字法律法规体系框架（语言文字专项法律法规规章）：

第一层：法律——《中华人民共和国国家通用语言文字法》

第二层：行政法规——国务院行政法规（暂缺）；地方性法规（23个）

第三层：规章——国务院部门规章（1个《普通话水平测试管理规定》）；地方政府规章（8个）[①]

5. 将语言文字工作纳入法制轨道，依法进行管理

（1）开展城市语言文字工作评估

2001年启动城市语言文字工作评估，主要对党政机关、学校、新闻媒体和公共服务行业四个重点领域的语言文字工作进行评估。到2008年年底为止，全国共有32个一类城市（占89%）、159个二类城市（占48%）、152个三类城市（占7.3%）通过评估达标。评估工作得到了地方人大和地方政府的重视，以及有关行业系统的支持和大力配合，截至2008年年底，评估推动建立城市语言文字工作机构70多个，增加行政编制约60个，新设立或增加办公经费数百万元，推动230多个城市开展公务员普通话水平测试。"国家—省—市"三级评估工作队伍、操作办法、评估工作机制体系已经形成，极大促进了语言文字法律法规的贯彻执行和语言文字应用水平的提高[②]。

（2）开展普通话水平测试

普通话水平测试自1994年开展以来，受到社会各界广泛关注。截至2008年年底，省一级基本确立了测试实施机构，市、高校和行业系统共建测试站1129个；全国有测试视导员738人，测试员44446人。测试总人数达2570多万人次。目前，"计算机智能评测系统"与"国家普通话

---

① 魏丹：《关于地方制定〈《国家通用语言文字法》实施办法〉的有关问题》，《语言文字应用》2003年第1期。

② "中国语言生活状况报告"课题组：《中国语言生活状况报告（2008）》，商务印书馆2008年版，第22页。

水平测试信息管理系统"已进入应用阶段。计算机辅助测试在15省（区、市）开始试点，全国60多万人次接受计算机辅助测试。大部分地区建立管理信息系统，并实现与国家联网。普通话水平测试对普通话在全社会的普及和提高起到极大的推动作用。

(3) 开展语言文字规范化示范校创建活动

2004年开展语言文字规范化示范校创建活动，创建一批国家级和省级示范校。2007年，认定了171所国家级语言文字规范化示范学校；2009年认定了426所国家级语言文字规范化示范学校；全国认定省、市级语言文字规范化示范学校10617所。全国多数省份把创建语言文字示范校的相关要求列入省级教育督导指标体系，全面提升了学校师生的语言文字规范意识和应用水平，成为鼓励各级各类学校深入持久地开展普及普通话和语言文字规范化工作的一种长久有效的激励机制。黑龙江、江苏、吉林、山东、甘肃、湖北、湖南、广西、重庆等省区将开展经典诵读活动的情况列入创建语言文字规范化示范学校内容。

(4) 开展少数民族教师普通话培训工作，促进国家通用语言文字在民族地区的推广

《国家通用语言文字法》规定普通话、规范汉字是国家通用语言文字，国家推广普通话，推行规范汉字。近些年来，民族地区少数民族民众在学好本民族语言文字的基础上，学习普通话的需求越来越大，一些地区汉语教师严重匮乏，很多汉语教师普通话水平较差，为帮助少数民族汉语课教师提高普通话水平，从2002年开始，教育部语言文字应用管理司投入专项经费，在民族地区委托当地教育行政部门举办普通话培训班，为民族地区汉语课教师培训普通话。8年来共举办了51期培训班，培训了30多个民族的4195名教师。培训班深受民族地区教育行政部门和广大少数民族教师的欢迎，促进了国家通用语言文字在民族地区的推广。

(5) 积极引导和管理语言文字的社会应用

针对近年来社会上出现的语言文字方面的热点问题，如：少数民族语言文字使用问题、方言问题、繁简字问题、新闻媒体和出版物用语用字不规范问题、外文的使用问题、地名用字问题、网络语言、海峡两岸语言文字使用问题，进行调查研究，提出政策意见和建议，积极引导和管理语言文字的社会应用。

（二）执法监督

《国家通用语言文字法》颁布后，教育部、国家语委加强了《国家通用语言文字法》的贯彻落实工作，从2001年起，教育部、国家语委会同全国人大教科文卫委员会联合组成调研组，对湖北、湖南、陕西、甘肃、青海、山西、上海、广东等8省（市）和广播电影电视系统宣传贯彻《国家通用语言文字法》情况进行了调研，推动了《国家通用语言文字法》的贯彻实施。[①]

在近80%的省（自治区、直辖市）已经立法的情况下，为进一步加强语言文字法制建设工作，2007年11月，国家语委在上海召开了语言文字依法管理工作现场会。上海现场会的召开标志着语言文字法制建设工作由立法为主的阶段转为以执法监督为主的阶段。

上海现场会以后，各地贯彻落实会议精神，语言文字依法管理、执法监督工作取得了较大进展。2008年北京奥运会期间，教育部、国家语委组织有关老领导和专家对部分奥运场馆用语用字情况进行了检查验收，并向北京奥组委反馈了意见。根据教育部、国家语委的要求，北京、上海、天津、河北、山东、辽宁等省、直辖市教育厅（教委）和语委会同省（市）人大对所属奥运城市宣传贯彻《国家通用语言文字法》情况进行了检查，并督促整改。2008年，山西、吉林、浙江、湖北、重庆等省（自治区、直辖市）也会同人大进行了执法调研（或检查）；成都市语委、市创建办联合组织了城区社会用字交叉检查；苏州市率先将语言文字规范化使用列入《苏州市教育督导条例》；兰州市政府办公厅印发了《兰州市社会用字管理规定》，推进了地方语言文字规范化工作[②]。2009年，辽宁、江苏、陕西等省人大教科文卫委员会组织进行了《国家通用语言文字法》和地方语言文字法规执法调研，监督检查语言文字法律法规的贯彻落实。

各地语言文字执法监督工作主要分为两个阶段，其一，起步阶段，由地方人大、政府和语委组成调研组（或检查组），结合城市评估进行执法调研（或检查）；其二，将语言文字执法监督纳入地方政府有关部门的常

[①] 刑世忠：《依法管理，积极推进〈国家通用语言文字法〉的贯彻实施》，教育部语言文字应用管理司：《国家语委"语言文字依法管理工作现场会"文集》，上海人民出版社2008年第4页。

[②] 《中国语言生活状况报告（2008）》，商务印书馆2008年版，第21—22页。

规工作,建立执法监督体制和机制,进行联合执法。

二 地方语言文字法制建设

(一) 立法

1. 地方语言文字立法的特点

对25个省(区、市)已经制定的地方性法规和地方政府规章进行分析,有以下特点:

(1)对《国家通用语言文字法》进行细化,制定了具有可操作性的条款

各地制定的贯彻落实《国家通用语言文字法》的地方法规、规章,对《国家通用语言文字法》中人民政府在语言文字方面的职责,保障语言文字工作开展所提供的必要条件,国家机关、学校、广播电视、新闻出版、公共服务行业和公共设施的用语用字,对有关人员的普通话水平等级要求,对罚则都进行了细化,制定了具有可操作性的条款,其中,有以下几方面的重要内容:

——明确了地方人民政府在语言文字工作方面的职责。提出推广普通话和推行规范汉字是全社会的共同责任(山西、江苏、湖南、福建等4个地方),要求人民政府加强对语言文字工作的领导,要采取措施推广普通话、推行规范汉字;要"将推广普通话、推行规范汉字作为爱国主义教育和精神文明建设、文化建设的重要内容"(山西、四川、重庆、山东、湖北、天津、云南、上海、江苏、湖南、河北等);将学校规范使用语言文字"列入教育督导"(山东、天津、浙江、宁夏、贵州等);"建立国家通用语言文字使用和管理的评估制度"(安徽、贵州、福建等)"为保证国家通用语言文字工作的正常开展提供必要条件"(山西、重庆、天津、辽宁、江苏、广西、安徽等);"对语言文字工作部门开展工作所需人员和经费予以保证"(北京、湖北、云南、吉林、上海、贵州、内蒙古、陕西、河北等);"语言文字工作主管部门工作经费纳入同级财政预算,由同级财政部门统筹安排"(四川、江苏、湖南、安徽、浙等);

——明确了地方语言文字工作机构、人员和职责,确定了有关行业系统语言文字工作的职责。将语言文字工作机构职责具体化(黑龙江、山

西、山东、辽宁、上海、江苏、浙江、宁夏、陕西等);将有关行业系统在语言文字工作方面的职责细化(云南、吉林、上海、江苏、福建、广西、安徽、内蒙古等)。

——对普通话测试机构职责进行细化(黑龙江、四川、山东、湖北、云南、吉林、上海、福建、广西、安徽、浙江、宁夏、贵州、内蒙古、陕西、河北等)。

——对有关人员的普通话水平要求进行细化(各地)。

——对题词和招牌中的手书字提出要求:提倡使用规范汉字(北京、山西、重庆、山东、湖北、天津、吉林、上海、江苏、湖南、福建、广西等);要求配放规范字标志牌(四川、天津、云南、上海、福建、安徽、浙江、宁夏、陕西、河北等)。

——对罚则进行细化,加大处罚力度。聘请社会语言文字监督员,对社会用语用字进行监督;媒体应进行监督,必要时对违反行为予以公开播报(予以公示);对违反公共场所用字,拒不改正的,可以通报批评,并处以警告、限期拆除、销毁或处以罚款;对妨碍语言文字工作人员依法执行公务的,予以处罚,构成犯罪的,依法追究刑事责任;当事人对行政处罚决定不服的,可以依法申请行政复议或提起行政诉讼;对语言文字工作部门和其他有关部门及其工作人员以及普通话测试员人员不履行职责、滥用职权、徇私舞弊予以行政处分,构成犯罪的,追究法律责任。(黑龙江、新疆、北京、山西、四川、重庆、山东、湖北、天津、云南、辽宁、吉林、上海、江苏、湖南、福建、广西、安徽、浙江、宁夏、贵州、内蒙古、陕西、河北等)。其中,对拒不改正的处以"罚款"的规定,超出了《国家通用语言文字法》的处罚范围。

(2) 建立长效语言文字工作机制

——将语言文字工作纳入精神文明建设(山西、四川、重庆、山东、湖北、天津、云南、上海、江苏、湖南、河北等);

——实施语言文字检查评估制度(北京、山西、重庆、山东、湖北、天津、云南、辽宁、上海、江苏、福建、安徽、浙江、宁夏、贵州、内蒙古、陕西、河北等);

——将语言文字规范化纳入教育教学督导(山东、湖北、天津、云南、吉林、上海、江苏、湖南、福建、广西、安徽、浙江、宁夏、贵州、内蒙古、陕西等);

——纳入教育教学管理：将学生语言文字规范意识和应用能力纳入培养目标和课程标准；纳入教育教学和学生技能训练的基本内容；纳入学校工作日程和常规管理（山西、湖北、天津、江苏、湖南、安徽、浙江、贵州等）；

——纳入新闻出版行业检查（北京、重庆、吉林、江苏、湖南、浙江、宁夏等）；

——对新录用人员提出普通话的要求（黑龙江、北京、山东、湖北、天津、云南、湖南、安徽、浙江、河北等），要求持证上岗（山西、四川、云南、河北等）。

(3) 提出了一些新的要求

——规范地名用字（黑龙江、北京、山西、四川、重庆、湖北、天津、云南、辽宁、江苏、湖南、福建、安徽、浙江、宁夏、陕西、河北等）；规定地名不得使用外文（辽宁、河北等）。

——对谐音滥改成语提出要求（山西、四川、湖北、辽宁、湖南、浙江、陕西等）。

——对网络语言的使用做出规定，规定国家机关公文、教科书不得使用不符合现代汉语词汇和语法规范的网络语汇；新闻报道除需要外，不得使用不符合现代汉语词汇和语法规范的网络语汇；学校应当引导学生正确认识、使用网络语汇（上海、广西、宁夏等）。

——对外文的使用做出了规定，规定企业名称、牌匾、标志牌、广告等公共场所用字以及商品包装、说明书不得单独使用外文，需要使用外文的应当同时使用规范汉字，以规范汉字为主；不得在广告用语中夹杂使用外文；外企的外语名称应当译成规范汉字；地名应该标注汉语拼音，不得使用外文（黑龙江、湖北、天津、云南、辽宁、上海、江苏、湖南、福建、广西、安徽、浙江、宁夏、陕西等）。

——对商标用字做出规定，规定注册商标（新注册的商标）应当使用规范汉字（黑龙江、四川、山东、广西、安徽等）。

——对有关人员的规范汉字水平提出要求（山西、辽宁、上海、江苏、湖南、福建、贵州、内蒙古、河北等）。

——对人名用字提出要求（山西、天津、江苏、福建、浙江等）。

——对民族语言文字的使用做出规定（黑龙江、西藏、新疆、四川、内蒙古等）。

2. 作用和意义

地方语言文字立法得到了地方人大、政府及有关政府主管部门的大力支持和积极参与，细化了《国家通用语言文字法》，提出了一些具有可操作性的条款，为地方语言文字工作提供了法律依据。通过立法健全了一些地方的语言文字工作机构，落实了人员和经费，加强了与有关行业系统主管部门的联系，开拓了语言文字工作依法管理的新局面。

（二）执法监督

以上海为例。上海语言文字地方法规颁布后，进一步加强了语言文字依法行政、执法监督工作的力度，明确了语委委员单位的职责；印发了一系列执法监督方面的文件；确定城市管理行政执法部门为公共场所招牌、广告、设施等用语用字的执法主体，明确了执法职责和执法程序，将语言文字执法列入了城市管理的执法内容；组建检测员队伍，开展语言文字社会应用监督检测工作，建立了全市语言文字应用监测网。上述做法明确了语言文字执法监督的体制和工作机制，综合执法，齐抓共管，形成合力，使语言文字执法监督工作真正落到了实处。

三 关于当前语言文字立法的四个问题

1. 关于《国家通用语言文字法》修订问题

2008年，根据教育部办公厅《关于做好教育类法律清理工作的通知》要求，教育部语用司征求了各地语委办对《国家通用语言文字法》的意见。各地对《国家通用语言文字法》提出如下修改意见：①建议进一步明确语言文字工作的机构、职责、编制和经费，进一步明确有关行业系统在语言文字工作方面职责，加强监督管理。②建议加大处罚力度。③建议对公务员、教师、播音员、节目主持人、影视话剧演员和主要公共服务行业的从业人员应达到的普通话等级做出具体规定。建议增加对有关人员汉字应用水平测试的要求，对完成义务教育阶段学生和大中专毕业生普通话水平应当达到的相应等级以及语言文字应用水平应该分别提出要求，对导游、解说员等相关行业人员的普通话水平应该提出要求。④建议增加对网络语言和外文的使用加以引导和规范的内容。⑤第十三条第一款建议修改为"公共服务行业以普通话和规范汉字为基本的服务用语用字，确实需要使用外国语言文字的,应在中文之后使用"。第二款"提倡公共服务行业以普通话为服务用语",建议去掉。⑥第十七条删掉第四款"题词和招牌的手书字"。此款如果继续保留,建议在适当的位置增加一款"单位名称牌、招牌中含有手书繁体字、异体字的,应当在明显位置配放规范汉字的招牌"。

对照教育部办公厅"关于做好教育类法律清理工作的通知"中提出的需要清理的法律法规情况,上述所提问题,均属锦上添花,使《国家通用语言文字法》更为完善,而没有出现必须要清理和修改的情况,也就是说,《国家通用语言文字法》没有明显存在不适应经济社会发展和教育改革发展的需要,也没有与现行体制和做法有明显不一致的地方,没有后法与前法不一致或不够衔接,造成执行困难的情况。

《国家通用语言文字法》是语言文字方面的大法,主要是用法律的形式确定普通话、规范汉字作为我国国家通用语言文字的地位,确定公民在国家通用语言文字方面的权利,以及部分行业从业人员在使用国家通用语言文字方面的义务,提出了对语言文字的社会应用要求。据此,笔者认为,①该法已规定了语言文字工作机构的职责,国家层面的法不可能再对编制和经费做出规定。②关于处罚问题。有人认为《国家通用语言文字法》没有罚则,是个软法;有人认为处罚力度不够,要求进一步增加处罚力度。笔者认为,《国家通用语言文字法》并不是没有罚则,第二十六、二十七条就是罚则,最高处罚等级是"警告"(行政处罚的一种),其法律责任的设定是恰当的。该法以教育引导为主,以处罚为辅,因为,语言文字问题不同于其他问题,立法的目的不是为了处罚,而是要提高全民的语言文字规范意识。改革开放30年,法治社会已经初步形成,人们的法律意识不断增强;《国家通用语言文字法》的宣传贯彻,使人们的语言文字规范意识不断增强,增加处罚力度并不是贯彻落实《国家通用语言文字法》的关键问题,更重要的是要加强依法行政的力度,否则,把法律束之高阁,行政无作为,处罚的力度再大也是没有用的。③法律与文件不同,工作上的一些新举措,不可能不断地补充进法律中。综上所述,目前,《国家通用语言文字法》还没有出现大的、原则性的问题,没有必要现在就进行修订。

2. 关于制定语言文字方面的国务院行政法规的分析与思考

我国是一个多民族、多语言、多文种的国家,语言文字的使用情况相当复杂，语言文字工作发展也很不平衡。鉴于这种情况，《国家通用语言文字法》立法时经过反复研究决定，《国家通用语言文字法》是国家语言文字方面的大法，仅能对语言文字方面的重大问题做出原则规定，而不能规定得过细。同时，也决定不由国务院制定《〈国家通用语言文字法〉实施办法》，"各地可结合本地实际情况，制定本地区《国家通用语言文字法》的实施办法或语言文字方面的地方性法规、规章，逐步把语言文字工作全面纳入法制轨道"（见《关于学习宣传和贯彻实施〈中华人民共和国国家通用语言文字法〉的通知》）。

《国家通用语言文字法》颁布后，为进一步加强语言文字法制建设，曾经设想过再制定三个配套的国务院行政法规：《推广普通话条例》《汉字应用管理条例》和《信息技术产品语言文字使用管理条例》（均为暂定名）。前两个《条例》已起草、修改了几稿，并征求了意见。2002年至2005年，教育部语用司和全国人大教科文卫委员会教育室联合召开三次地方立法座谈会以后，各地语言文字立法势头劲猛，6年的时间制定了（包括修订）了31部地方语言文字法规和规章，涉及近80%的省（自治区、直辖市）。对照当时起草的《推广普通话条例》《汉字应用管理条例》，发现当年所提的所有问题不但已在地方法规、规章中全部解决，而且，根据社会发展的实际需求，还提出了一些新的要求。目前看来，在已有国家法和地方法规、规章的情况下，到2020年期间，已没有制定国务院行政法规《推广普通话条例》《汉字应用管理条例》的空间。

其他的语言文字方面的国务院法规还应研究制定，如：《外文使用管理规定》（暂定名）、《信息技术产品语言文字使用管理规定》（暂定名）。关于制定国务院行政法规《〈国家通用语言文字法〉实施办法》问题，虽然当年立法的时候考虑今后不由国务院制定了，但十年过去了，时代发展了，又有一些新情况出现，对制定《〈国家通用语言文字法〉实施办法》的必要性，应该予以研究。

3. 关于少数民族语言立法问题

笔者认为，制定《中华人民共和国少数民族语言文字法》很有必要。我国是一个多民族、多语言、多文种的国家，语言文字使用情况复杂，尤其是民族地区少数民族语言文字的使用更为复杂。处理好语言文字问题，对维护国家统一、促进民族团结、加强边疆稳定和构建和谐社会以及树立良好的国际形象都具有重要意义。

少数民族语言文字立法工作已分别于1988年、1993年两次列入全国人大常委会的立法规划，但是，二十多年过去了，关于要不要制定《少数民族语言文字法》问题一直存在不同意见。

1996年10月，根据全国人大代表的议案，《中华人民共和国语言文字法》在八届人大四次会议常委会上立项，1997年1月正式启动立法工作，当时，该法的主要调整范围包括：国家通用语言文字（普通话和规范汉字）和少数民族语言文字。2000年2月，鉴于少数民族语言文字问题的复杂性和特殊性，委员长会议决定该法主要规范国家通用语言文字，少数民族语言文字的使用留待修改《中华人民共和国民族区域自治法》时另作规定[①]。至此，法律名称定为《中华人民共和国国家通用语言文字法》，于2000年10月31日由第九届全国人大常委会第十八次会议审议通过。

国家通用语言文字和少数民族语言文字同为中国的语言文字，我国各民族语言文字一律平等共存，禁止任何形式的语言文字歧视。《中华人民共和国国家通用语言文字法》对国家通用语言文字的使用做出了规定，对少数民族语言文字的使用仅原则规定依据宪法、民族区域自治法及其他法律的有关规定。[②]《中华人民共和国民族区域自治法》是民族地区的根本大法，涉及少数民族的所有重要问题，少数民族语言文字仅是其中的一部分，只作了原则的规定，即便今后修订也不可能做出更为具体的规定，少数民族语言文字使用的其他诸多重要问题仍需要通过制定专项法律做出规定。另外，制定了《国家通用语言文字法》，如果不制定《少数民族语言文字法》，在法律体系上也存在缺失和不对等现象。

制定《少数民族语言文字法》是国家法制建设和依法治国的需要。我国的民族政策和民族语言政策是非常好的，保护少数民族的权利，得到广大少数民族的拥护。民族语言文字是民族问题的一个重要方面，在社会使用中，迫切需要通过立法的形式，进一步落实《宪法》《民族区域自治法》的有关规定，明确少数民族语言文字的地位，保障少数民族使用本民族语言文字的权利，对少数民族语言文字在社会生活各领域的使用做出规定，并进行管理，对违反规定的进行处罚，以便进一步加大对少数民族

---

① 全国人大教科文卫委员会教育室、教育部语言文字应用管理司：《〈中华人民共和国国家通用语言文字法〉学习读本》，语文出版社2001年版，第13页。

② 同上书，第5页。

语言文字的保护和扶持力度。目前，除了《中华人民共和国宪法》《中华人民共和国民族区域自治法》外，还有14部法律、16部法规规章对少数民族使用和发展自己的语言文字做出了规定。在民族自治地方，除了《民族自治条例》外，有3个自治区、11个自治州、9个自治县制定了少数民族语言文字工作条例。① 这些均可成为制定《少数民族语言文字法》的基础和参考。

民族语言文字维系着民族文化和民族认同，承载着深厚的民族感情。制定《少数民族语言文字法》，符合广大少数民族同胞的意愿，使他们能够更加深刻地体会到国家对少数民族的关怀、尊重和重视。这样，更有利于体现各民族语言文字平等的政策；更有利于汉族和各少数民族和谐相处，相互学习语言文字；更有利于国家通用语言文字在民族地区的推广和普及；更有利于民族地区实现跨越式发展；更有利于抵制国际反华势力的影响和渗透。这样做才能真正体现科学发展观以人为本思想，对构建和谐的语言生活，构建和谐社会具有重要意义。因此，我们首先要从政治的高度来看待这个问题。至于少数民族语言复杂，立法会带来些什么负面问题，这些都是技术问题，在立法的过程中是能够得到妥善解决的，不应该成为影响少数民族语言立法的理由。全国人大民族委员会起草的《少数民族语言文字法》（草稿）就是一个比较成熟的法律草案，可以此为蓝本，进行起草工作。

4. 关于制定外文使用方面的管理规定问题

改革开放以来，随着对外交往日益频繁，外文的使用越来越多，例如中央电视台的台标使用英文CCTV；一些化妆品、服装、文具和功能设施等商品的名称、品牌和说明书单独使用外文；有些店铺的牌匾单独使用外文，而没有中文；上海等一些街、路名牌等地名通名用字使用英文RD.或ST.；报刊名称、交通指示牌使用中英文；有些是中英文夹杂使用，如3G手机，HAPPY 牛 YEAR；WTO、GDP等字母词在媒体上频频出现；一些酒店、宾馆接电话首先用英语自我介绍及问好；有些国家机关的名称牌和内设机构名称牌使用中英文对照；在中国召开的国际会议只使用外语，不使用汉语；广告中夹杂使用外文，等等。

---

① 马丽雅、孙宏开、李旭练等：《中国民族语文政策与法律评述》，民族出版社2007年版，第261页。

上述这些情况，有些是违反国家的有关规定，超范围使用外文；有些规定互相矛盾；有些是对外文的使用没有明确规定；有些是需要研究应该不应该使用外文。另外，还存在外文的使用不规范问题，错误百出，中国人不认识，外国人也不明白，甚至引起误会，闹出笑话。

十几年前，外文的使用情况已经引起社会的关注。1997年《国家通用语言文字法》立法之初曾经做过外文使用情况调研。当时，全国人大教科文卫委员会召开了21个部委座谈会，了解各部委（行业系统）外文使用情况；还对10个省（自治区、直辖市）的30个地（州、市）进行了外文使用情况调研。调研反映出的主要情况是：各有关部委对外文的使用没有明文规定，仅有习惯做法；东部、沿海大城市和口岸外文使用多，以英文为主，外文使用的比例约占20%；西部和中小城市外文使用的很少。

12年过去了，外文的使用比当年更多了，社会各界对外文的使用反映也更大。近年来，人大、政协的提案、建议对外文使用的混乱状况不断提出意见，社会有关人士也一再呼吁对外文的使用进行管理。

为全面了解社会语言生活中外文使用的具体情况，以便制定相关的管理规定，教育部语言文字应用管理司于2008年12月至2009年3月进行了外文使用情况调查，召开了21个部委（局）和有关行业系统外文使用问题座谈会，实地调查了北京、天津、上海、重庆、黑龙江、山东、甘肃、浙江、广东、广西共10省（市、区）的16个大中型城市的党政机关、广播电视、报纸期刊、学校、城市街头、商品名称及使用说明、旅游景点、宾馆和餐馆、公共交通设施共9个行业系统中的1240个单位、2700人的外文使用情况。了解外文使用的现状，研究对母语的学习、使用有什么影响，特别是对今后社会语文生活会产生什么影响，我们应该采取什么对策。

调查结果表明，12年间，外文的使用增长了10个百分点，达到31%，外文的使用已十分普遍，已进入我国社会国民生活的各个领域；外语使用中英语占了绝大多数，占全部外语语种的82.77%，英语在我国社会已经成为仅次于汉语的强势语言；外语使用形式复杂多样，以同中文并用为主；已出台的有关外文的管理规定，数量庞大，政策不统一，有的互相之间不衔接，个别规定互相冲突，表现出不同部门和不同地区之间各自为政，国家层面对社会外文使用的宏观政策不明晰；全社会外语使用水平整体不高。

笔者认为，随着我国经济社会的飞速发展和国际化、信息化程度的不断提高，外语学习使用的需求将更大，还需要培养大量外语人才，以适应经济社会发展的需求；同时，也要加强母语的学习和教育，管理外语外文的滥用。建议以国家语言文字法律法规和语言文字的方针政策为依据，科学地分析外文使用的社会需求、发展趋势以及对我国语文生活的影响，制定国家关于外文使用的宏观战略政策，并对外文的使用进行管理。

对外文使用的管理主要包括两方面：

（1）研究制定国务院行政法规《外国语言文字使用管理规定》（暂定名）

以已有的法律、法规、规章、规范性文件和规范标准以及有关政策规定为基本依据，制定《外国语言文字使用管理规定》。主要包括立法目的、适用范围、外国语言文字使用的总原则、公民的权利和义务、使用要求、国家在外语使用方面的职责；规定哪些场合不能单独使用外文，哪些场合需要经过批准才能使用，哪些场合不得使用外文，以及使用要求，对有关行业系统和领域的外文使用做出规定；规定外文管理的主管部门职责和处罚规定。

该规定仅规范公务活动和公共场合的外文使用，不管理外文的个人使用；该规定体现国家的语言政策；该规定一方面把已有的涉及外文使用的地方法规、政府部门规章和规范标准中的有关规定上升到国务院行政法规的高度，同时，也对一些没有规定的领域做出了规定，对相互矛盾的规定重新予以确定。

（2）研究制定标准，规范外文的使用

目前，针对公共场所英文翻译不规范问题，上海、北京、青岛、广东、江苏、浙江等省（市）出台了公共场所外文译写方面的规范标准（或规范性文件），国家语委也正在组织制定《公共领域外文译写规范》（暂定名），准备今后作为国家标准报质检总局颁布，以规范外文译写。

对外文的使用管理是一项情况复杂而政策性非常强的工作，我们要坚持我国语文生活主体化与多样性的和谐统一，妥善处理好推行母语与学习使用外语的关系，既不能影响外语的学习和正常使用，又要限制外语外文的滥用。

四 关于今后语言文字法制建设工作的思考

语言文字法制建设是一项长期而艰巨的工作。今后一个时期，我国经济社会将发展到更高的水平，综合国力进一步增强，教育和文化建设将有更大发展，工业化、信息化、城镇化、市场化、国际化水平将进一步提高，社会语文生活将更加呈现多元化、纷繁复杂的态势，语言文字法制建设将在构建和谐社会中发挥更大的作用。

（一）指导思想

以科学发展观为指导，以构建和谐语文生活为目标，既坚持贯彻国家语言文字方针政策和法律法规规范标准中关于语言文字使用的规定，又以人为本，统筹兼顾，正确处理好国家通用语言文字与少数民族语言文字，与方言、繁体字和异体字的关系，正确处理好语言文字的规范和发展以及保留、弘扬中华传统文化的关系；在语言文字的使用管理中，严格区分语言文字的社会使用与个人使用，对语言文字的社会使用管理以宣传教育引导为主，以处罚为辅，重点在提高全社会语言文字规范意识和语言文字使用的规范水平，对语言文字的个人使用不必管理；从实际出发，实事求是，构建适合现代化社会发展的多元、和谐的社会语文生活。

（二）工作思路

继续围绕宣传贯彻《国家通用语言文字法》，全面贯彻落实国家语言文字法律法规和方针政策，继续建立并完善语言文字法律法规体系，建立健全依法行政、执法监督的体制和机制，采取措施加强执法监督工作，在国家语委的统筹协调下，将语言文字规范化工作纳入各级政府、各行业系统的法律法规及工作要求，形成"各司其职，条块结合，齐抓共管"的依法行政工作格局，为构建和谐的社会语文生活服务。

（三）工作目标

1. 立法层面

根据社会发展的需要，进一步研究制定一些语言文字方面的法规、规章；对一些行业系统的法规、规章和规范标准进行研究，力争将一些新的语言文字规范化的要求，加入到有关行业系统的法律法规规章和规范标准中去；继续加强地方立法工作，督促和指导没有立法的地方加紧开展语言文字立法工作。

建议制定以下国务院行政法规和政府部门规章：

针对当前外文的使用状况，建议研究制定《外文使用管理规定》（暂定名），作为国务院行政法规颁布，对外文的社会使用进行管理。

针对信息技术产品的使用状况，建议研究制定《信息技术产品语言文字使用管理条例》（暂定名），对信息技术产品中语言文字的使用进行管理。

针对方言广播和电视节目问题，建议广电总局制定《广播电视方言播音管理办法》（广电总局令），对方言广播电视的播出进行管理。

2. 执法层面

（1）执法体制建设

进一步健全国家语委成员单位，发挥国家语委的统筹协调作用，将语言文字规范化工作纳入各相关行业系统法律法规规章（或以联合发文的形式提出要求），做好各行业系统的语言文字规范化工作；进一步健全地方语委，发挥地方语委统筹协调的作用，明确执法主体、执法职责和执法程序，建立相应的执法监督体制，进行执法监督工作。

（2）执法机制建设

建立社会语文生活监测机制（国家和地方）；建立语言文字长效管理监督机制。

教育领域，应将语言文字规范化工作纳入国家和地方教育教学督导、高校评估、教师资格、课程标准、日常教育教学管理。

社会行业系统，要把语言文字规范化工作纳入国家和地方精神文明建设、新闻出版编校质量检查、广播电视质量监测、工商管理监管和普法教育宣传之中。

五 结语

构建和谐的社会语文生活，需要对语言文字的社会应用进行管理、规划，依法行政、依法管理、执法监督将成为今后语言文字工作的重要内容。我国语言文字法制建设工作尚处起步阶段，还有很多实际问题需要研究解决，有很多理论问题需要研究探索。语言文字法制建设是一项全新的工作，将进一步丰富和完善语言规划理论。

参考文献

［1］全国人大教科文卫委员会教育室、教育部语言文字应用管理司：《〈中华人民共和国国家通用语言文字法〉学习读本》，语文出版社2001年版。

［2］魏丹：《语言立法与语言政策》，《语言文字应用》2005年第4期。

［3］魏丹：《关于地方制定〈《国家通用语言文字法》实施办法〉的有关问题》，《语言文字应用》2003年第1期。

［4］"中国语言生活状况报告"课题组：《中国语言生活状况报告（2008）》，商务印书馆2008年版。

［5］刑世忠：《依法管理，积极推进〈国家通用语言文字法〉的贯彻实施》，教育部语言文字应用管理司：《国家语委"语言文字依法管理工作现场会"文集》，上海人民出版社2008年版，第4页。

［6］马丽雅、孙宏开、李旭练等：《中国民族语文政策与法律评述》，民族出版社2007年版，第261页。

［原文载于《北华大学学报》（社会科学版）2010年第3期］

论中国当代语言规划的方法

郭龙生

一 引言

语言规划（language planning）的定义多种多样，参考已有各种定义，笔者认为，语言规划就是指在一定群体和时空范围内，人们为最大限度地发挥其中语言文字的作用而对其形式、功能、与其相关的各种因素及它们之间的关系有意进行的前瞻性调节活动。

中国当代语言规划，就是指从1949年中华人民共和国成立之日起至目前在中国范围内（包括香港、澳门和台湾，但因篇幅所限，本文论述只限于大陆范围内）所进行的语言规划工作，即中华人民共和国政府及其授权机构为解决中国境内的语言文字问题，充分发挥语言文字在社会交际中的作用而在一定理论指导下对语言的习得、结构形式、社会功能等进行的长期、系统、有意识、有组织、前瞻性的干预与调节活动。包括汉字的整理与简化，为汉字定音、定量、定形、定序，确定并推广普通话，制定和推广《汉语拼音方案》，为无文字的少数民族语言创制文字，为有文字的少数民族语言改进文字，推行现代汉语规范化、标准化与信息化，制定《中华人民共和国国家通用语言文字法》（以下简称《国家通用语言文字法》）及与之配套的地方法规、实施细则等相关法律规章，开展方言、少数民族语言文字以及全国语言文字使用情况的大调查，编纂《现代汉语词典》，对普通话异读词进行审音，开展普通话培训测试工作，开展新词新语、外语词、异形词、字母词、流行语等的研究工作，开展对外汉语教学的研究与推广工作，开展科学术语的标准化工作，开展《规范汉字表》的研制工作，规范出版物上的数字用法，确定汉字书写笔顺规范、汉字部件规范，开展中文信息处理各种研究，等等。

二 中国当代语言规划的方法

按照语言规划的分类理论，根据中国当代语言规划内容的特性与功能，我们将中国当代语言规划分为：地位规划、本体规划和传播规划。探讨中国当代语言规划的方法，需要结合中国当代语言规划的类型来进行。因不同的规划类型所关注的语言文字工作的重点不一样，所要达到的目的不同，所以，在规划的制定与实施过程中，需要采取的方法也会有所差异。

（一）行政方法，自上而下——中国当代语言地位规划的方法

中国当代语言地位规划，旨在确定中国当代社会语言文字生活中法定的国家标准语言文字的地位与功能，同时确定各少数民族语言文字的法定地位与功能，协调各民族语言文字之间的关系。

国家标准语言文字的确定需要一定的历史继承和延续性。因为语言文字作为社会文化现象，要确定某种语言文字为国家标准或通用，就需要该种语言文字有最好的群众基础与社会历史基础，更需要有很好的语言文字自身的基础。这就是说，国家标准语言文字的确立，需要尊重历史的选择与继承，需要考虑群众的认可与使用习惯，需要在社会文化和民族心理上得到支持，然后，再以行政命令对确定的国家标准的语言文字进行自上而下的推广使用，以保证这种被确定为国家标准通用的语言文字能够较好地为社会语言文字生活服务，为国家的经济、文化、科技、教育的发展服务。

比如，我国新中国成立初期对现代汉民族标准语——普通话的确定，绝对不是1949年10月1日新中国成立了，于是，在中华大地上马上就产生了一种可供全国人民共同使用的普通话作为不同方言区人们的交际工具，这是在我国传统、近代、现代语言规划历史上经过多年的语言应用实践积累下来的，是历史的选择，是历史的传承，是历史上的雅言、通语、官话、国语不断过渡成为现在的普通话的。对汉字地位的确立也是如此。汉字历史悠久。从距今七八千年的甘肃大地湾刻画符号到距今六千年前的西安半坡刻画符号。再到五六千年前的良渚文化、龙山文化等象形文字符

号和安阳殷墟的甲骨文。自甲骨文开始，经过金文、大篆、小篆、隶书、楷书等字体的演变，一直发展成为新中国成立之前的繁体字，其中也有历史上传承、延续下来的很多简化字。新中国成立初期，为尽快满足普及教育、扫除文盲的社会需求，国家在尊重并继承历史积淀的基础上，决定进行汉字改革，简化汉字，于是简化字就被确立为新中国标准的国家通用文字。

《汉语拼音方案》作为汉字的注音工具，作为当初国家准备未来实行汉字拼音化的基础条件，它的产生也有其悠久的历史文化背景。经过350多年的沿革流变，在西方人设计的以拉丁字母为基础的拼音方案和中国人设计的以民族字母、以汉字为基础的拼音方案基础上，经过多年的研究、选择，最终于1958年产生了这个至今为国人带来极大方便的《汉语拼音方案》。

关于少数民族语言文字地位与社会应用功能的确定，在新中国成立之前就开始考虑了。1949年9月，政治协商会议的《共同纲领》中决定："各少数民族均有发展其语言文字，保持或改革其风俗习惯及宗教信仰的自由。"党和政府在奉行民族平等、语言平等政策的基础上，为各少数民族语言文字的使用作出了科学合理的规定。这在我国当代历史上不同时期颁布的中华人民共和国《宪法》《民族区域自治条例》《民族区域自治法》《教育法》《国家通用语言文字法》等一系列法律规章中都有明确的规定，充分保障了少数民族语言文字在民族自治区域内部的通用地位和社会应用功能，保障了各个少数民族学习、使用本民族语言文字的自由与权利，较好地协调了我国不同民族之间的语言文字关系。

这种在继承历史基础上确定语言文字地位与功能的规划，是以国家、政府的行政命令或法律规定的形式向全国各民族人民推广使用的。这是一种号召、一种命令，具有行政的力度，具有国家的权威性，因此，必须是通过行政的方法与手段，自上而下地推行开来，以保证规划的顺利实施，并希望达到语言地位规划的目的。

（二）学术方法，自下而上——中国当代语言本体规划的方法

中国当代语言本体规划，首先就是通过对语言文字自身的不断完善，以使之能够更好地为社会语言文字生活提供优质服务。即通过对国家经语言地位规划确定的在全国范围内推广使用的通用的标准语言文字进行规范

化与标准化的工作，以使之具有更完备的服务功能。同时，也应该对其他语言文字进行规范化与标准化的建设性工作。如，新中国成立初期，除首先确立汉民族共同语普通话的语音、词汇、语法规范，确定汉字的规范之外，还决定对广大少数民族语言文字进行规范化与标准化。因为这些少数民族语言文字在民族自治地区通用。

针对汉字的规范化与标准化工作要求，主要体现在1955年召开的第一次全国文字改革会议上，而针对普通话的规范化工作，则集中体现在1955年召开的第一次全国文字改革会议和现代汉语规范问题学术会议上，在现代汉语规范问题学术会议的《决议》《主题报告》《纪要》与《总结》中，在各位代表的发言中，都对普通话的规范化与标准化问题提出了许多宝贵的意见和积极的建议，而对汉字的规范化与标准化则较少涉及（《决议》与《总结》中连"汉字"这两个字都没有出现，《主题报告》中也仅出现了两次，《纪要》中仅出现了一次）。会上讨论确定了普通话的语音、词汇、语法标准外，还讨论了词典编纂、普通话和方言的关系、翻译、文学风格与语言规范化等问题。最后在决议中提出了不少具体建议。这些建议目前很多都已得到落实，为普通话的规范化、标准化工作做出了卓越的贡献。

这次会议是个良好的开端，后续的规范化、标准化工作的不断开展，为普通话与汉字本身的不断完善，其自身服务功能的不断增强提供了有力的学术支撑。《简化字总表》《印刷通用汉字字形表》《现代汉语常用字表》《现代汉语通用字表》等的颁布，《普通话异读词审音表》《现代汉语词典》《汉语拼音正词法基本规则》等工具书、国家规范与标准的出台，《暂拟汉语教学语法系统》等语法书的出版发行，都为汉字与普通话的应用提供了可资参考与借鉴的语音、词汇和语法规范的依据。

这些学术成果来自学术研究领域，来自民间。它们需要得到国家和政府有关部门的认可与推荐，然后才能在全国范围内推广使用。这里采取的是自下而上的方法，走的是学术之路。这是语言文字本体规划的必然要求。

针对广大少数民族语言文字开展的本体规划，因各个民族的具体情况不同，始终贯彻、执行的是根据实际情况，实事求是，分类指导的原则。对于那些有传统文字的民族，而且其文字已经能够很好地为本民族的语言文字生活提供足够的服务，就不用太多地去花费力气考虑，只考虑如何进一步完善，充分发展其功能即可。而对于那些只有语言而无传统文字的民族，则根据民族需求，采取"自愿自择"原则，为他们创制文字。对那些有自己的民族文字，但因这些文字是西方人帮助创制的，其服务功能不够完备，服务能力有限的民族，根据民族自身的要求，对这些民族文字进行改进或改革，以使之能够更好地为本民族的语言文字生活服务。

无论是创制新的文字，还是改进或改革原有文字，一旦文字方案确定之后，就有推广使用问题。这个时候，就需要采取自下而上的方法，将确定的文字方案呈报有关机构或部门，由他们依据国家的法律规章，采取一定的措施，在一定的民族自治地方范围内进行推广使用。

在进行这种语言本体规划的学术研究过程中，"约定俗成"是人们常用的一种方法。如汉字简化过程中，在确定简化汉字的规范时，如何选字？选择哪些字？为什么选这些字而非那些字？往往依据的就是约定俗成原则。在确定有些字、词的读音过程中，也会用这种方法。

（三）多种方法，上下结合——中国当代语言传播规划的方法

中国当代语言传播规划，就是为了将所制定的规划在全国范围内推广实施，以便达到规划的目的，追求更好的社会语言文字交际。中国当代语言传播规划的方法有很多种，主要包括以下几项：

1. 依据学术研究，利用辞书与规范、标准来引导语言文字的使用

无论是在中国当代语言的地位规划中，还是在本体规划中，或者是在传播规划中，学术研究永远是基础，是前提。没有学术研究，将无法确定标准语言文字的选择，将无法开展标准语言文字的规范化与标准化，将无法开展对我国语言规划的推行与传播。

学术研究的范围很广，其中包含了很多不同层次的学术活动。仅以学术成果形式来看，就有论文、专著、教材、规范、标准、工具书，甚至具体产品等多种形式。这些学术成果问世之后，对语言文字的使用可以发挥一种引导作用，甚至是干预作用。

在学术成果中，一般的成果，没有什么强制力量，大家的实际语言文字应用活动，可以参照它来进行，也可以不理会它。这是学术引导性的特点所在，这时的指导性成分比较大。类似的推荐性规范、标准，建议如何使用等就是这样的。但是，在学术成果中，也有一些依靠其在社会中的威望与声誉，对人们的语言文字使用具有指令性作用。这些多体现在权威的

工具书和相关的专业性规范、标准之中。按照这些规定，语言文字的使用应该受到一定的约束，以使之更加规范化与标准化。如，我国 20 世纪 50 年代编辑出版的《暂拟汉语教学语法体系》和依据该体系编写的中学语文教材《汉语》，对促进现代汉语语法规范发挥了重要作用。20 世纪 50 年代以来制定、推行的一系列重要的语言文字规范标准，如《第一批异体字整理表》(1955)、《简化字总表》(1964)、《印刷通用汉字字形表》(1965)、《现代汉语常用字表》(1988)、《现代汉语通用字表》(1988)、《普通话异读词审音表》(1982)、《汉语拼音方案》(1958)、《汉语拼音正词法基本规则》(1996)、《普通话水平测试等级标准》(1997)、《标点符号用法》(1951)、《标点符号用法（修订）》(1990)、《关于出版物上数字用法的试行规定》(1987) 等，[①] 这些规范标准都具有学术规范性质，是语言传播规划中依据学术的前提。没有这些学术成果，中国当代语言传播规划将成为无源之水、无本之木，将无以为继。

　　语言传播规划除了要传播经地位规划所确定的标准语言文字的内容与理念之外，更为具体的就是传播经过语言本体规划所形成的各种有形的、可见的语言文字规范与标准及其内容。

　　总体来看，我们是依靠学术来引导语言文字使用的。这在历次重要的语言文字工作会议上都能够深刻地体会到：

　　1955 年，第一次全国文字改革会议召开。会议形成的《全国文字改革会议决议》第 6 条提出："建议中国科学院和各有关高等学校合作，进行全国方言调查，编写普通话的教材和参考书，以便利各方言区人民学习普通话。"[②]

　　1955 年，现代汉语规范问题学术会议召开。会议决议中提出的许多建议都是有关学术研究的，充分体现了学术研究在现代汉语规范化方面的积极作用。

　　1986 年，全国语言文字工作会议的主题报告中在讲到"措施"时指出："加强科学研究，开展学术交流。希望现有的语言文字研究机构、高等院校有关的教研部门和语言文字学术团体进一步发挥作用，不断拿出具

[①] 陈章太：《语言规划研究》，商务印书馆 2005 年版，第 21—31 页。

[②] 全国文字改革会议秘书处：《第一次全国文字改革会议文件汇编》，文字改革出版社 1957 年版，第 217 页。

有较高水平和实用价值的研究成果……建议各地的社会科学研究机构和高等院校,根据需要和可能创立新的语言文字专业和研究机构,开展新学科的研究,填补某些空白。"①

1997年,全国语言文字工作会议的主题报告中指出:"进一步加强语言文字的基础研究和应用研究。要合理组织专家队伍,有计划地开展急需课题的立项研究,引导科研为社会需求服务,为国家语言文字工作服务,使语言文字工作的开展具有坚实的理论基础和有力的科研支持……要广泛开展国内外的学术交流,进一步沟通语言学界和其他学界,特别是和计算机科学界的交流与合作,以语言文字规范的重大理论和应用课题,特别是中文信息处理的若干急迫课题为主攻方向,开展跨学科的研究,集中力量联合攻关。"②③

针对学术研究对语言规划的积极作用,许嘉璐教授曾指出:语言文字学界是制定和实施语言规划的主力军。……语言文字学界对语言规划关心的程度,是社会对语言规划重视程度的集中表现,因为语言学界的人对语言文字有一种天然的敏感,先知先觉,而且具备专业的知识和技能。所以他们重视的程度,可以反映整个社会重视的程度,也是语言规划的保证。专家都不重视,这语言规划没法实施。在这方面,中国还需要加强。④

2. 依靠权威,利用个人与学会、团体来促进语言文字的使用

在中国语言传播规划方法中,权威,主要是指学术权威,或与学术相关的政治家、社会活动家、名人等。这里不仅包括个人,也包括像各种学会、协会、社会团体等由学术领域的人组成的非政府组织(NGO)。这些专家、学者或名人,他们倡导并积极参与,同时还号召、动员社会大众参与语言传播规划,并以他们的语言行为和语言使用广泛影响社会语言生活,以促进语言文字在社会生活中的应用。

在我国近现代语言规划的历史上,曾出现过像卢戆章、王照、劳乃

---

① 全国语言文字工作会议秘书处:《新时期的语言文字工作——全国语言文字工作会议文件汇编》,语文出版社1987年版,第33页。

② 教育部语言文字应用管理司:《推广普通话宣传手册》,语文出版社1999年版,第20—21页。

③ 许嘉璐:《未成集——论新时期语言文字工作》,语文出版社2000年版,第447—448页。

④ 许嘉璐:《未了集——许嘉璐讲演录》,贵州人民出版社2002年版,第227页。

宣、章炳麟、朱文熊、蔡锡勇、陈独秀、瞿秋白、鲁迅、胡适、蔡元培、钱玄同、赵元任、黎锦熙、陈望道等有名的学者，他们积极参与制定并传播语言文字规划。在20世纪上半叶，我国的白话文运动、大众语运动、国语运动、注音字母运动和拉丁化新文字运动中发挥了积极的促进作用。新中国建立后，毛泽东、周恩来、吴玉章、郭沫若、胡乔木、胡愈之、叶圣陶、丁西林、罗常培、王力、吕叔湘、叶籁士、周有光等著名政治家和学者们在推动、促进文字改革、推广普通话和现代汉语规范化的语言规划活动中，也在语言传播规划中发挥了积极的作用，都表现出领袖和知名人士个人在语言规划活动，尤其是语言传播规划中的重要作用。从事中国当代语言传播规划者，应当充分重视社会名人在语言传播规划中的作用，扩大他们对社会语言生活的影响，充分利用名人效应，积极实施语言传播规划。除了个人以外，由多人组成的学术团体、学会等，在语言传播规划中也常常扮演十分重要的角色，发挥很大的作用，大大促进社会语言文字的正确使用，提高了语言文字生活质量。

这种依靠个人或集体的学术威望来促进语言传播规划开展的情况，在很多国家都有。中国当代语言传播规划过程中对此方法的应用也非常普遍。

3. 依赖宣传，利用媒体与广播、电视来影响语言文字的使用

在中国当代语言传播规划中，宣传是最为有力与有利的方法之一。要宣传，就涉及宣传什么、怎么宣传、通过什么途径宣传的问题。宣传什么，是指要宣传的对象，也就是应该宣传的语言文字的地位规划与本体规划的内容；怎么宣传是具体进行宣传时的方法与形式；而宣传途径，最主要的就是媒体。媒体包括报纸、杂志、图书等纸质媒体，也包括广播、电视、网络等电子媒体、数字媒体等。

目前，对人们的语言文字生活影响最大和最直接的就是广播、电视。广播、电视这种媒体，通过国家不断实行的"村村通""西新工程"等战略措施的推动，目前在全国的覆盖率已经相当高，2002年就已达到人口和地域覆盖率94%左右。2010年将达到真正的村村通广播电视。媒体因其具有的独特的社会地位和国家影响力，在语言文字的使用方面一直充当着榜样的作用。而"榜样的力量是无穷的"，因此，积极而充分地利用媒体示范和宣传引导的方法，来影响民众的语言文字应用实践，是现在全国各地普遍都比较认可并积极采用的一种语言传播规划手段。

在发挥媒体宣传作用的时候，往往是行政手段和社会行为二者兼有的。至于宣传的内容，首先要宣传语言规划的意义。语言规划关系到社会方方面面和子孙后代，意义重大而深远，可社会上除有些领导者与有识之士外，一般人对它并不太了解，也不太重视。这就需要借助各种媒体进行广泛宣传，让社会各界和广大群众了解语言规划的意义及具体的目标、内容和规定，动员社会大众参与，引导他们接受规划并自觉贯彻、执行。

例如，20世纪50—60年代，我国各种媒体在宣传当时的语言规划时，针对文字改革、推广普通话和现代汉语规范化的方针、任务、要求、做法等，发表了大量报道、专文和评论，让社会各界较多地了解并接受，收到了很好的效果。《人民日报》1951年6月6日发表题为《正确地使用祖国的语言，为语言的纯洁和健康而斗争》的重要社论，并开始连载吕叔湘、朱德熙合写的《语法修辞讲话》，对促进我国语言的规范化和引导人们正确使用语言起到了很大的作用，影响了两代人的语文水平，至今仍有重要的意义。当时的中央人民广播电台和各地广播电台的播音，成为人们学习普通话口语的典范，《人民日报》《光明日报》《文汇报》等重要报刊的语言，成为人们学习、使用普通话书面语的范例，发挥了很好的示范作用。

随着时代的发展，世界科学技术不断进步。到20世纪80—90年代，我国现代媒体更加发达，新闻出版、广播电视、互联网等，积极宣传国家根据改革开放和现代化建设需要制定的新时期语言文字工作方针任务，以及语言规划的目标、规定、做法等，引导社会大众积极参与实施语言规划。同时媒体本身遵循各项语言规范标准，切实加强语言修养，如广播电视系统规定播音员、节目主持人应当参加普通话水平测试并需要达到要求的相应等级水平，合格者持证上岗；播音时读错音、屏幕上写错字按规定扣发奖金。新闻出版系统规定，报刊、出版物应当遵循语言规范标准，注意语言规范性、典范性，编校质量要达到规定的水平，不合格者应当受罚。我国现代媒体对社会大众学习、使用语言的影响越来越大，一些国家的电台电视台的汉语、华语播音，以我国中央人民广播电台和中央电视台的播音为准。

当然，媒体对语言规划的宣传还需要加强，对语言文字的使用，有时也有错误、不当或不合规范的地方。但这种情况不多，并不影响媒体对语言规划宣传和对语言文字使用的巨大作用，只是说明媒体在语言规范化方面还有待加强与改进。其实，社会上许多人都在自觉地学习媒体的语言，或是不自觉地接受媒体语言的影响，媒体语言的社会示范作用是巨大的。据中国语言文字使用情况调查显示：在全国会普通话的人中，他们学习普通话的最主要的途径除在学校接受教育之外，就是通过看电视和听广播来学习普通话。①

除了我们看到的宣传手段在中国当代语言传播规划中所发挥的积极作用之外，我们也应该看到宣传不足的方面。针对语言文字应用的混乱现象，有人常常会用约定俗成的方法对其加以规范，从而确立了一些习非成是的所谓规范。这些习非成是的语言文字应用现象，之所以能够不断出现，主要的一个原因，就是有"约定俗成"这个挡箭牌。更主要的一个原因，就是我们对"正确的形式是什么"宣传不力。由于没有将应该如何正确地运用语言文字告诉给大家，大家在实际应用过程中有时实在拿不准，当时的条件又不允许去查阅工具书，于是，人们往往就会犯"秀才认字读半边"的错误，或者就把错误的当成正确的来用了。这样的情况多了、久了，就习非成是了。

这是语言文字规范、标准威信不高的一个具体表现。如果语言文字的使用有明确的规范和标准可资参考，而且宣传到位、得力，让人们都知道正确的形式，而不是模棱两可、模模糊糊的，那样语言文字的规范、标准推广起来也就比较容易进行，而且也能够收到好的效果。

语言文字问题形成恶性循环，等一些问题冒出来了，似乎是在为社会发展添乱、添麻烦，其实如果早把宣传问题解决好了，语言义字的许多问题就都能够获得顺利解决。《第二次汉字简化方案（草案）》的出台与被废止，宣传都不够。一是自身问题比较多，所以推行不开，推开了，倒引起了社会用字的混乱，于是国家决定收回。但是，在1986年国务院批准废止《第二次汉字简化方案（草案）》之后，宣传不到位，很多人不知道，很久之后人们都还在使用"二简字"。这是宣传不力的一个典型案例。

针对宣传在中国当代语言传播规划中的作用，我们从历次大型语言文字工作会议的主题报告中都可以看得出来。

在1955年的第一次全国文字改革会议上，叶恭绰在《关于汉字简化

---

① 中国语言文字使用情况调查领导小组办公室：《中国语言文字使用情况调查资料》，语文出版社2006年版，第133—136页。

工作的报告》中指出:"在我们的简化方案公布以后,全国就要一致推行,希望大家回去后多做宣传解释和推动工作,使简化汉字能够顺利推行,迅速地看到它的成效。"① 张奚若在主题报告《大力推广以北京语音为标准音的普通话》中讲到"推广北京语音,要从以下几项展开工作"的第 7 条就是:"普遍展开宣传。推广北京语音的工作开始,我们要展开宣传,由报社、杂志社、出版社电台组织稿件,说明方音分歧对祖国建设的妨害,讲明推广北京语音的意义。"②

《全国文字改革会议决议》的第 2 条提出:"要求各报刊和文化教育机关广泛宣传简化汉字。"③

1955 年的现代汉语规范问题学术会议的决议中提出了几点建议,其中最后一条为:"建议各出版社、杂志社、报社,以及广播、戏剧、电影部门加强稿件在语言方面的审查工作,并且在读者、观众和听众中广泛进行汉语规范化的宣传工作。"④

1986 年全国语言文字工作会议的主题报告中,提出了推广普通话的目标之一就是希望在 20 世纪内:"广播(包括县以上的广播台、站)电视、电影、话剧使用普通话,普通话成为宣传语言。"在讲到"措施"时指出:"加强宣传出版工作。建议中央和地方的报纸、电台、电视台适当报道开展语言文字工作的消息,发表交流经验的文章。建议电影、电视、电教部门摄制关于语言文字方面的新闻片、科教片。希望广播、电视逐步增加普通话节目,更多占用最佳播送时间。"⑤

1997 年全国语言文字工作会议的主题报告中提出:"有声媒体要以普通话为播音用语,广播电台、电视台的播音员、节目主持人从 1998 年起,要逐步做到持普通话合格证书上岗。"在讲到"工作措施"时指出:"坚持不懈地开展多种形式的语言文字规范化宣传教育活动。开展语言文字规

---

① 全国文字改革会议秘书处:《第一次全国文字改革会议文件汇编》,文字改革出版社 1957 年版,第 35 页。

② 同上书,第 46 页。

③ 同上书,第 217 页。

④ 现代汉语规范问题学术秘书处:《现代汉语规范问题学术会议文件汇编》,科学出版社 1956 年版,第 217 页。

⑤ 全国语言文字工作会议秘书处:《新时期的语言文字工作——全国语言文字工作会议文件汇编》,语文出版社 1987 年版,第 25—32 页。

范化宣传教育活动，增强广大群众的规范意识，是语言文字工作顺利开展的必要保障。广播、电视等新闻媒体和出版物应加大语言文字规范化宣传力度，形成正确的舆论导向。国家语言文字工作主管部门要统筹规划，进一步发挥现有的语文报刊的作用，抓紧开辟新的宣传阵地，使语言文字工作方针政策、法规规章和规范标准的宣传有计划地进行，并保持一定的热度。地方语言文字工作机构要主动与本地的新闻出版、广播影视等部门加强联系，争取他们的支持与合作，共同营造语言文字规范化的良好社会氛围。宣传工作要有重点、有针对性地进行。既要抓语言文字工作重要性和有关方针政策、规范标准的宣传，又要善于抓住契机，发挥宣传的集约效应。经过国务院批准，把每年9月的第3周定为'推广普通话宣传周'，并从1998年开始实施，中央和地方都应当充分地进行形式多样的宣传，积以时日，必将使语言文字规范意识日益深入人心。"①②

随着时代的不断发展，国家有关部门对于宣传在中国当代语言传播规划中的作用越来越重视，尤其是在1997年的会议上，我们不仅看到了深入细致的宣传要求，更看到了"推广普通话宣传周"这一长效宣传机制的确立，这大大地提高了宣传的力度，也提高了宣传的频率、质量和宣传的影响。这对于认真贯彻落实中国当代语言规划的思想，真正实现语言文字的和谐发展发挥了积极的促进作用。

4. 依凭教育，利用学校与老师、学生来规范语言文字的使用

语言文字是教育的基础。这也是新中国成立初期开展普及教育运动之前为什么要首先进行语言文字工作的原因。文字改革中的简化汉字、推广普通话、制定和推行汉语拼音方案等这些语文工作都是开展教育的前提与基础。同时，教育对语言文字工作的积极作用也很大。通过教育，我们可以宣传、扩大语言文字规划成果的影响，提高整个社会的语言文字应用水平与文化素质。因为教育是面向未来、面向世界、面向现代化的，教育要培养的是祖国未来现代化建设事业的栋梁，因此，教育在推广与传播语言文字规划成果方面的责任与作用怎么强调都不过分，也因此，中国当代语言传播规划首先要抓的就是各级各类学校。

---

① 教育部语言文字应用管理司：《推广普通话宣传手册》，语文出版社1999年版，第16—20页。

② 许嘉璐：《未成集——论新时期语言文字工作》，语文出版社2000年版，第443—447页。

1955年全国文字改革会议决议的第4条指出:"建议中华人民共和国教育部首先对全国各地小学、中学、各级师范学校分别做出指示,大力推广以北京语音为标准音的普通话;并且指示各地教育行政部门有计划地分批调训各级学校语文教师学习普通话。"①

1986年全国语言文字工作会议的主题报告指出:"社会发展、经济建设和科学技术的进步,都有赖于整个民族的智力开发和人才培养,有赖于文化教育事业的更大发展。普及9年制义务教育、扫除文盲是我国当前现代化建设的一项重要任务。语言文字是工具,语文水平低,必然影响其他学科的学习。加强语言文字的修养,提高语文水平,是人才培养的重要条件。现代化建设需要培养一大批高水平的专业人才,所有这些人才都要有较高的语文修养。在新的形势下,文化教育事业的发展对语文工作提出了更高的要求,语文工作必须研究、解决文化教育事业提出的有关问题。"当时提出的推广普通话的目标之一就是在20世纪内希望:"各级各类学校采用普通话教学,普通话成为教学语言。"同时反复强调指出:"各级各类学校,以及与群众接触面较广的部门仍然是推广普通话的重点。""必须指出,学校是推广普通话的重点,但是如果只抓学校而放松社会,学校推广普通话的成果也不容易巩固。学校和社会的推广普通话工作都不是孤立的。两者应该互相促进。"②

1997年全国语言文字工作会议的主题报告指出:"各级各类学校要加强普通话能力的训练,特别要注重普通话口语能力的提高,使普通话成为各级各类学校的教学语言并成为部分城镇学校的校园语言。教育行政部门要加强管理,把普及普通话纳入学校的培养目标和教学内容,纳入对教师的基本要求,普通话合格的教师才能上岗。"在讲到"工作措施"时指出:"实现跨世纪语言文字工作奋斗目标,语言文字工作者必须牢牢树立为两个文明建设服务的思想,一手抓建设,一手抓管理;必须坚持以学校为基础,以党政机关为龙头,以省会和中心城市为重点,促使新闻媒体和出版物在全社会正确使用语言文字方面切实发挥示范和榜样作用,推动公共服务行业形成说普通话、用规范字的良好风气,使全社会语言文字规范

---

① 全国文字改革会议秘书处:《第一次全国文字改革会议文件汇编》,文字改革出版社1957年版,第217页。

② 全国语言文字工作会议秘书处:《新时期的语言文字工作——全国语言文字工作会议文件汇编》,语文出版社1987年版,第23—26页。

化、标准化水平进一步提高。"①②

由此看来,教育在中国当代语言传播规划中的地位是很重要的,教育作为文化事业的基础性部门和手段,教育工作的开展对语言文字规划成果的推行与传播将始终发挥无可替代的巨大作用。

5. 依托行政,利用政府与法律、规章来调控语言文字的使用

语言文字作为一种社会文化现象,关涉社会中的每个人。人们每天都在说话、写字。因此,语言文字具有较强的社会性和人文性。语言文字的使用,有的时候,有些部分是比较容易提出规范与标准并参照执行的,有些则不是这样,弹性比较大。这就要求处理语言文字问题要软硬结合、刚柔相济,在推广语言文字规划成果的过程中要妥善处理指导性与指令性的关系。该宽则宽,当严则严。这就要求我们正确认识语言文字,要区分语言的核心部分与外围部分。所谓核心部分,主要包括语音系统、基本词汇、基本语法以及文字系统等,外围部分主要包括一般词汇(尤其是新词语)、临时用法、修辞用法等。核心部分一般能够制定标准也容易制定某些标准,具有统一强制性质的标准制定后要言必信,行必果;而且某些一致性的标准也必须结合实际制定不同层次的要求。外围部分只能作指导性规划,有的只能放到语言生活的市场中去调节,此时要多一些引导、推荐工作。当然,硬性标准中也有软的地方,施行时要有弹性原则,不能一刀切。如文字标准比较容易制定,且易强制执行,但规范字形的手写体形式却相当不易。③ 也就是说,要区分语言文字的不同应用领域。"主流语言"与"非主流语言"概念的提出,是更好地发挥行政手段力量的前提。行政手段力度较大,比较适合于针对语言的核心部分的应用,针对在主流语言的使用中运用,以保证在公众场合、公务场合等需要干预的时候来规范人们的语言文字应用。正像《国家通用语言文字法》中所规定的那样,该法调整的不是国家通用语言文字的个人使用,而是社会的交际行为。该法第二章对国家通用语言文字使用中的政府行为和大众传媒、公共场合中

---

① 教育部语言文字应用管理司:《推广普通话宣传手册》,语文出版社 1999 年版,第 15—21 页。

② 许嘉璐:《未成集——论新时期语言文字工作》,语文出版社 2000 年版,第 443—448 页。

③ 高勤丽、施春宏:《试论现代汉语规划的基本原则》,《北京广播电视大学学报》1999 年第 4 期。

的用语、用字进行调整，具体针对国家机关、学校、出版物、广播电台、电视台、影视屏幕、公共设施及招牌、广告、商品包装和说明、企业事业组织名称、公共服务行业和信息技术产品中的用语用字，而对个人使用语言文字只作引导，不予干涉。这种根据实际情况，实事求是，区分层次，动态执法的理念，使利用行政手段，利用法律规章来管理、规范和引导语言文字的使用，来推行和传播中国当代语言规划成果的工作更容易开展，也更容易获得好的效果。因为，"事实上，法律的尊严在于被严格执行，法律的生命在于有效实施。因此，相关部门在制定法律的时候，首先要考虑它的可行性，否则，不仅会浪费立法资源，也会损害法律的尊严"①。

一般说来，语言规划的惯用手段和方法是引导和劝诱。就是说以良好的语言文字方针政策来引导广大的语言文字使用者去接受语言规划主体所倡导和执行的语言规划；或者是以各种能够为广大的语言规划受益者带来某种明显利益的方式来劝诱人们接受语言规划。但是，涉及范围广泛的带有某种政治特性的工作，单靠说服、劝解有的时候是很难奏效的。于是，在柔性方法之外，还需要有一定的刚性举措，这就是行政命令或者改革、革命的手段。语言规划是一个动态性的过程，语言规划起到了对社会的语言进行引导的作用。其中就有强制性的行为，"这就是用行政手段保证主流语言的地位以及保持主流语言的规范性"②。也有学者指出语言规划的推广方法有"和平式推广"与"强制性推广"两种。在第二次世界大战期间，日本人在韩国进行的日语普及教育就是强制性推广的例子。这种强硬的推广政策容易使接受一方产生逆反心理，往往适得其反。③ 具体到某一个国家某一个地区在什么样的历史阶段采用什么样的手段和方法对什么样的语言文字进行规划，那只能因地制宜、因时制宜、因人制宜、因事制宜、因语言文字而制宜了。

1986年全国语言文字工作会议的主题报告中提出了推广普通话的目标之一就是希望在20世纪内："各级各类机关进行工作时一般使用普通话，普通话成为工作语言。"在讲到"措施"时指出："一、建立、健全工作机构，切实加强领导。国家语言文字工作委员会要进一步健全机

---

① 高君波：《有令难禁挑战法律尊严》，《法制晚报》2006年3月15日（A02）。
② 许嘉璐：《未了集——许嘉璐讲演录》，贵州人民出版社2002年版，第47页。
③ ［日］真田信治、涩谷胜己、阵内正敬、杉户清树：《社会语言学概论》，上海译文出版社2002年版，第163页。

构,……省、市、自治区已经成立文字改革或推广普通话专门机构的,可以相应改变机构名称,健全机构,加强力量,主管地方的语言文字工作;还没有成立专门机构的省、市、自治区,应当成立相应的机构,安排人力和经费,做好语言文字工作。……五、采取必要的行政措施。建议有关部门制定和发布本系统推广普通话、注意用字规范等方面的文件,在各有关法规(如教育法、新闻出版法、商标法、广告法、地名管理条例等)中列入加强语言文字规范的条文,以促进语言文字的规范化、标准化。"[①]

1997年全国语言文字工作会议的主题报告指出:"党政机关在推广普通话方面要率先垂范,在公务活动中自觉说普通话,并不断提高普通话水平。组织人事部门要把基本具备普通话能力作为公务员录用的必备条件之一,逐步实施。"在讲到"工作措施"时指出:"第一,建立、健全各级语言文字工作机构和工作网络。各级政府要加强对语言文字工作的领导,切实做到有机构、有人员管理语言文字工作,并在经费上给予必要的支持。与语言文字工作关系密切的中央有关部委,也要做到有领导分管、有机构和人员专管或兼管此项工作。……各地语言文字工作机构,要充分发挥政府职能部门的作用,逐步建立起能够有效运转的宏观管理机制,形成由各级政府统一领导、各级语言文字工作机构统筹协调、各有关部门和社会各界齐抓共管的管理格局,使语言文字工作健康、有序地发展。……第二,制定并完善语言文字应用管理法规。要以正在制定的《中华人民共和国语言文字法》为核心,制定并完善与该法相配套的一系列法规、规章和技术标准。……与此同时,探索并逐步建立能够有效运行的执法机制,包括行政执法责任制、政府主管下的部门协调制度、执法情况反馈制度等,严格执法程序,规范执法行为。要明确行政复议机构、人员和司法程序,建立起行政执法的监督体系。总之,语言文字工作要逐步做到依法管理。"[②③] 这两次会议,作为中国当代语言规划的两个里程碑,其中对行政手段运用于语言传播规划都给予了高度关注,并详加论述,从而保证较好地发挥了政府职能部门、相关法律规章在推行和传播语言规划成果中的作用,为构建和谐的语言文字生活做出了重要贡献。

---

① 全国语言文字工作会议秘书处:《新时期的语言文字工作——全国语言文字工作会议文件汇编》,语文出版社1987年版,第31—34页。

② 教育部语言文字应用管理司:《推广普通话宣传手册》,语文出版社1999年版,第15—21页。

③ 许嘉璐:《未成集——论新时期语言文字工作》,语文出版社2000年版,第443—448页。

三 结语

本文在提出语言规划及中国当代语言规划的定义与类型之后，提出了中国当代语言规划的 3 种基本方法，即针对地位规划的自上而下的行政方法、针对本体规划的自下而上的学术方法和针对传播规划的上下结合的方法。与国外语言规划的方法相比，大同小异。各国根据自己的国情、自己国家的语言文字的特点以及民族文化的传统等，采用相应的行之有效的规划方法。语言规划的目的可能相同，但是在不同国家、不同历史阶段所采取的具体规划方法可能是不同的。因受到不同国家和民族的社会、文化、经济、科技等各方面因素的制约，即使目的相同、所采取的规划方法也相同，但相对于不同的国家，其意义的重要性可能会是不一样的。因为各个国家和民族的阶段性需求是不一样的。

参考文献

[1] 陈章太：《语言规划研究》，商务印书馆 2005 年版，第 21—31 页。
[2] 全国文字改革会议秘书处：《第一次全国文字改革会议文件汇编》，文字改革出版社 1957 年版。
[3] 全国语言文字工作会议秘书处：《新时期的语言文字工作——全国语言文字工作会议文件汇编》，语文出版社 1987 年版。
[4] 教育部语言文字应用管理司：《推广普通话宣传手册》，语文出版社 1999 年版。
[5] 许嘉璐：《未成集——论新时期语言文字工作》，语文出版社 2000 年版。
[6] 许嘉璐：《未了集——许嘉璐讲演录》，贵州人民出版社 2002 年版。
[7] 中国语言文字使用情况调查领导小组办公室：《中国语言文字使用情况调查资料》，语文出版社 2006 年版，第 133—136 页。
[8] 现代汉语规范问题学术秘书处：《现代汉语规范问题学术会议文件汇编》，科学出版社 1956 年版，第 217 页。
[9] 高勤丽、施春宏：《试论现代汉语规划的基本原则》，《北京广播电视大学学报》1999 年第 4 期。
[10] 高君波：《有令难禁挑战法律尊严》，《法制晚报》2006 年 3 月 15 日（A02）。
[11] [日] 真田信治、涩谷胜己、阵内正敬、杉户清树：《社会语言学概论》，上海译文出版社 2002 年版，第 163 页。

[原文载于《北华大学学报》（社会科学版）2008 年第 4 期]

中国外语规划与政策的基本问题

赵蓉晖

我们生活在一个拥有 6000 多种语言的世界，由语言带来的问题和挑战众多，为交际、管理、认同等目的，人们开始从事语言选择、语言规范、语言教育、语言传播等活动，构成了人类社会的语言规划活动。语言规划（language planning）是人类有意识地影响和干预、调整、管理语言发展的活动，是对语言多样性的一种人工调节，是一种立足现在、面向未来的活动（刘海涛，2006）。[①]

语言规划在第二次世界大战以后迅速发展，与政治学、社会学关系密切。Ricento（2000）[②] 将其划分为三个主要阶段：（1）早期工作（20 世纪 50—60 年代晚期），脱离殖民统治后的新兴国家为追求国家统一和现代化，纷纷用法律形式确立国家语言或官方语言；（2）第二阶段（20 世纪 70 年代早期—80 年代晚期），语言规划开始从单一的以语言代码为中心的理论过渡到综合考虑语言应用和各种社会、政治因素的关联问题；（3）第三阶段（20 世纪 80 年代中期以后），语言规划进入后现代主义时代，开始重视语言多样性，提倡语言生态观，维护语言人权、濒危语言保护成为语言规划的基本目标。冷战结束后的世界格局迅速变化，虚拟世界迅速发展，不同政治、经济和文化力量在全球范围内的扩张与较量带来了国际范围内的语言竞争和传播。笔者认为应对 Ricento 的划分加以补充，区分语言规划的第四个阶段（20 世纪 90 年代初至今），即语言规划的国际化发展阶段。

[①] 刘海涛：《语言规划和语言政策——从定义变迁看学科发展》，陈章太《语言规划的理论和实践》，语文出版社 2006 年版。

[②] Ricento, Thomas., Historical and theoretical perspectives in language policy and planning. *Journal of Sociolinguistics*, 2000, (2).

在前三个阶段，语言规划基本上由主权国家在其领土范围内开展，规划的对象以本国的民族语言为主。但进入第四个阶段之后，由于经济发展的国际化、人口的国际流动、虚拟世界交流增加，影响语言规划的因素增多，外语的重要性日益突显，外语规划和外语政策制定问题于是成为当代语言规划的重要内容。

关于语言规划的类型有一些不同的观点，区分地位规划（status planning）和本体规划（corpus planning）是最普遍的做法，还有人提出了习得规划（acquisition planning）（Cooper 1989）[①]和功能规划（function planning）（李宇明，2004）[②]。由于外语不是我国固有的语言，其本体规划应由其来源国承担。我们将具体讨论外语规划与外语政策的四个具体层面。

一 外语的地位规划与政策问题

（一）外语的内涵与外语的地位

外国语言文字在我国通常被简称为"外语"，顾名思义，这是指非本国固有民族的语言和文字，是以政治文化因素定义语言的典型例子。人们常用"母语"指称自幼习得、使用最熟练、最能代表个人身份认同和民族情感的语言；而以一种语言被习得的顺序称呼"第一语言"、"第二语言"等。而"外语"则完全建立在国家认知的基础上，一种语言如果不是一个国家固有民族的母语，通常就被认为是外语。在个人认同中，"外语"是异邦的语言，即使一个以汉语为母语的中国公民生活在英语国家讲着英语，他通常也会认为英语对他而言只是外语而已。可见，外语的概念和国家认同、公民意识是紧密联系在一起的。

作为一个和政治文化因素紧密相连的概念，外语与使用者身份、国家认同高度相关，在各国的语言政策体系中都是特殊的、边缘化的部分。一个国家在制定语言政策时，首先要考虑本国语言，而对外语不予提及或少

---

① Cooper, Robert., *Language Planning and Social Change*. Cambridge: Cambridge University Press, 1989.

② 李宇明：《强国的语言和语言的强国》，《光明日报》2004年7月28日。

有提及，体现了语言的国家主体意识。例如，在《中华人民共和国宪法》中共有 3 处提到语言，所说的都是中国民族语言；在《中华人民共和国国家通用语言文字法》这部中国语言政策的最高法典中，虽有 4 个条款涉及外语，但都规定，外语在中国的使用必须以首先使用国家通用语言文字为前提；在我国各级政府颁布的近 500 个涉及外语使用的法律、法规和规范性文件中，外语的从属地位同样十分明确（赵蓉晖、郭家堂，2010）。① 可见，作为中国语言规划对象的外语规划，其法理依据和现实基础与中国民族语言完全不同，外语政策的目标、显现方式、作用范围、对象、实现途径等也必然和国内语言政策有很大差别，这是我们开展外语规划、制定和理解中国外语政策的基本出发点。

近年来有不少对外语的质疑，大都涉及外语在中国的地位问题。从上述内容可见，中国各民族语言是中国语言资源体系不可动摇的主体，外语不可能从根本上改变其在我国语言资源体系中的"配角"地位。至于有人担心外语危害中国语言的地位或"纯洁性"而导致"汉语危机"，影响汉语发展或国际传播等（潘文国，2011；② 傅连连，2012；③ 李君、马庆株、黄彩玉，2012；④ 陈春雷，2013⑤），是因为对语言传承、语言演变、语言系统自我调节规律了解不够，或者是因为缺乏对社会语言生活的全局性观照所导致的。

（二）语言的价值与语种规划

尽管当今世界已进入后工业时代，全球化、信息化、媒体化是当代社会的主要特征，很多人甚至认为全球一体化时代已经到来。但在语言学家看来，"这个世界没有变成一个村，相反地，它是由村庄、城市、社区、居民点通过物质的和象征的纽带以难以预料的方式组成的一个极其复杂的

---

① 赵蓉晖、郭家堂：《外文管理政策法规汇编》，上海外国语大学中国外语战略研究中心，2010 年。

② 潘文国：《"语文歧视"会引发汉语危机吗》，《解放日报》2011 年 2 月 7 日。

③ 傅连连：《浅谈汉语在外语学习中的渗透与中国汉语危机》，《长春理工大学学报》2012 年第 12 期。

④ 李君、马庆株、黄彩玉：《我国英语教育状况及对汉语国际化的影响》，《语文学刊》（外语教育教学）2012 年第 4 期。

⑤ 陈春雷：《汉语危机并非耸人听闻——与汉语危机否定论者商榷》，《学术界》2013 年第 4 期。

网络"（Blommaert，2010），① 语言往往成为划分人群的标准。"不过，尽管语言四分五裂，人类还是联系在一起，因为有人能说不止一种语言，不同集团因此可以相互交际。……语言集团（language group）之间由兼通多语之人建立的这种联系，非但不是没有一定之规，还构成了一个超强高效的网络，……这种神奇的联系方式构成了全球语言系统。"（Swaan 2001）② 在全球语言系统中，不同语言具有不同的价值，这些价值就是语言规划者确定语言地位的基本标准。由于外语的特殊地位和传承方式，它的发展更受人为因素的影响，应以满足输入国实际应用需求为基本宗旨，国内语言规划中需要特别关照的认同、人权等因素，在主权国家的外语规划中是次要、甚至被忽略的问题。

　　国际上开展语种规划时，不同国家根据不同的政策目标而推出了不同的政策。例如，荷兰、澳大利亚、英国以满足公民国际化生存为目标的外语规划，把国际经济活动中需要使用的语言作为主要的外语语种发展；美国致力于开展维护国家安全的外语规划，其语种选择以对美国国家安全有现实或潜在威胁的国家与地区语言（包括方言变体）为主；以融入国际社会为主要目标的韩国和日本，国际通用度最高的英语是其重点发展的外语语种。但对语言价值的判断和度量至今仍然是语言规划中的难题之一。

　　尽管可以明确，"中国的外语发展应满足国家现代化建设的需要，服务于维护国家统一和社会稳定的大局，为中国创造良好的国际环境提供语言支撑。"（赵蓉晖，2010）③ 但在具体操作层面上，做好语种规划并非易事。尽管我国的外语语种规模总体呈上升趋势，但语种数量和语种结构难以适应国家发展需要的问题依然存在。赵蓉晖（2010）从国家安全需求和现有语种结构出发，认为当前应重视欧盟、拉美、非洲、南亚、南海国家的语言；张治国（2011）④ 结合政治、经济、综合国力与教育等因素，

---

① Blommaert, Jan., *The Sociolinguistics of Globalization*. Cambridge：Cambridge University Press, 2010, p. 1.
② Swaan, Abram D., *Words of the World：The Global Language System*. Cambridge：Polity Press, 2001, p. 1.
③ 赵蓉晖：《国家安全视域的中国外语规划》，《云南师范大学学报》（哲学社会科学版）2010 年第 2 期。
④ 张治国：《中国的关键外语探讨》，《外语教学与研究》2011 年第 1 期。

提出了一份包括24个语种的中国"关键语言"清单；赵蓉晖（2011）[①]针对上海世博会的需求与城市国际化发展目标，综合语言流行度、人口覆盖面、经济外向度等因素，提出了上海市应发展的外语语种；胡文仲（2009）[②]、文秋芳（2011）[③]等学者指出了我国在这一方面的问题与不足。尽管学者们试图解决我国外语语种规划面临的现实问题，但由于我国外语政策的价值导向还不甚清晰、外语的需求和人才分布不均，使得我国很难用统一的标准做出一以贯之的语种规划，开展多层面的语种规划十分迫切。

荷兰学者Swaan以"Q值"表示语言的交际价值，它由语言的流行度和中心度决定。其中，流行度标示着使用该语言能与语群中其他人直接交际的机会，中心度标示着与其他语言的联系程度。Q值越大，语言的交际价值越大，被个人学习和传播的可能性就越大（Swaan, 2001）。[④]我们认为，Q值计算方法可以用于在外语规划中衡量语种价值，尽管对于一个国家来说，影响语言Q值的因素及其作用方式要复杂得多。此外，语言活力评估法、复杂网络分析法、社会网络分析法等，也有可能为语言价值评估带来新的实现途径，这是值得我国的语言政策研究者和决策者不断探索的重要课题。

二 外语的功能规划与应用政策

语言功能规划是在地位规划和本体规划的基础上进行的。李宇明（2008）[⑤]指出，功能规划的任务是"规划各功能层次的语言作用，或者说是规划各语言现象在各功能层次的价值与作用"，是对地位规划和本体规划的延伸。社会生活可按照职业、行业管理部门设置等标准划分成不同的领域，语言的功能则相应地划分为国语、官方工作语言、教育、大众传

---

① 赵蓉晖：《世博会外语环境建设研究》，《上海市"十一五"语言文字工作科研规划项目综合报告》2011年。

② 胡文仲：《新中国六十年外语教育的成就与缺失》，《外语教学与研究》2009年第3期。

③ 文秋芳：《美国国防部新外语战略评析》，《外语教学与研究》2011年第5期。

④ Swaan, Abram D., *Words of the World: The Global Language System*. Cambridge: Polity Perss, 2001, pp. 39 – 46.

⑤ 李宇明：《语言功能规划刍议》，《语言文字应用》2008年第1期。

媒、公共服务、公众交际、文化、日常交际等8个层次。在我国，外国语文的应用体现在教育、大众传媒、公共服务、文化活动、日常交际中，体现了国际化浪潮给我国社会语言生活带来的直接影响。

（一）公共场所的外语应用与政策

在外语功能规划和政策层面，当前突出的问题体现在公共生活领域中的外语使用管理方面，具体表现在大众传媒、公共服务、文化活动等三个层面。一方面，城市国际化发展的不断推进使公共生活领域中的外语需求不断增加，北京、上海、深圳、广州、西安、南京等城市规划者纷纷把城市外语能力和外语使用程度列入城市国际化评估指标，城市语言生活中的外语成分在持续增加（赵蓉晖，2009[①]、2012[②]）；另一方面，由此带来的管理问题也逐渐显露，引发了社会上对"外语过度使用"、"外语滥用"的质疑，进而上升到担心汉语空间被挤占、国家形象受损、国家认同减弱等文化安全层面，甚至连续多年成为全国和众多地方两会上被提议改进的问题（《外语战略动态》2009—2013）。

其实，我国的政策法规中已经包含了不少涉及外语使用的内容。根据我们的调查发现，截至2010年，我国省部级以上政府部门正式颁布的针对国内事务的相关管理法规已接近500个，涉及行政活动、安全监督、保险业、银行业、财务、公安、工商、边防海关、新闻出版、广播电视等40多个行业领域，涵盖公文、地名、社会用语用字、城市语言环境建设、灾害警示、人事资格等多种内容。其中，绝大部分都明确规定，在我国境内或由我国提供的各类公共服务中，必须首先使用中国语言文字，外语只能处于补充、说明的从属地位，最多只允许中外文并用的情况出现，这和《中华人民共和国国家通用语言文字法》的要求是一致的。但我们也确实发现，在个别政策法规中有特别强调外语使用的情况（赵蓉晖、郭家堂，2010）。[③] 参照几次外语使用调查的结果可以看到，当今外语使用中的乱

[①] 赵蓉晖、罗雪梅、韩耀军、郭家堂：《全国外文使用情况调查报告》，上海外国语大学中国外语战略研究中心，2009年。

[②] 赵蓉晖：《上海市公共场所外文使用情况调研报告》，《上海外国语大学中国外语战略研究中心》2012年。

[③] 赵蓉晖、郭家堂：《外文管理政策法规汇编》，上海外国语大学中国外语战略研究中心，2010年。

象，主要是由法规知晓度低和执法不严造成的。这方面的政策研究和执法改进还有待于进一步探讨。

（二）外语作为教学语言的政策及争议

将外语作为教学语言曾局限在外语教学课堂内。随着外语教育的深入发展和教育国际化程度的提高，外语（主要是英语）逐渐成为非语言学科的教学语言，这在国内被称为"双语教学"[①]。与加拿大、美国、中国民族地区开展旨在维护民族和谐的民族双语教育不同，我国的"中—外双语教育"最直接的目标是提高外语水平、培养掌握外语的专业人才（王斌华，2003）。[②] 后来，随着教育国际化发展的需要，用英语开设专业课程成为吸引海外留学生的重要手段，也得到了政策的大力扶持。

根据笔者目前掌握的文献资料，我国外语教育的全面普及开始于2001年，用外语作为非语言课程教学语言的尝试也始于同一年。教育部在2001年发文明确提出，要在高校积极推动使用英语等外语进行教学，其中"本科教育要创造条件，使用英语等外语进行公共课和专业课教学"，还特别强调"高新技术领域的生物技术、信息技术等专业，以及为适应我国入世后需要的金融、法律等专业，更要先行一步，力争三年内，外语教学课程要达到所开课程的5%至10%"（新浪网2004）。2007—2010年，教育部与财政部联合评选了一批高校中的双语教学示范课程，资助的课程数量分别为100门（2007年）、100门（2008年）、158门（2009年）、434门（2010年），每门课程资助10万元。地方政府和学校的相应扶持政策也不断出台，例如上海市就出资建设了一批全英语课程，很多高校也对双语课程给予了政策上的大力扶持。在这样的政策环境下，外语（主要是英语）迅速进入高校课堂成为教学语言，在教育中的功能得到扩大。但由于推进速度较快、师生外语水平参差不齐和教学效果不够理想等原因，双语教学受到了不少质疑和批评（李慧仙，2005；[③] 马庆

[①] 小学和幼儿园中的双语教学大多指外语教学，与大学用外语讲授非语言课程的做法不同，因此这里只讨论大学的情况。

[②] 王斌华：《双语教育与双语教学》，上海教育出版社2003年版。

[③] 李慧仙：《高校双语教学的多学科批判》，《高等农业教育》2005年第9期。

株,2007①),被指违反法律、费时低效、危害国家文化安全、影响母语能力和生存空间等,成为社会热议话题。因此,对双语教学政策的评估与调整,也是我国外语规划中需要解决的重要问题。

三 外语的习得规划与教育政策问题

语言习得规划属于教育范畴,是通过教育手段使被教育者获得特定语言能力的行为,是国家语言规划总目标在教育领域的具体体现和落实,我国学界习惯上称之为"语言教育规划(或语言教育政策)"。由于外语缺乏国内语言所具备的自然传承条件和应用环境,其发展尤其需要依靠人为的语言教育,外语教育规划因此成为外语规划中特别重要的一个部分。

中华民族同外部世界的交往可以追溯到遥远的上古时代,有据可查的中国外语教育最早开始于元朝,此后历经多个朝代曲折发展。1949年以后,我国的外语教育规划经历过几次重大政策调整,对我国的外语发展影响深远。胡文仲(2009)②把新中国教育发展划分为三个阶段:(1)1949—1965年:我国外语教育形成新的格局;(2)1966—1977年:外语教育遭受严重破坏;(3)1978—2009年:外语教育恢复和发展,改革全面展开。新中国成立60余年来,尤其是改革开放以后,我国的外语教育取得了举世瞩目的成就,在基础教育、职业教育、高等教育等各个层面都开展了广泛的外语教育,学习过外语的人数已接近4亿③,外语教育的规模居世界前列,教育体系、教育质量、语种规模等都大为改观,为我国对外开放与经济发展提供了大量外语人才。有关这方面的研究和论述很多,在此不再赘述。

Kaplan 和 Baldauf(1997)④认为,语言习得规划应包括6个目标:(1)决定教授何种语言,(2)决定教师的数量与资质,(3)融入地方社区,(4)决定在教学大纲中使用什么材料以及如何使用,(5)建立国家

---

① 马庆株:《反思"全民学英语"和"双语教学"》,http://blog.sina.com.cn/s/blog_4c5434d1010009b4.html.

② 胡文仲:《新中国六十年外语教育的成就与缺失》,《外语教学与研究》2009年第3期。

③ 根据《中国语言文字使用情况调查资料》提供的数据推算而来。

④ Kaplan, Robert & Baldauf, Richard., *Language Planning from Practice to Theory*. Clevedon: Multilingual Matters ltd, 1997.

与地方的评估体系，(6) 决定财政投入。参照这些目标和我国外语教育规划的现实，应该看到，我们还面临着亟待解决的问题，其中主要包括：(1) 缺少外语教育规划机构，各阶段外语教育缺少衔接，直接影响外语教育效率和效果；(2) 缺少中长期发展规划，整体规划缺失；(3) 缺少权威的语言能力标准和认证机构，评估体系不健全；(4) 缺少外语教师资格认证制度，师资质量良莠不齐；(5) 语种数量与先进国家差距较大，对一些语言的重要方言、社会变体认识不够，教学和研究都很缺乏；(6) 外语学科布局缺乏科学性，造成学科布局失衡、学科水平下降、教育质量堪忧。(戴炜栋，2010[1]；赵蓉晖，2010[2]；文秋芳，2011[3]；束定芳，2012[4])

与此同时，社会上对外语教育的"声讨"不断，先是批评外语教育"费时低效"，然后批评外语考试在人才评价中的"一票否决"作用影响了人才多样性，再接着批评"全民学外语"导致的社会资源浪费，开始有人怀疑外语教育影响民族认同和母语的发展，有人甚至认为当前的外语教育是"摧毁中国素质教育的一把利剑"(《文摘报》2004.8.22)。《外语战略动态》(2009—2013) 连续几年报道的全国两会代表对外语政策的质疑中，有不少是直接针对外语教育的。可见，外语教育规划中的问题已经引起了广泛的社会关注，外语教育改革已成为外语规划和决策者不得不面对的现实问题。

四 翻译规划与翻译政策

翻译是为满足不同语言群体的交际需要而进行的语言转换活动，是一种重要的交际方式。"翻译跨越中西、沟通古今、穿越时空，是连接不同国家、不同民族与文化的最主要的桥梁。翻译不仅丰富了各民族的语言，

---

[1] 戴炜栋、吴菲：《我国外语学科发展的约束与对策》，《外语教学与研究》2010 年第 3 期。

[2] 赵蓉晖：《国家安全视域的中国外语规划》，《云南师范大学学报》(哲学社会科学版) 2010 年第 2 期。

[3] 文秋芳、苏静、监艳红：《国家外语能力的理论构建与应用尝试》，《中国外语》2011 年第 3 期。

[4] 束定芳：《中国外语战略研究》，上海外语教育出版社 2012 年版。

促进了各民族文学的发生和发展，传播了先进的科学文化知识，还为推动人类社会的进步以及人类精神文明的建设和发展做出了巨大贡献。"（谢天振等，2009）① 我国历史上的四次翻译高潮（东汉至唐宋的佛经翻译、明末清初的科技翻译、鸦片战争至五四运动的西学翻译、改革开放以来的多元化翻译），无不与社会文化的重大发展联系在一起。翻译并不是两种语言之间的简单替换，实质上是一种改写。翻译过程受政治、经济、社会等因素的综合影响，政府所颁布的翻译政策、设置的翻译管理机构对翻译活动具有最强大的规约作用，直接决定了译者译什么和如何译。很多国家或政权通过制订政策，利用翻译活动作为实现其政治或经济等目的的工具。因此，翻译规划应是语言规划的重要组成部分，属于特殊的语言功能规划，外语规划应特别关注这一内容。

在中国历史上，翻译规划和翻译政策在翻译活动中发挥了不可或缺的作用。从唐朝政府对佛经翻译的支持，明末清初允许外国传教士与中国译者合作翻译科技著作，到清朝末年洋务派以"师夷长技以制夷"为目的设立同文馆与江南制造局，这些翻译行为无一不从属于政府在当时的政策。新中国成立后，翻译活动也体现出了为政治、经济、文化服务的特点。建国初期的"一边倒"外交政策引发了苏俄作品的翻译高潮，意识形态方面的对立也决定了英美作品，尤其是文学作品汉译的相对低迷。随着60年代初中苏关系的破裂，我国对苏联作品的翻译也几乎完全停滞。改革开放以来，我国迎来了新一轮翻译高潮，西方国家的作品通过翻译大量涌入，进一步促进了我国的现代化进程和思想发展。

翻译政策可以是"有形的"（tangible），也可以是"无形的"（intangible），有时可能没有明确的关于某项翻译政策的官方文献或声明，但是可以在政府领导人的讲话或官方报纸杂志的头版文章或编者按中找到其踪迹。另外，翻译作为文化活动经常受到政治、经济、出版等因素的影响，在多数情况下，往往体现在基于外交政策、文化政策、出版政策或因经济原因而采取的政策手段上，并且不同的文本类型，采取的政策手段也不相同。

进入21世纪，随着中国改革开放和全球化程度的日益增加，作为联系中国与世界的重要手段，翻译活动更加活跃，但同时也逐渐暴露出很多

---

① 谢天振等：《中西翻译简史》，外语教学与研究出版社2009年版，第1页。

问题。例如，翻译市场混乱，缺乏有力的监管措施，导致无序竞争、鱼龙混杂；源文本的选择中单纯追求经济利益的导向突出，对学术、文化价值较高但受众面较小的作品重视不够；翻译标准缺失，译者资质良莠不齐，直接影响翻译质量。此外，中国文化与思想如何通过翻译进入世界主流话语体系的问题，也已进入政策制定者的视野，需要尽快提出对策。我国政府已经意识到了问题的存在并采取了一系列措施，例如，制定《翻译服务规范》（2003）、《翻译服务译文质量要求》（2003），推出全国翻译专业资格（水平）考试（CATTI），设立翻译硕士专业学位（MTI），在"走出去"战略框架下推出"中华学术外译项目"，建立多个翻译研究基地，研制公共场所外文译写标准，等等。

我们认为，翻译规划与政策问题是一个具有重要社会意义和学术价值的研究课题，可以结合语言学、政治学、社会学、传播学、文化学、历史学等理论开展多方面的深入探讨，为我国的翻译政策制定与实施提供理论支持和对策建议。

小　　结

中国人学习和使用外语，绝不是由单纯的经济或文化因素决定的，而是历史的经验和教训带来的深刻认识，也是国家发展带来的必然结果。外语规划是我国语言规划的有机组成部分，因外语特殊的地位和存在方式，外语规划和政策制定、实施的原则与路径和国内语言有很大区别。由于对外语规划的认识和研究不足，相关政策制定和执行不利，使外语成为当代社会语言生活中备受批评的话题，不仅影响了语言生活的和谐，也可能影响外语的健康发展。本文结合语言规划理论和我国语言生活实际，探讨了外语地位规划、外语功能规划、外语习得规划和翻译规划等 4 个层面的内容，展示了外语规划的体系，提出了每个层面中需要解决的基本问题，希望以此引发社会与学界对此类问题的关注，促进相关研究的开展。

参考文献

[1] 刘海涛：《语言规划和语言政策——从定义变迁看学科发展》，陈章太《语言规划的理论和实践》，语文出版社 2006 年版。

[2] Ricento, Thomas. Historical and theoretical perspectives in language policy and planning. *Journal of Sociolinguistics*, 2000, (2).

[3] Cooper, Robert. *Language Planning and Social Change*. Cambridge: Cambridge University Press, 1989.

[4] 李宇明:《强国的语言和语言的强国》,《光明日报》2004年7月28日。

[5] 赵蓉晖、郭家堂:《外文管理政策法规汇编》,上海外国语大学中国外语战略研究中心,2010年。

[6] 潘文国:《"语文歧视"会引发汉语危机吗》,《解放日报》2011年2月7日。

[7] 傅连连:《浅谈汉语在外语学习中的渗透与中国汉语危机》,《长春理工大学学报》2012年第12期。

[8] 李君、马庆株、黄彩玉:《我国英语教育状况及对汉语国际化的影响》,《语文学刊》(外语教育教学) 2012年第4期。

[9] 陈春雷:《汉语危机并非耸人听闻——与汉语危机否定论者商榷》,《学术界》2013年第4期。

[10] Blommaert, Jan. *The Sociolinguistics of Globalization*. Cambridge: Cambridge University Press, 2010.

[11] Swaan, Abram D. *Words of the World: The Global Language System*. Cambridge: Polity Press, 2001.

[12] 赵蓉晖:《国家安全视域的中国外语规划》,《云南师范大学学报》(哲学社会科学版) 2010年第2期。

[13] 张治国:《中国的关键外语探讨》,《外语教学与研究》2011年第1期。

[14] 赵蓉晖:《世博会外语环境建设研究》,《上海市"十一五"语言文字工作科研规划项目综合报告》2011年。

[15] 胡文仲:《新中国六十年外语教育的成就与缺失》,《外语教学与研究》2009年第3期。

[16] 文秋芳:《美国国防部新外语战略评析》,《外语教学与研究》2011年第5期。

[17] 李宇明:《语言功能规划刍议》,《语言文字应用》2008年第1期。

[18] 赵蓉晖、罗雪梅、韩耀军、郭家堂:《全国外文使用情况调查报告》,上海外国语大学中国外语战略研究中心,2009年。

[19] 赵蓉晖:《上海市公共场所外文使用情况调研报告》,上海外国语大学中国外语战略研究中心,2012年。

[20] 王斌华:《双语教育与双语教学》,上海教育出版社2003年版。

[21] 李慧仙:《高校双语教学的多学科批判》,《高等农业教育》2005年第9期。

[22] 马庆株:《反思"全民学英语"和"双语教学"》,http://blog.sina.com.cn/s/blog_4c5434d1010009b4.html。

［23］Kaplan, Robert & Baldauf, Richard. *Language Planning from Practice to Theory*. Clevedon: Multilingual Matters ltd, 1997.
［24］戴炜栋、吴菲:《我国外语学科发展的约束与对策》,《外语教学与研究》2010年第3期。
［25］文秋芳、苏静、监艳红:《国家外语能力的理论构建与应用尝试》,《中国外语》2011年第3期。
［26］束定芳:《中国外语战略研究》,上海外语教育出版社2012年版。
［27］谢天振等:《中西翻译简史》,外语教学与研究出版社2009年版。

[原文载于《云南师范大学学报》(哲学社会科学版) 2014年第1期]

中国的关键外语探讨

张治国

一个国家的外语教育政策首先需要处理的问题是本国外语语种的选择问题。世界上有6000多种语言，任何国家都只能选择这其中的很小一部分语言作为本国的外语语种。如今，中国的外语教育获得前所未有的发展，但外语教育政策中至今尚未确定自己的关键外语，这方面的研究也为数不多。科学的政策要以科学的研究为基础，中国作为一个大国非常有必要对自己的关键外语进行研究。

一 关键外语的定义、特点、属性和影响关键外语选择的因素

2006年，美国提出了"关键语言"（critical languages）的概念。美国国情特殊，它可以说是个世界性国家，世界上众多民族的人都可能是其国民的一部分，相应地，世界上众多民族语言都可能是其国内族群语言的一部分，例如汉语，因此其国内语言与国外语言界线模糊，或者说不必严格区分，但对于其他国家来说，这一区分却是十分重要的。Critical languages对于其他国家而言恰恰是指其外语教育中的关键语言，为使概念表述准确，本文改以"关键外语"（critical foreign languages）的提法。所谓关键外语就是在国际舞台中关乎一个国家的政治稳定、外交通畅、信息安全、经济发展、民族团结、文化交流、教育合作等重要领域的外国语。

关键外语具有以下主要特点：第一，每个国家的国情不一，所以每个国家的关键外语也不尽相同。第二，关键外语与语种大小、强弱没有必然联系。许多土著语言固然难以成为任何国家的关键外语，但某些强势语言也未必成为一个国家的关键外语。第三，一个国家的关键外语不是一成不变的，它会随着时代的变迁而改变。第四，由于非传统安全的不确定性，因此，从信息安全的角度来说，在国家经济等条件许可的范围内，关键外语的数量可以多一些。

关键外语属于外语教育政策的内容，外语教育政策又隶属于语言政策和语言规划（language policy and language planning，LPLP）。LPLP是一项长期的、复杂的和面向未来的系统工程，所以，语言规划也叫语言工程（language engineering）。同样，外语教育政策的制定和实施过程也是一个系统工程，它涉及国家的政治、经济、科技、文化、教育、历史、民族、社会心理等因素。以色列社会语言学家Spolsky（2009）指出，外语语种的选择主要受到以下三个因素的影响：历史因素（如前殖民地宗主国的语言）、地理因素（如地区性强势语言）和经济因素（如主要贸易伙伴国的语言）。一般而言，学生和学校多从市场经济和自身的利益来考虑外语语种的选择。但是，政府和国家一定要从国家的层面来考虑外语语种的选择，国家关键外语的选择要从长远和大局利益出发。

二 中国确立关键外语的必要性

（一）政治需要

美国前总统布什在2006年全美大学校长国际教育峰会上指出，"国家安全语言计划"通过"国家语言旗舰项目"培养军事情报以及外交人员只能在短期内维护美国的国家安全，而要维护美国长期的国家安全必须通过传播美国"民主"和"自由"的意识形态。在全球化时代，美国希望利用"语言武器"对关键外语区域进行文化渗透。在面对世界各国激烈的语言文化博弈时，中国也需要从政治的高度确立自己的关键外语，以便能在关键外语地区发出中国的声音，传播中国的文化，展现中国的软实力，使中国关键外语地区的人们了解、理解和支持中国，从而为构建和谐世界做出贡献。

（二）经济需要

自改革开放以来，中国的经济飞速发展。中国不仅是外国投资的主要国家，而且也正在成为向海外投资的新兴国家。中国的外语教育应该为中国的经济发展服务。中国商务部对外投资和经济合作司的统计显示，2009年中国境内投资者共对全球122个国家和地区进行了直接投资。但是，由于中方企业人员对这些国家的语言、文化、习俗、法律等不甚了解而带来诸多困难，甚至造成重大损失。国家发展改革委员会对外经济研究所所长张燕生指出,在不少非洲国家,中国企业的管理文化与对象国的当地环境较难融合,中方人员与当地雇员、合作伙伴或客户沟通交流不畅,也是令目前中国企业倍感头痛的问题①。此外,全国人大代表、娃哈哈集团董事长宗庆后在今年的两会上指出,多数中国企业海外并购失败是因为不了解当地法律法规,并且在经营理念上与当地存在差异②。

(三) 安全需要

在 21 世纪,世界各国都面临着传统安全(军事冲突和国家战争)和非传统安全(国际恐怖主义、国际有组织犯罪、维和问题、传染性疾病、商业间谍问题、难民和移民问题等)的考验。非传统安全表现得尤其突出,其不确定性、分散性、跨国性和危险性往往令各国感到棘手。随着中国综合国力的提升,一方面,中国公民由于种种原因(如投资、经商、求职、求学、旅游、探亲)到海外的机会越来越多,另一方面,由于同样的原因外国人来中国的机会也越来越多。因此,个人和国家的安全问题也随之增多,外语成了防止、减少和解决这些安全问题的重要因素之一。例如,一旦中国公民在海外的人身安全受到威胁时,中国公民自己的外语能力或解救人员的外语能力以及对外国国情和文化的了解都是攸关性命的。对待非传统安全的一个重要措施就是确保信息安全,主要体现在跨语言和跨文化交际的畅通上以及重要信息的获取与保密上。培养足够的关键外语人才是保证信息安全的前提之一。

三 影响中国关键外语选择的因素

(一) 政治因素

一般来说,任何一项新的语言政策的宣布都是建立在统一的政治基础之上的 (Spolsky 2004:13)。在实际环境中,任何语言政策的制定都离不开政治因素。21 世纪是后现代社会,其特点之一是世界的多样性和政治的多极化。政治上的取向必然要影响到国家外语教育政策的制定。因此,

---

① http://www.mlr.gov.cn/xwdt/jrxw/201003/t20100315_141263.htm.
② http://npc.people.com.cn/GB/11045313.html.

在我国关键外语的选择中，政治是一个不可忽视的重要因素。本文从以下 8 个比较典型的政治组织或机制来探悉中国在国际政治中需要经常接触的国家。

1. 上海合作组织

上海合作组织成员国总面积占欧亚大陆面积的五分之三，人口占世界总人口的四分之一。该组织对我国的边境安全和边境贸易意义重大。成员国是：中国、俄罗斯、哈萨克斯坦、吉尔吉斯斯坦、塔吉克斯坦、乌兹别克斯坦。观察员国是：蒙古、伊朗、巴基斯坦和印度。对话伙伴国是：斯里兰卡和白俄罗斯。

2. 东南亚联盟"10 + 3"会议

自 1996 年我国成为东盟全面对话伙伴国。近年来，我国同东盟关系顺利发展，高层往来频繁，政治关系日益密切。东盟国家是我国的友好近邻、重要的贸易伙伴和华人华侨的主要聚集地之一，其重要性不言而喻。东盟的成员国是：马来西亚、菲律宾、泰国、文莱、柬埔寨、印度尼西亚、老挝、缅甸、新加坡和越南。观察员国：巴布亚新几内亚。候选国：东帝汶。外加中、日、韩三个国家。

3. 20 国集团

20 国集团主要是一个以政治为基础的国际经济发展论坛，它的 GDP 总量约占世界的 85%，人口约有 40 亿。这些国家都是世界上比较强大且具有地区代表性的国家。因此，该组织对于我国的国际政治非常重要。其成员国有：美国、日本、德国、法国、英国、意大利、加拿大、俄罗斯、中国、阿根廷、澳大利亚、巴西、印度、印度尼西亚、墨西哥、沙特阿拉伯、南非、韩国、土耳其和欧盟。

4. 金砖四国

金砖四国是指巴西（"世界原料基地"）、俄罗斯（"世界加油站"）、印度（"世界办公室"）和中国（"世界工厂"）四个新兴经济体。四国面积占世界领土总面积的 26%，人口占全球总人口的 42% 以上。当前，四国经济快速发展，互补性强，其国际影响力与日俱增。

5. 中阿合作论坛

中阿合作论坛成立于 2004 年，阿拉伯国家联盟是石油和政治的敏感中心，对我国的影响很大。阿盟有 22 个成员国：约旦、阿联酋、巴林、突尼斯、阿尔及利亚、吉布提、沙特、苏丹、叙利亚、索马里、伊拉克、阿曼、巴勒斯坦、卡塔尔、科摩罗、科威特、黎巴嫩、利比亚、埃及、摩洛哥、毛里塔尼亚和也门。

6. 中非合作论坛

中非合作论坛是中国与非洲友好国家建立的集体磋商与对话平台。通过政治对话与经贸合作促进彼此的了解和发展。其成员国有50个国家：中国、阿尔及利亚、埃及、埃塞俄比亚、安哥拉、贝宁、博茨瓦纳、布隆迪、赤道几内亚、多哥、厄立特里亚、佛得角、刚果（布）、刚果（金）、吉布提、几内亚、几内亚比绍、加纳、加蓬、津巴布韦、喀麦隆、科摩罗、科特迪瓦、肯尼亚、莱索托、利比里亚、利比亚、卢旺达、马达加斯加、马里、马拉维、毛里求斯、毛里塔尼亚、摩洛哥、莫桑比克、纳米比亚、南非、尼日尔、尼日利亚、塞拉利昂、塞内加尔、塞舌尔、苏丹、索马里、坦桑尼亚、突尼斯、乌干达、赞比亚、中非和乍得。

7. 中美战略对话

中美战略对话（2009年后改为中美战略与经济对话）是中美两国在经贸、反恐、朝核等重要领域的磋商、合作与协调而形成的一种机制。每年一次的高层对话有利于中美双方的沟通与合作。

8. 中欧全面战略伙伴关系

2003年，中国与欧盟开始发展全面战略伙伴关系。从此，中欧合作领域不断加强。欧盟现有27个会员国、23种官方语言（保加利亚语、捷克语、丹麦语、德语、爱尔兰语、希腊语、英语、西班牙语、爱沙尼亚语、芬兰语、法语、意大利语、拉脱维亚语、立陶宛语、匈牙利语、马耳他语、荷兰语、波兰语、葡萄牙语、罗马尼亚语、斯洛伐克语、斯洛文尼亚语和瑞典语）。

（二）经济因素

经济是各国保持永久交往与合作的基础，有了经济的双赢为基础，其他各方面的发展也将得到保障。下面从中国的主要贸易国（地区）、来华投资国（地区）和中国海外投资国（地区）来分析影响中国经济的主要国家（地区）。

（1）中国主要的国际贸易国（地区）

根据中国商务部综合司统计[①]，2004—2008年五年间中国大陆主要的

---

① 数据来源：中国商务部网站 www.mofcom.gov.cn/tongji/shtml/。

贸易伙伴国家和地区是：欧盟、美国、日本、东盟、香港、韩国、台湾、澳大利亚、俄罗斯、印度和加拿大。2004—2008年五年间中国大陆主要的进口来源地是：日本、欧盟、东盟、韩国、台湾、美国、澳大利亚、沙特阿拉伯、巴西、俄罗斯和香港。2004—2008年五年间中国大陆主要的出口市场国家或地区是：欧盟、美国、香港、东盟、日本、韩国、印度、俄罗斯、台湾、阿联酋、加拿大和澳大利亚。

（2）来华投资的主要国家（地区）

根据中国商务部外资司统计[①]，在我国投资的国家和地区达170多个，2010年1—10月对中国大陆投资排名前十的国家和地区是香港、台湾、新加坡、美国、日本、韩国、英国、法国、荷兰和德国。

（3）中国海外投资的主要国家（地区）

根据中国商务部统计（见注4），从境外企业的地区分布看，到2006年底，中国大陆的近万家境外企业共分布在全球172个国家和地区，占全球国家（地区）的71%。亚洲是中国最大的海外投资目的地，其次是北美、非洲和南美，最后是欧洲（主要集中在中东欧）。其中亚洲、非洲地区投资覆盖率分别达到91%和81%。从境外企业的国别（地区）分布来看，香港、美国、俄罗斯、日本、阿联酋、越南、澳大利亚、德国的聚集程度最高，集中了近一半的境外企业。

（4）旅游业

据世界旅游组织统计[②]，近几年中国一直是世界第四大旅游目的国，第五大客源输出国。据世界旅游组织预测，2020年中国将成为世界第一大旅游目的国和第四大客源输出国。下面从游客输入和输出两方面来分析中国在旅游业方面接触较多的国家。

第一，来华旅游的主要客源国。根据国家旅游局统计[③]，来华旅游的客源主要来自亚洲，其所占比例超过一半多，其次是欧洲（见表1）。

---

① 数据来源：中国商务部外资司网站 www.fdi.gov.cn/pub/FDI/wztj/lywzkx/t20101212_129194.htm。

② 数据来源：世界旅游组织网站 www.unwto.org。

③ 数据来源：中国国家旅游局网站 www.cnta.gov.cn。

表1　　　　　2008—2009年各大洲来华旅游人数所占比例

洲名	亚洲	欧洲	美洲	大洋洲	非洲
2008年所占比例	59.9%	25.1%	10.6%	2.8%	1.6%
2009年所占比例	62.8	20.9%	11.4%	3.1%	1.8%

资料来源：中华人民共和国国家旅游局，www.cnta.gov.cn/html。

表1显示，2008和2009两年来华旅游的主要客源国是：韩国、日本、俄罗斯、美国、马来西亚、新加坡、菲律宾、蒙古、澳大利亚、泰国和加拿大。

第二，中国人出境游的主要目的国（地区）。根据近几年的《中国出境旅游发展年度报告》，中国人出境旅游目的国和地区达到104个，但主要目的国和地区是港澳台、日本、韩国、东南亚国家、美国和西欧国家。

（三）综合国力与教育因素

综合国力包括一个国家的政治、经济、军事、科技、教育、人口等因素。一般综合国力强的国家更能吸引外国留学生。因此，本文把这两个因素放在一起来分析。

1. 综合国力最强的前十一个国家

中国社会科学院发布的《国际形势黄皮书》指出，2009—2010年综合国力前十一的国家是：美国、日本、德国、加拿大、法国、俄罗斯、中国、英国、印度、意大利和巴西。

2. 来华留学的主要生源国和中国人海外留学的主要目的国。

教育是改善和影响国家间的意识形态和未来发展的重要因素。中国在教育上既要"引进来"，也要"走出去"。在这个双向交流中，掌握与我们交往密切国家的语言是至关重要的。根据中国教育部年鉴[①]，2000—2006年来华留学的主要生源国是：韩国、日本、美国、越南、印度尼西亚、印度、泰国、俄罗斯、法国、巴基斯坦、德国、尼泊尔、蒙古、澳大利亚和加拿大。近年来，中国留学最多的前十个国家是：美国、英国、澳大利亚、日本、法国、加拿大、德国、新加坡、新西兰和瑞典。

（四）信息安全因素

信息安全是国家安全的重要组成部分。在安全威胁日益多元化、非传

---

① 数据来源：中国教育部网站 www.moe.gov.cn。

统安全因素上升的新形势下,信息安全已成为国家安全面临的一项重要课题。英国知名保险公司希思可(Hiscox)的一项研究报告显示,最近十年,海外遭绑架最多的是中国人[1]。根据中国外交部公布的国人在外遇险的信息而统计整理近六年的数据显示,中国人在亚洲国家发生的安全事件最多。根据外交部领事司2009年"中国人海外安全报告",2009年中国人在以下国家发生了较大的安全事故:阿尔及利亚、几个有东突恐怖组织的国家、澳大利亚、俄罗斯、印度和索马里。

(五) 地理因素

1. 中国的邻国

中国实行"与邻为善、以邻为伴"的邻国政策。熟悉"伙伴"的语言可以增进彼此的了解和友谊。同世界其他大国相比,中国的周边地缘环境最为复杂:中国是世界上拥有邻国最多的国家,陆地边界和海岸线都比较长,周边国家多。中国的陆上邻国有:俄罗斯、哈萨克斯坦、吉尔吉斯斯坦、塔吉克斯坦、蒙古、朝鲜、越南、老挝、阿富汗、尼泊尔、巴基斯坦、印度、不丹和缅甸;海上邻国有:日本、韩国、菲律宾、马来西亚、文莱和印尼。

2. 海外华人华侨最多的十个国家

华人华侨遍布世界各地,这是中国的宝贵资源。他们对母国的国际形象、经济发展、文化传播、国际合作等都可以做出很大的贡献。海外华人华侨多的国家往往会成为与中国交往与合作更多的国家。因此,我们有必要重视这些国家的语言,以便今后的交往。根据暨南大学海外华语中心统计[2],海外华人人口前十的国家是印尼、泰国、马来西亚、美国、新加坡、加拿大、秘鲁、越南、菲律宾和缅甸。

(六) 语言本身的因素

语言本没有好坏之别,但却有强弱之差。语言的生命在很大程度上取决于该语言使用人数的多少和该语言使用领域的大小。

1. 使用人口最多的十组语言

根据联合国教科文(2000)的《信使》(Courier)第4期报道,全球

---

[1] http://finance.jrj.com.cn/travel/2009/10/2313456313883.shtml。

[2] 数据来源:www.globalhuayu.com。

使用人数最多的前十组语言是：英语、汉语；印地语、乌尔都语；西班牙语；俄语；阿拉伯语、孟加拉语、葡萄牙语、马来语、印尼语；日语；法语、德语；旁遮普语。根据 Ethnologue 和 Encarta Dictionary 的统计①，全球作为母语使用人数最多的前十组语言是：汉语、西班牙语、英语、印地语（乌尔都语）、阿拉伯语、孟加拉语、葡萄牙语、俄语、日语和德语。

2. 使用领域最广的十二种语言

荷兰社会学家 Abram de Swaan 根据语言使用的领域（从小到大）把世界上的语言分为边缘语言（peripheral languages）、中心语言（central languages）、核心语言（supercentral languages）和超核心语言（hypercentral languages）。核心语言共有十二种：阿拉伯语、汉语、英语、法语、德语、印地语、日语、马来语、葡萄牙语、俄语、西班牙语和斯瓦希里语。超核心语言只有英语一种。

3. 网络中使用人数最多的十大语言

根据世界网络统计（internetworldstats）显示②，网络中使用人数最多的十大语言是：英语、汉语、西班牙语、日语、葡萄牙语、德语、阿拉伯语、法语、俄语和韩语。

4. 联合国工作语言

联合国的工作语言有六种：英语、法语、俄语、西班牙语、汉语和阿拉伯语。

四 中国关键外语候选名单的提出

统计说明：第一，上述影响因素中出现"欧盟"和"东盟"时给相应的成员国统计上一次。第二，由于政治和民族等原因，有些语言在不同的国家有不同的名称或变体（language variety），本文把它们暂且看作同一种语言。例如，马来语和印尼语，印地语（印度）和乌尔都语（巴基斯坦），波斯语的三种变体：伊朗的现代波斯语或法尔西语（Farsi），阿富汗的达里语（Dari）和塔吉克斯坦的塔吉克语（Tajik）。第三，尽管上

---

① 数据来源：http://en.wikipedia.org/wiki/Wiki_/list_of_language_by_number_native_speakers。

② 数据来源：www.internetworldstats.com。

述影响因素不够全面，而且有些数据在权威性、准确性和时效性不够令人信服，但这对本文有关中国关键外语名单的获得影响不大，因本文只是根据这些数据的大概排名来获得这些国家的语言名单。

上述各影响因素共涉及130个国家，72种语言（各国仅以国语或官方语言为代表，下同）。现将上述各影响因素中提到的国家和语言次数全以语言的形式汇总如下：43种语言只出现过1次（限于篇幅，数据省略），说明这些语言目前对中国不是十分"关键"；29种语言出现的次数在2次以上（见表2）。

表2　　　　　　　上述因素中出现2次以上的语言表

序号	语言	次数	序号	语言	次数	序号	语言	次数
1	英语	129	11	西班牙语	10	21	蒙古语	4
2	法语	59	12	泰语	8	22	高棉语	4
3	阿拉伯语	43	13	越南语	8	23	南非荷兰语	3
4	马来语/印尼语	29	14	意大利语	8	24	豪萨语	2
5	俄语	24	15	菲律宾语	7	25	孟加拉语	2
6	日语	18	16	泰米尔语	7	26	尼泊尔语	2
7	印地语/乌尔都语	14	17	缅甸语	6	27	哈萨克语	2
8	德语	14	18	老挝语	5	28	吉尔吉斯语	2
9	葡萄牙语	14	19	波斯语	4	29	索马里语	2
10	朝鲜语/韩语	13	20	斯瓦希里语	4			

根据上述语言出现次数的多少以及美国关键外语数量由2006年最初的6种逐年增加到现在13种的先例，本文认为中国的关键外语可分为以下三个层级：第一，一级关键外语（共6种）：英语、法语、阿拉伯语、马来语（印尼语）、俄语和日语。从表2语言出现的次数来说，这些语言除日语（18次）外，其他语言出现的次数都在20次以上，但日语在各个影响因素中对中国都是非常重要的，因此把日语包括在内。从语言本身的强弱来说，这些语言除了马来语（印尼语）外，其他语言都是世界强势语言，但马来语（印尼语）在马来西亚、印尼、文莱、新加坡等几个国家使用，这些国家在许多方面对中国都有影响，因此把马来语（印尼语）包含在内。第二，二级关键外语（共5种）：印地语（乌尔都语）、德语、葡萄牙语、朝鲜语（韩语）和西班牙语，这些语言出现的次数都在10次

以上。第三，三级关键外语（共 10 种）：泰语、越南语、意大利语、菲律宾语、泰米尔语、缅甸语、老挝语、波斯语（法尔西语、达里语、塔吉克语）、斯瓦希里语和高棉语，这些语言出现的次数都在 4 次以上。

在表 2 中，虽然泰米尔语出现了 7 次，但是，由于泰米尔语在新加坡、斯里兰卡和印度都不是国语，而只是排在第二或第三的官方语言（这些国家都有英语作为第一官方语言），且使用也不太广泛。因此本文将它暂列三级关键语言。另外，蒙古语虽然出现过 4 次，但它是我国的跨境语言，我国内蒙古、青海和新疆等地不缺知晓该语言的人才，因此本文不把它划为中国的关键外语。

六 结语

本文根据大量影响因素而得出的统计结果，提出了三个层级的中国关键外语。各个层级中国关键外语的具体数量可以视国家财力和国际形势的变化而变化。关键外语政策的制定对国家语言战略至关重要，本文仅从影响因素的维度对中国关键外语进行了粗浅的研究，但愿能起抛砖引玉之效，激发更多的学人关心和研究中国的关键外语，为中国外语教育政策的制定提供更多的研究成果和参考数据。

参考文献

de Swaan, Abram. 2001. *Words of the World*. Cambrige：Polity Press and Blackwell.
Spolsky, Bernard. 2004. *Language Policy*. Cambridge：CUP.
Spolsky, Bernard. 2009. *Language Management*. Cambridge：CUP.
UNESCO. 2000. The numbers of languages. *UNESCO Courier*. (4)：pp. 11 – 12.

[原文载于《外语教学与研究》2011 年第 1 期]

新疆区情与语言规划

张 梅

语言政策是指人类社会群体在言语交际过程中根据对某种或者某些语言所采取的立场、观点而制定的相关法律、条例、规定、措施，等等。语言政策是语言冲突和矛盾的产物，是表明一国对国内多元化语言种类存在的态度和规划。语言规划通常是某种语言政策的体现，是国家或社会团体为了对语言进行管理而进行的各种工作的统称，也可以说是对语言文字问题所做出的有组织的、主动的反应和调节，涉及范围广泛，可以说哪里有语言问题，哪里就要进行语言规划[1]。语言规划、语言政策、语言立法三者关系密切，常常被视为一体。对于三者的联系与区别，陈章太是这样论述的：语言政策是基础、核心，是行政行为；语言立法是语言政策和语言规划的升华与保障，是法律行为；语言规划是语言政策的延伸与体现，又是语言法规的具体执行，语言规划的理论又可以为语言政策、语言法规的制定提供理论依据，语言规划既是政府行为，又是社会行为[2]。

在新疆这样一个多民族地区，语言政策与语言规划既敏感又重要，它既要维护国家利益，又要符合新疆区情；既要强化一体化意识，弘扬主旋律，又要保障各族人民的语言权利，倡导多样化。唯有如此，才能使新疆的语言关系保持良性的发展态势，才能使新疆的语言使用更好地为社会稳定和经济发展服务。

---

[1] 何俊芳：《语言人类学教程》，中央民族大学出版社2005年版，第177页。
[2] 陈章太：《语言规划研究》，商务印书馆2005年版，第2页。

一 新疆语言社情：多样性、复杂性

新疆是一个多民族地区，多语言、多宗教、多文化现象相伴而生。2009年全疆总人口21308100人，其中汉族人口8363265人，占全疆总人口的39.25%，少数民族人口12944835人，占全疆总人口的60.75%[①]。从语言的种类与使用情况来看，新疆13个世居民族当中，汉族、回族、满族通用汉语文，维吾尔族、哈萨克族、柯尔克孜族、蒙古族、锡伯族都有本民族语言文字。塔吉克族、乌孜别克族、塔塔尔族有本民族语言，但无文字，在很大程度上已转用维吾尔语文或哈萨克语文。从民族分布的结构来看，新疆各民族总体呈现"大聚居、小杂居"或"大杂居、小聚居"的特点，语言使用也形成了与之相应的"汉语单语区"、"民语单语区"、"民汉双语或多语区"等复杂的语言社情。随着社会的发展，为适应工作、学习和生活的需要，双语双文成为新疆民族语言生活的一大特色，也代表着民族语言发展的总体趋势，尤其在民族成分较为复杂的多民族杂居地区，汉语与当地主要民族语言（如维吾尔或哈萨克语）共同发挥着服务社会的功能。

二 新疆的语言政策与语言规划

中国是一个统一的多民族国家，为了贯彻民族平等和语言平等的原则，《中华人民共和国宪法》从民族、自治机关、公民三个层面确立了民族语言文字的法律地位，充分保障了使用、发展各民族语言文字的政治权利。

新疆少数民族语言政策与语言规划以国家《宪法》《民族区域自治法》《中华人民共和国国家通用语言文字法》《新疆维吾尔自治区语言文字工作条例》（新条例）等为法律依据和指导思想，为保护、发展少数民族语言文字，保障少数民族语言权利，推行国家通用语言文字，根据新疆的具体区情，制定了一系列民族语言政策，其核心是实行语言平等，禁止

---

① 新疆维吾尔自治区统计局：《2009年新疆统计年鉴》，中国统计出版社2009年版，第78页。

语言歧视，保障少数民族语言权利，鼓励各民族互相学习语言文字。

（一）汉语教学规划

1. 汉语选修阶段

1950年5月，新疆人民政府文件《关于目前新疆教育改革的指示》首次提出少数民族学生在中学选修国文即汉语，提倡民汉学生互学语言，少数民族中学生应学好汉语，同时汉族学生也要学好维语，汉语仅作为民族中学的一门选修课，对少数民族学生学习汉语只是提倡，并未采取具体措施。

2. 汉语必修阶段

1956年，自治区召开第二届中等教育会议，明确了汉语课作为民族中学的必修课程，并提出了明确的培养目标和教学要求，即"每周4—6课时汉语课，高中毕业掌握4500个汉字，进入大学能用汉语听课和看懂汉语讲义"，可谓汉语教学的真正开始。1959年自治区教育厅成功地将汉语教学从中学向小学及高校延伸，向下延伸至小学4年级，向上扩展至高校，建立了大中专院校一年制汉语预科教学体系。这一时期的语言政策加大了汉语教学的力度，语言教育规划将汉语课由选修课提升为必修课，初步形成了小学、中学、高等院校的汉语教学体系，创立了高校汉语预科教学体制并延续至今。

3. 汉语主学科地位的确立

1960年，自治区教育厅印发《关于改进与提高民族中学双语教育工作的通知》，将汉语课程从中小学的一般课程上升到主课地位，并提出了培养学生听、说、读、写四项能力的要求。1963年3月，自治区教育厅又印发了《关于提高民族中学汉语教学质量的几点要求》，进一步将汉语学科列为考试科目，确立了汉语的主学科地位。为进一步加强汉语教学，探索汉语教学的最佳模式，1964年9月，在新大附中、伊犁六中、喀什二中、博州二中四所中学开办了"汉语教学实验班"。1967—1976年，十年文革动乱，新疆的汉语教学也处于停滞状态。这一时期的语言政策是进一步提高汉语课程的地位，相应的语言教育规划是将汉语从必修课提升为主课，确立了汉语课在少数民族学校的重要地位。但十年动乱使刚刚受到重视的汉语教学工作搁浅下来。

4. 汉语教学体系的发展和完善

"十年动乱"结束后，自治区迅速开始汉语教学的恢复和重建工作。

1977年2月，自治区教育局发布了《新疆维吾尔自治区全日制十年制中小学计划》，将民族学校的汉语课提前至小学三年级，要求高中毕业掌握3000—3500个汉字。1978年6月，自治区教育局转发国家教育部《全日制中小学教学计划（实行草案）》，专门下发了《关于加强民族学校汉语教学的意见》，提出"要把汉语课作为少数民族中小学的一门重要基础课尽快从小学三年级开起来"，"大中专院校的少数民族学生经过预科后要有一门以上的课用汉语授课"，"各级各类学校的民族班要开展各种形式学习汉语的活动"。自此，确立了汉语学科在整个少数民族教育教学体系中的地位。这一时期的语言政策倾向是大力发展和完善少数民族汉语教学体系，具体的语言教育规划是少数民族学校从小学三年级开设汉语课，高校部分课程开始实行汉语授课。

5. 汉语教学的改革探索

1981年11月，自治区第二次民族教育工作会议提出了"新疆教育要以少数民族教育为重点，对少数民族教育要采取优先照顾的政策。普及小学教育、延长中小学学制、改革中等教育结构、培养少数民族师资、加强少数民族教材建设和加强汉语教学"等改革措施。1982年3月，自治区主席巴岱提出了"民汉兼通"的汉语教学方针，并将此作为十年奋斗的目标。1987年7月，铁木尔·达瓦买提主席在自治区工作会议上指示，要把加强和改革民族学校汉语教学工作作为发展民族教育、提高民族素质和开发振兴新疆的一项战略措施来抓，确立了汉语教学的战略地位。1988年5月，自治区七届人大二次会议通过了《新疆维吾尔自治区义务教育实施办法》，用法律的形式规定"少数民族小学从三年级开设汉语课，有条件的可以提前开设汉语课"。1991年4月，自治区教委选定伊宁市一中、哈密地区一中等10所民族中学（或民汉合校）作为"民汉兼通"实验学校，目的是通过各种途径加强汉语教学。这一时期的语言政策在给予少数民族优惠、扶持的基础上，以立法的形式确立了汉语课程在少数民族教育体系中的合法地位，并提出了少数民族汉语教育的十年规划，即"民汉兼通"，同时开始了汉语教学的改革探索。

（二）双语教学规划

1. 双语教学实验

1996年2月，自治区人民政府就解决双语实验班的招生规模、课程设置、高考办学、办学经费、教师待遇等问题下发了《转发〈自治区教委关于进一步做好民族中学部分学科汉语授课"民汉兼通"工作的几点意见〉的通知》，《通知》对部分少数民族中学数理化等部分课程汉语授课实验提出了规范性要求。1997年7月，自治区教委印发的《自治区少数民族中学生双语授课实验方案（试行）》从"实验目的、形式与规模、基本条件、管理、教材与课程计划、考试与升学、经费"等7个方面对双语授课实验进行了规范，使双语授课实验得以积极稳妥地进行。1999年5月，自治区教委印发了《新疆维吾尔自治区少数民族中学生双语授课实验方案（试行）》，修改和完善了1997年17号文件，使各项要求更加具体。1999年9月，国务院办公厅转发了国家教育部、计委、财政部和国家民委《关于加强少数民族地区人才培养工作意见的通知》，即国办发〔1999〕85号文件，提出在部分经济较发达城市开办内地新疆高中班，拉开了"内高班"的序幕，对新疆的汉语教学和双语教学产生了极大的推动作用。2003年11月，自治区人民政府办公厅印发了《关于在乌鲁木齐市等8个城市开办新疆区内初中班的通知》。区内初中班是"内高班"工作的向下延伸，也是为内高班输送合格生源的有效衔接教育，是促进城乡教育协调发展的重要措施。之所以把"内初班"、"内高班"视作双语教育的特殊模式，是因为：一是内高班、内初班在完全实施汉语系学校的教学体制外，还加授民族语文，这样，课程体系中包含民汉两种语言的课程。二是根据国际上双语教育的分类标准，在学校接受非家庭语言的单语教学也是一种双语教育[①]。即学生在家庭中接受母语教育，在学校接受第二语言教育。内高班、内初班就属于这类情况，类似于新疆的"民考汉"。这一时期自治区双语教育政策开始萌芽，在总结双语教学实验的基础上，积极酝酿新的双语教育政策的出台。语言教育规划也做了相应调整，引入了"汉语水平考试"作为衡量少数民族汉语水平的重要标尺，内高班、内初班等双语教学的特殊模式应运而生。

2. 双语教学的大力推进

2004年3月，自治区党委，人民政府印发《关于大力推进"双语"教学工作的决定》，从四个方面对"双语"教学工作提出了新的要求。这

[①] 中国社会科学院民族研究所等：《国外语言政策与语言规划进程》，语文出版社2001年版，第554页。

份文件是新疆双语教育从实验阶段向全面实施的转折点,明确提出了新疆双语教学的最终模式是"全部课程汉语授课,加授母语文"的模式。并根据"因地制宜、分类指导、分区规划、分步实施"的原则,将新疆的双语教学按地区分三类:大中城市区;北疆、东疆市县及南疆地州城市;广大农牧区。同时明确规定了高中、初中和小学少数民族汉语教师和非汉语教师的 HSK 水平等级。2005 年 7 月,自治区党委办公厅、自治区人民政府办公厅印发《自治区关于加强少数民族学前双语教育的意见》,将我区双语教学的学段向下延伸至学前教育阶段,力求在学前阶段解决少数民族学生的汉语口语问题,为基础教育阶段的双语教育奠定扎实的汉语基础,这是自治区双语教育的一个大胆举措。

自此,新疆双语教育政策已经明确,在全疆范围内大力推进双语教育成为自治区民族教育工作的重中之重。语言教育规划中学前双语教育的大胆创新为新疆少数民族双语教育开辟了一条新疆历史上前所未有的新道路。

三 新疆语言规划的特点与反思

(一) 新疆语言规划的特点

1. 具有鲜明的时代性特征。新疆语言规划具有鲜明的时代性特征,不同时代语言规划的内容亦不同。在新中国成立初期至改革开放以前,新疆的语言规划偏重于贯彻、体现语言平等权利及各民族使用和发展本民族语言文字自由的政策,在确立少数民族语言地位,维护少数民族语言权利,加强语言接触与交流,调查识别民族语言,创制与改革少数民族文字等方面做了大量工作,这是符合当时的国情和区情的。改革开放以来,新疆的少数民族语言规划在民族语言文字的规范化、标准化及濒危语言的保护和抢救方面做了大量工作。随着改革开放的深入和全球化的挑战,为促进少数民族的现代化,提高少数民族的整体社会竞争实力,加强少数民族汉语学习成为这一时期新疆语言规划的重中之重。特别是进入 21 世纪以来,以推广国家通用语——普通话为目的的双语教育大规模、快速度推进,成为当下新疆少数民族语言规划的主旋律,这是时代发展的需要决定的。

2. 具有较强的政策性和统一性。纵观新疆各时期的语言规划，无不以语言法规及语言政策为依据，且一旦实施规划，政策又能够为其提供强有力的支持和保障，这些支持和保障来自地区层面、自治区层面及国家层面。同时，因为具有较强的政策性，要求各地严格按照政策执行，因此，新疆的语言规划又表现出高度的统一性。

3. 以推行国家通用语言文字为主线，兼顾少数民族语言文字的保护与发展。新疆少数民族语言教育规划从选修汉语到必修汉语；从汉语副课到汉语主课；从学好汉语到"民汉兼通"目标的提出；从汉语单科教学到学科课程民汉双语教学；从双语教学实验到双语教学的推广；从内地高中班到区内初中班的设立；从中小学双语教育到学前双语教育。一路走来，始终以推行国家通用语言文字为主线，同时提倡少数民族语言文字的保护与发展，在艰难中不断探索和改革，使新疆少数民族整体汉语水平和民族教育质量不断提高，取得了一定的成绩。

（二）值得反思的问题

1. 目标制定过于激进，难以实现

回顾自治区成立以来的各项语言政策和规划，我们不难发现，很多规划的内容和目标并没有如期得以实现。如"民汉兼通"的目标1982年提出，预计十年实现这一目标，但至今30年过去了，这一目标仍未普遍实现，尤其在广大农牧区，高中毕业生的汉语水平离"民汉兼通"的标准还有很大差距。导致规划目标难以实现的原因，无非是客观原因和主观原因两种。就主观原因而言，实施规划的过程中措施不得力、措施不恰当及调整手段不及时等都可能造成实施效果的不理想；就客观原因而言，教育基础薄弱、语言环境限制和教学资源有限，使很多地区直到今天也不具备开展双语教学，实现"民汉兼通"目标的条件。如近两年在和田地区大力推行的双语教育模式二和模式三（"部分课程汉语授课，加授母语文"、"全部课程汉语授课，加授母语文"），事实证明，目前不但没有达到预期想要的效果，反而造成了该地区少数民族基础教育秩序混乱和质量滑坡。因此，制定语言规划的决策者必须对规划涉及的人和环境有全面深刻的了解，认识到规划必须与社会文化过程相适应、相配合，必须与一时一地的区情相适宜，必须与现实社会发展的需要相符合，脱离实际的决策和规划只能是一纸空文。当然，即使任何语言规划都不可能完全达到预期的目标，也必须尽最大努力、最大化地去实现规划目标。

2. 强调统一性，缺乏多样性

多语多文是新疆语言的客观现实，然而，纵观新疆的语言教育政策及规划，少有提过"因族而异"的原则，没有针对不同的少数民族，规划与其相适应的目标，也就是说没有细致地考虑"为谁规划"和"谁接受规划规定"。虽然一些少小民族语言日趋衰变甚至走向濒危是语言发展的客观规律，但我们的政策、教育还是应该采取一些积极的应对措施，尽量减缓悲剧发生的速度，就像我们对待人类生命的态度一样，因为语言饱含着人类不同群体的情感。

3. 强调政策性，实施过程缺乏科学性

新疆双语教育政策的制定，规划的出炉，目标的确定，依据的主要是不同发展时期的政治、经济、文化背景及需求，具有较强的政策性。但前期缺乏对规划所涉及的一整套关系的论证，实践中较少相关学科的理论基础做支撑，使双语教育实践活动缺乏科学的理论指导，后期没有对规划效果的跟踪调查和科学评价，仅靠行政管理手段实施的规划，工作及操作的科学性是得不到有效保障的。这是各阶段语言教育规划目标难以实现，语言教育质量难以突破的根本原因之一。目前，自治区相关部门已经意识到这一问题，成立了专门的"双语教育成效监测中心"，为自治区语言政策、规划的调整提供理论依据。

4. 理想与现实存在差距

虽然在近些年的双语教育规划中政府关注到了新疆少数民族教育发展的城乡不平衡、南北疆不平衡、民族间不平衡等问题，提出了"因地制宜、分类指导、分区规划、分步实施"的原则，但在实际操作过程中，部分地区依然出现了不顾客观事实，双语教育工程强行上马，甚至弄虚作假的情况，歪曲了自治区政府双语教育政策的初衷，造成了一定程度上的教育混乱和教育质量滑坡，引起了少数民族群众的不满情绪。这种把双语教育作为"政绩工程"，以一代人的成长为代价的违背教育规律的行为，已经引起政府的高度重视。

总之，语言规划，尤其是语言的地位规划，在多民族地区是一个敏感的政治问题，应该慎重对待。一项语言规划一旦出炉，就要担负起一个国家或地区的语言安全、语言发展、语言关系和谐乃至民族团结、社会稳定的相关责任。如若小视语言规划的重大意义，可能会让一些民族群体或个体付出沉重的代价,可能会给社会埋下不稳定的隐忧。

参考文献

[1] 何俊芳:《语言人类学教程》,中央民族大学出版社2005年版,第177页。

[2] 陈章太:《语言规划研究》,商务印书馆2005年版,第2页。

[3] 新疆维吾尔自治区统计局:《2009年新疆统计年鉴》,中国统计出版社2009年版,第78页。

[4] 中国社会科学院民族研究所等:《国外语言政策与语言规划进程》,语文出版社2001年版。

〔原文载于《中南民族大学学报》(人文社会科学版)2012年第3期〕

美国国家外语能力建设模式分析

文秋芳　张天伟

国家外语能力是国家软、硬实力的重要组成部分,对于服务国家政治、经济、军事、文化利益在海外的拓展,意义极其重大。文秋芳等(2011)曾经撰文指出了我国的国家外语能力与美国存在的显著差距。与美国相比,我国语言资源的种类少,质量低;对语言资源的管理与掌控弱,对发展语言资源的规划差。如何应对我国国家外语能力的不足,是现阶段亟待解决的问题。本文报告了我们尝试构建的美国国家外语能力建设模式,并解析其构成要素、内部关系及其特点,旨在揭示该模式对促进我国国家外语能力建设的借鉴意义。

一　美国国家外语能力建设模式构建过程概述

本研究采用的是文献法,涉及的文献大致可分为五大类:1)美国政府领导人的讲话及其颁发的文件,例如2011年8月10日美国前国防部长帕内塔关于语言和文化技能对国家安全重要性的备忘录等;2)国防部有关提升军队外语能力的规划文件,例如2005年美国国防部公布的《国防语言变革路线图》(简称《路线图》)、2011年公布的《国防部语言技能、区域知识、文化能力战略规划:2011—2016》(简称《战略规划》)及其各军种颁布的相关战略规划文件等;3)美国相关部门对国防部执行提升军队外语能力规划的评估文件,例如政府问责局对国防部的调查报告等;4)政府颁发的相关政策和法案,例如1991年美国国会通过的《国家安全教育法》及政府各部门颁发的相关政策等;5)网站上公开的与国家外语能力相关的各种信息和文章,例如美国国防语言与国家安全教育办公室(Defense Language and National Security Education Office,简称DLNSEO)

官网上的相关信息等。我们在阅读和梳理各种文献的基础上，逐渐形成美国国家外语能力建设模式的初步分析框架，然后再深入阅读相关文献，对分析框架进行检验并修改。这样的过程循环往复多次，最终形成了分析该建设模式的思路，即分宏观和中观两个层次来概括美国国家外语能力建设的模式。在宏观层次上，我们力图厘清美国建设国家外语能力的核心体系及其相互间的关系。在中观层次上，我们就每个核心体系内在的要素及其关系给予进一步阐述。

二 美国国家外语能力建设模式解析

（一）宏观模式

该宏观模式由三部分构成：规划体系、管理体系和评估体系（见图1）。规划体系涵盖各类不同层次相关计划的制定和方案的实施，管理体系包括自上而下的行政机构及其各自的职责。规划体系与管理体系之间存在互动关系，由双向箭头表示。规划体系是管理体系工作的内容和对象，同时管理体系又决定规划制定的科学性和实施的有效性。评估体系对规划和管理过程及其成效进行监督，不受规划和管理体系影响而独立存在，用自下而上的单向箭头表示。该评估体系既关注国家外语能力提升的过程和成效，又负责对规划和管理体系中存在的问题提出具体的改进建议。有了独立的监控、评价体系，管理部门在制定、实施规划中的行动不力、疏漏甚至错误就能够得到适时调整。我们认为该宏观模式具有较好的概括性，能够清楚呈现美国政府建设国家外语能力的路径和措施。

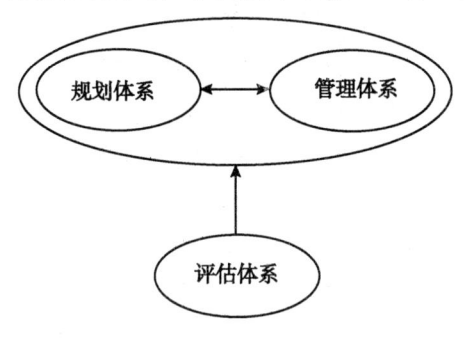

图1 宏观模式结构图

（二）中观模式

1. 规划体系

规划体系由战略思想、战略规划、项目集群和政策法规四要素构成，它们之间的关系如图 2 所示。

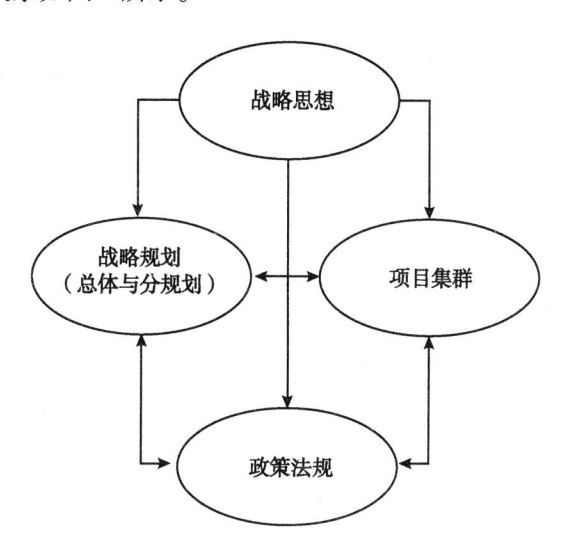

图 2 中观模式之规划体系结构图

在规划体系中，战略思想是灵魂，决定着战略规划、项目集群和政策法规的内容和方向，总体及分战略规划和项目集群是核心，是落实战略思想的载体和手段。政策法规（包括法令、法案、政策）从法律层面上保证各种计划的落实和项目的实施。图 2 中的自上而下的单向箭头，表示位于上面的要素影响着箭头指向的要素，例如战略思想与其他三个要素之间就存在这种单向关系。图中的双向箭头表示互动关系，例如战略规划与项目集群之间的双向箭头表示，战略规划影响着具体项目的设定，同时项目集群又可能是战略规划的部分内容。再如战略规划与政策法规以及项目集群与政策法规之间的双向箭头表示，战略规划和某些项目可能是形成政策法规的推动力和依据，根据战略思想形成的政策法规又可能是项目集群和战略规划设计的基础和后期落实的资源保障。

（1）战略思想

这里战略思想指的是由政府领导或国会议员提出的战略主张。它既是规划体系的动力源，又是该体系的思想基石。它的提出和传播通常与美国的国家安全息息相关，因此战略主张会随着美国安全形势的变化而不断更新。为了使战略思想尽快在高层领导中传播，美国政府和智库会采取一系列宣传措施。最常采用的做法是，首先召开高端峰会，由政府领导向参会者宣传动员，同时汲取大家的智慧；然后依据大会的共识颁发相关文件，进一步推动战略思想的落实。下面我们以 2004 年、2006 年和 2011 年三次高端会议为例来做说明。

"9·11 事件"引发了美国政府对非传统安全的极度恐慌。反恐及随后的阿富汗战争和伊拉克战争又使得美国认识到外语能力的欠缺对国家利益产生的严重威胁。在这一背景下，2004 年 6 月美国国防部召开由来自美国中央和地方政府、教育界、学术界、商界和语言协会等各界人士参加的"全美语言大会"。在会议取得共识的基础上，2005 年 1 月发布了白皮书——《国家外语能力行动倡议书》。2006 年 1 月 5 日—6 日，美国国务院和教育部联合召开了"全美大学校长国际教育峰会"，美国时任总统布什在会议上宣布了"国家安全语言行动计划"（National Security Language Initiative，简称 NSLI）（U. S. Department of State 2006）。2009 年 8 月 17 日美国总统奥巴马在参加海外战争老兵会议上说：部队的军事能力不仅取决于部队所使用的武器，而且取决于部队所拥有的语言技能和对文化的理解力（DoD 2011）。为了使部队拥有奥巴马所提到的语言和文化能力，2011 年 1 月，美国国防部组织了来自政府、业界和学界的 300 多人参加的"基于战略驱动的语言与文化峰会"，会后形成《语言与文化：变化中的视角》白皮书（同上）。

（2）战略规划

战略规划指的是具有清晰愿景、明确目标和措施、拥有一定时间跨度的计划。这是战略思想的载体与具体化的结果，它会随着战略思想的变化而不断更新。从这个意义上说，战略规划是指导具体实践的纲领性文件，且随着时局的变化进行阶段性的更新。

美国的国家外语能力建设以国家安全为驱动，因此国家层面的总体战略规划主要体现在国防部制定的总体规划及其各军种的分规划上。例如 2005 年美国国防部公布的《路线图》，该规划包括四项总目标、十项期待结果和落实每个目标的具体措施（文秋芳、苏静，2011）。2011 年公布的《战略规划》包括内部结构、制定流程、三项目标及其预期的十一项结果，与《路线图》相比，其对外语能力的定义更明晰、内容更丰富，对外语需求的应对更积极主动（文秋芳，2011）。

除了国防部的总体规划外，美国各军种也相应做了各自的规划，如2008年1月公布的《美国海军语言技能、区域能力与文化意识战略》、2009年5月的《空军文化、区域与语言飞行计划》、2009年12月的《陆军文化与外语战略》和2011年的《海军陆战队语言、区域和文化战略（2011—2015）》，这些规划都聚焦于提升军事人员的跨文化语言交际能力和外语战略的"区域性"上（GAO 2011；文秋芳、苏静，2011）。他们都具有战略性、系统性和可操作性这三个特点。战略性体现在对未来风险的充分认识与采取的积极应对之策；系统性体现在对培养现役军人的外语、区域和文化能力体系的全面建设；可操作性体现在对实施与监督实施战略规划有效机制的建立（文秋芳、张天伟，2012）。

（3）项目集群

项目集群指的是为实施战略思想而设计的系列项目组合。美国建设模式中实施的项目集群主要包括三大类。第一类为国家国防教育法第六条和富布莱特—海斯项目群（Title VI/Fulbright—Hays）；第二类为国家安全教育项目群（NSEP）；第三类为国家安全语言计划项目群（NSLI）。这三大类项目的启动时间先后有别，负责的政府部门各不相同，项目数量迥异，服务对象各有侧重，起到互相补充的作用。Title VI/FH于1958年启动，由教育部负责，在过去的50多年中经过多次调整，现在包括14个子项目，实施目标涉及语言、区域研究、商务需求和外交等多个领域，具体内容包括建立国家资源中心、外语和区域研究奖学金和不同类别的国际研究中心等（O'Connell & Norwood，2007）。NSEP于1991年启动，由国防部管辖，目前增加到9类项目，其主要任务是为国家安全教育需要提供资源、提高关键语言与关键地区研究的教学质量和培养国家所需的关键语言与国际区域研究人才等（NSEP 2013）。NSLI于2006年启动，由白宫牵头协调，教育部、国务院、国防部和国家情报局分头负责，以一条龙项目为主，项目总数达到16项，覆盖了全社会不同类型的教育对象（Spellings & Oldham，2008）。

美国政府所推行的上述项目集群的特点是，顶层设计，长远规划，军民资源统筹，种类多样。它们都是以国家安全为导向，采用精英战略培养语言、文化和区域研究的高端人才，服务于军队、情报、外交、经济等政府部门，维持和增强美国在全球的领导地位。

(4) 政策法规

政策法规指政府颁布的法律条款和政策，用以保障规划和项目实施经费的持续投入。美国建设模式历来重视通过法令法规来保证项目政策的制定和各种项目的实施。早在1958年，美国就通过了《国家国防教育法》（National Defense Education Act），其中第六条涉及了外语教育问题，强调外语教学（特别是非通用语教学）和区域研究的重要性，这为后续美国外语项目的实施奠定了初步的法律基础（O'Connell & Norwood，2007）。1991年又通过了参议员 Boren 提出的《国家安全教育法》（National Security Education Act）（Boren，1991）。

除了法案外，政策法规部分还有为规划方案的落实而出台的系列政策。政策主要针对一些具体项目，力图说明定义、范围、目的、应用、程序、效果等内容，涉及语言项目管理、语言测试和奖学金等方面。报告主要是对以往和当前工作进行总结和评估，并对未来工作做出预测。迄今为止，国防部主要出台了"国防部语言测试项目"等6个政策和"国防部四年一度的防务评论"等4个报告（参见 DLNSEO 官网：http://prhome.defense.gov/rfm/READINESS/DLNSEO/）。这些政策和报告呈现出渐续发展、立足评估和自成体系的特点。例如，系列政策按阶段和性质大致可分为三大类：语言项目政策、管理和奖励政策以及评估政策，这三类政策依序出台，体现了立项、管理和评估的有效结合。而系列报告又对项目实施做总体评估，查漏补阙，预测未来，寻找差距，配合政策的执行。

2. 管理体系

管理体系包括制定规划体系和实施规划体系所涉及的各级行政机构及其职责规范。管理体系由领导机构、执行机构和指导咨询机构三要素构成，它们之间的关系如图3所示。执行机构为管理体系的核心，决定着规划体系实施的广度和深度；领导机构负责掌控执行机构的人事安排和政策走向，影响着执行机构的公信力和影响力；指导咨询机构为执行机构提供智力支持与帮助，有助于执行机构决策的科学性和有效性。

在美国国家外语能力的管理体系中，领导机构涉及的政府部门有国防部、教育部、国务院、国家情报局等，其中国防部人事与战备部起着核心和协调作用。2012年以前，执行机构分别是国防语言办公室和国家安全教育项目办公室。为了整合资源，提高效率，2012年2月6日将这两个

```
        ┌─────────────┐
        │  领导机构    │
        └──────┬──────┘
               ↓
        ┌─────────────┐
        │  执行机构    │
        └──────▲──────┘
               │
        ┌─────────────┐
        │ 指导咨询机构 │
        └─────────────┘
```

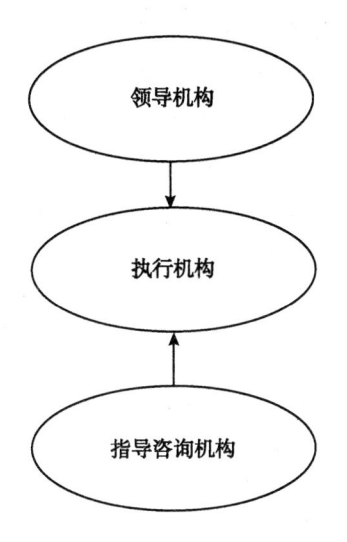

图3　中观模式之管理体系结构图

办公室合为国防语言与国家安全教育办公室，由原国家安全教育办公室主任 Michael Nugent 担任负责人。

DLNSEO 的主要功能包括管理语言、文化和区域项目及制定相关政策，覆盖基础教育、大学和军事训练等方面，监管为当前和未来能力需求的语言训练基金等。此外，DLNSEO 还分别对国防语言学院英语中心和外语中心进行政策指导（Richard，2012）。

对执行机构进行指导的机构是国家安全教育委员会和国家语言指导委员会（Junor，2012）。国家安全教育委员会由 13 名成员组成，其背景多元化，其中 7 名来自联邦政府的不同部门，6 名是总统直接聘任的非政府工作人员。国防语言指导委员会是国防部内部组织，其成员来自国防部内 25 个主要单位的高级语言官和由高级语言官主管的单位代表。得益于这两个机构的合并，国防部领导能够充分调用这两个指导与咨询机构的智力资源，使其产生合力，发挥更大效用。

3. 评估体系

评估工作属于国会的重要任务之一，大致可分为两类。一类为国会内部组织承担，另一类为国会外部组织承担。国会内部组织分别是国会众议院军事委员会管辖的监督与调查委员会和向国会直接负责的政府问责局，国会外部组织分别是政府款项使用者和政府聘用的他方评估者。

根据国会赋予的职责，监管与调查委员会的责任是对任务完成的效率与不足之处提出质询并给予建议,例如对国防部2005年公布的《路线图》,监管和调查委员会于2008年和2010年分别撰写了两份研究报告:(1)《发展军队的语言技能与文化能力:国防部在当前教育环境下面临的挑战》(U. S. House of Representatives 2008);(2)《发展军队的语言技能与文化能力:缩小差距》(U. S. House of Representatives 2010),指出国防部在执行《路线图》过程中存在的问题,并提出相应建议。

  政府问责局是帮助改进美国政府工作绩效,使国会做出更好决策的调查机构。该机构侧重检查公共经费的使用,评价联邦政府的项目和政策,提供分析和建议。对国防部的《路线图》,政府问责局先后撰写了三份调查报告(GAO 2008,2009,2010)。以2009年为例。问责局撰写的"军事训练:国防部需要制定战略计划与明确、可操作的要求指导语言技能与区域能力的发展"报告,首先分析了《路线图》的内容,并考察了各军种部队对提高军队外语水平与区域知识水平所采取的策略,以及为寻找供需之间的差距所付出的努力,最后提出了一系列改进建议(文秋芳,2011)。

  国会外部承担的评估主要依据《政府工作与绩效法》(Government Performance and Results Act)(简称《绩效法》)。该方案于1993在国会通过,1997年试行,2000年全面推开,2010年对内容进行了修订,2011年1月4日成为正式的法律条款。该法律条款主要内容是:要求受政府资助的单位必须按时提交三个文件:五年战略规划、年度工作计划和年度总结报告(Brecht et al.,2007)。战略规划包括宗旨、以结果为导向的长远计划;年度工作计划包括可获得拨款财政年度内所能达到的目标,简述实现各项目标的手段和评估目标的方法;年度总结报告须覆盖实现目标的成绩和存在的问题(Brass,2012)。奥巴马签署该法律条款时,还要求所有的年度报告必须要向社会公开。例如NSEP从2003年开始,就已经每年向国会提交年度工作报告,说明工作绩效情况、存在问题以及未来工作计划。

  政府相关部门有时也会通过招标竞争的方式将评估任务交给非营利组织完成。例如1996年教育部国际教育和研究生项目办公室要对《国家国防教育法第六条》和《相互教育和文化交流法》(Mutual Educational and Cultural Exchange Act)执行成效进行评估(Brecht et al.,2007)。通过竞标,国家外语中心获得这一五年资助的评估项目,要求评估这两个法案属下的十多个项目。根据评估结果，2007 年 Brecht 等人出版了研究报告《9·11后的国家语言能力和区域研究：评估高等教育法第六条/福布莱特项目的成效》。

国会内部组织对政府各部门管理与落实规划体系的工作能够给予独立、公开、全面、定期的评估是美国国家外语能力建设稳步、持续发展的有效保障。国会外部的自我评估有利于政府部门的自我检查、自我监督和自我调整，使问题的解决更及时、更有效。邀请社会其他组织特别是研究单位参与评估，更有利于提升评估的科学性、客观性和评估结果的社会影响力。

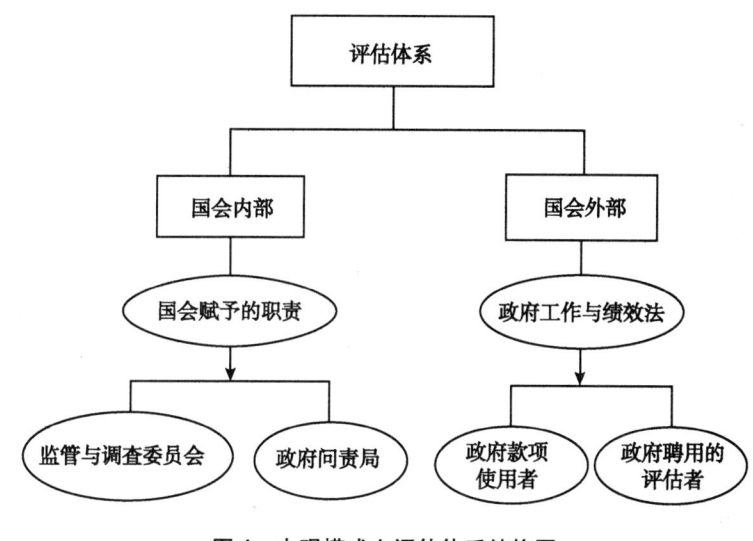

图 4 中观模式之评估体系结构图

三 美国模式的特点与启示

进一步解析上述美国模式，我们认为该模式具有系列特点，其中主要有三点值得我国政府借鉴：（1）国家主导、顶层设计；（2）军民资源互通共享；（3）高端人才储备采用精英战略。

（一）国家主导、顶层设计

上述美国模式充分体现了国家外语能力的建设是自上而下的国家行为。每个战略主张的提出和传播都与国会议员或是政府领导的努力宣传分不开。例如国防部《战略规划（2011—2016）》出台前，美国总统奥巴马和前国防部长帕内塔都先后发表讲话，强调语言和文化技能对国家安全的重要性，指明是国家发展的战略方向所需。随之整合已有资源，成立DLNSEO，作为具体的执行机构来落实战略规划中的方针，即拟定政策、召开会议、制定和实施具体项目、监管资金、起草未来规划等。美国建设模式执行力强、效果显著，归根到底源自领导层的高度重视和各部门人力及物力的有效协调。我国国家外语能力的建设至今还未得到高层领导的充分重视，更缺少统一机构负责。如果我国高层领导能够对此引起足够关注，并能成立一个跨部委的协调机构，类似美国的 DLNSEO，对我国国家外语能力发展制定整体战略规划与落实措施；同时加强智库建设，类似美国的国家安全教育委员会和国家语言指导委员会，我国国家外语能力的发展将会尽快进入快速发展期。

（二）军民资源互通共享

在保证对国家忠诚度的前提下，美国规划体系中的项目集群除了官方资源，特别是军方资源外，还充分利用民间资源，为国家节约人力、物力和财力，使得资源利用得以最大化，实现了军民在资源利用方面的"双赢"。比如，军方充分利用志愿者资源，策划国家语言服务团项目；国家还利用地方高校资源为军方培养人才或直接服务于军方，如马里兰大学高级语言中心就是国防部在大学设立的 14 个研究中心之一。此外，军方资源也服务于地方政府部门和民生领域。例如，在国防部主导的 NSEP 项目中，很多人才学成之后进入不同的政府部门工作；国家语言服务团成员也积极参与地方医疗服务中语言支援活动等非军方领域。而我国除了国防生项目外，在军民资源整合利用方面还鲜有涉及。我们建议政府能够为军队与高校/非军事科研机构之间建立一种互动机制，让军民资源能够有效整合，达到节约和优化资源的效果。

（三）高端人才储备采用精英战略

外语课程不是美国中学和大学的必修课程。Ochoa（2012）指出，目前只有 30% 的美国中学生和 8% 的美国大学生选修了外语课程，18 到 24 岁的美国公民中，有三分之二不能从中东地图上找到伊拉克。从这个意义上说，美国公民的外语能力普遍不高。为了应对 9·11 事件后美国国家外语能力严重不足的局面，美国政府采用了精英战略培养高端外语人才。前面提到的三个项目集群都采用了相似的战略，即设立不同层次的奖学金，鼓励具有特殊语言天赋的人参与竞争。竞争成功者须根据国家需要选学非通用语种和留学地点。学业完成后须根据事先签订的合同，在联邦政府服务一定期限。奖学金的提供部门对这些派往国外留学人员的学习进行全程跟踪与监督，确保人才的培养质量与后期服务的成效。实践证明，采用竞争选拔的奖学金制度培养国家急需人才，相对来说成本低、成效快、质量高，同时储备人才为国家服务的期限和质量能够得到保证。我国目前也设立了各种不同类别的留学基金，但国家缺乏长远规划，同时对留学基金获得者在海外学习的质量疏于监管，对回国后需要履行的责任不明确，国家资金投入与效能回报不成正比。

四 结语

本文通过阅读和梳理相关文献，尝试构建了美国国家外语能力建设的模式，并对该模式的特点进行了分析。该模式不仅对发展我国的国家外语能力有重要启示作用，而且对于发展国家其他能力以及国家层面上有关战略、政策、规划等的制定和落实也具有重要意义。诚然，由于每个国家的国情不一样，在国家外语能力建设模式实施的过程中还需要因地制宜，具体问题具体分析，探索适合本国国情的国家外语能力建设模式。

参考文献

Boren, D. 1991. David L. Boren National Security Education Act of 1991 (P. L. 102 – 183). http: //www. intelligence. senate. gov/davidlborennationaldecurityact. pdf (accessed 18/08/2013).

Brass, C. 2012. Changes to the Government Performance and Results Act (GPRA): Overview of the New Framework of Products and Processes. http: //www. crs. govR42379 (accessed 08/08/2013).

Brecht, R., E. Golonka, W. Rivers & M. Hart. 2007. *Language and Critical Area Studies after September 11: An Evaluation of the Contributions of Title VI/FH to the National Interest.* College Park, MD: The National Foreign Language Center.

DoD. 2011. Language and Culture: Changing Perspective. http: //prhome. defense. gov/rfm/

READINESS/DLNSEO/files/Language% 20&% 20Culture _ Changing% 20Perspective _ White% 20Paper_ Signed. pdf（accessed 17/07/2013）.

GAO. 2008. Review of DoD's Language and Cultural Awareness Capabilities. http：//www. gao. gov/assets/100/95883. pdf（accessed 09/08/2013）.

GAO. 2009. Military Training：DoD Needs a Strategic Plan and better Inventory and Requirements Data to Guide Development of Language Skills and Regional Proficiency. http：//www. gao. gov/fraudnet/fraudnet. htm（accessed 09/08/2013）.

GAO. 2010. Military Training：Continued Actions needed to Guide DoD's Efforts to Improve Language Skills and Regional Proficiency. http：//www. gao. gov/fraudnet/fraudnet. htm（accessed 09/08/2013）.

GAO. 2011. Language and Culture Training：Opportunities Exist to Improve Visibility and Sustainment of Knowledge and Skills in Army and Marine Corps General Purpose Forces. hhttp：//www. gao. gov/fraudnet/fraudnet. htm（accessed 10/08/2013）.

Junor, L. 2012. A National Security Crisis：Foreign Language Capabilities in the Federal Government. http：//www. hsgac. senate. gov/subcommittees/oversight-of-government-management/hearings/a-national-security-crisis-foreign-language-capabilities-in-the-federal-government（accessed 09/08/2013）.

NSEP, 2013. National Security Education Program：Annual Report 2012. http：//www. nsep. gov/about/support/2012-NSEP-Annual-Report. pdf（accessed 21/08/2013）.

Ochoa, E. 2012. A National Security Crisis：Foreign Language Capabilities in the Federal Government. http：//www. hsgac. senate. gov/subcommittees/oversight-of-government-management/hearings/a-national-security-crisis-foreign-language-capabilities-in-the-federal-government（accessed 09/08/2013）.

O'Connel, M. & J. Norwood（eds.）. 2007. *International Education and Foreign Languages：Keys to Securing America's Future*. Washington, D. C.：The National Academic Press.

Richard, J. 2012. The Introduction to DLNSEO. http：//www. faoa. org/Resources/Documents/DLNSEO. pptx（accessed 17/07/2013）.

Spellings, M. & C. Oldham. 2008. Enhancing Foreign Language Proficiency in the United States：Preliminary results of the National Security Language Initiative. http：//www. lep. gov/resources/nsli-preliminary-results. pdf（accessed 17/07/2013）.

U. S. Department of State. 2006. National Security Language Initiative. http：//merln. ndu. edu/archivepdf/nss/state/58733. pdf（accessed 17/07/2013）.

U. S. House of Representatives. 2008. Building Language Skills and Cultural Competencies in the Military：DoD's Challenges in Today's Educational Environment. http：//prhome. defense. gov/rfm/READINESS/DLNSEO/files/LanguageCultureReportNov08 _ HASC. pdf (accessed 09/08/2013).

U. S. House of Representatives. 2010. Building Language Skills and Cultural Competencies in the Military: Bridging the gap. http: //prhome. defense. gov/rfm/READINESS/DLNSEO/files/HASC% 20O&I% 20Dec% 202010% 20 - % 20Bridging% 20the% 20Gap. pdf (accessed 09/08/2013).

文秋芳：《美国国防部新外语战略评析》，《外语教学与研究》2011年第5期。

文秋芳、苏静：《军队外语能力及其形成——来自美国〈国防语言变革路线图〉的启示》，《外语研究》2011年第4期。

文秋芳、张天伟：《美国各军种外语战略规划比较研究》，《语言政策与语言规划研讨会论文》北京，2012年12月。

文秋芳、苏静、监艳红：《国家外语能力的理论构建与应用尝试》，《中国外语》2011年第3期。

[原文载于《外语教学与研究》2013年第6期]

美国 21 世纪以来的语言政策

巨　静　周玉忠

学术界都基本同意这种观点：文化是曾经、正在、并将继续影响国家具体政策与行为的重要变量，在未来相当长的时期仍将发挥重要作用。同时，文化视角能从不同的角度洞悉影响国家相关政策的民族心理、价值理念、思维方式和行为模式，探究政策制定、实施的根源，从而总体把握一国政策的发展趋势。

语言是文化的传承体，它既是个体的，也是群体的。一个民族的语言集中体现了该民族的文化特点和民族精神。作为语言政策的相关组成部分，一个国家的语言立法取向，在某种程度上，正是这个国家文化外在的集中的表现。作为一个移民国家，美国有着多元化的社会族裔，使之不仅成了世界上唯一的文化"大熔炉"，也成了语言的"色拉盘"。根植于盎格鲁-撒克逊主流文明，以浓厚的宗教情节为特征，以民族优越感和使命意识为特质的美国文化，构成了具有吞噬其他语言强大力量的语言环境和氛围，有效地维护了英语的绝对权威，这一点不仅体现在以"美国语言一致性"为核心的语言政策当中，而且落实在"确定英语为唯一官方语言"的语言立法取向当中。

一　美国语言政策的趋同主义文化基脉

美国文化本是源于欧洲大陆的清教文化，由清教信徒移民新大陆时带到北美，却在北美大陆找到了广阔的发展空间并焕发出新的活力，继而异化为美国的白人文化。换句话说，美国的文化不是欧洲殖民统治的简单延伸，而是欧洲文化的继承。正是由于美国文化继承和发展了欧洲文化的合理内核，在北美拓殖的过程中发生嬗变，才产生了与欧洲大陆文化迥然不同的独特魅力。因而,美国的文化既有杂交化的优势,又有多元化的绚丽多彩,是一种别具韵味的整合型文化。它包含着世界上几乎一切的种族、民族、宗教价值、思想和学术,任它们在此并肩而立、争奇斗艳,但又始终以"WASP"文化,即白种盎格鲁－撒克逊清教文化为主元和核心。这种文化在美利坚民族形成过程中起了重要的作用,但其本身有着很强的排斥异文化的民族优越感,甚至是鲜明的种族优越意识。从 18 世纪起美国人开始从意识形态上界定自己的社会,以证明从英国统治下争取独立是有理的,他们自诩为"上帝的选民",以"救世主"自居,负有教化和拯救弱小民族的"天赋使命";美国是"一座照亮世界的山巅之城"(Kibbee,2003:3),是"自由的灯塔、民主的堡垒"(Clinton,1997:116),是寻求自由者的"希望之乡"。美国人对其卓尔不群的文化优越性和普世性所持有的坚定信念,使美国人有着强烈的使命意识。美国自建国至今,建设一个依美国为模式的新世界,将美国文化推及世界这个上帝赋予"选民"的神圣使命一直是美国人民矢志不渝追求的理想。正如美国学者马克斯·勒拿(Marx Lerner)所言:"美国人的偶像就是使美国文化成为全世界追崇的偶像,这是由美国早期的信仰和历史经验所形成的"(2002:920)。

这种以对其他民族的优越感和使命意识为价值取向的文化贯穿于美国的全部历史,主宰了美国政治文化的主流,并渗透于美国生活的各个领域和各个层面。因而,在现实生活中,美国总是以自身的文化价值观作为尺度来衡量一切事物,积极倡导强化盎格鲁－撒克逊清教文化的认同,并且不失时机、不遗余力地推行自身文化的输出,试图通过同化来消除差异。由于美国人民在血统、种族、文化、生活方式、民族背景等方面都存在着明显的多样化的特征,语言的纽带比大多数其他国家更为重要,作为其文化的有机整体的一部分,英语便成为国家统一、民族团结的根本保障,以及美国文化输出中一项不可或缺的内容。美国政治学学会会长、哈佛大学阿尔伯特·维斯赫德三世学院教授萨缪尔·亨廷顿在他的新书《我们是谁——美国国家特性面临挑战》中曾指出:"美国的民族特性就是盎格鲁－撒克逊新教文化,而英语则是其中很重要的一部分,历史经验则证明只有单一语种的国家才能保持长期的民族团结和国家统一,双语种、多语种的国家往往陷于分崩离析的境地。"(程克雄,2005:46)

当世界进入了一个以全球主义、竞争性和合作性为特点的全球化飞速发展的时代之后,有些美国人甚至雄心勃勃地提出要以"美国化"代替

"全球化",并公开宣称:"如果世界趋向共同的语言,它应该是英语;如果世界趋向共同的电信、安全和质量标准,那么它们应该是美国的标准;如果世界正在由电视、广播和音乐联系起来,这些节目应该是美国的;如果共同的价值观正在形成,它们应该是符合美国人意愿的价值观。"(Rothkopf,1997:45)美国文化的文明趋同主义观于此表露无遗。

二 21世纪以来美国语言政策及其立法的沿革

1. 官方语言立法的欣荣

美国文化中特有的优越感和使命感在美国的语言政策中突出体现在对英语优越性的褒扬,对英语核心地位的维护,及对其他语言的鄙夷和排挤;而落实在美国的语言立法中则是极力使英语走上"通用和统一语言"的轨道,捍卫英语作为唯一的官方语言的坚固地位。冷战之后,随着苏联的解体和东欧的剧变,美国成为世界上唯一的超级大国,英语在世界语言中的地位和势力得到了空前的提高和扩大,成了第一号国际通用语,于是美国的语言政策更加突显了作为其主流倾向的"美国语言一致性"。"美国语言一致性,也就是英语一统天下;实现美国语言的一致性,就是坚持英语统一北美大地上的其他语言(周玉忠,2004:182)。"以此为基准和契机,星星之火的美国英语官方化运动便以燎原之势如火如荼地展开了。

美国语言立法,作为美国语言政策的显性环节,主要是通过两个层面上的立法呈现出来的:一方面是联邦国家政府层面的语言政策修正案,另一方面则是形形色色的州法令和地方条例。立法的程序主要是通过以"美国英语协会"为首的唯英语运动的相关组织和人员首先通过基层征集请愿签名,然后进行院外政治活动,要求议员向国会提案或要求公民投票,最终促成联邦政府或州政府制定法律,确立英语为官方语言的法律地位。

1981年,当时加利福尼亚州参议员、旧金山学院院长、美籍日本人S. I. 早川一会向国会递交了一份修改宪法的提案《英语语言修正案》,建议美国政府以宪法的名义确定英语的官方语言地位,虽被成功列入参议院第72号普通议案,该提案未被列入审议程序,但它对英语官方化立法产生了至深的影响。从官方英语首次被提议将其纳入美国宪法修正案以来,至今已有超过15个国会支持性的演说、超过50个议案在国会提出支持将英语确立为美国的官方语言，这其中自20世纪90年代英语官方化立法运动达到高潮之后的议案就占到了近90%。

进入21世纪后，英语官方语言立法有了长足的发展。2001年在107届国会上H.R.1984号提案在众议院引发了较大的反响。该提案重申了英语作为美国官方语言的重要性和必要性，主张在不脱离美国宪法第一章第8节的原则下，制定美国移民进入美国的统一英语语言规范标准。2003年，有两项法案在第108届国会上较为成功地提交给众议院，并且得以呈送至立法委员会。其中一项旨在力图废止双语教育法案、解除双语教育和少数族裔语言事务公署、撤销双语选票的宪法修正案"国家语言法案2003"（H.R.931），虽未能获准通过，但此法案充分显示了美国官方英语立法的一大进展。5月18日，来自俄克拉荷马州的共和党参议员詹姆士·因霍夫提交的一项名为《英语语言一致法案》的H.R.997号移民法修正案，得到了来自39个州的152名众议院议员的支持，成为美国第109届国会上获得最广泛支持的提案之一。H.R.997号提案在最初参议院表决时以62票赞成、35票反对、3票弃权得以通过，首次以立法的形式确定英语为国家的官方语言，因此该法案成了历史上美国官方语言立法进程中的重要里程碑。同日，来自科罗拉多州的民主党籍参议员肯·萨拉查提交了民主党版本的替代修正案H.R.4408，宣称英语为"共同和统一的语言"。付诸表决，该议案以58票赞成、39票反对、3票弃权通过。这两项法案都会被加入参议院预计通过的移民法案中，并送往众议院作参考。至于将哪一个版本的修正案纳入移民法，议员们争论颇多，但最终的结果是多数议员们都同时支持这2项提案、同意禁止在政府服务中使用西班牙语或英语以外的语言。在第110届国会上有5项涉及英语官方立法的提案，可谓果实丰硕。2007年1月3日意在废止克林顿在任期间的13166号行政命令，重新设置公民考试程序并限制政府帮助英语受限者的H.R.768号提案被成功提交到监督和政府改革委员会。5月8日由参议员詹姆士·因霍夫提交的S.1335号提案，极力主张将英语定为美国的官方语言并大力缩减美国政府使用英语之外的其他语言履行行政公务的合法权利。虽然该提案赢得了8位参议员作为联合发起人，但是经过了两次审议之后在参议院国土安全和政府公务委员会悬而未决。6月6日美国国会参议院就同样由因霍夫提交的旨在减少外语言服务授权、名为《早川一会2007国家语言修正法案》的H.R.1151号修正案进行投票表决，最终该提案以 66 票赞成、33 票反对、1 票弃权的绝对优势得以通过。但令参议员遗憾的是，附属于该修正案的一较大的议案在参议院未被看好而被延期搁置。2008 年 3 月 5 日，因霍夫的 S. 2715 号提案，即《2008 国家语言法案》顺利进入了参议院的立法听证表决议程，日程编号为 600 号。2008 年 5 月 6 日，H. R. 5971 号提案《美国 2008 选举法案》被提交至众议院宪法和人权小组委员会进行审议，该提案要求美国联邦政府的各项选举的选票统一用英语一种语言印制，同时修正《1965 年选举权法案》中关于个别管辖区域可以用英语之外的语言提供选票和其他选举材料的规定。

美国的语言教育立法先后经历了散权状态、地方分权、联邦集权几个阶段。由于现行美国政府的联邦制是一种双重政府，即"全国政府与州政府构成联邦制的二元，作为并列的同等主权实体实行共管"（钱满素，2001：234）。因而美国现有的语言立法体制具有统一与分权并重、平衡与制约结合、严格与灵活共存的特点。两级政府分享政府各种权利及其义务，互相限制，同时又互为补充。在法律和政策方面，全国政府和州政府均享有相当独立的法律权限。在维护全国宪法的前提下，联邦政府与州政府均可制定法律、颁布政令，并且贯彻执行。国会与州议会的语言教育立法也是平行的，二者更多体现的是一种合作关系，而不是支配与服从的关系。更有甚者，即便州政府所颁布法律和政策违背了全国宪法，只要执行过程中没有人将其告至联邦最高法院，联邦政府是无权干预的。因此，观察和审视美国的语言立法，光从联邦政府这一层面是不够的，州政府的法律法规是考察美国语言立法的不可或缺的部分。实际上，州政府所制定的关于语言立法的法律法规能更加真实地代表和反映美国语言政策的本质和语言立法的倾向，而且美国官方语言立法的主要成果也是在州一级的政府当中。州宪法修订案和法令大多数是在全民公决的基础上通过的，它们至少要得到半数以上议员的同意方能通过，这不能不说是代表了一定数量美国人的想法。

州政府官方英语法律的制定最早可追溯到 1807 年，当时作为法国殖民地的路易斯安那州首度将英语拟定为官方语言作为其进入美利坚合众国的先决条件。1980 年之后，受到唯英语运动的推动，英语立法又重新浮出水面，并以迅雷不及掩耳之势在各州间迅猛发展。到 20 世纪末，美国已有 25 个州将英语确定为官方语言（这些州大部分集中在美国的南部和平原地区且有较少的外来移民、亚洲裔居民和拉美裔居民，其他零散分布于东北部和西部)。

进入 21 世纪后，犹他州（2000 年）、艾奥瓦州（2002 年）、亚利桑那州（2006 年）、爱达荷州（2007 年）、堪萨斯州（2007 年）、俄克拉荷马州（2010）这 6 个州先后将英语确定为州官方语言。这 31 个州中，只有内布拉斯加州、夏威夷州、加利福尼亚州、科罗拉多州、佛罗里达州、亚拉巴马州以及亚利桑那州这 7 个州是在全民公决的基础上通过修改宪法确立官方英语地位的，其余 24 个州都是通过颁布法律或出台法令来确立的。未通过官方英语立法的 19 个州中（此处未将华盛顿哥伦比亚特区包含在内），新墨西哥州（1989）、俄勒冈州（1989）、罗得岛州（1992）和华盛顿州（2007）分别通过了"英语加 X"的法律。剩余 15 个州在过去的十年间一直对"是否将英语纳为州官方语言"的这一议题争论不休，在州国会立法会议中提交的相关的立法议案，或是悬而不决，或是屡被提出又屡被拒绝。仅在 2009 年至 2010 年美国就有 15 个州（包括个别已经通过官方英语立法的州）向国会提请动议或要求"制定州官方英语立法"或要求"巩固州官方英语立法"，这些州的显著特点都是少数族裔人口众多。

2. 反双语教育立法的终结

作为一个以移民为立国之本的国家，美国社会的语言问题是与生俱来的。美国当代著名历史学家阿瑟·施莱辛格认为：像美国这样一个多民族的国家，共同的语言是使之成为一体的唯一纽带。光从法律上确定英语为官方语言还不足以解决这一问题，还必须从教育入手，解决双语教育问题。因为，制度化的双语主义，即法律保护下的双语教育、双语选举、双语入籍手续等，是瓦解美国的源泉之一，是实现"统一民族"理想的威胁。因此，美国双语教育从其法制地位确立以来，在短短的 30 多年里几经沉浮，可谓命途多舛。伴随反双语运动而生的几部立法，虽然数量不多，但是对非英语的少数民族语言打击沉重，有效地从侧面附和了以英语趋同主义为主导的美国语言立法的大方向。

《双语教育法》从 1968 年确立之初就是作为一种"过渡性"的手段而存在的，即便在 1974 年、1978 年、1984 年、1988 年、1994 年和 1999 年经历了 6 次大的修改和重审，每一次都没有摆脱"同化"的主题和目的，相反，以英语为核心的这一语言意识形态在每次修改中都得到了强化和重申。可见，从本质上讲，联邦《双语教育法》与美国政府以英语统一美国思想文化的一贯理念和政策是一致的,其初衷是适应多元文化的崛起,其根本目的是为了促进少数族裔更快地融入美国社会,从而更有效地排挤和打击非英语语言、同化和消解异族语言文化。因此,无论是从政策本身,还是从政策制定的过程来看,其开明和宽容的程度是有限的,美国政府对辅助双语教育项目的拨款和支持力度也是很有限的。不仅如此,双语、双文化教育体制从一开始就饱受争议。19世纪80年代中期,加州调整了双语教育政策,不再推行《查—莫双语双文化教育法》。1989年,加州选举通过了一项创制提案,基本上废除了公立学校的双语教学,而让母语是非英语的学生参加"沉浸式英语计划"。1996年,数十位正在接受双语教育的西裔学生家长在洛杉矶公开联合抵制双语教育课程,引起全国媒体的关注。1994年,加利福尼亚州选民投票通过了题为"拯救吾州"的《187提案》。虽然法律最严厉的部分后来依法予以否定,法律所体现和张扬的种族歧视和排外思想产生了深远的影响,更加掀起了他们对双语教育的不满情绪。正是在这样的背景下,加州掀起了废止双语教育的运动高潮。由美国硅谷软件工程师、亿万富翁朗·K.昂兹1997年所起草的旨在废止双语教学的《227提案》,1998年6月2日在加利福尼亚州议会上通过全民公决以60.9%赞成、39.1%反对的绝对优势获得通过,率先回归阻断母语思维的英语沉浸式教育,废止了加州实行了二十多年的双语教育。昂兹一时名声大噪,并声称要将废止双语教育的运动推向全国。

　　21世纪伊始,昂兹和他的同道们用类似的方法,在亚利桑那州花费10多万美元,通过请愿签名,形成了《203提案》,2000年11月7日提案以63%赞成、37%反对在亚利桑那州议会上顺利通过。亚利桑那州成为第二个宣判双语教育死刑的州。不仅如此,美国本土20个印第安保护区也随之取消了双语教育。同时,他们还把"为了孩子们的英语"的运动推向科罗拉多州、马萨诸塞州等地,在全国造成相当大的影响。2002年,美国的双语教育经受了最大的,也是最后的一次冲击。1月8日,小布什总统将《不让一个孩子掉队法》载入了美国法册。双语教育从前提乃至本质特征上被彻底否定和排除,联邦《双语教育法》被正式废止。取而代之的是《为英语水平有限学生和移民学生的唯英语法案》,又名《英语习得法》,该法案只强调英语语言技能的习得和水平的提高,不再顾及少数民族学生的母语及母语文化。"双语"这一术语完全从美国联邦立法中消失,为此,詹姆斯·克劳福德教授撰写了一篇"讣闻",宣告享年34岁的《双语教育法》悄然逝去。这项由政府立法资助的、一度风行全美的双语教育事业也随之成为明日黄花。2006年5月18日，美国参议院通过的H. R. 997号宪法修正案，其主要内容是确立英语为美国的官方语言，同时对新移民提出一系列英语语言要求，并且取消政府对移民的某些非英语服务。这对于早已被打翻在地的美国双语教育事业来说，真可谓是又踏上了一只脚，恐怕永世不得翻身了。

3. "9·11"事件后外语语言立法的回潮

语言是文化的承载体，一个民族的语言集中体现了该民族的文化特点和民族精神。因此，一国语言政策的制定、语言立法的取向必然会受其语言文化的支配。以民族优越感和使命观为价值导向的、以盎格鲁—撒克逊文化为核心的美国趋同型文化直接支配了美国语言立法的倾向，在维护了英语的绝对权威和独尊地位的同时有效地消解和熔化了其他非英语语言。直接的结果是，美国一直以来对本国外语学习和外语教育的重视程度不够，致使其外语教育的质量和普及率很低，掌握小语种的外语人才相当匮乏。加之美国是个教育分权制的国家，联邦政府对外语语言教育一般不制定统一的官方政策，从建国之初到20世纪末仅有屈指可数的四部立法与之相关：即《国防教育法》（1958年）、《国际教育法》（1966年）、《国家安全教育法》（1991年）、《2000年目标：美国教育法》（1994年）、《外语学习标准：为21世纪做准备》（1996年）。

2001年9月11日美国遭遇恐怖袭击，该事件给美国带来的是非传统领域的威胁和挑战。美国政府开始意识到"语言武器"在政治、经济、军事、跨文化交流乃至国家安全等领域的至关重要性，并开始反思本国在外语语言政策制定中的不足，并于新世纪伊始颁布和制定了一系列与国家安全有关、旨在提高国家外语能力的政策和法案，其中较为成功的提案多数集中在第109届国会上。

2005年2月17日由12位参议员在109届国会一次会议上提交的28号决议（Senate Resolution 28）以全票获准通过参议院司法委员会，拟定2005年为"英语学习年"。3月8日众议院以396票赞成、0票反对、37票弃权通过了H. Res 122号决议，该决议重申了众议院对外语语言发展和敲定"英语学习年"的支持态度，强调了外语语言对国家安全及学生社会发展的重要性。5月25日《2005年美中文化交流法案》在参议院引起了很大的反响，在经过两次审议后被呈送至外交关系委员会。11月19日参议院以全票通过了旨在将 2006 年拟定为 "国外学习年"的 S. Res. 308 号决议。

2006 年 1 月 5 日，在全美大学校长国际教育峰会上由美国国务院、国防部和教育部三方共同企划的《国家安全语言倡议》得以启动。这是自 1958 年来最为重要的外语语言立法，因为它首次从美国自身安全和国家持续繁荣的角度审视了外语教学的重要性。更为重要的是，它首次将美国的外语语言教育推升到了联邦政府行政立法干预的层面。根据这一倡议，美国联邦政府将从 2007 年财政预算中拨款 1.14 亿美元重点扶持作为"关键语言"项目的阿拉伯语、汉语、俄语、印地语和波斯语。3 月 30 日由众议院议员约翰·布纳提交的旨在修改和延伸《1965 年高等教育法》的 H. R. 609 号提案《高校利用和机会法案》以 221 票赞成、199 票反对、12 票弃权在众议院通过。12 月众议院议员卢斯·赫尔特提交的《K-16 关键外语渠道法案》和 H. R. 4630 号提案在国会众议院一并获准通过，美国的外语教育规划战线得以从幼儿园延伸到大学，只是在教育部董事会上大多数项目的资助款额都被卡掉了 1 个百分点。

2007 年 4 月，美国国会通过了《为有意义地促进一流的技术、教育与科学创造机会法》，启动了美国确保人才培养和促进国家创新与竞争力的立法程序。7 月底，《2007 年大学机会法》在美国国会通过，作为未来五年高教施政的重要依据，该法修改并延长了《1965 年高等教育法》。

另外，"9·11"事件之后得以成功提交但由于种种原因未能进入投票表决程序的其他相关外语语言和外语教育的提案还包括：《国家安全语言法案》《2005 教育机会终身制法案》《国家外语语言对等法案》《2005 有效抗击恐怖分子法案》《国际和外语研究法案》《国土安全教育法案》《21 世纪国防教育法》《国际事务中人与人交流法案》《高等教育法中国际研究法案》《2005 年高等教育修正案》《全国语言法案》。

同时，"9·11"事件之后美国各州也开始积极开展外语教育的立法工作，成效显著的有 3 个州。怀俄明州 2003 年立法通过拨款 700 万美元支持该州小学的外语教学项目，把对国际教育的支持从研究策略层面落实到财政支持层面。马萨诸塞州于 2003 年 12 月召开了"马萨诸塞州与全球经济"会议，再次强调了国际教育的重要性。该州许多学校已经成功地开展了一些国际课程和外语教学项目。康涅狄格州立法委员会 2004 年通过一项议案，要求在 K-12 学校中积极开展国际教育，并建立了一个专门组织为国际教育的实施进行研究并提供建议。2004年秋，各学区学校管理者举行会议，研究在课程中开展国际教育的策略。该州10所学校与中国山东省的10所学校建立了伙伴关系并开展中文教育。

需要说明的是："9·11"事件之后美国政府加强外语语言立法的举措并没有背离美国语言文化的总体发展趋势。相反，它与美国政府以"英语语言一致"为导向的语言立法倾向是一脉相承的。实际上，美国强化外语语言立法的根本目的是希望在经济全球化的契机下利用"语言战略武器"来履行向全世界尤其是"关键语言"区域传播美国的意识形态、推销美国的自由和民主以及渗透美国文化的"使命"，从而使美国的语言文化走向世界，最终形成"全球文化的美国化"和"美国英语的全球化"。

三 21世纪以来美国语言政策的挑战及其反思

理解单语主义意识形态之下美国的语言政策及其立法，可谓是一件既简单又复杂的事情。如果抛开美国和北美大陆长达五百多年的民族语言接触不谈，仅从美国近二十多年的历史出发，理解美国以唯英语立场为导向的美国语言政策是一件非常容易的事，在盎格鲁-撒克逊清教的文化价值系统下，要想对它们提出质疑甚至反驳亦是相当有难度的事情。毕竟，文化是制度之母。审视一国特别是大国的语言政策和语言立法必须联系该国的政治传统、价值观念，尤其是民族意识形态等文化因素，否则就会只知其然，不知其所以然。语言立法，作为一种文化手段，具有十分明显的政治文化意图和国家政策导向，它不可能也从来没有过"科学中性"。美国因其独特的文化传统、建国历史和政治制度而使其语言政策带有浓厚的文化烙印，离开美国的政治文化背景来研究美国的语言立法就难以把握其立法脉络的内涵和深层动机，也就无法解释"文化"自变量对"语言立法"因变量产生作用的内在机理。

盎格鲁-撒克逊新教文化的重要因素包括：英语、基督教、宗教义务、英式法制理念、统治者责任理念和个人权利理念。作为新教文化的首要理念，英语，三个世纪以来一直居于美国的核心位置，无数的美国人认为正是英语使美国人有了共同之处，也正是英语使美国人和别国人民区别开来。但是从21世纪开始，英语的重要地位以及唯英语立法的实质内容受到了以下两个方面的挑战：一是来自拉丁美洲和亚洲移民的新浪潮提升了拉美裔语言和亚洲语言在国家政治中的地位，尤其是西班牙语有形成美国第二语言之势，美国社会中出现了拉美裔化的倾向；另一是学术界和政界流行的多文化主义和多样性理论。多文化主义实质上是反欧洲文明，它基本上是一种反西方的意识形态。这种意识形态否定"全国一社群"概念，反对"文化同质论"的基调和立场对英语构成了一定的威胁。尽管这样，这些挑战还不足以扭转美国语言政策和语言立法的主导倾向，美国语言立法的唯英语导向，尽管在每个特定的历史时期由于不同的环境和条件体现出不同的特征，但是目的是相同的、整个的过程是一脉相承的，都是为了进一步强化英语的地位，进而进一步强化盎格鲁民族主义对外族的同化，巩固美国主流文化的绝对权威和优势。由此可见，发轫于清教徒的宗教信仰，根植于美国特殊的地理环境，形成于美利坚民族的特殊性，以盎格鲁－撒克逊的文明趋同主义为核心的美国文化直接支配了美国政府对语言的基本立场和观点，依托了长久以来，尤其是 20 世纪后半叶以来的美国官方语言立法的主导倾向。具体地说，秉承上帝赋予的"使命"，美国一直把自己视为世界的楷模，当领土扩张已无可能、经济扩张遭到抵制时，美国力图加强其语言文化的渗透并强调英语的普世性和可输出性。在具体行动上其表现张弛有度。横向上，积极通过立法将英语确定为美国的官方语言，最终导致了 31 个州、40 多个地方政府相继制定和颁布了英语为官方语言的法律；纵向上，通过声势浩大的反双语教育立法运动来强化"英语语言一致"的终极目标，使美国语言教育重返唯英语教育的轨道，运动最终导致了美国废除了长达 30 多年的《双语教育法》。"9·11"事件之后，美国通过立法加强全民外语语言能力，旨在在新的历史和时代的契机下实现语言立法的双重功能：一方面提升国家自身的安全防御和保障；另一方面凭借外语的阶梯来实现全球化的"英语统一"。

参考文献

Clinton, Bill. *Between Hope and History*. Haikou: Hainan Publishing House, 1997.
Kibbee, Douglas. *Language and Linguistic Rights*. Illinois Publishing House, 2003.
Lerner, Marx. *America as a Civilization*. New York: University Press of America, 2002. 920.
Rothkopf, David. In Praise of Cultural Imperialism. *Foreign Policy*, 1997, (2): 45.
Schiffman, H. F. *Linguistic Culture and Language Policy*. London and New York: Routledge,

1996. p. 211.

程克雄：《我们是谁——美国国家特性面临挑战》，新华出版社 2005 年版。

钱满素：《美国文明》，中国社会科学出版社 2001 年版。

周玉忠、王辉：《语言规划与语言政策：理论与国别研究》，中国社会科学出版社 2004 年版。

[原文载于周玉忠主编《美国语言政策研究》]

美国国防语言战略与中国国防语言的现状与对策

王建勤

一 序言

2001年美国"9·11"事件使非传统安全得到凸显,国家语言能力问题进入美国国家安全的视野。2006年美国提出了"关键语言"战略,拉开了语言"安全化"的序幕。[①] 语言安全化,反映了美国政府对其远离国门之外的国家安全利益的强烈诉求。在这一背景下,美国提出了一系列国家安全语言计划和举措。其中,美国国防语言战略计划成为实现其国家安全利益最大化的重要手段和保障。语言被安全化,一些国家必然成为美国国家安全利益的相关方。中国作为其利益相关方之一,也必须采取必要的应对措施。但是,由于我国的语言安全化意识滞后,国防语言能力的现状与国家安全利益需求的矛盾愈发突出。因此,如何弥补我国国防语言战略规划的缺失,成为亟待解决的重大问题。鉴于上述情况,本文拟探讨以下三个问题:(1)语言安全化与美国国防语言战略计划;(2)我国国防语言能力需求与现状;(3)我国国防语言战略的规划与对策。

二 语言安全化与美国国防语言战略计划

美国语言问题安全化与美国的安全逻辑是密切相关的,换言之,语言安全化,反映了美国政府的国家安全观,同时为美国实施"关键语言"

---

① 2006年1月5日美国前总统小布什在全美大学校长峰会上号召美国学生学习国家需要的"关键语言",即阿拉伯语、汉语、俄语、印地语、波斯语等8种外语。

战略以及国防语言战略铺平了道路。

（一）美国的安全逻辑与语言安全化

按照哥本哈根学派奥利·维夫的观点，实际上没有什么既定的安全，当一个事物被视为安全问题时，它就是安全问题。简言之，"这一事物被安全化了"。① 通俗地讲，"安全化"（securitization），是指将非安全事务上升为安全事务的过程。通常，"安全化"主要涉及四个方面的因素，一是安全的"行为主体"。这一行为主体具有宣布某一事物被安全化的权威地位；二是"指涉对象"，即受到威胁的国家、集团或问题领域；三是"存在性威胁"（existential threat），即生存威胁的来源；四是行为主体的"主体间性"（intersubjectivity），即行为主体对安全的主观认知。② 根据这一理论，"语言安全化"的行为主体是美国政府。美国政府通过宣布"国家安全语言计划"③ 这一"言语—行为"，将语言问题上升为国家安全事务，语言问题被安全化。"指涉对象"是美国。因为美国认为其国家安全受到了威胁。而这种"存在性威胁"客观上来自恐怖主义分子的袭击，但是美国之所以不能有效防范恐怖主义分子，是因为美国面临国家外语能力危机。然而，语言问题安全化，并不完全取决于客观上存在的安全威胁。更重要的是，美国政府对这种客观威胁的主观认知。9·11事件后，美国政府认为，国家外语能力的缺乏给美国带来极大的不安全感。他们甚至把国家外语能力危机带来的威胁和20世纪50年代苏联发射第一颗人造地球卫星带来的"空间危机"相提并论。④ 由此可见，美国对国家外语能力危机的主观认知，反映了美国对语言安全化强烈的主观诉求，这就是所

---

① 朱宁：《译者序——安全与非安全化：哥本哈根学派安全研究》，巴瑞·布赞、奥利·维夫、迪·怀尔德：《新安全论》，浙江人民出版社2003年版，第13页。

② 巴瑞·布赞、奥利·维夫、迪·怀尔德：《新安全论》第1版，浙江人民出版社2003年版，第32页。

③ 2006年1月5日美国前总统小布什在全美大学校长峰会宣布"国家安全语言计划"（National Security Language Initiative），美国政府投入1.14亿美元，号召公民学习国家需要的"关键语言"。参见王建勤《（美国）国家安全语言计划》（译文），载《中国语言生活状况报告》，商务印书馆出版，2006。

④ Chu D. S. C., *A call to action for national foreign language capabilities*. The white paper: A call to action for national foreign language capabilities. 2005. http://www.deomi.org/culturalreadiness/documents/White_ Paper_ National_ Foreign_ Language_ Capabilities.pdf.

谓的"主体间性"。

然而,美国政府对语言安全化的这种主观诉求与其安全逻辑是密切相关的。二战后,美国给自己的"安全"赋予新的含义,即把本国的"安全"边界确定在远离本土之外。这就意味着,世界上任何地区都与美国的安全利益有关。世界任何地方发生于美国不利的革命、政变乃至政策变化,美国都可以以"国家安全"的名义进行干涉。① "9·11"事件之后,小布什就宣称,一定要把恐怖主义分子消灭在美国国门之外。因此,美国就把反恐战争搬到恐怖主义分子家门口去打。但是到了人家家门口时发现,语言技能成了大问题,区域知识成了大问题,文化能力也成了大问题。于是,便产生了语言安全化的军事诉求。由此可知,语言安全化是美国安全逻辑的必然结果。

(二) 美国国防语言战略构想、变革与战略升级

语言安全化为美国国防语言战略规划铺平了道路,但是,美国政府从提出国防语言战略构想到全面实施经历近十年的时间。这十年,大致经历了战略构想、战略变革、战略升级三个阶段。这三个阶段主要以三次语言大会和会后发表的三个白皮书为标志。

第一个阶段,美国国防语言战略构想阶段。2004年6月,由美国国防部资助召开了由美国政府、企业、学术界和语言协会领导人参加的第一次"全国语言大会"。大会提出了反恐战争面临的国家外语能力危机问题。会后,即2005年1月发布了第一个白皮书——《国家外语能力行动倡议书》(A call to action for national foreign language capabilities, 2005),号召美国公民学习国家需要的"关键语言"。② 与此同时,即2005年2月,美国国防部发布了《国防语言变革路线图》(Defense language transformation roadmap, 2005),提出了国防语言能力变革的4个目标,10项期

---

① 李小华:《中国安全观分析(1982—2007)》,上海人民出版社2008年版,第48页。

② The U. S. Department of Defense, the Department of State, the Department of Education, and the Intelligence Community. *A call to action for national foreign language capabilities*. 2005 [5/2/2014]. http://www.deomi.org/culturalreadiness/documents/White_ Paper_ National_ Foreign_ Language_ Capabilities. pdf.

望结果以及落实目标的措施。① 这个路线图虽然体现了美国国防部关于国防语言战略的构想,但还只是一个"关于语言技能、区域知识和外语人才以及基础建设投入的管理计划"。② 美国国防部对这个路线图的实施效果并不满意,认为路线图缺少全面综合性的战略规划,缺少明确的确定需求的标准和程序,缺乏界定需求优先顺序的方法。③④ 来自海外战区指挥官的观察报告甚至认为,《国防语言变革路线图》是失败的变革。因为,路线图提出 6 年之后,军队没有能够出现教育、组织或实践上被认为是变革的迹象。⑤

第二个阶段,战略变革阶段。美国国防部认识到了国防语言能力变革与国防语言能力需求的巨大差距,并不断进行反思,呼吁出台新的战略计划。2007 年 6 月美国国防部召开了第二次语言大会,即"区域与文化知识峰会:构建迎接国防挑战的国防部框架"。峰会的主题是构建各个领域和社会各界以及国际合作伙伴参与的,整合语言、区域和文化能力的战略框架。会后发表的白皮书《国防部区域与文化能力:未来之路》(DOD regional and cultural capabilities: the way ahead, 2007)。集中地体现了这个框架,并提出了五条行动建议。核心是呼吁建立区域和文化能力的战略规划。虽然 2005 年的《国防语言变革路线图》就已经出现了区域和文化能力的概念,但是路线图基本上是一个国防语言能力变革方案。而这次峰会明确提出区域能力和文化能力的观点。与会者认为,国防部在语言变革

---

① The U. S. Department of Defense. *Defense language transformation roadmap*. 2005. [5/2/2014]. http://www.defense.gov/news/mar2005/d20050330roadmap.pdf.

② The U. S. Department of Defense. *Language and Culture: Changing Perspective*. 2011. [5/2/2014]. http://prhome.defense.gov/Portals/52/Documents/RFM/Readiness/DLNSEO/files/lcwhitepaper.pdf.

③ The U. S. Government Accountability Office. *Military Training: DOD Needs a Strategic Plan and Better Inventory and Requirements Data to Guide Development of Language Skills and Regional Proficiency*. Jun, 2009. [5/2/2014]. http://prhome.defense.gov/Portals/52/Documents/RFM/Readiness/DLNSEO/files/GAO-09-568% 20 (DoD% 20Needs% 20Strategic% 20Plan% 20and% 20Better% 20Inventory).pdf.

④ The U. S. Government Accountability Office. *Military Training: Actions Needed to Assess Workforce Requirements*. Sep, 2009. [5/2/2014]. http://www.gao.gov/assets/330/323522.pdf.

⑤ Richard Outzen, *Language, Culture, and Army Culture: FailingTransformation*. Mar 20, 2012 [5/2/2014]. http://smallwarsjournal.com/jrnl/art/language-culture-and-army-culture-failing-transformation.

方面已经取得了重大进展,现在是讨论军事使命对区域和文化能力需求的时候了。① 这次峰会推动了国防语言战略观念的变革。

第三个阶段,战略升级阶段。2011年1月美国国防部召开的第三次语言大会,即"语言与文化:战略必备"高峰论坛。这次峰会发表了第三个白皮书《语言与文化:变化的视角》(language and culture: changing perspective, 2011)。② 与此同时,美国国防部出台了《国防部有关语言技能,区域知识和文化能力的战略计划》(DOD Strategic plan for language skills, regional expertise and cultural capabilities, 2011)。③ 这次峰会和两个文件标志着美国国防语言战略观念的重大变化。这些重大变化,主要表现在(1)明确、完整地提出,语言、区域和文化能力是支持各类军事使命的核心战斗力,并强调三者的融合;(2)强调构建"基于能力"的系统以确定未来语言、区域和文化能力的需求;(3)加强机构之间的合作,建立国际伙伴关系,充分利用一切可以利用的语言资源。这次战略升级为美军2011—2016年语言、区域和文化能力建设提供了新的战略规划。

(三)美国国防语言战略规划变革对我们的启示

首先,在最初的《国防语言变革路线图》中,军队的外语能力还只是被看作实现军事使命的工具而已。直到第三次峰会,美国国防部才从国家安全的高度,把语言技能看作国防语言能力的重要组成部分,实现了真正的战略转型。他们认识到,实施国防语言战略,不单单是培养几个会说外语的士兵或具有外语技能的翻译,军队语言、区域和文化能力的变革是美国国防语言与文化能力的重要战略转型;其次,美国人把语言、区域和文化能力作为核心战斗力,也就是说,这些能力不只是软实力,而且能够形成和强化军队的实际战斗力。在未来信息化战争中,语言武器和其他武

---

① Department of Defense. *DoD Regional and Cultural Capabilities*: *The Way Ahead*. June 2007 [5/2/2014]. http://www.google.com.hk/webhp? hl = zh-CN&sourceid = cnhp # hl = zh-CN&newwindow = 1&q = DOD + Reginal + and + Cutural + Capabilities + the + Way + Ahead&safe = strict.

② The U. S. Department of Defense. *Language and Culture*: *Changing Perspective*. 2011. [5/2/2014].

③ Department of Defense. DOD Strategic plan for language skills, regional expertise and cultural capabilities. Feb. 2011 [5/2/2014]. http://prhome.defense.gov/Portals/52/Documents/RFM/Readiness/DLNSEO/files/STRAT%20PLAN.pdf.

器同等重要。这种看法是非常具有战略眼光的；第三，美国国防部从提出军队"语言技能"到提出"国防语言能力"的概念，表明美国国防语言战略从单兵语言技能到整体国防语言能力的转型和升级。美国国防部认识到，国防语言能力不仅仅包括军队官兵的语言技能，更重要的是，国家规划和管理一切可以利用的语言资源，并形成军队战斗力，保障国家安全的能力。这才是美国国防语言战略转型的重要目标。

三 我国国防语言能力需求及现状

随着中国经济的崛起，中国与世界其他各国的军事交流与合作，包括摩擦和冲突日益频繁。这些国际的军事交往对我国国防语言能力的需求不断增长。然而，我们面对的现实是，我国国防语言能力严重不足，不能满足国际军事交往，以及维护国家安全利益的需求。

（一）国家安全利益对国防语言能力的需求

国家海内外安全利益需要国防语言能力的支持和保障，要求军队具备良好的外语能力，特别是在未来的信息化战争中，国家安全利益对军队外语能力的需求显得格外重要。

1. 国际军事行动对国防语言能力的需求

在国际军事行动中，国际维和行动对国防语言能力的需求越来越多。据较早的数据统计，自1990年以来，中国向联合国维和行动派遣军事观察员累计30多批次，数百人次；自1992年中国政府成建制派遣工程兵部队参加联合国驻柬埔寨维和行动，在2005年已经派遣近4000人次。[①] 另据有关人员统计，目前我国派遣维和部队的数量已达2.3万人次。但是，我们派出的维和部队的语言能力如何呢？据一项我国派驻黎巴嫩维和部队外语能力的调查表明，部队派出的军事观察员和参谋人员因外语能力不足大都不能参加军事会议（67%），95.8%的军官因外语水平较低不能参加军事会议，不能阅读文件，撰写公文，甚至80%的翻译官参加军事会议

---

① 肖国亮、孟强、纪长青：《用战略眼光审视外语对于国防和军队建设的重大意义——兼议专业技术人员职称外语考试》，《中国考试》（研究版）2006年第11期。

仍有较大困难。① 这一严峻现实不仅反映了维和部队对国防语言能力的急切需求，也反映了我国国防语言能力严重不足面临的现实挑战。

目前，越来越多的外国军队邀请中国军队参加联合军演，欢迎中国军队派出军事观察员观摩军演。与此同时，中国军队也邀请外国军队派遣军事观察员观摩我军的军事演习。频繁的军事合作与交流，暴露了我军外语能力不足的问题。据凤凰卫视报道，2005年中俄联合军演，由于翻译和指挥官之间听不懂指令，不得不借助手势进行交流，舰队在系统作战演习中多次贻误战机。显然，在现代战争中，军队外语能力不足很难打胜仗。

2. 国家周边外交对国防语言能力的需求

我国是当今世界邻国最多的国家，四周分别与东北亚、东南亚、南亚和中亚相邻。因此，亚洲的所有地区的形势变动都与中国息息相关。中亚有阿富汗冲突、印巴冲突、印中争端；东北亚有日俄北方四岛之争，日韩竹岛之争，朝鲜半岛之争，中日东海大陆架和钓鱼岛之争；南边有南中国海之争。这些领土之争使中国周边越来越不安宁。在这些区域，军队维护中国领海、领空主权时，对语言能力存在迫切的需求。据报道，我国海监船在南海喊话遭遇尴尬。一是海监船的老船员大都不具备外语能力，喊话时用事先录好的声音播放，但是海上执法情况多变，这种方法往往行不通。二是新船员具备一定的外语能力，但是大都是英语，遇到日本、越南等周边国家的船只便无法进行喊话和有效沟通。在海上执法过程中的摩擦和冲突在所难免。因此，军队官兵的外语能力，特别是外语的语种能力对保卫我国国防安全是至关重要的。

3. 国家海外利益对国防语言能力的需求

我国的海外利益，如国际贸易、能源和经济利益，对中国经济的崛起和发展越来越重要。而这些国家利益与霍尔木兹海峡、亚丁湾、马六甲海峡这一战略要道密切相关。据报道，我国海军自2008年以来，已经累计派出16批护航舰队，5年来先后为5000余艘中外船舶实施了安全护航。② 因此，这一海上通道是维护我国海外利益、反恐和打击海盗等军事行动的重要战略通道。而与这一海上通道相关国家的语言应该成为军队未来需要

---

① 李洪乾：《中国军事维和人员外语技能培养现状及其途径研究——以 UNIFIL 为例》，《高等教育研究学报》2009年第2期。

② 百度·中国海军护航编队 2013 ［2014-2-8］. http：//baike. baidu. com/view/10908826. htm.

掌握的关键战略语言。只有掌握和了解这些国家和地区的语言，甚至是方言，海上部队才能有效地为国家海外能源和其他经济利益保驾护航。

4. 反恐、反暴与突发事件对国防语言能力的需求

据统计，在我国周边分布着30多种跨境语言。这些语言或方言对军队反恐、反暴、应对突发事件，以及睦邻戍边具有重要的战略意义。近些年来，我国部分周边地区暴力事件不断发生，东突分子也利用跨境语言对少数民族地区进行渗透。因此，这些跨境语言对有效打击恐怖主义分子以及应对突发事件具有重要的作用。据报道，2010年我国玉树地震，外电评论解放军救援训练有素，但由于缺少懂双语的救援者，语言成为紧急救援的巨大障碍。因为玉树地区藏民占90%以上，因而突显了少数民族语言在军队应对突发事件中的重要作用。另据中央电视台报道，最近中美舰队在南海对峙，化险为夷。原因是，我军舰艇指挥官通过电话直接用英语与美军舰艇指挥官进行沟通，避免了冲突的进一步升级。这些例子都说明，语言能力不足会削减部队的战斗力，而良好的语言技能则会加强部队的战斗力。

5. 未来信息化战争对国防语言能力的需求

未来的现代化战争比的不仅仅是坚船利炮，而且还要比信息控制和获取能力。战争信息可以通过高科技手段打破时空直接获取，但是语言是信息情报获取的最后屏障。打破语言屏障只能靠外语能力来实现。因此，从某种意义上说，国防语言能力是决定现代信息化战争的重要因素。这也是为什么美国国防部把语言能力作为核心战斗力的重要原因。

（二）我国国防语言能力现状与存在的问题

尽管我国国家安全利益对国防语言能力的需求巨大，但现实是，我国国防语言能力的构建存在一些不足。

1. 语言安全化意识严重滞后

美国2004年提出"关键语言"战略，至今已有十个年头。语言安全化为美国国防语言战略的规划和实施铺平了道路。然而，国防语言能力问题至今尚未进入我国国防安全的视域。我国尚未制定保障国防安全需要的关键语言规划，语言能力尚未成为部队核心战斗力的重要组成部分。这种安全意识滞后将严重影响军队现代化建设中战斗力的提升，国家和国防安全面临潜在的威胁。

2. 国防语言战略缺失

造成我国国防语言能力不足，不能满足国家安全利益需求的一个重要原因是，我国到目前为止还没有着手对国防语言战略进行规划。由于国防语言战略规划的缺失，军队不能充分利用各种语言资源，为保障国际军事行动，保障国家安全利益提供及时和适当的语言服务。缺少国防语言战略规划，就不能形成强大的国防语言能力，在未来国防语言能力竞争中，我国将处于极为不利的地位。

3. 国防外语语种能力不足

外语语种能力是构成国防语言能力的一个重要指标。据报道，目前我军军事院校开设外语语种45个，而外语考试共有22个语种。而在这些语种当中，英语是报考最多的语种。这种语种单一化现状将严重影响我国国防语言能力的提升。据美国国防部对美军外语语种能力的调查，美军现役、预备役和文职人员具备一定外语能力的语种有360多种。相比之下，我军的外语语种能力与美军外语语种能力相差太远。

4. 国防外语复合人才不足

据解放军外国语学院陈立友教授主持的国家社科基金军事学项目关于国防语言人才的调查发现，军事翻译中的"非军语化"现象严重。所谓"非军语化"是指只会外语而不会军事术语，更不懂军事专业而产生的语言障碍。这一现象反映了我军复合型外语人才严重匮乏。这与我军外语教育一直沿袭地方通用英语教学模式有关，军事外语教学缺少指向性，导致军队的外语能力和外语人才不适合军队需求。随着我国国防现代化建设的步伐，军队复合型外语人才的需求会越来越大。

四 我国国防语言战略的规划与对策

美国提出"关键语言"战略之后，制定了一系列的国防语言战略计划，这些计划具有明确的指向性。奥巴马上台后，美国重返亚洲，遏制中国成为美国的重要战略目标，我国国防安全形势日益严峻。因此，现在是讨论和构建我国国防语言战略规划的时候了。

（一）我国国防语言战略规划的构想

国防语言战略规划是国家一项长远规划，但国防语言战略的构建与实施有赖于语言安全化,即国家必须把国防语言能力问题纳入国家安全的视域。就目前我国国防语言能力的需求和现状,我们认为,国防语言战略规划首先要考虑以下几个方面:

1. 国防语言能力规划

国防语言能力,可以有狭义和广义之分。狭义的国防语言能力是指军队官兵掌握的语言技能。广义的国防语言能力应包括:(1)军队利用各种语言资源处理涉及国家安全事务,为军事科技、外交及情报收集等国防需求提供语言支持和服务的能力;(2)军队掌握和调动各种语言资源的能力,如外语人力资源、外语语种资源,以及提供高水平外语服务资源的能力;(3)军队对国防语言资源的战略规划和管理能力。就狭义的国防语言能力而言,军队应该根据不同军种、兵种,根据不同战区、不同岗位提出不同的外语、跨境语言及军事需要的方言的能力标准和达到的水平。而广义的国防语言能力,则应侧重军队整体语言能力规划和为军事事务提供语言支援和服务的能力规划。

2. 国防语言资源规划

国防语言资源规划包括,国防外语语种资源的规划、周边地区跨境语言资源的规划、军事需要的方言资源的规划,以及这些语言人才培养和管理的规划。外语语种的规划重点应该放在与我国具有重要外交关系的语言规划上;跨境语言应该根据我国周边跨境语言的分布以及国家安全战略布局进行规划;此外,还应根据军事需要对重要的方言资源进行规划。在规划的基础上逐渐建立我国国防语言资源库和人才库,提高国防语言资源管理与规划的整体能力。

3. 国防关键语言区域语言规划

国防关键语言区域指与国家安全利益相关的区域,如从霍尔木兹海峡、亚丁湾到马六甲海峡相邻各国的语言区域,我国周边相邻国家的跨境语言区域都与国家安全、睦邻戍边以及反恐密切相关。这些区域的语言(包括方言)都应列为国防关键语言的规划中。关键语言区域应在语言分布调查的基础上,根据国家安全战略布局和国防安全需要确定,并着手培养具有熟练的国防关键语言区域语言能力的复合型人才。

4. 应对突发事件的应急语言规划

国防语言能力规划,不仅要考虑国际军事合作与交流所需要的外语能力,还应该考虑应对国际救援、反暴反恐、自然灾害等突发事件应急语言的规划。目前军队在国际救援、反暴反恐以及自然灾害等突发事件的救援中已经成为不可替代的重要力量。因此，应该加强军队应对突发事件的应急语言的规划，未雨绸缪，鼓励部队官兵通过短期培训掌握突发事件的应急语言，在应对突发事件中能够提供适时的语言服务。

（二）构建国防语言战略规划的对策

1. 国防语言战略是涉及国家安全的重大问题，因此，国防语言战略的构建必须要有国防有关部门的顶层设计。顶层设计必须将国防语言战略纳入国家安全事务之中，从国家安全的角度构建国防语言战略规划。

2. 国防语言战略的构建与实施，必须实现国防语言观念的战略转型。国防语言能力的提升，不仅仅是部队官兵学习外语，掌握一种外语技能的问题，而应把外语能力作为部队战斗力的重要组成部分。另外，应该树立大国防语言观，即把国防语言能力作为重要的战略资源，为未来部队信息化建设提供强有力的支撑。

3. 国防语言战略规划应着眼未来，制定"国防语言教育计划"，即高级外语人才培养应从幼儿抓起。已有研究表明，语言习得的"关键期"是培养高水平成人外语学习者的主要障碍。因此，未来军事情报人员，高水平的专业外语人才需要从幼儿园、小学、中学乃至大学连续实施国防需要的外语教育计划。

4. 充分利用地方院校语言教育资源，军地联合培养国防需要的关键语言人才。无论是地方院校还是军事院校的关键语言人才培养，均应列入"国防语言教育计划"，国家应加大关键语言人才培养的投入。

5. 军事院校外语人才培养应加强外语教学的针对性，优先培养急需的国防外语人才。此外，加强国际高级军事外语人才的交流，通过人才交流培养既懂军事和专业，又具有较高的外语水平的复合型人才。

6. 推动国防语言观念的战略转型，全军上下应达成共识，将外语能力作为部队核心战斗力来看待。根据不同军兵种，不同战区，不同岗位，对部队官兵提出不同的外语能力标准。并充分利用部队和地方外语人才，对官兵进行短期外语培训，使外语培训常态化，培养部队急需的各语种的外语人才。

参考文献

[1] 巴瑞·布赞、奥利·维夫、迪·怀尔德：《新安全论》第1版，浙江人民出版社 2003年版，第32页。

[2] Chu D. S. C., *A Call to Action for National foreign Language Capabilities*. The white paper: A call to action for national foreign language capabilities. 2005. [5/2/2014]. http://www.deomi.org/culturalreadiness/documents/White_ Paper_ National_ Foreign _ Language_ Capabilities.pdf.

[3] 李小华：《中国安全观分析（1982—2007）》，上海人民出版社 2008年版，第 48页。

[4] The U. S. Department of Defense, the Department of State, the Department of Education, and the Intelligence Community. *A call to action for national foreign language capabilities*. 2005. [5/2/2014]. http://www.deomi.org/culturalreadiness/documents/ White_ Paper_ National_ Foreign_ Language_ Capabilities.pdf.

[5] The U. S. Department of Defense. *Defense language transformation roadmap*. 2005. [5/2/2014]. http://www.defense.gov/news/mar2005/d20050330roadmap.pdf.

[6] The U. S. Department of Defense. *Language and Culture: Changing Perspective*. 2011. [5/2/2014]. http://prhome.defense.gov/Portals/52/Documents/RFM/Readiness/ DLNSEO/files/lcwhitepaper.pdf.

[7] The U. S. Government Accountability Office. *Military Training: DOD Needs a Strategic Plan and Better Inventory and Requirements Data to Guide Development of Language Skills and Regional Proficiency*. Jun, 2009. [5/2/2014]. http:// prhome.defense.gov/Portals/52/Documents/RFM/Readiness/DLNSEO/files/GAO-09-568% 20 (DoD% 20Needs% 20Strategic% 20Plan% 20and% 20Better% 20Inventory).pdf.

[8] The U. S. Government Accountability Office. *Military Training: Actions Needed to Assess Workforce Requirements*. Sep, 2009. [5/2/2014]. http://www.gao.gov/assets/ 330/323522.pdf.

[9] Richard Outzen, *Language, Culture, and Army Culture: FailingTransformation*. Mar 20, 2012. [5/2/2014]. http://smallwarsjournal.com/jrnl/art/language-culture-and-army-culture-failing-transformation.

[10] Department of Defense. *DoD Regional and Cultural Capabilities: The Way Ahead*. June 2007. [5/2/2014]. http://www.google.com.hk/webhp? hl = zh-CN&sourceid = cnhp#hl = zh-CN&newwindow = 1&q = DOD + Reginal + and + Cutural + Capabilities +

the + Way + Ahead&safe = strict.

[11] The U. S. Department of Defense. *Language and Culture*: *Changing Perspective*. 2011. [5/2/2014].

[12] Department of Defense. DOD Strategic plan for language skills, regional expertise and cultural capabilities. Feb. 2011. [5/2/2014]. http：//prhome. defense. gov/Portals/52/Documents/RFM/Readiness/DLNSEO/files/STRAT% 20PLAN. pdf.

[13] 肖国亮、孟强、纪长青：《用战略眼光审视外语对于国防和军队建设的重大意义——兼议专业技术人员职称外语考试》，《中国考试》（研究版）2006 年第 11 期。

[14] 李洪乾：《中国军事维和人员外语技能培养现状及其途径研究——以 UNIFIL 为例》，《高等教育研究学报》2009 年第 2 期。

［原文载于《战略研究》2014 年第 3 期］

欧洲联盟语言状况及语言政策

刘海涛

一 语言状况

欧洲联盟是一个超国家的组织，既有国际组织的属性，又有联邦的特征。目前欧盟的成员国有：法国、德国、意大利、比利时、荷兰、卢森堡、丹麦、爱尔兰、英国、希腊、西班牙、葡萄牙、奥地利、芬兰、瑞典、塞浦路斯、捷克共和国、爱沙尼亚、匈牙利、拉脱维亚、立陶宛、马耳他、波兰、斯洛伐克共和国和斯洛文尼亚，共25个国家。

欧洲理事会（European Council）规定成员国的官方语言也是欧共体的官方语言，同时也应当是欧共体机构的工作语言。欧盟是世界上官方语言和工作语言最多的国际组织，共有20种官方语言，它们是：捷克语、丹麦语、荷兰语、英语、爱沙尼亚语、芬兰语、法语、德语、希腊语、匈牙利语、意大利语、拉脱维亚语、立陶宛语、马耳他语、波兰语、葡萄牙语、斯洛伐克语、斯洛文尼亚语、西班牙语、瑞典语。

按照境内居民语言使用情况，我们可以将欧盟25国分为三大类：（1）单一语言国家，（2）接近单一语言的国家[①]和（3）多语言国家[②]。按照这一分类，在25个国家中，只有葡萄牙一个国家可以算作单语国家；接近于单语国家的有：奥地利、英国、捷克、丹麦、芬兰、法国、德国、希腊、匈牙利、意大利、立陶宛、马耳他、荷兰、波兰、瑞典、斯洛伐克和斯洛文尼亚；其余的国家：比利时、卢森堡、爱尔兰、西班牙、塞浦路斯、爱沙尼亚和拉脱维亚是多语国家。

---

① 讲同一种语言的人口至少占80%。
② 讲同一种语言的人口低于80%。

表1　　　　　　　欧盟主要机构的官方语言与工作语言

机构名称	官方语言	工作语言
欧洲议会	20种	20种
欧洲理事会	20种	20种
欧盟委员会	20种	英语、法语、德语
欧洲法院	20种	法语
欧洲审计院	20种	英语、法语
欧洲经济和社会委员会	20种	20种
欧洲地区委员会	20种	20种
欧洲中央银行	20种	英语
欧洲投资银行	法语、英语	英语、法语、德语
欧洲监察使[①]	20种	英语、法语

注：① European Ombudsman。

资料来源：Gazzola, Michele (2002), *La relazione fra costi economici e costi politici del multilinguismo nell'Unione europea*. Graduation thesis, the "Luigi Bocconi" Commercial University of Milan-Faculty of Economics. p. 41。

为了保证欧盟主要机构的语言平等，各机构中的常设语言职位占该机构雇员总数的比例相当大，看表2。

表2　　　　　　　欧盟机构语言职位比例

机构	语言职位（个）	机构雇员总数（个）	语言职位所占比例（%）
欧洲议会	841	3505	23.99
欧洲理事会	641	2586	24.79
欧洲委员会	1903	16409	11.60
欧洲法院	305	769	39.66
欧洲审计院	63	458	13.76
合　计	3753	23727	15.82

资料来源：Gazzola, Michele (2002), La relazione fra costi economici e costi politici del multilinguismo nell'Unione europea. Graduation thesis, the "Luigi Bocconi" Commercial University of Milan-Faculty of Economics. p. 40。

为了保证正常运转，欧盟设有世界上最大的口笔译翻译机构[①]，2001

---

① Translating for a Multilingual Community, Directorate-General for Translation of the European Commission April 2005; Interpreting and enlargement: Giving the new Member States a voice in Europe, European Communities, 2003. Published by the Joint Interpreting and Conference Service.

年设在布鲁塞尔和卢森堡的笔译服务部雇有专业人员 1300 人,[①] 其中翻译 1219 人,研发、管理、培训等方面的语言学家 81 人。另外还有其他支持人员 524 人,每天的翻译任务约 700 个,每年的翻译资料超过 120 万页。其中 20% 是由外聘翻译完成的。笔译服务是建立在基于数据库的工作流程方式上的[②]。近几年,加强了机器翻译系统的使用,2004 年机器共译了 693306 页文献。翻译者一般会对机器的粗译进行译后加工,以保证质量。

另外还有一个联合口译服务部门,为欧洲议会之外的其他欧盟机构提供口译服务,它雇有全职口译近 500 人,外聘口译 1400 人。每个工作日约有 750 名口译人员在岗,他们每天承担 50 个会议的口译任务,每个会议需要的口译员从 1 位到 33 位[③]不等。这些翻译人员至少掌握两种欧盟语言,平均每人掌握的语言差不多 4 种。

议会、理事会和委员会三个常设机构在翻译方面的花费几乎占了联盟在语言方面开销的 90%,其中笔译支出又占了近 80%。表 3 列出了 1992、1997、2003 和 2004 年欧盟笔译部门翻译材料的数量变化和文件起草用语的变化。

表3　　　　欧盟机构翻译材料和文献起草语言所占比例 (%)

年　份	1992	1997	2003	2004
用英语起草的文件	35.1	45.4	58.9	62.0
用法语起草的文件	46.9	40.4	28.1	26.0
用德语起草的文件	6.2	5.4	3.8	3.1
用其他语言起草的文件	8.8	8.7	8.9	8.8
外聘人员完成的工作量	11.8	16.4	21.6	23.0
总页数	914649	1125709	1416817	1270586

注:表中各语言作为起草语言的比例数据可能会有一点出入,但大致的趋势是可以参考的。
资料来源:引自 Translating for a Multilingual Community, Directorate-General for Translation of the European Commission April 2005. p.6。

---

① 这一段的数据引自 Phillipson, Robert (2003), English-Only Europe? Challenging Language Policy. London/New York: Routledge.

② Translation Tools and Workflow. Directorate-General for Translation of the European Commission May 2004.

③ 按 11 种语言的入出计算。

此数据说明，英语、法语在欧盟的日常管理中占有非常重要的地位。英语作为欧盟机构工作语言的地位在不断加强；用其他语言起草的文件基本稳定在一定的比例；欧盟内部某种语言的人数和经济实力对欧盟工作语言的选用影响不大，德语的地位说明了这一点。2004年的数据表明，在10个新成员国加入欧盟后，英语作为工作语言的地位得到了进一步的加强，这印证了得斯万（De Swaan）一书中第八章标题里的说法"欧洲联盟：官方语言越多，英语使用也越多"①。从起草文件用语的集中趋势可以看出，欧盟机构内部并没有实现语言平等。

表4　　　　　　　　　欧盟11种语言的分布状况

语　言	母语人口在欧盟内所占比例（%）	非母语人口在欧盟内所占比例（%）	会讲这种语言人口的总比例（%）
德　语	24	8	32
法　语	16	12	28
英　语	16	31	47
意大利语	16	2	18
西班牙语	11	4	15
荷兰语	6	1	7
希腊语	3	0	3
葡萄牙语	3	0	3
瑞典语	2	1	3
丹麦语	1	1	2
芬兰语	1	0	1

资料来源：De Swaan, Abram (2001), Words of the World. Cambridge: Polity Press.

超过总人口10%的语言有英语、德语、法语、意大利语和西班牙语。值得注意的是，只有英语的非母语人口超过了母语人口，而这正是一种语言具有国际性的重要标志之一。

欧盟机构的语言状况在很大程度上是受历史因素影响的，不能简单地依据目前欧盟内部的政治、经济、人口等来设定欧盟机构内的工作语言，而是更要考虑历史的因素和欧盟之外的世界语言状况，特别是不能忽视欧盟各成员国公民的外语水平和能力。公民的外语水平是欧盟机构语言应用的基础之一，更是分析欧盟成员国公民民间交流必不可少的因素。

---

① De Swaan, Abram (2001), *Words of the World*. Cambridge: Polity Press.

表 5　　　　　　　　　　欧盟 25 国公民的外语水平

国　家	能用外语交流的人口比例[1]（％）	能用英语对外交流的人口比例（％）	能用法语对外交流的人口比例（％）	能用德语对外交流的人口比例（％）	能用俄语对外交流的人口的比例（％）	语言多样性指数[2]
卢森堡	244	46	85	81		0.16
荷　兰	159	75	12	67		0.10
丹　麦	154	79	8	48		0.05
马耳他	147	84	9	2		0.08
瑞　典	126	76	7	22		0.08
斯洛文尼亚	117	46	4	38	2	
比利时	114	37	32	16		0.55
芬　兰	105	50	1	12		0.16
奥地利	82	55	9	3		0.13
拉脱维亚	78	23	1	14	59	
德　国	74	44	12	2		0.02
斯洛伐克	72	13	2	20	30	
塞浦路斯	71	67	6	2	1	
捷　克	67	24	3	27	21	0.49[3]
立陶宛	67	20	2	13	83	
法　国	66	32	4	7		0.26
爱沙尼亚	63	29	1	13	53	
罗马尼亚[4]	61	18	13	5	3	0.25
意大利	56	28	18	3		0.04
西班牙	54	18	7	1		0.44
希　腊	54	36	4	5		0.10
保加利亚[5]	51	14	4	6	21	0.22
葡萄牙	47	22	16	3		0.01
波　兰	46	21	3	16	28	0.03
爱尔兰	39	4	15	4		0.05
匈牙利	35	14	2	13	2	0.10
英　国	34	3	11	6		0.33

注：（1）此栏中的数据指的是该国能操用各种外语的人口比例数之和。（2）本指数引自施正锋编《语言政治与政策》，前卫出版社 1996 年版。语言多样性指数介于 0 和 1 之间，0 表示语言多样性程度最低，1 表示语言多样性程度最高。（3）此数据为捷克和斯洛伐克没有分开之前的捷克斯洛伐克国所具有的数据，分开后的两国指数应该有较大幅度的下降。斯洛文尼亚、立陶宛、爱沙尼亚、拉脱维亚的情况类似。（4）（5）是欧盟候选成员国。

资料来源：（1）Languages of Europe，2006-03-04，http：//europa. eu. int/ comm/education/policies/ lang/languages/index_ en. html。（2）施正锋编《语言政治与政策》，前卫出版社 1996 年版。

2005年9月的最新调查显示①,欧洲联盟的语言状况与以上数据相比基本没有大的变化,主要有：

(1) 被调查者的母语大多为居留国的一种官方语言；
(2) 欧盟半数以上的公民,除母语外,至少可以使用一种其他语言；
(3) 英语在最常用外语中所占的份额继续增加；
(4) 半数以上的调查者认为自己的外语水平达到了"好"的程度。

调查显示,欧洲人的第一外语是在中学学的占59%,在小学学的占17%,在国外度假学的占20%。由此可见,学校在外语学习中的作用。在小学设置外语课程的国家和学生数量都有较大的增加。在丹麦、比利时、希腊、西班牙、奥地利、芬兰和瑞典都有超过33%的小学生正在学校学习一门外语。

一般说来,除英语国家外,英语是所有欧盟成员国的第一外语,法语第二的状况短期内似乎也难以改变。非英语国家内26%的小学生都学英语,在此阶段学习法语的只占4%。在初中阶段,英语仍然是教得最多的一门外语,在此年龄段有89%的学生在学英语,在丹麦、德国、西班牙、法国、奥地利、芬兰、瑞典和荷兰学习英语的中学生更是超过了90%。而这一阶段学习法语的学生占32%,学习德语的占18%,西班牙语占8%。

以上数据和资料表明,欧盟语言状况有这样一些特点：

(1) 欧盟是一个多语言的超国家组织；
(2) 欧盟从法律上强调语言多样性的重要性,即：语言多样性是欧盟的财富；
(3) 为了从法律上保证各成员国的语言平等,欧盟设立了世界上最大的口笔译机构；
(4) 欧盟的语言平等只是一种法律上的平等,实际应用中各种语言并不平等；
(5) 为使机构能够有效运行,欧盟常设机构一般采用英、法等语言作为工作语言；
(6) 欧盟公民具有较好的外语交流能力,但这种能力随国家、社会

---

① Europeans and languages. Eurobarometer 63. 4. Directorate-General Press and Communication. European Commission. 2005. 9. p. 7.

阶层、年龄、受教育程度等因素而变；

（7）无论是在常设机构内部，还是公民民间交流以及在各种教育体系中的使用，英语的地位都越来越强，英语已可视为欧盟最重要的一种国际语言。

（8）在欧盟的实际运作中，各成员国的语言按照使用频度的多少，依次排为：英语、法语、德语、其他语言。

欧洲联盟拥有一个共同的市场、共同的商务策略、共同的防务政策、共同的农业政策，但是，还没有一个共同的语言政策。欧洲政治、经济、文化的一体化呼唤出台一项语言政策，以便能够切实解决"超国家"层次的语言问题。

二 语言政策

欧洲委员会中负责教育和文化事务的委员雷丁（Viviane Reding）用一句话阐释了目前欧洲联盟解决语言问题的思想"在尽可能早的时候，就给孩子教至少两门外语"[①]。其目标是让所有的欧盟公民可以使用两种外语进行交流。这也是2003年欧洲委员会通过的2004—2006年的有关"语言学习和语言多样性行动计划"[②]的主要目标之一，为了实现这些目标，欧洲联盟发起了一系列有关语言学习的项目，所有这些计划都是围绕多语或更确切地说"1+2"语言政策服务的。在欧盟模式中"1"表示的是母语，因为欧盟模式没有规定"2"里头必须含有一种共同的语言，所以从交流的有效性方面看，欧盟的多语模式仍然是有问题的，也就是说，一个掌握瑞典语、德语和法语的公民是没有办法和一个掌握英语、西班牙语和爱沙尼亚语的人交流的，尽管双方都符合"1+2"的语言政策。

我们认为，中立性共同语的缺失导致了各国政府在欧盟极力维护自己语言地位的状况。瑞典就是这一方面的一个典型代表。从国民掌握和使用英语的情况看，瑞典在欧盟国家中都处于前列，尽管如此，瑞典议会中的"瑞典语委员会"也积极主张政府应该建立瑞典语在欧盟的地位及使用的

---

① Europe unties tongues. The Magazine, Education and Culture in Europe, Issue 22 – 2004. European Commission, Directorate-General for Education and Culture. p. 3.

② Promoting Language Learning and Linguistic Diversity: An Action Plan 2004 – 2006. Commission of the European Communities. Brussels, 24.07.2003, COM (2003) 449 final.

官方指导方针,并且每年都向议会上报实际的执行情况。这说明"政府和议会认为瑞典语在欧盟的状况是一个重要的问题",其目的是为了保证瑞典语在欧盟的地位"不应该比其他相当的语言(如丹麦语、芬兰语、希腊语和葡萄牙语)更差"。① 这无疑增加了欧盟解决语言问题的难度。

欧洲语言的多样性本身就意味着没有一种解决办法会永远适合于所有的情况。在2005年出版的《欧洲学校外语教学状况》② 一书的前言中,我们发现,和上述2004年文献中的雷丁委员相比,现任委员菲格尔(Ján Figel')的工作范围加上了"多语制",对此他自己是这样解释的:③

多语制作为我的工作内容之一,这绝非偶然,因为语言不只是一种交流的手段。语言也能更好地承载欧洲文化,有助于加深欧洲公民间的了解。多语制政策可保证文化的多样性、相互宽容和欧洲的公民身份。如果我们想从我们大陆的文化、社会和经济财富中得到最大的收获,那么我们必须相互理解。

他的这种看法是正确的,正如拉哈所言:"实际上,整部欧洲史都贯穿着同一性和多样性这一对辩证关系。由于满足种族和文化的多样性,欧洲在本质上具有多元化特点。"④

虽然应用语言学家很少参与有关语言政策的制定,但有关欧洲语言政策的学术研究却不算少。菲利普森认为目前欧洲联盟组织和相关国家采用的语言政策,基本上可以归为放任自流一类。⑤

对于像欧盟这种非国非邦的超国家政体来说,语言政策几乎涉及联盟的各个领域,决策十分困难。欧洲组织语言政策的主要矛盾是:一方面人们常常把语言视为一种纯实用、纯技术的工具;另一方面,语言又和个人、群体、国家象征和国家利益密切相关。语言问题具有看似简单,实则复杂的属性,这使得许多政治家和学者,对此问题采取了敬而远之的做

---

① 转引自 Oakes, Leigh (2005), From internationalization to globalisation: Language and the nationalist revival in Sweden. *Language Problems & Language Planning*, 29 (2), p. 164.

② Key Data on Teaching Languages at School in Europe. 2005 edition, Eurydice.

③ Key Data on Teaching Languages at School in Europe. 2005 edition, Eurydice. p. 3.

④ 法布里斯·拉哈《欧洲一体化史:1945—2004》第10页,中国社会科学出版社2005年版。

⑤ Phillipson, Robert (2003), *English-Only Europe? Challenging Language Policy*. London/New York: Routledge. Chapter 1.

法。这样做的结果，直接导致现行欧洲机构放任自流的语言政策。各方的注意力都放在了保护既得利益方面，对于未来根本就没有一个明确的规划和目标。

1999年在芬兰组织召开了一次部长级非正式会议。按照惯例，这样的会议一般只提供举办国的语言、英语和法语这三种语言间的口译服务，但德国要求会议还应使用德语，否则拒绝参加会议。芬兰一开始拒绝了德国的提议，后迫于压力，接受了德语。而其他的"大语种"，如西班牙语、意大利语，只能和"小语种"为伍了。① 这一事件说明欧洲组织的语言政策一般是建立在"头痛医头，脚痛医脚"的实用原则上的，而不是建立在语言权和民主平等之上。欧盟没有一个有计划的语言问题解决方案，"大语种"的人民比其他语种的人民享有更大的权利。

按照欧盟的决策机制，决策者在提出立法创议的时候，必须注意该创意"原则上的合法性"、"政策上的延续性"和"现实中的迫切性"三种要素。② 欧盟语言政策的基本问题就是如何保证所有的交际者具有平等的语言交际权利。

如何建立一个基于平等的语言政策？菲利普森认为，应该从以下诸方面进行探讨：③

（1）语言政策的目标和前提以及影响它们的因素；

（2）语言的经济学，金钱与作为交流工具的语言的相似性；

（3）语言权也是人权；

（4）欧盟语言权的现状，欧洲法院审理的有关案例分析；

（5）两种语言政策比较：采用英语的模式和语言生态模式；

（6）英语的标准问题，使用何种英语作为共同语；

（7）世界语能够在讲不同语言的人之间营造一种民主交流的氛围。

通过详细考察和分析这些问题，可以得出一个理性可行的欧盟语言政策。这种政策必须考虑以下这些因素：社会语言现实、策略实施的成本、遵循的基本原则、可操作性和效率、政治因素。通过分析，菲利普森认

---

① Phillipson, Robert (2003), *English-Only Europe? Challenging Language Policy.* London/New York: Routledge. p. 22.

② 田德文：《欧盟社会政策与欧洲一体化》，中国社会科学出版社2005年版，第103页。

③ Phillipson, Robert (2003), *English-Only Europe? Challenging Language Policy.* London/New York: Routledge. pp. 141–142.

为，目前欧盟的语言政策基本上是最差的语言政策。在综合诸多因素的基础上，菲利普森为欧盟语言政策提出了 45 条建议，这些建议可分为以下几大类：国家和超国家语言政策基本架构、欧盟机构、语言的教与学、学术研究等。①

为了更好评析欧盟的语言政策，克里斯蒂安森提出了衡量像欧盟此类政体语言政策的三种指标：②

首先，语言政策应该是可在多语环境下操作的。即，语言政策不但应该有助于各种语言社区的相互交流，而且还必须是可行的。

其次，为了保证市民的完全参与，语言政策应该是民主的，只有这样才能做到少数民族和多数民族的完全参与。

第三，语言政策应该是生态的。这意味着该政策对于所有语言的生态环境的保持都有好处。

按照这三项指标，克里斯蒂安森详细考察了目前欧盟实际采用的语言政策和学者们提出的主要方案，并且认为：③

从短期来看，范埃尔斯提出的建议采用英、法、德三种工作语言，谁都不能使用母语，是最符合民主、公平和平等原则的。但不利之处也有目共睹，它限制了这种场合使用母语，而母语权本身是最重要的语言权之一。

从长远来看，采用一种规划语言作为欧盟的共同语是最佳的。作为过渡方案，可以采用世界语作为翻译中的中间语言和欧盟机构的工作语言。

如果作一条以"多语性"和"唯英语"为端点的轴，那么我们可以把所有关于欧盟语言政策的建议都放在这条轴上进行讨论。④

所谓"多语性"指的是保持欧盟的语言多样性，尽可能对所有官方语言一视同仁。而"唯英语"说的是承认英语作为世界和欧洲交际语的

---

① Phillipson, Robert (2003), *English-Only Europe? Challenging Language Policy.* London/New York: Routledge. pp. 179 – 188.

② Christiansen, Pia Vanting (2006), Language policy in the European Union: European/English /Elite/ Equal/ Esperanto Union? *Language Problems & Language Planning* 30 (1): pp. 21 – 44.

③ Christiansen, Pia Vanting (2006), Language policy in the European Union: European/English /Elite/ Equal/ Esperanto Union? *Language Problems & Language Planning* 30 (1): pp. 21 – 44.

④ Detlev Blanke (2002), Gleiche Rechte für alle Sprachen? Zur Sprachenpolitik der Europ? ischen Union. Berichte des Forschungsinstituts der Internationalen Wissenschaftlichen Vereinigung Weltwirtschaft und Weltpolitik (IWVWW) e. V. ". Teil I: Berichte 12 Nr. 122 September, pp. 33 – 39; Teil II: Berichte12 Nr. 123, Oktober, pp. 34 – 41; Teil III: Berichte 12 Nr. 124, November pp. 58 – 69.

现实，并在法律上确立其交际语的地位。

在具体实践中，人们越来越感觉到要平等地处理欧盟的所有语言，不但在经济上不现实，就是在技术上也难以实现。因此，人们倾向于采用一种或几种欧洲语言作为交际语。这种方式又可分为以下两种：

（1）在欧盟范围内，只使用一种语言。即：在当地用方言，在自己的国家使用国语，在欧盟范围内使用一种共同语。这就要求欧盟的公民一般应懂两种或三种语言。这种模式可称之为"共同语模式"。

（2）所有的欧盟成员国的官方语言也是欧盟的官方语言，但严格限制工作语言的数量，一般认为首选的工作语言是英语。这种模式可称为"主导语言模式"。

共同语模式事实上意味着将官方语言和工作语言合二为一，用什么样的语言来充任共同语呢？迄今为止，有这样一些建议：

（1）英语，（2）法语，（3）某个小语言（如丹麦语），（4）中立语：拉丁语或世界语。

主导语言模式的基础是保留现有的官方语言，从中选择少量语言作为工作语言，这些工作语言就是主导语言，它们具有较高的地位。按照前面的数据，我们可以看出英语和法语是目前欧盟内部的主导语言。鉴于德国在欧盟的经济地位和人口等因素，也有人建议将德语作为主导语言。还有一些建议，希望把西班牙语、意大利语也作为主导语言。为了缓解语言矛盾，有人建议把世界语作为主导语言之一。

所有这些建议都有一定的道理，解决问题的关键在于语言政策不但应该有效，而且应该符合民主、公平和平等的原则。

三 出路和未来

爱尔兰学者里艾恩在一本题为"欧洲联盟和爱尔兰语"的著作中，对目前欧盟以英语为中心的语言政策，提出了以下问题，这些问题也正是欧盟的政治家和语言政策的制定者们应该回答和解决的：[①]

[①] Seán ó Riain (2001), The EU and the Irish Language: Identity and Linguistic Diversity. A Chéad Chló. 本文所引摘自 Sabine Fiedler 的书评 "Pri la eŭropa lingvo-problemo vidpunkte de irlanda diplomato". *Informilo por interlingvistoj*, 2005 (3): p. 16。

采用英语给占欧盟人口16%的以英语为母语的欧洲公民带来了极大的便利，这符合长久以来支撑欧洲政治稳定的机会平等的原则吗？

在欧洲采用民族语作为共同语与欧盟支持语言平等的政策和谐吗？90%以上的欧洲年轻人宁愿学习英语，而不学自己邻国的语言，这又对欧洲的语言多样性有什么贡献呢？

使用一种母语人口主要居住在欧洲之外的语言有助于加强欧洲的认同感吗？反之，它会不会导致美国文化的不断侵入呢？

为了达到足够的语言水平，人们需要花费大量人力物力去学习语言。如此一来，怎么能够保证欧洲的英语化不会给精英阶层带来特权呢？

英语的这种优势，也为英语国家带来巨大的经济利益。按照格林的统计[1]，单凭英语的强势地位：（1）英国每年可获得100亿欧元的净利；（2）如果考虑投资方面的优势，英语国家每年可获得170亿至180亿欧元的收益。以上仅考虑只限于欧盟内部，如果扩大到世界范围，数字会更大。

2005年8月在立陶宛的维尔纽斯召开了题为"欧盟扩大的语言政策含意"的会议。会议认为，目前欧盟的语言政策存在这样一些问题：[2]

忽视语言问题是高等教育、科学研究和传播媒介等领域制定政策的一个重要方面，它损害了小国家和非国家语言社区的价值和需要；

容忍现有语言政策，违背了语言多元性和语言平等的原则，很多时候，由于英语水平不够，人们无法平等地参与到欧盟的决策过程之中；

过分依赖现有语言机构，不从欧洲或全球背景下研究语言政策问题，在联盟各级政府中普遍缺乏这方面的意识和专业人才；

大大减少英语之外其他语言的教学，使得欧洲人很难继续深入理解邻近国家的文化，这助长了英美文化产品在欧盟的泛滥；

对语言政策的公开讨论，采取回避的态度，这滋生了目前官方的、但却是不负责任的多语政策和英语的蔓延。

在许多时候，语言是一个国家和民族的象征，如同美国著名词典编撰

---

[1] Grin, F. (2005), L'enseignement des langues étrangères comme politique publique. No. 19. Étude commandée par le Haut Conseil de l'évaluation de l'école. p. 7.

[2] Lingvopolitikaj aspektoj de la plivastiĝo de Eŭropa unio: Konkluda Dokumento. *Esperanto*, 2005 (10): p. 195.

家韦伯斯特所言"国语是一个国家的标牌"[1]一般,随着欧洲统一程度的加深,欧洲人可能对于这一超级国家的认同也会趋向一致,那时涉及的就不仅仅是经济和政治了,文化和语言的认同可能更为重要。[2]"语言是建立任何超出一个自由市场范围联盟的关键因素。交流困难会妨碍统一,而交流的便捷却能加速这一进程。我们的困难正在于我们没有这样一个欧洲范围的交际共同体。"[3]为此,欧盟的决策者们应将更多的注意力放在语言政策方面,以保证形成一个更民主,更能真正建立在沟通基础之上的共同体。我们认为,应该把法国思想家莫兰所说的下面一段话视为制定欧洲联盟语言政策的基础,他说:"思考欧洲的难点,首先在于要思考同一性中的多样性,多样性中的同一性,这即是所谓多样的同一性。"[4]在同一本书里,莫兰也说过"理性是走向衰落中的欧洲所能带给世界的最高尚最宝贵的成果"[5]。因此,欧盟的语言政策应该是一种理性的能够保持多样的同一性的政策。这实在不是一件容易的事情。

选取什么样的欧盟官方语言和工作语言不仅仅是欧盟机构内部的问题,而且也影响到所选语言的全方位的发展,涉及由此带来的其他种种好处。[6]鉴于欧盟在世界上的地位,它的语言选用也会影响到全球的语言生态。欧盟成员国的语言可能比其他语言具有更强的抵抗英语侵蚀的能力,[7]但防患于未然总是保证安全的最有效手段。菲利普森警告说:"无

---

[1] 转引自 Phillipson, Robert (2003), *English-Only Europe? Challenging Language Policy*. London/New York: Routledge. p. 30。

[2] 但这一方面的系统研究确实值得加强,如在姚勤华的《欧洲联盟集体身份的建构》(上海社会科学出版社2003年版)一书中几乎没有这一方面的论述。

[3] Wright, Sue (2000), *Community and Communication: The Role of Language in Nation State Building and European Integration*. Clevedon: Multilingual Matter. p. 250.

[4] 埃德加·莫兰:《反思欧洲》,生活·读书·新知三联书店2005年版,第16页。

[5] 埃德加·莫兰:《反思欧洲》,生活·读书·新知三联书店2005年版,第57页。在这本书的第123页,莫兰认为采用英语作为欧洲的主要交际语言不会给欧洲带来任何文化风险。他也用印度的例子来说明这种观点的正确性。对此,我们不能苟同。采用英语是一种可行的方法,但绝对不是理性的方法,大量的事例说明这种方法不利于欧盟所倡导的"同一于多样性中"的座右铭。

[6] Truchot, Claude (2003), Languages and Supranationality in Europe: the Linguistic Influence of the European Union. In J. Maurais and M. A. Morris (eds.) *Languages in a Globalising World*. Cambridge University Press. pp. 107–108.

[7] De Swaan, Abram (2001), *Words of the World*. Cambridge: Polity Press. p. 174.

论是在联盟还是在国家层面,如果欧洲继续当前在语言政策方面的不作为,那么等待我们的可能就是一个美国英语的欧洲。这真的就是欧洲人民和领导者们所期待的吗?"① 对此问题欧盟委员会第一任负责语言多元性事务的委员菲格尔给出了这样的回答:"我们希冀未来的欧洲能自豪地保持所有语言和文化的价值,因为它们是我们最大的财富。"② 2005 年 11 月 22 日,欧盟委员会公布了题为"实现多语新策略"的官方报告③。在报告发布当天,负责此事的菲格尔对媒体说"语言使我们成为人类,因此欧洲的语言多样性是欧洲身份认同的核心"④。这份最新报告的题记使用了一句斯洛伐克的谚语"你懂得的语言越多,你就越像一个人"。这句谚语也确定了该报告的基调,即提倡外语学习。

四 几点启示

严格说来,欧盟没有真正意义上的语言政策,只有一些实践。从它不成功的实践中,我们至少可以得到如下启示:

(1) 一个国家和政体应该有明确的语言政策;

(2) 制定语言政策涉及很多因素,但解决有效交流的问题应是最重要的任务之一;

(3) 语言政策不仅仅涉及语言,它是整个社会政策中的一部分,因此,制定语言政策时,应该充分考虑和分析政策实施后可能带来的综合效果;

(4) 语言政策是一项长期的政策,应该具有连续性;

(5) 语言政策的制定应有这方面的专家参与;

(6) 在多语国家和地区,保持语言的多样性固然重要,但选取适宜

---

① Phillipson, Robert (2003), *English-Only Europe? Challenging Language Policy*. London/New York: Routledge. p. 192.

② Ján Figel', Multilingualism Policy in the European Union. The Changing European Classroom, Luxembourg, 10 March 2005.

③ Commission of the European Communities. Communication from the Commission to the Council, the European Parliament, the European Economic and Social Committee and the Committee of the Regions. A New Framework Strategy for Multilingualism. Brussels, 22. 11. 2005. COM (2005) 596 final.

④ EU por multlingveco sed kontra? Esperanto. http://www.liberafolio.org/2005/Agado/eumultlingveco/ (2006 - 03 - 04).

的共同语更重要；

（7）在多语国家和地区，有必要建立一种分层级的语言交流体系，即不同的语言用于不同的交际层级，一般为：方言—国家共同语—国际共同语；

（8）一种具有中立性质的共同语更容易接受，这种中立指的是语言带有较多的规划成分，在实施之初，不涉及范围内任何人的母语；

（9）在设置语言教学程序时，结合交际需要和语言交流层级，既要进行母语教育，也不能忽视共同语的教学；

（10）应该合理安排和设置外语教学；

（11）要注意保护自己的语言不受外语的侵蚀，因为这有可能会导致自己语言边缘化的结果；

（12）采用属地原则，保护弱小语言；

（13）应该建立一种有效的语言政策实施效果评估体系；

（14）对语言政策重要性的认识是与所涉及的国家（或地区）的发达程度成正比的。

总的来说，语言政策领域是一个非常重要的领域。正如洛比安科所说的那样，语言政策和语言规划是"一种最直接地将语言转变为公共政策的学术领域"[①]。既然如此，对于语言政策的研究，也应采用惯常的学术研究的方法，了解、研究国外成功的经验和失败的教训，对于我们制定和实施更有效的语言政策是有百利而无一害的。

[原文载于《中国语言生活状况报告（2005）》]

---

① Lo Bianco, Joseph (2001), *Officialising Language: A Discourse Study of Language Politics in the United States*. PhD thesis, The Australian National University. p. 21.

德语正字法改革的历程及其历史经验
——兼与《通用规范汉字表》比较

赵守辉　尚国文

一　引言

定位为新时期我国文化教育领域内一项重大基础建设工程的《通用规范汉字表》（以下简称《字表》），其启动和研制走过了一段艰苦漫长的道路。自 2009 年 8 月通过行政公示向全社会征求意见以来，《字表》的部分内容（特别是对 44 个字字体结构的微调）引起媒体和公众的热议。然而，对社会接受程度的担忧使得《字表》直到 2013 年 6 月才得以正式公布和推广。

从世界范围来看，文字改革成功实施的案例非常多，德语正字法改革便是典型之一。德语表音的拉丁字母与表意的方块汉字从语言类属上看，属于两套截然不同的文字符号，但二者不久前所进行的规范化努力却有许多相似之处。德语正字法改革的主要目的与《字表》的研制一致，都是要取消那些特殊的书写惯例，使书面语使用更加规范和统一；两种书面语改革都属于微调，都是由官方语言规划机构组织专家学者对所要调整的内容进行了长期的准备，包括最大限度的本体研究和对成型方案的广泛咨询。最重要的是，两种方案在出台前都经历了激烈持久的争议。基于此，我们认为，德语新正字法的最终推行可以帮助我们更好地理解和审视我国刚刚颁布的《字表》。广而言之，本文尝试以德语的正字法改革为参照，从反思和比较的视角来探讨我国文字改革的可行之路。

本文的分析不纠缠于德语正字法改革的语言学细节，也不对我国《字表》公布的利弊得失进行评估或谏言，着重探讨影响语言规划施行的社会政治方面的宏观和深层因素。

二 历史上的德语书面语规范化

一般认为，德语中百分之八九十的词汇拼写是符合语音规则的，因此其拼写法较之英语规律性更强、更严谨。1992年的一个对比研究表明，英国的德语学习者拼写德语时错误的可能性甚至低于自己的母语。尽管如此，德国人一直认为书面语可以更加完善。这一方面是因为德语规范化的历史实际就是规范书面语的历史，而不是像英语那样书面语的规范是与口语规范紧密相连的；① 另一方面，这可能也反映了日耳曼民族的思维与处事方式：他们一向是以追求完美、一丝不苟及照章办事的精神而著称于世的。

德语的规范化和显性培育（cultivation）规划可谓历史悠久，其文字改革的历史可以上溯到16世纪以来关于哥德尖角体（Fraktur）的形成，此后一直到20世纪，尖角体及其手写体（称Kurrent）两种字体被合称为德语文字，以区别于此前的圆体（Antiqua）及其被称作拉丁文字的印刷体。多种字体并用的结果是，一方面，尖角体被视作德国特色而带上了民族象征性；另一方面，两套字体虽然在文体方面各有分工，但二者的存废之争贯穿了近现代文化史，"取消尖角体"的提议皆因语言意识形态作用而未果，一直到二战期间出于领土扩张目的而遭希特勒明令取消。②

名词首字母大写及双"-s"变体"ß"是德语正词法的两大经典问题。1596年，语言学家魏歇勒（Wecherer）建议，名词的首字母大写有利于辨识名词、便于阅读，由此引发了关于字母大小写的一系列正字法问题的争论。③ 德语中的大写字母不仅标识句首、专有名词以及敬语，而且还有标志语法形式和指示词性的作用。这尽管可以看作是所有拼写规则里最简便易行的一个，但名词首字母大写对母语使用者和学习者都是个头疼的问题。曾有人著文说明，大约有3/4的学生因拼写错误而不能升级，而

---

① Johnson, S., *Spelling Trouble? Language, Ideology and the Reform of German Orthography*. Clevedon, Toronto: Multlingual Matters, 2005, p. 21.

② Augst, G., Germany: Script and Politics. In Daniels, P. & Bright W., *The World Writing Systems*. New York, Oxford: Oxford University Press, 1996: pp. 765–768.

③ 冯志伟：《英德法语的正字法与汉语拼音正字法》，苏培成主编《语文现代化论丛：第五辑》，语文出版社2003年版，第164页。

其中30%是大写字母的错误。所以20世纪70年代初曾有过关于取消和保留大写字母两种对立观点的激烈交锋。① 国际工作委员会80年代及90年代初从规则统一和明确化等方面着眼，再次倡议取消名词大写，与英文取得一致。另外，18世纪一个叫黑斯（Heyse）的学者最初提出以β（现代印刷体对双'-s'在传统哥特体写法的处理）代替双'-s'的想法。这两个简单的提议虽然规则并不复杂，但由于对书面语产生影响的范围和频率甚广而成为德语文字改革历史上的两大主要内容。

近现代历史上的德语书面语改革始自1901年的德国第二次正字法会议。该会议通过了第一次正字法大会所提出的各项建议，并采用了被誉为日耳曼语言学之父格里木（Jacob Grimm）的建议，决定使用西欧各国普遍采用的拉丁字母进行拼写。会议公布的具有官方地位的拼写规则一直实施到1998年，将近一个世纪之久。这也是1996年改革前的最后一次官方拼写标准。德语正字法的统一为语文教育提供了一个标准，但随之而来的烦琐的拼写规则一直饱受非议。期间，1944年纳粹当局试图进行的拼写法改革因战争形势急转直下而被迫放弃，1955年德语教育部长会议再次重申杜登出版的参考材料为德语拼写和标点符号的官方指导和仲裁者②。1991年所谓的"统一杜登"（Unity Duden）的出版结束了自二战以来的东西两个杜登的局面，同时也使东西德各自制订标准的做法成为历史。

三 新正字法（1996—2006）概况及主要内容

1996年7月1日，来自讲德语的3个主要国家（德国、奥地利和瑞士）以及其他拥有7个讲德语的少数民族的欧洲国家代表，在维也纳共同签署了一份被称作"维也纳宣言"的意向书，提议对德国的正字法进行原则性的修改，将纷繁复杂的规则和比规则更多的例外情况进行简化，同时决定成立一个永久性的跨国委员会，对正字法在德语国家的实施进行监督和协调。两年之后，这些德语国家在学校和政府办公部门开始实施新的正字法，建议的使用对象为教育系统及国家机关，同时向印刷商、出版

---

① 冯志伟：《德语的规范化》，《语文建设》1992年第3期。
② 杜登（Konrad Duden, 1829-1911）1880年编辑出版《德语正字法大辞典》，同年普鲁士王国宣布该书为德语拼写的权威工具书，此地位保持至今。

商和编辑推荐，并鼓励公众采用。从实施之日（即1998年8月1日）起，旧的拼写法将被认为"过时"，但不会被判为"不正确"。这期间，新正字法曾受到多方的反对和挑战，争议不断。鉴于正字法的很多内容遭到不同程度的拒绝，德语正字法理事会于2004年底受多方委托对此次改革进行了评估和修订。2006年2月2日，最终定案的拼写法获得官方宣布，自2006年8月1日起正式生效，报纸和杂志将"被鼓励"使用新拼法。至此，新的正字法终于正式出炉。

此次正字法改革强调尽量降低对普通公众语言生活的影响，新规则主要涉及的是发音与字母之间的协调（包括外语借代词），此外还涉及书面语编辑的连字符，标点符号与停顿及移行时连字符的使用等，但地名和姓氏拼法不在此次改革范围内。冯志伟认为，德语历次正字法改革，语音规律一直是作为最基本原则的[①]。此次改革调整的内容主要包括：语音与字母、词与词的分写与合写、连字符的使用、首字母的大小写（除了名词的大写，也包括形容词的大写问题）、标点符号和行末单词的分写法。其中双'-s'与'ß'的使用包含在"语音和字母"中。改革将涉及90%以上的含有'ss'及'ß'的词汇，这样在阅读时人们一眼就能看出文本是采用了新规则还是老规则[②]。新规则虽然简化为长元音或双元音时用'ß'，短元音用'ss'，但实际使用中牵扯到的问题复杂得多。总体来看，此次改革仍属于微调，但它对德语的影响却是深广的。改革的目标不只是确定每个单词的写法，更重要的是确定一套书写规则，使单词的拼写更简约、更有规律可循。与杜登统一写法的功绩相比，这次的改革在简化和系统化方面又迈出了坚实的一步。[③]

四 正字法实施中所遇到的阻力

（一）正反双方争论的焦点

德国正字法改革堪称上世纪末国际语言规划领域中的一次引人注目的

[①] 冯志伟：《英德法语的正字法与汉语拼音正字法》，苏培成主编《语文现代化论丛：第五辑》，语文出版社2003年版，第166页。

[②] 除了来自瑞士的文本，因为瑞士德语本来就极少使用ß，但在奥地利使用。

[③] 华宗德、华蓉：《试论"德语正字法改革"》，《国外语言学》1997年第4期。

本体规划之举。自 1996 年公布以来，引起众多的争议与挑战。大部分反对意见属于老生常谈，有些是旧瓶装新酒，有的针锋相对各执一词。正反双方林林总总的争议焦点可以概括为七个层面，如表一所示。

表一　　　　　　　　德语新正字法争议焦点之对比

	反对意见	支持意见
理念层面	德语最终属于全体人民，故应该在语言社区自愿的基础上允许其自然发展。放任自由是历史经验，崇尚"快乐的无政府状态"①	语言不完全是自然有机体，人可以参与语言发展，加以规划②
	国家力量对公共空间的介入使人们忆起了纳粹对语言的干涉和暴力	拒绝对文字规范化的努力有违德意志民族的理性和一贯坚持的科学精神③
文化层面	既成事实成为语言的一部分，已经被作为身份认同的文化遗产	不合理因素有违经济原则，成为社会和文化进步的阻碍，必须剔除。改革是早晚要进行的必然规律，是进步之举
文字学层面	规范限制语言，会陷入"改革→发展→改革"的怪圈	僵局持续了一个世纪，存在很多混乱和无序
	简化结果使规则增加，使用者不堪重负；既是规范，但有些规则又表明无强制性，使公众无所适从	新规则分两部分，除了必须执行的，参考部分考虑到了灵活性，给使用者选择的自由
规划层面	自上而下未能充分对话；从杜登到今日的专家都无权规划语言，真正有资历的是文字工作者，特别是作家④	实际上改革草案早已向社会公示过，并曾引起广泛参与。1993 年更与内务部一起进行过公众听证会，当时曾广邀各界并获得积极回应
法律层面	语言是公民根本权，改革应该通过联邦议会，争议诉诸宪法；因不熟悉新规则而对人格造成侮辱与损害	只涉及教育领域和国家机关，应该在各州教育联席会议议决，争议诉诸州行政法院

---

① 俞宙明：《德国正字法改革的困境和出路》，《德国研究》2006 年第 3 期。

② 华宗德、华蓉：《试论"德语正字法改革"》，《国外语言学》1997 年第 4 期。

③ 何涛：《新的对于正字法改革及其在德国引起的反响》，《北京第二外国语学院学报》1998 年第 4 期。

④ 同上。

	反对意见	支持意见
教育层面	高年级拼写错误上升了20%①	可使普通中学生的拼写错误减少70%②
	父母因不熟悉新规则，使其子女教育权和养育权受到侵害③	父母理应不断更新知识，况且并没有达到需要重新学习的程度
经济层面	浪费数十亿马克，特别是多次修改，靡费更巨	可以更加简明、科学，提高效率

（二）争议与挑战

新正字法的整个争议过程可以明显地分为公布之初特别是1996—1998年间的冲突期和本世纪以来的缓和期。在冲突期发生了三次引人注目的抗议事件，即：法理之争、公民抗议和石—荷州（Schleswig-Holstein）的全民公决。法理之争包括个体公民曾两次就文字改革的法理是否违宪向政府发起挑战。德国法律允许任何个体公民在根本权力受到侵犯的情况下，以个人身份诉诸宪法法庭。1996年和1998年的两次诉讼争议的核心基本相同，即正字法没有经过民主立法程序应判违宪。而为了证明新正字法制订和实施是否违宪，双方争议的焦点是：正字法改革的内容对言语社区公民的影响是否严重到构成了对宪法中所明文保护的公民基本个人（personality）自由表达权，以及语言自主权（linguistics integrity）的根本性侵害。与此同时，各州的地区中高级行政法庭也纷纷受理来自学龄儿童父母挑战改革的公诉。至1998年春天，有30多桩获得受理，其中有12桩被法官认定父母的宪法权利确实受到侵犯。这导致新的正字法前后在多个州被停止或回到旧正字法。

针对此次正字法最大的公民抗议事件是与一位叫作Friedrich Denk的学者名字相连的。Denk在1996年5月声称，与同事对新正字法与采用正字法的两部权威词典进行了认真刻苦的学习之后，对新正字法提出20条

---

① Tasovac, T., Opinion: Spelling Reform Spells Trouble for Germany. Retrieved from on 22, April from http://www.dw-world.de/dw/article/0, 1922563, 00.html, 2011.

② Holst, J. H., German Politicians' Decision on March 30th, 2006: Nazi orthography becomes Obligatory in German schools. http://www.janhenrikholst.de/indey31.htm, 2011, pp. 40-42.

③ Johnson, S., Spelling Trouble? Language, Ideology and the Reform of German Orthography. Clevedon, Toronto: Multlingual Matters, 2005, p. 102.

反对意见。他将意见书发给 50 名作家和学者，并制成自称作"关于新拼写法的法兰克福宣言"的宣传页大量散发，呼吁终止改革的推行。同时，《法兰克福汇报》刊发了由 450 人签字的宣言的简版，签字者不乏知名作家和文化名人以及出版商、学者、记者和历史学家等，包括获诺奖的文学家。如此众多的重量级精英集体发声倒戈，造成广泛的影响。

石—荷州的全民公决是根据宪法规定，公民个人搜集到一定比例的支持者（具体数字各州有差别），可以要求对某一争议事件作全民公决。其中石—荷州获得支持者的签名远超过了 5% 的最低要求。此次公决在 60% 的投票率下，54% 的选民赞成回到老正字法。根据宪法，石—荷州教育和政府部门都按公意依法回到老正字法。

到了缓和期，前期高昂与激烈的抗争未再上演，但应用领域仍有不同程度的抵制或不合作。而且这种持久战延续至今。首先，平面媒体及出版机构接受程度不一。德国最主要的日报《法兰克福汇报》突然出人意料地在 2000 年 8 月 1 日这一天恢复了老正字法，位于慕尼黑的《南部德国报》很快也宣布加入不合作行列。2004 年 8 月，德国两家主要的出版机构 Springer-Verlag 和 Der Spiegel 宣布回到老正字法。紧接着最有影响力的几家出版社都宣布要仿效，恢复使用旧的正字法。有的报社如《时代》（Die Zeit）还发表了自用正字法体系。即使作为新正字法规范工具书的 2006 年版《杜登》和《瓦利希》字典，内容也并非与新规则完全契合。① 真正令人担忧的是在声誉规划领域，几乎所有的著名作家拒绝遵行新正字法，批评者（如 Holst）说政治家一意孤行而不愿改弦易辙，是因为害怕丢面子。② 其次，政府官员中对改革表示反对或不理解的也大有人在。2004 年下萨克森州（Niedersachsen）州长公开表示反对新正字法，接着很多政界要员异口同声地表达了对正字法改革的不理解，致使一时间舆论完全倒向反对正字法改革一方。此外，其他德语国家基本各行其是。改革在计划阶段主要有德国、奥地利和瑞士三国学者参与，实施阶段却未能做到完全的协调一致。瑞士仍然我行我素而无作为，在奥地利，大部分人反对新正字法，抗议及挑战事件亦时有发生，但未像德国这样造成国际

---

① 俞宙明：《德国正字法改革的困境和出路》，《德国研究》2006 年第 3 期。

② Holst, J. H., German politicians' decision on March 30th, 2006: Nazi orthography becomes obligatory in German schools. http://www.janhenrikholst.de/indey31.htm, 2011.

影响。

即使在教育这个改革计划发生效力的主要领域,新正字法的推行也并非一帆风顺。一个不可否认的事实是,教育领域学生拼写错误增加。日耳曼语言文学专家乌维·格伦德(Uwe Grund)提出了一个比较有实际意义的论据——自从实行新正字法规则以来,德国中小学生犯的拼写错误明显增多,在高级中学毕业考试的作文题目中拼写错误率上升了20%。① 主要问题是双'-s'和'ß'的选择规则难以掌握,另外大小写也是一个难点。

其实更为重要的是民间无声的抵抗。自2006年正式实施以来,德国书面语的使用仍然处于一种混乱无序状态,即作为官方社会规划行为,改革虽然在政府部门和教育领域进入实施阶段,但诸多的社会舆论调查显示,普通公民大多数则漠不关心,还是按照自己的习惯和喜好书写,或者心理无法接受而故意避免使用新规则。精英阶层至今指责之声仍时有所闻。持中立观点的人一般也认为,正字法改革其实是把本来丰富多彩的语言搞得复杂令人无所适从,改革是无中生有人为地破坏了语言文字"快乐的无政府状态"。荷兰语言社会学家Jan Blommaert将这种见于很多语言规划实践中的常见结果称作"非满意结局"(Non-Satisfactory Closer),② 即一边是政府的强制推行,一边是社会公众的消极抵抗。Bokhorst-Heng和Wee则将这种现象称作"民间不合作"(Non-Compliance)。③

尽管如此,所有的反对声音似乎并没有阻止正字法改革工作继续进行。2002年4月,德国阿伦施巴赫研究中心(Allensbach Institute)发表的历年关于正字法改革的民意调查显示,新规则的接受程度开始增加。到2005年7月,该研究中心的数据显示,已经使用新正字法或打算使用的人已经接近一半,达到47%。④ 2006年8月1日德国中小学校开始教授新的正字法规则后,各邦宣布学生写作中不遵守新的拼写法便会因"错误"

---

① Tasovac, T., Opinion: Spelling Reform Spells Trouble for Germany. Retrieved from on 22, April from http://www.dw-world.de/dw/article/0,1922563,00.html, 2011.

② Blommaert, J., The debate is open. In Blommaert. *Language Ideological Debates*. Berlin: Mouton de Gruyter, 1999, p. 5.

③ Bokhorst-Heng W. D., Wee L., Language planning in Singapore: On pragmatism, communitarianism and personal names. *Current Issues in Language Planning*, 2007 (3): pp. 324–343.

④ 俞宙明:《德国正字法改革的困境和出路》,《德国研究》2006年第3期。

而被扣分。此外积极的反应还包括父母们踊跃为孩子们购买新教材，书店也对宣传新拼写法不遗余力。

五 中德正字法改革之比较

中德在两种不同社会制度、历史文化和语言环境背景下，先后对文字体系进行规划，在调整过程中都遇到了不少阻力。改革仍处于进行中，评估改革绩效为时尚早，但二者在改革的目的和过程以及规模和力度上都有许多可比之处，下面选取三个维度作简单比较。

（一）规划维度

两种语言在规划和实施方面有很多共同点。不管是德语正字法还是汉语的《字表》，在技术上都进行了长期细致的充分准备，都是集体智慧的产物。德语正字法在 1996 年启动前就已进行了 8 年的研究和筹备，这一点与汉语的《字表》很相似。研制"汉字全表"的设想周有光先生早在 20 世纪 50 年代就曾提出，① 此后曾两次上马，② 而正式的大规模研究是在 2001 年立项以后的 8 年时间里。《字表》研制者先后召开学术会、审议会、征求意见会等大型会议 80 余次，参与讨论的海内外专家学者 3000 多人次，前后修改 90 余稿，可谓深思熟虑。

就改革的重要性及目标而言，中德在近现代一个世纪以来都多次尝试对文字体系进行改革，不同的是中国在 20 世纪五六十年代真正实现了主要的改革目标。此次德语和汉语都倾向于通过自上而下的显性政策进行一次综合整理，希冀一举解决主要的历史遗留问题。两者的主要目的都是统一与规范日常文字运用的分歧，解决书面语生活中的不规则现象。德语的现况我们在上面已经看到，汉语《字表》一大重要目的是解决现有规范（不同时期公布的字表）和字典中的不一致之处。

在推行力度方面，两种规范的制定者都强调规范的非强制性。德语正字法明确指出其效力局限在政府和教育部门，对公众使用者只是一个建议

---

① 苏培成：《二十世纪的现代汉字研究》，书海出版社 2001 年版，第 107 页。
② 王铁琨：《"规范汉字表"研制的几个问题》，李宇明、费锦昌主编《汉字规范百家谈》，商务印书馆 2004 年版，第 179—203 页。

指导性规则；《字表》的发布也秉承近年来规范标准的一贯精神，突出其软性与弹性。所不同的是，德语正字法预留了更长的讨论和过渡期，而《字表》在公示时限定了一个 20 天的讨论和反馈期，若考虑到字表艰苦漫长的研制经过及其作为国家文化教育领域的一项重大基础建设的重要性，如此短的讨论期限恐怕只具有象征意义。实际上，一个足够充裕的反馈或试用期对于赢得社会的支持和理解可以产生重大意义。

在组织方面，德国及其他德语国家都没有一个常设的语言管理机构，这一点与《字表》的制定形成对比。但此次德语改革与以往不同之处在于，设立了一个"正字法跨国委员会"（Interstate Commission on Orthography）进行协调。同样作为跨境文字的汉字规范化一直未能形成一个正式的跨国或地区的官方协调渠道[①]，有关汉字规范化的国际合作与交流主要在民间或半官方的学术领域展开，[②] 多限于两岸四地，与日、韩、新加坡等的合作则有待发展。

另外，独立可靠的社会语言学实证性数据一直被看作语言政策制订的重要依据。[③] 语言规划专家一般在理论上强调规划项目在筹备和实施阶段操作上应重视经济因素及社会语言学数据的搜集。Kamwendo 和 Mooko 认为最为理想的是，政策的制订能建立在参考正确及时的研究数据基础上。[④] 我们注意到，中德正字法改革在实证研究及可能产生的经济效果方面皆未作充分考虑。二者虽然对社会反应都有所预期，但都缺乏可靠翔实的社会语言学调查作支撑（如德语名词首字母大写是否真正有利于提高阅读效率）。

（二）文字学维度

在改革对书面语生活带来的影响方面，中德二者似有较大的不同。德

[①] 有关汉字编码国际合作的讨论详见赵守辉（2010b）。

[②] 赵守辉：《日本的人名用字即相关问题》，周庆生、郭熙、周洪波主编《中国语言生活报告（2009）》，商务印书馆 2010 年版，第 385—397 页。

[③] Kaplan, R. B. and Baldauf, R. B., Jr., *Language Planning from Practice to Theory*. Clevedon, England: Multilingual Matters, 1997: pp. 1 – 403.

[④] Kamwendo, G. & Mooko, T., Language Planning in Botswana and Malawi: A Comparative Study. *International Journal of the Sociology of Language*, 2006, 182: pp. 117 – 133.

语的正字法改革结果虽然不至于造成对书面语的明显改变[①]，但新老拼写法带来的视觉差异在书面文献中还是显而易见的。与此相比，《字表》对汉语书面语的改变可能更加微乎其微。重新释放的45个异体字，对普通的语言文字生活也基本不会造成明显影响。即使是争议最大的44个字形结构微调字及拟恢复的6个繁体字在视觉上也并不产生太大冲击。而这些，考虑到公示期间公众的反应，《字表》正式公布时并未施行。

两者研制的难度都涉及相当复杂的语言文字学问题，差异只在于共时和历时之别。汉字是当今世界上少数几个历时数千年使用至今的文字系统之一，其所纪录的文献浩如烟海，《字表》的研制难度主要体现在文字训诂学方面。对《字表》的遵循，公众在使用层面一般不需要有语言学知识的参与，顶多会牵扯到历史和文化方面的常识。而德语正字法的正确使用则要求对规则的熟悉，书写时常常牵扯到有意识的语言学加工，2006年的最后修订版的细则达1106条之多。[②]

(三) 社会/文化—经济—政治维度

就社会/文化、经济、政治等维度而言，两种文字体系所在的人文环境差异很大。从社会文化来看，德国在欧洲是一个获得统一比较晚的国家，而文字改革历来是被作为民族国家认同构建的一个手段。此次改革前德语的两大主要使用社区已经实现统一，德语作为跨境语言只涉及与境外政体的协调。经济方面，德国是一个高度发达的资本主义市场经济国家，经济总量居欧洲首位，全球第4位。由于先进的科技能力与生产力，以及高度发达的文化生活水平，社会文化生活在消费社会率先跨入后现代；政治方面，联邦制政体下，国家高度中央化的协调能力比较弱，人民享有更加充分的表达自由和对信息资源的平等占有。以司法系统为例，德国拥有一个分立的联邦司法系统，各州另设有州宪法法院，违宪审查权采取集中制。公民在理由充分的情况下可以通过行政诉讼撤销或废止政府的行政行为，通过宪法诉讼解除政府立法，通过欧洲法院确保与欧盟条约适用的一致性。在法制健全、法律文化悠久的政体，语言文字方面的争议往往首先被诉诸法律。就社会政治发展程度来说，德语书面语改革所涉及的国家都

[①] 新正字法涉及大约0.5%总词汇的拼写法（见Johnson，2000：116）。
[②] 俞宙明：《德国正字法改革的困境和出路》，《德国研究》2006年第3期。

是发达的经济体,其社会环境具有明显的后现代特征,社会对国际机器在私人和公共领域的侵入非常警觉,多元文化和非中心等后现代思潮已经成为国民共识。从这些方面来看,中国与德国面临的挑战存在着显著的不同。

值得强调的是,中国社会经济经过30年的持续高速发展,加之全球一体化作用,尤其是网络对信息扁平化和表达自由化方面的促进,在社会心理特质和公民权利意识诸多方面,后现代社会特征越来越明显,这主要体现在对标准统一等工具理性概念的怀疑和挑战。[①] 因此,有关语言规划方面的举措,在未来的中国有遭受更大民间阻力的可能,特别是将会涉及更多法律层面的问题,这一点从近年来的一系列语言事件中已见端倪。但德国文字改革的经验告诉我们,正字法改革的历程虽不会一帆风顺,最终步入预期的轨道是非常有希望的。

六 结论及思考

德国正字法的经验中至少有两点是值得我们特别注意的。一是正字法改革所引发的争论并非是一场关于语言或文字学之争,而是参与的不同方为了一定的目的围绕着语言的价值和作用而持有的不同理念的碰撞。Blommaert 的"语言意识形态之争"(Language Ideology Debate)为学者们考察众多的富有争议的语言规划现象提供了一个有力的理论参考,[②] 一时广为应用(如 Milani 和 Johnson[③]),对此次正字法研究最为勤力的国际学者 Johnson 认为此次争论的本质就是一次聚焦于话语权的语言意识形态之争。[④] 二是实施的阻力并非来自公众对于正字法本身技术方面的不满,而是后现代语境下对于启动这项改革的合法性与合理性的怀疑和挑战,对

[①] 赵守辉:《日本的汉字政治:演变、动因及实施》,《外国问题研究》2010年第3期。

[②] Blommaert, J., The Debate is Open. In Blommaert. *Language Ideological Debates*. Berlin: Mouton de Gruyter, 1999, p. 1.

[③] Milani, T. M. & Johnson, S., Language Politics and Legitimation Crisis in Sweden: A Habermasian Approach. *Language Problems & Language Planning*, 2008 (1), pp. 1 – 22.

[④] Zhao, S. H. & Baldauf, R. B. Jr., *Planning Chinese Characters: Evolution, Revolution or Reaction*. Dordrecht, The Netherlands: Springer Publishers, 2008: pp. 1 – 418.

此，我们赞同 Johnson 对德国后现代思想家哈贝马斯理论的解读,[①] 认为此次改革实施过程中所遭遇的广泛阻力，具有哈氏所论的法理危机（Legitimation Crisis）和理性不足（Rationality Deficit）的典型特征。中国是一个正在向现代化进军的发展中国家，后现代思潮尚是一个敏感的话题，但它同时也是一个全球现象，随着经济领域的突飞猛进和民众生活的迅速提高，特别是全球化浪潮和以互联网为特征的技术革命进程的加速作用，我国语言规划中的许多现象日益明显地融进了"多元"与"宽容"等后现代思想的核心价值。中德两种语言的正字法改革，从社会政治层面或规范本身来看也许并无明显直接的可比性，但从认识论高度探究二者所遇社会阻力背后复杂的深层原因，无疑是一个具有理论意义和值得探索的观察视角。

参考文献

[1] Johnson, S., *Spelling Trouble? Language, Ideology and the Reform of German Orthography*. Clevedon, Toronto: Multlingual Matters, 2005.

[2] Augst, G., Germany: Script and politics, Daniels, P. & Bright W. *The World Writing Systems*. New York, Oxford: Oxford University Press, 1996: pp. 765-768.

[3] 冯志伟:《英德法语的正字法与汉语拼音正字法》，苏培成主编《语文现代化论丛：第五辑》，语文出版社 2003 年版。

[4] 冯志伟:《德语的规范化》，《语文建设》1992 年第 3 期。

[5] 华宗德、华蓉:《试论"德语正字法改革"》，《国外语言学》1997 年第 4 期。

[6] 俞宙明:《德国正字法改革的困境和出路》，《德国研究》2006 年第 3 期。

[7] 何涛:《新的对于正字法改革及其在德国引起的反响》，《北京第二外国语学院学报》1998 年第 4 期。

[8] Tasovac, T., Opinion: Spelling Reform Spells Trouble for Germany. Retrieved from on 22, April from http://www.dw-world.de/dw/article/0,922563,00.html, 2011.

[9] Holst, J. H., German politicians' decision on March 30th, 2006: Nazi orthography becomes obligatory in German schools. http://www.janhenrikholst.de/indey31.htm, 2011.

[10] Blommaert, J., The debate is open. In Blommaert. *Language Ideological Debates*. Ber-

---

① Johnson, S., *Spelling Trouble? Language, Ideology and the Reform of German Orthography*. Clevedon, Toronto: Multlingual Matters, 2005, p. 69.

lin: Mouton de Gruyter, 1999.

[11] Bokhorst-Heng W. D., Wee L., Language planning in Singapore: On pragmatism, communitarianism and personal names. *Current Issues in Language Planning*, 2007 (3): pp. 324–343.

[12] 苏培成:《二十世纪的现代汉字研究》,书海出版社2001年版,第107页。

[13] 王铁琨:《"规范汉字表"研制的几个问题》,李宇明、费锦昌主编《汉字规范百家谈》,商务印书馆2004年版,第179—203页。

[14] 赵守辉:《日本的人名用字即相关问题》,周庆生、郭熙、周洪波主编《中国语言生活报告(2009)》,商务印书馆2010年版,第385—397页。

[15] Kaplan, R. B. and Baldauf, R. B., Jr., *Language Planning from Practice to Theory*. Clevedon, England: Multilingual Matters, 1997: pp. 1–403.

[16] Kamwendo, G. & Mooko, T., Language Planning in Botswana and Malawi: A Comparative Study. *International Journal of the Sociology of the Language*, 2006, 182: pp. 117–133.

[17] 赵守辉:《日本的汉字政治:演变、动因及实施》,《外国问题研究》2010年第3期。

[18] Milani, T. M. & Johnson, S., Language Politics and Legitimation Crisis in Sweden: A Habermasian Approach. *Language Problems & Language Planning*, 2008 (1), pp. 1–22.

[19] Zhao, S. H. & Baldauf, R. B. Jr., *Planning Chinese Characters: Evolution, Revolution or Reaction*. Dordrecht, The Netherlands: Springer Publishers, 2008: pp. 1–418.

[原文载于《北华大学学报》(社会科学版) 2014年第1期]

法国的语言政策与语言规划实践
——由紧到松的政策变迁

戴曼纯　贺战茹

一　引言

　　语言蕴含着人类文化的精华，是人类文明的宝库，它的价值是不能用物质标准来衡量的。一个民族的语言反映该民族的特征，它不仅包含着该民族的历史和文化背景，而且蕴藏着该民族对人生的看法、生活方式和思维方式。任何一种语言的消失，都会导致它认识世界的独特方式和它所承载的文化的丢失，从而也导致世界语言文化画面的缺失（刘汝山、郭璐宁，2004）。为了推进世界语言文化的多元化，联合国 UNESCO 于 1999 年 11 月 17 日宣布，每年的 2 月 21 日为世界母语日，定 2008 年为国际语言年。2002 年的年度主题非常发人深省——语言多样性：3000 种语言濒临灭绝（Linguistic Diversity：3000 Languages in Danger），口号是"世界语言汇成银河，每个词汇都是朗星"（slogan：In the galaxy of languages, every word is a star）。濒危语言需要我们制定正确的语言政策，通过恰当的语言规划进行保护。法国改变其语言政策，试图挽救濒危的语言，这一变迁折射出语言政策的双刃剑作用，一方面为民族国家的统一性做出贡献，另一方面导致部分民族语言和方言面临灭绝的境地。

　　语言政策和语言规划密不可分。语言政策是国家通过立法或者政府手段用来鼓励或阻拦使用某一语言或某些语言的政策，也有用来保护区域性语言和少数民族语言的政策。语言政策确定语言的使用方式和语言技能，以保证个人和群体的使用语言的权利。语言政策中有统一性、同化性政策，也有干预性政策、非干预性政策、稳定性政策和混合型政策。语言规划比政策更具体，是实施政策的具体操作，其中政府层面的语言规划通常以语言政策的形式出现。语言政策有宽/紧之别（thin and thick policy），宽松政策通常表现为少数零散的规定，严紧的政策反复而明确地在法律法规中体现出来，并且设立专门的机构行使调节语言的功能（Siiner，2006：163）。

语言规划一般包括三个方面：地位规划（Status planning）、本体规划（Corpus planning）和教学规划（Acquisition planning）。语言规划是政府或社会团体为了解决语言在社会交际中出现的问题，有目的、有计划、有组织地对语言文字及其使用进行干预与管理，使语言文字更好地为社会服务。因此，语言规划是一项有目的、有计划的系统工程，它主要是政府行为，兼有社会行为。语言规划是指由政府、语言文字主管部门或语言文字专家对社会中所存在的语言的社会地位和功能，语言本体的结构形式，以及民众习得语言的过程进行的系统、针对性强的干预活动（陈章太，2005）。简言之，语言规划是何人在何种条件下、出于何种目的、以何种手段、通过何种决策过程，企图调整何人的何种行为，有何结果。语言规划随语言政策而变，政策的日臻完善取决于人们观念的改变。

法国的语言政策和规划在欧洲国家中极具特色，历来奉行的"同一片领土、同一个民族、同一种语言"的传统做法如今已不能被人接受（Wright，2007）。本文以法国的语言政策变迁为背景，讨论变迁原因和轨迹，探寻可资借鉴的启示。

二 语言立法及语言机构

依法管理语言是法国语言生活状况的真实写照。法国政府主张通过政府行为进行语言调控，政府和政策引领国民的舆论。法国语言政策在政府文件中有明文规定，语言法规较多；语言政策主要针对法语的语言地位，目的是不断提高法语的声望，增强社会凝聚力（Ager，1996）。法国曾经在相当长的时间内大力推广法语，压制方言和少数民族语言，后来这种主导思想的弊端日益凸显，遂逐渐改变为继续推广法语的同时，挽救并扶持本国濒危的遗产语言，所以有人（Schiffman，1996）在分析法国语言政策失败原因时指出，法国推行强有力的语言政策这一事实表明它极力改变人们关于语言的思想和语言运用，但是未能达到效果。

（一）语言立法与语言案

1992年6月25日法国通过宪法修正案，对1958年制订的第五共和国宪法作了修订，在第二条的内容里增补了"法语是法兰西共和国的语言"等文字。这是法国政府对其官方语言法语做出的地位规划，它是法国语言政策的法律依据。但是，这一宪法修正案中没有说明法国方言的地位及其与法语的关系。2008年7月法国议会对此进行了修正，官方承认了法国众多的地区语言，宪法第75条表示：法国的方言属于法国的文化遗产。通过法律文件的修订可以看出法国政府语言态度的转变，其中较为重要的有杜邦法。

1994年8月4日，法国议会通过法语和法国方言总署负责拟订的杜邦法（Toubon Act），又称《法语使用法》。杜邦法是法国政府关于法语使用的法律，是法国政府制定的关于法语语言文字及其应用的规范标准和法规制度。杜邦法的出台与法国境内广告及其他场合中英语使用频率越来越高有关，与法语中夹杂的英语词汇越来越多有关。立法的意图是为了加强法国公民尊重和爱护法语的意识，重申法国宪法中的规定：法语是法兰西共和国的语言。

杜邦法有关内容如下。首先，它规定公立学校教学语言必须是法语；不使用法语作为教学语言的学校不能接受政府的资助。第二，规定工作场合使用法语，所有的劳动合同和需要劳动者知晓的企业内部文件必须用法语撰写；如果合同涉及的内容没有对应的法语词，需使用外来语时，应对外来语进行解释；任何一份包含有关雇员义务的文件，以及包含与雇员工作密切相关的制度的文件，必须用法文撰写。当雇员的母语不是法语时，劳动合同除了法语之外还要用该雇员的母语翻译，并以该翻译为准。这是杜邦法在语言方面对劳动者利益的保护。

第三，政府的官方出版物和涉及公共利益的出版物必须用法文印刷。宪法规定，公众有了解政府行为的知情权，与法语为国家官方语言完全吻合。由国家公务人员签署的合同、商业合同、利用公共场所或公共交通工具发布的广告必须使用法语。外语广告必须附带法语译文；商业服务行业中，如给消费者提供产品或介绍产品时，必须用法语。境内销售的商品包装上也必须使用法文，这一规定有利于保护消费者权益。

第四，广播、电视等媒体要为保护和传播法语做贡献，其节目和广告内容，不论以何种方式发送或传播，必须使用法语，杜邦法还要求电台放送的歌曲至少40%是法文歌曲。

此外，杜邦法对学术会议使用的语言也做了相关规定。

杜邦法的实施①纠正了某些违反语言法的现象。例如，可口可乐公司为他们的标语加注了法语译文。在欧洲的多数国家，可口可乐的广告标语通常是"Always Coca-Cola"。但是，此广告标语在法国被翻译成"Toujours Coca-Cola"。有些公司（如迪士尼）因为其商品只有英文标识，没有附加法语译文而遭到起诉，甚至处罚。Body Shop因为所售化妆品没有法文标识而被罚600法郎。

杜邦法实施以来有两个典型案例值得思考，可资借鉴。案例一：2006年，凡尔赛上诉法院宣判美国通用电气医疗系统公司（The General Electrics Medical Systems，简称GEMS）在法国的子公司通用电气医疗集团（GE Healthcare）赔偿原告（工会）580000欧元，如果三个月之内未能提供相关文件应有的法语译文（包括软件的法文译文，有关职员培训条例，安全、健康手册等文件的法文译文）每天罚两万欧元。这是法国司法机关首次依据杜邦法做出的裁决。

案例二：1991年建校的美国佐治亚州理工学院在法国洛林的分校（其校长是法国人）被两个非盈利的法语保护组织"法语的未来"（Avenir de la Langue Française）和"保卫法语"（Défense de la Langue Française）告上法庭，因为该分校网页提供的是该学院的课程目录、院系设置情况及学校管理方面的信息，并有相关链接，可以访问设在美国佐治亚州理工学院本校的服务器上的内容。这是杜邦法首次被用在网络语言方面。起诉的理由为，法国境内服务器上的学校网页没有法文版本。"法语的未来"发言人马苏·迪尚说："杜邦法明确规定，对任何一条在法国本土推销商品及服务的商业信息，应使用法语。该网页并没有任何远程学习和教育的内容，是纯粹的学校招生广告。我们并不反对用英语教授课程，我们只是认为在法国本土，公开的招生广告只用英文是欠妥的。这个例子充分体现了有些人是怎样不尊重自己的母语。我们并不反对使用英语，我们要求该网页使用法文，是出于对我国法律以及法语文化的尊重。"然

---

① 参考 International Committee Newsletter, http：//www.abanet.org/labor/newsletter/intl/2006/Apr/france3.html。

而，有趣的是，法庭最终裁决被告无罪，认为原告没有按照恰当的法律程序起诉被告。

（二）振兴法语的机构

为了落实颁布的语言法，法国历届政府相继成立了有关机构，对法语进行语言规划并大力推广，如法兰西学院、法语和方言总署、专业词汇委员会、法语联盟等，这些专门的语言文字或教育机构在保持语言纯洁性方面发挥重要的作用，并延续至今。

（1）"法兰西学院"是法语拼写、词汇、用法、语法、法语文学等方面的官方权威机构，是最有名的语言纯洁机构，受法国总统的直接领导和保护。法兰西学院的工作是从微观角度对语言进行本体规划，包括对法语的语音、词汇、语法以及文字的正字法和正词法等确定规范标准，为推行法语及其书面形式（文字）提出具体要求和规定。法兰西学院1635年正式成立，设院士40人，院士是终身制的职位，被称为"不朽者"，奠基者Richelieu在官印上镌刻的座右铭"为了法语的不朽"（A l'immortalité）成了法兰西学院的办院宗旨。

成立之初的法兰西学院其主要任务是编纂词典以及法语语法书，并计划编写篇章修辞学与文学规则两部著作。但是，法兰西学院很快意识到编写篇章修辞学和文学规则的计划很不现实。语法书300年后于1932年问世，由于批评声不断，最终被学院放弃（Ball，1997）。

近400年来，法兰西学院在法语的学术规范与辞书指导方面做了大量的工作。对于哪些单词不能收入字典，法兰西学院有严格规定。法兰西学院于1694年出版了第一部官方法语词典，至今共出版过8种版本（1694年，1718年，1740年，1762年，1798年，1835年，1878年，1935年）。第三版和第四版非常具有革命性，几乎修订了近半数法语词汇的拼写。最新版第9版的第一卷于1992年出版，第二卷2000年出版，第九版预计收录15000多新词语。

（2）法国政府设有多个专门负责贯彻实施语言政策和语言法令的机构，其中最有权威和最具代表性的是"法语和法国方言总署"（La délégation générale à la langue française et aux langues de France），前身是法国首相乔治·蓬皮杜1966年组建的保护及推广法语高级委员会。几经改名，2001年定名为法语和法国方言总署，从这一新名称的使用上可以看出，法国政府开始关注国内语言多样性。

法语和法国方言总署的主要职责是监管法国政府部门贯彻、实施语言政策的情况，监督各项语言立法（如法语使用法）在各部门的执行情况，负责在全球推广法语。该机构是政府落实语言总政策的重要部门，与总署协同工作的还有其他相关组织，如法语高级理事会、术语及新词总委员会等。总署的具体社会工作主要有：

（a）关注法语使用法的实施情况，保证法国公民用法语获取信息的权利；在一些重要的学术会议以及讲座期间，提供法语翻译服务。

（b）积极开展活动，提高全社会对语言问题的关注程度，全体国民都应关注法语的使用情况和法语未来发展走向问题。

（c）使所有国民掌握法语，加强法语在促进社会安定团结方面的作用；参与设立初级法语证书考试，帮助移民更快地融入法国社会。

（d）在丰富法语，促进法语现代化方面起着监督作用，向公众推广新词。

（e）繁荣法国语言文化多元性，维护世界语言多元化，鼓励当代作家、剧作家、词作家等用方言创作一些文学作品、戏剧、歌曲、书籍等，用多种途径传播。

（f）收集并拥有大量有关法语、法语国家、法国的语言等方面的信息资源（语言学、法语历史及立法、辞书字典、专业词汇、法语在世界的地位等）。总署官方网站内容极其丰富，提供各类活动的信息及法语新词汇的语料库。网站还针为公众所提语言问题答疑解惑，例如，法语词汇的构成、国家与法语的关系等。总署出版有关法语使用法、科技词汇、法国的语言资源等方面的刊物，且不断修订再版。

（3）"专业词汇委员会"（Terminology Committee）成立于1970年，从事语言本体规划，负责政府各部门和社会各行业所使用的专业词汇，如经济、金融、教育、卫生、航空等。总署负责协调、监督委员会的工作。专业词汇委员会的职责是，查找相关领域法语词汇方面的疏漏，收集、修正、倡导专业术语，利用法语国家国际组织的资源，传播官方的专业词汇。委员会由法国和法语国家的专业人士构成，包括记者、专家、语言学家。委员会不定期汇集出版专业词汇，公之于众。

更重要的是，这些修正过的词汇必须被使用。教育部经常认定词语或语法形式是否正确，并将其作为国家各种考试的必考项目。但是，法国本体规划存在一些问题,如审定的词汇过时,实施不当(Ager,1996)。

(4)"法语联盟"于1883年7月在巴黎成立,是一个非官方、非营利的推广法语和法国文化的机构,主要从事语言教育工作,百余年来长盛不衰,堪称世界各国语言推广机构中的佼佼者。法语联盟的具体任务是在法国本土之外推广法语及弘扬法国文化,它主要针对法国境内外以法语作为第二语言的学生群体,从事法语教学活动。全球学生人数多达数十万,在中国每年有两万多学生参加法语联盟的语言培训。

(5)法国总统戴高乐考虑到法语地位下降、影响日益缩小,提出了建立"法语共同体"的设想,在全球推广法语。1970年,21个法语国家在尼日尔首都尼亚美召开的会议上签署了成立文化技术合作局宪章,标志着"法语国家国际组织"(Organisation Internationale de la Francophonie)的成立。宗旨是平等、互补和协作。法语国家国际组织是一个有关全球文化及语言多样性的重要的论坛机构。在商业全球化的今天,它特别注意加强同一些国际组织,如联合国教科文组织的合作,与世界其他类似的语言文化保护组织一道,致力于世界文化及语言多元化的发展问题。

三 强硬语言政策及影响

(一)法国大革命后消灭方言和其他语言的政策

1790年法国全国范围的语言生活状况调查报告显示,国内只有五分之一的人口日常生活中讲法语,懂法语的人数不到总人口的三分之二,有三分之一多的人根本不会法语(McDonald,1989:29;转引自Mendel,2004)。解决法国语言繁杂性的问题于1790年1月被法国大革命新政府提到议事日程;法语被确定为全国通用语。政府认为,要把法语作为立国工具,将其作为法国大革命意识形态传播的载体;保留迁就民族语言会削弱国家的统一(Safran,1992)。在讲方言的每一个公社至少要有一名法语教师。

此间消灭方言的代表人物是亨利·格莱戈瓦教士(Henri Grégoire)。格莱戈瓦1794年在国民大会上宣读《消灭方言的必要性及手段与普及和使用法语的报告》,声称政治上领先的法国在语言方面还处于巴别塔中,国内语言状况一片混乱;在当时的两千五百万法国人口中,母语是法语的只有三百万人，比例是12%；他提出必须强制学习法语，必须清除方言。格莱戈瓦的报告敦促政府出台了两项法律，明确规定在法国公共场合以及学校只准讲法语。

（二）1881年的教育立法

法国的教育立法对法语的推广产生了深远的影响，尤其值得一提的是关于公立教育的费里法。法案的制定部分原因来自1870年普法战争结果，当时法国舆论认为德国士兵所受的教育优于法国士兵是法国战败的原因之一。1881年，当时的教育部长朱尔·费里（Jules Ferry）下令，实行免费义务教育。基本理念是提倡共和国内人人平等，通过统一的大纲让学生接触同一种语言、同一种文化，目的是消灭多元化，提高同一性。费里法要求所有法国学龄儿童必须接受小学阶段的义务教育，教学语言只能是法语，要使所有儿童都能通过法语获取知识得到发展，法语既是教学语言又是教学目标，法国各地公立教育的职责之一是在短时间内，让国民学会法语（Mendel，2004）。教育部和老师的职责就是确保民族语言和方言被逐出学校。从那以后，在法语兴起的同时，法国各地的方言和其他语言遭到了前所未有的削弱。1794年，46%的法国人为不讲法语的单语言者，1863年降至25%，然而到1927年，这些人基本都成了双语言者。

（三）部分语言濒临灭绝

法国有众多的地区方言和民族语言，1999年的人口普查中关于语言的调查表明，每四个法国人当中就有一个父母不讲法语。1999年，法国法语及语言总秘书长伯纳德·策格里尼（Bernard Cerquiglini）向法国政府提交的报告显示，在法国本土及海外领土上，共有75种方言或少数民族语言，24种在法国本土，其余的来自法国的海外领地（加勒比海、印度洋、太平洋、南美洲等地）。

法国的语言政策是导致不少法国少数民族语言处于濒危状态的主要原因，如单语化的语言政策将法语确立为法国唯一官方语言，对少数民族语言实行禁令，贬低少数民族文化价值，不用母语教儿童，致使少数民族中受过良好教育的人都讲法语；此外，工业化与城市化的迅速发展、教会与政府的分离、战争等也产生了一定的作用（Safran，1992）。

四 语言政策的宽松化

法国长久以来推行的强硬语言政策虽然提高了法语的普及率，为国家的统一性和国族认同发挥了积极的作用，但是也产生了一些负面影响。因此，法国政府逐渐推出一些新的语言政策，试图消除强硬政策带来的负面影响。

（一）戴克索纳法

二战后，法国共产党认为，为了维护少数民族语言，应在中小学开设相应的课程，他们针对巴斯克语、布列塔尼语和加泰罗尼亚方言这些少数民族语言的教学问题提出了三项议案。议案的结果是 1951 年颁布的戴克索纳法（Loi Deixonne）。这项立法结束了长期以来地方语言在法国没有地位、倍受排挤的现象。近 200 年来，法国的方言和民族语言首次得到了官方的承认，而此前除了法语和其他现代主要外语外，其他语言从来没有进入过法国学校的课堂。因此，戴克索纳法可以看作后来一系列加强少数民族语言立法的基础（Blackwood，2007）。

（二）恢复方言和民族语言地位的政策

到 20 世纪 80 年代，社会党领袖密特朗担任法国总统（1981—1995）前后发表了一系列讲话，重申了方言和少数民族语言地位，开始积极鼓励并拨款援助少数民族语言及文化的复兴工作。密特朗总统多次表示，要尊重地方语言与文化，学校要开设相应的课程，进行地方语言的教学（Ager，1996）。至此，法国政府开始明确提出倡导语言和文化多样性的口号，并在国际社会中得到广泛认可，法国民众也呼吁保护这些遗产语言，1983 年成立"地区文化与语言国家委员会"（Conseil National des Langues et Cultures Regionales），方言教学政策亦有不少调整。

（三）90 年代的语言教育政策

20 世纪 90 年代，法国出台了两项法令（92-234 号法令和 95-086 号法令），它们重新调整了法国对待其方言的政策。92-234 法令鼓励在中学的初始阶段开设语言强化课程，树立多元文化的意识。1995 年法国颁布了第二条关于少数民族语言政策的法令——95-086号法令。这项法令覆盖了法国20多种少数民族语言。这项法令包括一系列的有关地区语言的条款。95-086号法令允许浸入式的双语教学，正式规定把地方语言教学纳入国家教育界主流课程（Blackwood，2007）。

（四）欧盟语言文化多元化立场及其影响

欧盟一贯推崇和鼓励欧洲大陆语言的多样性，1992年欧洲理事会通过了关于地区及少数民族语言的宪章（The European Charter for Regional or Minority Languages，ECRML），旨在保护和推广欧洲的区域性语言及少数民族语言，宪章规定了欧洲理事会成员国必须遵守的原则。

欧盟宪章认为一国之内可有多个民族存在，然而法国宪法委员会认为这有悖于法国宪法，因为法国宪法规定在法兰西共和国只能有一个民族存在。法国的宪法委员会1999年6月15日决定，批准该宪章是违反法国宪法的（Osler & Starkey，2001）。尽管法国没有批准宪章，但是在法国的语言立法和语言政策中，少数民族语言越来越被重视；虽然对少数民族语言的认可还只是象征性的，法国已开始向世人呈现一种语言多元化的国家的形象（Maatta，2005）。1995年，法国提出了多元中的统一（Unity in diversity）口号，然而，走向真正多元化的道路是曲折的，法国多元化的教育实施较为缓慢，表现出一种政策立场的不稳定性（Bleich，1998；Mendel，2004）。

在欧洲语言文化多元化的观念影响下，推广语言多元化逐渐成为法国语言政策的一部分。2001年4月，法国教育部部长杰克·朗格（Jack Lang）正式公开表示，二百多年来，法国政府压制了法国的地方语言，法国不是单语国家，地方语言应得到承认，应被视为一种资源和财富，应该在教育体制中得到体现，在法国的教育体制中将增加双语教育，中小学应该多招聘掌握双语的老师（Hélot，2003）。

五　结语

历史上，法国政府为了法国的高度统一、国民的团结、经济的发展，确定法语为国语，并大力推广，确实达到了目的，提升了法语的声望，取得显著的经济效益和社会效益。有利则有弊，强硬的语言政策忽略了语言文化的多样性，忽视了各少数民族的权益，压制了方言和民族语言。强硬政策致使很多法国遗产语言濒临灭绝。现在，法国政府已经意识到对法语的保护取决于对多元文化的保护，认识到保护一种语言（国语）而排斥其他语言是极其守旧的，接受和保护地区性语言是现代化的一个标志。当前语言政策的宽松化给这些濒危语言带来了一线生机，顺应了欧盟语言和文化多元化的要求，支持和繁荣地区性语言。但是，长久以来的强硬语言政策传统不容易被打破，媒体表达出来的公众反应显示，大多数法国人依然遵循共和党人的"同一片领土、同一个民族、同一种语言"传统；与法国的周边国家相比，法国政府对少数民族语言的支持非常有限，甚至没有（Wright，2007：218）。

此外，当代法国语言规划也面临新的问题。英语在世界范围内的强势地位削弱了法语的影响，尽管法国的语言政策致力于在商务、科技、流行文化等领域抵制英语的影响，继续推广法语，甚至倡议欧洲的学校教授两门以上的外语。这一政策转变体现了对内松对外严的语言价值取向。法国语言政策的宽松化给我们带来深刻的启示。

参考文献

[1] Ager, D., *Language Policy in Britain and France—the Processes of Policy*. New York：Cassel, 1996.

[2] Ball, R., *The French-speaking World-A Practical Introduction to Sociolinguistic Issues*. New York：Routledge, 1997.

[3] Blackwood, R. J., L' Exception francaise? Post-war Language Policy on Corsica. *Journal of Multilingual and Multicultural Development*, 2007 (28): pp. 18 – 33.

[4] Bleich, E., From International Ideas to Domestic Policies: Educational Multiculturalism in England and France. *Comparative Politics*, 1998 (31): pp. 81 – 100.

[5] Hélot, C., Language Policy and the Ideology of Bilingual Education in France. *Language Policy*, 2003 (2): pp. 255 – 277.

[6] Määttä, S. K., The European Charter for Regional or Minority Languages, French language laws, and national identity. *Language policy*, 2005 (4): pp. 167 – 186.

[7] Mendel, K., Regional Languages in France: The Case of Breton. *LSO Working Papers in Linguistics*, 2004 (4): pp. 65 – 75.

[8] Osler, A. & H. Starkey., Citizenship Education and National Identities in France and England: Inclusive or Exclusive? *Oxford Review of Education*, 2001 (27): pp. 287 –

305.

[9] Safran, W., The Mitterrand Regime and Its Policies of Ethnocultural Accommodation. *Comparative Politics*, 1985 (18): pp. 41 – 63.

[10] Safran, W., Language, Ideology, and State-building: A Comparison of Policies in France, Israel, and the Soviet Union. *International Political Science Review / Revue Internationale de Science Politique*, 1992 (13): pp. 397 – 414.

[11] Schiffman, H., *Linguistic Culture and Language Policy*. London: Routledge, 1996.

[12] Siiner, M., Planning Language Practice: A Sociolinguistic Analysis of Language Policy in Post-communist Estonia. *Language Policy*, 2006 (5): pp. 161 – 186.

[13] Wright, S., The Right to Speak One's Own Language: Reflections on Theory and Practice. *Language Policy*, 2007 (6): pp. 203 – 224.

[14] 陈章太:《语言规划研究》,商务印书馆2005年版。

[15] 刘汝山、郭璐宁:《国外濒危语言研究扫描》,《当代语言学》2004年第4期。

[原文载于《西安外国语大学学报》2010年第1期]

印度语言政策与语言文化

周庆生

印度地处南亚次大陆，是世界文明古国之一。印度宪法承认的部落有212个，语言和方言总数约为1652种。印地语是国家的官方语言，英语是国家辅助的官方语言，宪法承认的地方民族方言有15种。居民主要信仰印度教、基督教、伊斯兰教、锡克教、佛教和耆那教等。除了多民族、多语言、多宗教，印度历史上还有两大特点引人注目：

第一，王国林立，长期处于割据分裂状态。历史上印度几乎没有实现过真正的统一，即使在全国两大统一时期：莫卧儿王朝和英国统治时期，全国仍有五六百个大小王国，1947年印巴分治后，全国境内仍有300多个小王国。印度历史上的这种分裂性，正是造成印度文化多样性的重要原因之一。

第二，屡遭异族入侵和占领。几千年间，入侵印度次大陆的人潮一浪接一浪，雅利安人、希腊人、月氏人、波斯人、马其顿人、阿拉伯人、突厥人、蒙古人、葡萄牙人、荷兰人、法国人、英国人都曾纷纷而至，都想圆其东方美梦。难怪有人断言："印度的历史，就是一部外来民族入侵史。"

这些外来民族带来的语言文化与本土语言文化相互接触、相互影响，有的创造出一种新的语言文化形态，有的则仍保持其原有的文化形态，从而加大了印度语言文化的异质性。

一 语言文化传统：异质性和延续性

西方学者在研究欧洲某国的语言政策时，往往将该国的语言政策跟文艺复兴及民族国家的兴起相挂钩，试图追溯该国语言政策赖以产生的文化根基。如果我们也套用这种路子，当然不是不可以，但是，考虑到印度毕竟是一个泱泱世界文明古国，倘若撇开其悠久的语言文化传统，势必会缩小我们的视野,丧失许多重要信息,甚至会影响我们对印度语言政策与语言文化关系的认识深度。

(一) 语言传统的演变

印度可以考证的历史已有4000多年。4000多年来,印度语言文化传统的形成和发展,大体上经历了三次重大的演变。

1. 古代的梵语文化 (约公元前2000年—公元13世纪初)

公元前2000年,今印度和巴基斯坦地区的原住民主要是达罗毗荼人和高尔人,他们主要使用泰米尔语、泰卢固语和坚那利语等语言,隶属达罗毗荼语系,曾创造了发达的都市文明。由于中亚地区的游牧民族雅利安人的入侵,原住民达罗毗荼人和高尔人被赶到印度的南方居住。雅利安人则住在北方,他们用最古老的雅利安人的语言写出了《吠陀》本集,该语言亦称"吠陀语"或"吠陀梵语",梵语 (Sanskrit) 一词本指"意愿、纯洁、完整、神圣"之意,是一种经过修饰讲究语法规范的、高深典雅的书面语言,当时只有学者和僧侣懂得梵语,雅利安人称之为"天语"。雅利安人说的梵语是一种俗语,跟书面梵语有一定距离。古代梵语俗语主要流行于印度西北地区,其他地区则通行梵语的书面语,主要是上层人物及文人学士使用。

吠陀时代,雅利安人每个部落都有自己的方言,"印度从来就没有过统一的语言",印度南方的达罗毗荼人用泰米尔语创作了大量的文学作品,纪元初期,还产生了泰米尔语的 Tolkappiynr 语法。雅利安人用梵语创作了大量的史诗和剧本,约公元前500年又编纂出梵语的巴尼尼语法,非韵律的 Stras。古代印度梵文文献涉及的领域非常广泛,文献数量极为丰富,远远超过古希腊文和拉丁文的拥有量。

由于梵语书面语跟俗语之间的差距越来越大,终于成为一种死语言,梵语不再是任何民族的本族语,但是梵语文化在伊斯兰教入侵之前的两千多年间,基本上是印度的主流文化,而且是现代印度文化发展上的一个直接源头。

2. 中世纪的波斯—阿拉伯语文化与梵语文化并存 (13世纪初—19世纪中叶)

从公元671年穆斯林首次在印度信德省登陆,到公元1026年在印度德里建立第一个穆斯林政权,印度的梵语文化受到来自中亚伊斯兰教文化的重大挑战。特别是16世纪初期，印度的穆斯林建立了莫卧儿帝国，几乎统一了整个印度。穆斯林的语言和文化在印度次大陆迅速传播。中东穆斯林使用的波斯语，是当时印度次大陆统治者的日常用语，同时也是莫卧儿王朝的行政、法庭和贸易用语。作为官方语言，波斯语的地位日益提高，掌握波斯语言文化已成为从事公职、步入宫廷的一个必备条件。波斯语还是诗歌和文学的语言。宗教领域则一律使用阿拉伯语。

波斯—阿拉伯语言文化的崛起，并没有造成印度古代梵语文化的泯灭，只是波斯—阿拉伯语文化多用于官方，梵语文化多用于民间，波斯—阿拉伯语文化多出现在台上，梵语文化多出现在台下。梵语文化的发展极其缓慢，梵语印度教中吸收了不少阿拉伯语的伊斯兰教因素。

在印度次大陆的历史上，曾多次出现异民入侵，每次入侵的结局都是文化融合。但是这一次却与众不同，穆斯林摧毁了印度北部几乎所有婆罗门教和佛教的僧院，波斯—阿拉伯语文化始终保持着自己独立的地位，并成为古代梵语文化的强有力的竞争对手，这一切又成为1948年"印度巴基斯坦分治"的一个重要根源。

3. 殖民时期的英语文化（19世纪中叶—20世纪中叶）

印度沦为英国殖民地，一般以1757年的普拉塞战役为起点，到19世纪中叶，印度的三分之二领土由英国人直接统治，被称为"英属印度"。英国的殖民掠夺，给印度人民带来了巨大的灾难和不幸，正如马克思1853年所指出的，使"印度失掉了他的旧世界而没有获得一个新世界……并且使不列颠统治下的印度斯坦同自己的全部古代传统，同自己的全部历史，断绝了联系"。马克思的这一论断同样适用于印度的语言文化。随着英国殖民统治的巩固，英国文化的引进，印度传统语言文化受到极大挑战，英语成为法定的高等院校教学语言，成为传播基督精神、引入西方文化的媒介，成为获取政府职位、其他文职、邮政和铁路系统职位的一个必备条件。

（二）印度古代语言文化的突出特征

1. 注重收藏和保护宗教经文

全社会投入了大量的时间、人力、能源、物力等资源，设有世袭的祭司职位，用来保护存储宗教经文文献。通过识字和书写的方式传递这些文献。人们认为，上帝之言神圣不可改变，通常保留在经书之中，所以经书的语言必须保持纯洁。在某些方面，词具有某种魔力，滥用、滥说或误用一个词，有可能招致祸害甚至带来灭顶之灾。

2. 梵语与口语脱节

古代印度有权阅读、书写和学习梵文的，只限于雅利安人的最高种姓——婆罗门，而最低种姓"首陀罗"以及贱民或异教徒，甚至无权听到梵语。这样梵语书面语的使用范围越来越窄，梵语新词不是从民众生活口语中产生，而是出自学校中闭门造车式的专门讨论。梵语终于成为一种与现实民族语脱节的死语言。

3. 双语体

双语体指的是一种语言的语词有文言和白话之分，或有书面语和口语之分，或有高雅语体和低俗语体之分。印度大多数语言都有双语体。双语体非常适合印度语言文化的需要，双语体中的高雅语体是保持语言纯正和语言规范的一种方式，低俗语体则体现了语言的多样性，能够容忍多语现象，可以不受语言规范的约束。

二 语言与殖民主义

16世纪初期，当欧洲人首次踏上印度国土之时，语言使用呈现出多种样式。在官方层面，由于穆斯林对印度的统治，上层大多使用波斯语和乌尔都语，基层大多使用地方语言，包括葡萄牙语等语言。在该时代早期，印度诸海港，由于印度人跟葡萄牙人长期接触，产生了一种特殊的印葡混杂语，后来演变成一种混合语。尔后，当荷兰、丹麦、英国、法国及其他殖民政府跟印度人打交道时，通常都用这种印葡混杂语。

（一）发现梵语

1783年，担任印度威廉要塞首席法官的英国人威廉·琼斯爵士与当地东方学家发现，梵语可能跟印欧语言有发生学上的关系，可能都来源于一种原始共同语。该项发现，改变了外部世界对梵语的认识，梵语不再是东方固有的语言，它跟欧洲古代及现代语言有着很深的亲缘关系。

梵语的发现，直接推动了历史比较语言学和现代普通语言学的发展，激发了各类学者及传教士语法学家，探究梵语女儿语言或孙女语言的系谱关系，促进人们努力实现印度本地语言的标准化和现代化，以便"东印度公司"的管理,该公司使一些语言的地位和抱负合法化,使另外一些语言的期望化为泡影。据此,一些语言学家得以做出决定,某某语言是一种"真正"意义上的语言,某某则是一种"方言"。无论如何,这些东方学家没有料到,他们的发现还开创了印度语言政策的一个新时代。

(二) 传教士利用印度其他语言开展活动

涌入印度的西方传教士非常清楚,要宣扬基督教教义,必须使用当地广大民众的语言。他们将圣经译成当地语言出版,编印传教读本及词典工具书籍,创办一些初级学校,用学生的母语讲授基督教教义,同时辅以一些简单的读写算知识。西方传教士的传教活动,旨在使更多的人皈依基督教,但在客观上促进了印度本土语言的使用和发展。

(三)《麦考莱纪要》与强迫接受英语

在西方文化传入东方国家,与东方文化发生接触时,该东方国往往会出现激烈的文化论争。例如中国清朝末年的"中学"和"西学"之争,日本明治维新时期的"和学"和"兰学"之争,印度也出现了著名的"东学"和"英学"(Anglisim)之争。东学派鼓励复兴东方文化,在教育中使用东方语言,英学派主张通过英语教学传播西方科学和文化。

1835年2月,"公共教育总会"主席麦考莱(T. B Macaulay, 1800 – 1859)撰写了一份《教育纪要》,提交到总督参事会。麦考莱是一位英国殖民主义者,他极力贬低东方文化的价值,坚决主张英语优于印度的梵语、阿拉伯语或波斯语。

麦考莱主张实行英语教育的理由大致如下:

(1) 英语是掌握现代知识的关键,英语会给印度带来全面的复兴;(2) 在印度,英语是统治阶级使用的语言,有可能成为整个东方海域的商业用语;(3) 英语教育虽然不能普及到全体人民当中,但是据此可以造就"一个在我们与被我们统治的成百上千万人民之间进行翻译的阶级,一个在血统和肤色上是印度人,但在爱好、观点、道德和知识上是英国人的阶级"。他们可以用本地语撰写著作,把西方知识和道德传递到印度人民大众中去。

麦考莱的《教育纪要》很快获得批准,后来该《纪要》被视为印度殖民语言政策和教育语言规划的蓝图。1835年3月印度总督本廷克

（Bentinck）签署一项决议，规定今后英国政府划拨的教育资金只能用于英语教育，不再资助梵语学院的学生，不再用于东方语言著作的出版。1837年印度政府的有关条例规定，英语正式取代波斯语成为印度的官方语言，最高法院的工作语言使用英语，初级法院使用现代印度语言。1844年10月，印度总督哈丁（Hardinge）签署的一项决议规定，所有公务人员的聘用，必须通过教育委员会（其前身为公共教育总会）所举办的公共竞争考试，受过英语教育者，得以优先录用。这一举措的重要导向意义在于，印度人要想在政府部门谋得一官半职，就得进入英语学校和英语学院深造，从而有效拉动了印度社会对接受英语教育的需求。

三 语言与民族主义：官方语言问题

一个国家一旦从殖民统治中独立出来，往往会把清理该国的殖民语言作为民族复兴的一项重要任务。通常采用的方式是，在宪法中规定该国新的官方语言或国语，以取代殖民时期的官方语言。

（一）印度独立：引入苏联语言政策模式

印度独立之际，大多数人似乎都认为，殖民语言英语不适宜再充当独立后的印度官方语言，但是用哪种语言来取代英语，如何取代，尚不清楚。1947年6月英国公布了把印度分为印度和巴基斯坦两个自治领的《蒙巴顿方案》，8月15日，印巴分治，印度实现独立，但是有关宪法及宪法包括哪些内容尚未达成共识。语言问题是宪法涉及的一项内容，当时成立了一个语言委员会，研究语言事务，为制订宪法提出建议。该委员会成员阅读了大量资料，调研了一些问题，同时收到许多报告，并亲自出国考察一些多语国家的语言政策。最后，他们倾向于大体采用一种改造过的"苏联语言政策模式"。他们认为，在列宁领导下发展起来的苏联模式，即俄语在全国处于"老大哥"的地位，其他"少数民族"语言只享有地方权利，是很适合独立后的印度的。

当时，印度语言委员会的秘书巴尔韦（S. G. Barve），曾对该委员会的上述推荐模式提出警告：

事实上，印度的情况跟俄国并不相似，而且形成鲜明的对照。在俄国，拥有历史传统和适应的语用环境，这种环境适宜将一种强大的泛俄罗斯语言用作表达媒介；同时发展地方语言，赋予这些语言一定的权利，这些语言曾经受到压制，因为要强制推行共同语。在印度，条件则不同，问题是我们拥有强大的地区语言，如若实现泛印度语的目的，我们则必须从本国人口最多的语言群体所说的地区语言当中，重新发展一种语言媒介。印度的情况，显而易见，跟俄国大相径庭，印度的历史也不相同。

但是这种警告或忠告并未引起印度语言委员会的重视，这恐怕是因为有更重要的政治因素在起制约作用。

被称为印度共和国国父和圣雄的甘地主张发扬印度文化，极力推广印地语。他认为首先要统一语言文字，然后才能统一民族感情，最后才可以谈及全面的民族团结。甘地从南非回到印度，在印度各地考察，深深感到印度缺少统一的语言文字，建议印度国语采用印地语。

20 世纪 30 年代印度国民大会党（简称"国大党"）首次提出一项偏袒印地语的语言政策。

（二）宪法规定的官方语言

1949 年 11 月 26 日，印度制宪会议通过了《印度宪法》（生效期为 1950 年 1 月 1 日），其中第 17 篇为《官方语言文字法》，包括 4 章、9 条 12 款以及一个附表——《第八附表》。关于印度的国语或国家官方语言，该法第 342 条第 1 款规定，联邦的官方语言是以"天城体"字母书写的印地语。

为了确保印地语的使用、丰富和发展，该《宪法》第 344 条规定，在本《宪法》实施 5 年至 10 年期间内，联邦应设立一个语言委员会，负责向总统提供以下建议：（1）逐步采用印地语作为联邦的官方语言；（2）联邦的官方场合限制使用英文；（3）最高法院及高等法院使用何种语言；（4）联邦官方语言，联邦与各邦、各邦之间书面往来使用何种语言等。

关于英语，该法规定，在本《宪法》实施后 15 年内，即 1965 年之前，联邦各官方场合均可继续使用英语（第 342 条第 2 款），15 年以后拟用印地语完全取代英语。关于地方语言文字，该法《第八附表》列出了 15 种宪法承认的邦级官方语言。关于法院用语，第 348 条规定，最高法院及各高等法院的一切诉讼，议会各院或邦议会各院提出或通过的一切法案或修正案，总统或邦长发布的一切政令，一律使用英文。关于少数民族儿童的母语教育，该法第350条（甲）规定，各邦及各邦地方政权应尽力为少数语种集团的儿童提供在小学阶段进行母语教育的方便条件。

（三）语言问题和语言冲突

《宪法》公布后，在印度中北部的印地语区，印地语得到充分的发展，但是在印度其他非印地语区，却不断发生一系列语言问题，甚至引发激烈的语言冲突，主要表现为：

1. 过高地估计了印地语的权威性，忽略了乌尔都语、泰米尔语和孟加拉语的语言声望和竞争性

（1）语言使用人口数量。据统计，印度全国操印地语的人口总数虽然远远超过操其他任何一种语言的人口，但是操印地语的绝对人口尚未达到全国总人口的三分之一，印地语还不是全国通用的语言，在其他地区居民的眼中，印地语不过是一种拥有较多使用人口的地区语言。

（2）语言文化典籍。在语言文化典籍方面，印地语还不如泰米尔语、孟加拉语等语言丰富。泰米尔语文学始于1世纪前后，是印度最古老的文学，现存最早的孟加拉语文学作品是12世纪的抒情诗集，操这些语言的人认为，他们的语言也应该像印地语那样，享有被列为国语的资格。

（3）宗教、文字背景。操印地语者和操乌尔都语者均为印度斯坦人，这两种语言极为相似，通常被视为一种语言，但是，由于宗教信仰不同，信奉伊斯兰教的印度斯坦人使用乌尔都文，即用波斯—阿拉伯文书写，受波斯语影响较大；信奉印度教的印度斯坦人使用印地文，即用梵文天城体字母书写，受梵语影响较大。两种宗教的冲突由来已久。1947年印巴分治，巴基斯坦独立成为一个国家后，伊斯兰教为国教，乌尔都语为国语。这种状况使得印度操乌尔都语者反对印地语作为国语的态度十分强硬，他们要求将乌尔都语作为有关各邦的第二官方语言，1957年8月28日举行"乌尔都语日"活动，以此对抗1955年9月14日在全国开展的"印地语日"活动。推行印地语者跟捍卫乌尔都语者之间曾发生过激烈的械斗，伤亡几十人。

由于全国不断发生骚乱和政治运动，反对将印地语作为国语，1963年通过的《官方语言法》规定，将无限期地延长用印地语取代英语的期限，1965年之后，英语将作为联邦的辅助国语继续使用。该法案规定，自1965年1月起，中央政府同印地语各邦的联络一律只用印地语；中央

政府发往非印地语各邦的通令、文告等均用印、英两种文字书写。这些规定并未缓解日趋紧张的局势。泰米尔大学生组织集会、演讲和示威游行，反对强制推行印地语。印度《宪法》曾规定，1965 年 1 月 26 日是印地语取代英语的日子，达罗毗荼进步党领导人则宣布，这一天为国丧日，警察出动镇压群众，结果又引发了一场群众性的骚乱。

2. 过低估计了英语在教育、科技和文职部门中的牢固地位，忽略了印地语取代英语的长期性和复杂性

由于社会政治因素，英语的地位更加牢固。英语是印度唯一一种能够保持联邦政治地理统一的语言，任何公开限制使用英语的主张都被认为是违背了社会政治统一的意愿，即使那些偏爱印地语或其他印度语言的政治家们，也没有公开反对英语，因为继续使用英语不仅有助于他们操纵政府，而且有利于他们控制社会名流和官僚阶层。

英语在教育领域中的地位牢固。教育委员会（1964—1966）推出一种双语模式，学生可以在英语和印地语之间做出选择，可以不必学习印地语就能完成学校的教育。

英语在科技领域的地位超然。据统计，1971—1981 年间，用印地语出版的报刊远远超过英语报刊，但在科学技术和工程方面，英语期刊仍保持其超然的地位。要用印地语取代英语几乎是不可能的，至少也是可望而不可即的。

总之，从印地语和英语的使用和发展状况来看，联邦语言政策受到英语牢固地位的强烈挑战，这使得用印地语取代英语的计划变得异常复杂，至少在可以预见的将来是无法实现的。

（四）苏联模式不适应印度的社会语言环境

印度独立后，语言政策的规划人员努力探寻一种能够摆脱英语，更适合印度本土环境的政策，不幸的是，他们还是照搬了一种外国的语言政策模式，表面看来，该模式似乎是平均主义的，是多语的，但实际上并不适合印度的环境，该模式忽略了印度语言文化的特点，忽略了印度人的语言态度和语言文化的巨大势力，特别是印度本土根基深厚的双语体倾向。

印度语言政策规划人员认定，印地语也会像俄语在苏联占据显赫地位那样，在印度取得相应的地位，这种假定是成问题的，其原因就在于：

印地语并不是印度独立前夕的主体民族语言，尽管使用印地语的人数

已经超过印度其他任何一种语言的使用人数,但使用印地语的人口还不到全国人口的三分之一。

在印度独立之前,印地语尚未发展成为印度各民族的族际交际语,印地语只是印度北部地区的通用语言。

印地语的语言声望并不很高,印度其他语言如乌尔都语、孟加拉语和泰米尔语的书面语历史悠久,操这些语言的人认为这些语言的威望极高。但在沙皇俄国,只有俄语享有最高的语言威望,其他语言的威望均未达到俄语的程度。

印度语言规划人员错误地认为,执政党——国大党中操印地语者的人数占有优势,因此国大党会同意印地语作为印度独立后的联络用语。

规划人员没有认真思考双语体的必要性,没有认真考虑印度语言文化更适宜采用双语体的方式。当《宪法》规定印地语为"国语"后,印地沙文主义者和梵学家欢欣鼓舞,他们坚持将印地语梵语化,这就使得不说印地语的人更难掌握该语言。那些不说印地语的人普遍认为印地语不适宜做国语。

一个世纪以来印度教与伊斯兰教之间的竞争,引发了印地语和乌尔都语之间的一场争斗,双方都在清除自身词汇中的古代外来词,而朝着自源古典化的方向发展。印地语的古典化就是梵语化,乌尔都语的古典化就是波斯语化,两种语言的古典化固然可以使各种语言均可获得一种文化价值体系,但是古典化也确实搞乱了标准语,拉大了书面语跟共同口语之间的距离。这会使得不说该语言的人特别是那些大吵大闹的泰米尔人更不愿意接受印地语作为国语。

四 语言与民族主义:语言邦运动

印度非印地语诸民族在反对政府推行国语——印地语的同时,地方民族主义情绪高涨,许多地区开展了"语言邦运动",就是按照语言原则,重新划分省邦界限。早在独立以前,印度各地属于不同语言文化的群众就曾提出按语言原则划分省邦的要求,在印度独立之际,全国各主要语言区要求按语言划分省邦的要求非常强烈,终于在20世纪50年代初期酿成一场群众性的骚乱。1952年12月18日,总理尼赫鲁在国会两院宣称,"印度政府决定成立安德拉邦,包括马德拉斯邦操泰卢固语的地区,将尽快采取措施解决问题……"1953年10月，印度第一个语言邦——泰卢固语安得拉邦宣告成立。从此以后，在全国展开了一场争取建立语言邦的运动。1955年11月，孟买市的30万人卷入了语言邦运动，次年1月，孟买等八大城市和其他一些地方爆发了大规模的罢工和示威游行，政府派出军警进行镇压。

1966年中央政府决定按照语言原则，重新划分并调整各个省邦，印度南部属于达罗毗荼语系的四种语言都有了自己的语言邦，南方各族人民的要求基本上得到满足。

从此以后，语言邦运动的重心向北方转移，首先是孟加拉邦操马拉提语者跟该邦操古吉拉特语者之间出现民族骚乱和流血冲突，迫使中央政府于1960年将该邦一分为二，成立以马拉提语为主要语言的马哈拉施特拉邦和以古吉拉特语为主要语言的古吉拉特邦。旁遮普邦的印度斯坦人跟锡克人之间发生民族、语言纠纷，要求按语言分邦，1960年中央政府同意重新划分该邦，通行旁遮普语区域成立旁遮普邦，通行印地语区域则重新组成哈里亚纳邦或者并入毗邻的喜马偕尔邦。此外，印度东北部多民族居住的阿萨姆邦也先后分出那加邦、梅加拉亚邦和米佐拉姆邦。

印度语言邦的建立，是中央政府为缓解地方民族语言紧张关系，平息民族骚乱，稳定民族情绪而采取的行之有效的让步措施；但是过分突出地方语言，则有可能助长邦一级产生分裂的民族情绪，同时也削弱了中央政府与地方邦以及各邦之间的联系，对印度统一的多民族国家的建设产生了一定的消极影响。

五 三语方案

由于全国非印地语地区强烈反对唯印地语的政策，印度诸邦主要部长会议于1967年达成了一项著名的妥协方案，即"三语方案"。该方案规定，中等学校必须讲授英语、地方语言和印地语这三种语言。在印度北部的印地语地区，除了英语和印地语之外，还应讲授另外一种印度语言或欧洲语言。

"三语方案"能够承认语言的多样性，承认历史上的多语现象，能够尊重古代的语言，并着力培植印度国内的多语结构，能够把印地语和其他现代印度语言传到全国各个地区，能在各地建立起一种纽带关系，并且还能限制英语在某些方面的使用。该方案适应了印度次大陆的语言文化传统，符合传统上的多语现象和语言多样性特征，拒绝了语言规划人员的一元论的主张，跟以往的语言政策相比，该方案具有一定的优越性。

但是，在实践中，人们往往违反该方案的精神。在印度北部的印地语地区，人们并不怎么关注英语，甚至对第三种语言也不屑一顾。支持推行印地语的，除国大党之外，还有狂热的印度原教旨主义诸党。在印度北部的非印地语地区，如泰米尔纳德邦，印地语只能秘密讲授，英语和泰米尔语则可获得巨大的支持。在喀拉拉邦，人们的视野更加开放，许多语言均可讲授。在印地语区，人们并不感到轻松，甚至担心该方案会造成印度的分裂。

无论如何，多元化的三语政策要比一元化的唯印地语政策更符合印度的实际。提倡母语教育，考虑更多的是民族利益而不是国家利益。对独立的民族国家，特别是对该国的民族教育体制真正构成威胁的并不是印地语，或印度其他语言，而是英语。因为在教育中使用英语，仍然保持了殖民主义的色彩，仍然是在沿袭殖民时代《麦考莱纪要》的教育语言政策。从国家利益考虑，在初等和中等教育中，减少英语教学的比重，比大力发展印地语更加重要。长期以来用印地语取代英语，从而作为普遍的教学用语的尝试，既然证明是行不通的，在这种情况下，采用各种地方语言，实行母语教育，当然要比使用英语好得多。

三语教育方案的最大缺陷也许是缺少顶部的统一性，该方案没有表明哪种语言处在顶层。在制定一项语言政策，规划各种语言的地位和功能时，不可忽略语言的象征功能和工具功能。从象征功能透视，一个政体往往需要确定某种国语或官方语言作为该政体的标志。在印度，假如能把代表国家形象的所谓国语或联邦官方语言定为梵语而不是印地语，或许能够取得更佳的效果，因为梵语更神圣、更纯洁、更古老，且具有更高的语言声望，正像希伯来语在以色列的地位那样。在语言的工具层面，更多注重语言的实用性，较少强调语言的纯洁性、古老性和不变性。现在印地语和泰米尔语等均已获得了语言的象征功能，因此更多地强调它们的纯洁性、古老性和不变性，从而使得这些语言更难发挥其现代教育工具的作用。英语越来越成为一种强有力的工具语言，英语的发展，当然会对其他语言的工具功能带来不利的影响。

六　保障少数民族语言权利

印度有许多少数民族，虽然没有自己的语言邦，但其人口规模跟欧洲一些国家如丹麦、波罗的海诸国等不相上下。卡纳塔克邦的芒格洛尔一带使用一种图卢语，属于达罗毗荼语系，有较丰富的民间文学，但没有独立的文字，用该邦通行的扫盲文字卡纳达文来记录图卢语，其北部的孔坎尼语通常被视为当地马拉提语的一种方言，为了使该语言能够从马拉提语中独立出来，并进而成立语言邦，操孔坎尼语者进行了不懈的斗争，但最终没有获得成功。

印度《宪法》第29条第1款规定，"居住在印度境内的任何阶层的公民，凡具有独特的语言、文字或文化者，皆有权保持其语言、文字或文化"但是语言群体产生不满情绪时，必须祈求印度总统，因为总统可以指令各邦保障少数民族语言的使用。

另外，《宪法》第350条（乙）（1）规定，总统可以委派少数语种专员，调查与保护少数民族语言权利有关的一切事务，但是他们只有提出意见和报告的权利，无权迫使联邦政府采纳具体措施。实际上联邦政府的这些规定十分软弱，基层的问题还得依靠基层政府来解决。

1960年"南部地方委员会"代表印度最南部操达罗毗荼诸语的四个邦做出决定，保护语言上占少数的诸民族的权利，譬如，保护安得拉邦的泰米尔族、卡纳塔克邦的泰卢固族的有关权利。但是，这些决定或措施都是非常具体和专门的，往往出于有关邦的良好意愿，而没有形成有效的法律和法规文本。

在这种背景下，一些邦政府的实际做法是，暗中阻止少数民族保护自己的语言，积极鼓励他们学习本邦的邦语言或邦级官方语言。邦政府很清楚，大力推行本邦的官方语言或主要语言，可以大大增强本邦的民族凝聚力，巩固自己的统治。

值得注意的是，在印度，划分一种语言还是一种方言，并不仅仅是个学术问题，它充满着浓郁的政治色彩。某一语码如梅泰语，如确定为一种方言，那么操该方言的人则要努力发展国语印地语，如果确定为一种独立的语言，则有可能获得邦政府的支持，甚至可能成为该邦的官方语言。

七 结束语

因为拥有悠久的历史传统，印度常被视为一座未建成的通天塔；因为拥有惊人的语言多样性，印度还被视为一条多语的恐龙。印度语言政策是印度传统文化特别是语言文化的产物。印度语言文化区别于世界其他语言文化的特征大概有以下四条：

第一，古代性。世界上一种语言文化在跟另一种语言文化接触，并感觉受到另一种语言文化的污染或威胁时，往往会出现一个语言纯正主义的发展阶段，或者为了保护某种宗教或巫术经文，该宗教的原教旨主义者往往会跟该语言的纯正主义者联姻。

印度传统跟其他传统的不同之处在于具有古代性。印度的纯洁主义旨在回复到以往原始的纯洁之中。譬如，"印地语的梵语化"和"纯泰米尔语运动"全都期望回复到以往的语言原始状态，语言中没有混合成分，语言之间也没有冲突。

第二，普遍存在性。语言文化规范在印度普遍存在，语言的不同译本在不同的领域使用，双语体深深植根于语言的各种亚文化之中。印度各地普遍存在多语现象，各种语言都有自己的语言价值、语言保护规范和语言传统规范。

第三，口语性。依靠口语，将复杂口语的表达方式精制化是印度语言文化的一大基础。口语及印度语言文化中暗含的一切意义都是基础性的和展示性的。一位学者的见解值得注意：口语传统，非常古老，跟典型的印度科学形式紧密关联。口语传统最值得注意，因为这是印度特有的传统，跟人们已知的任何传统都不一样，该传统已经导致科学的发现，这些发现经久不衰，当代西方仍可从中学到许多东西。

第四，多样性。一种观点认为，印度独立后，为了清除殖民主义残余，制定了适合自己条件的语言政策，但是语言多样性突出，成为造成印度语言激烈冲突的一大诱因。然而，这种见解，把印度语言的多样性视为实现现代化或工业化的一种障碍，恐怕有失公允。

印度语言的多样性深深植根于印度语言文化之中，是印度文化的一种资源和产品，是印度文化政策的一个结果。"三语方案"既承认地方语言资源的价值，也承认国家统一通用交际语的价值，同时还承认可用于国际交际的语言价值，从而在自由自在的多语制和国家统一的单语制之间走出一条中间道路。该方案允许全国各个地区可以根据当地的实际，对该项政策进行不同的解释。这种多样性中，已经植入了统一性的要素。

参考文献

法索尔德：《印度社会多语制》（1984），《民族译丛》1985年第6期。
黄长著：《各国语言手册》，重庆出版社2000年版。
姜士林等主编：《世界宪法全书》，青岛出版社1997年版，第625—626页；《第八附表》，第651—652页。
刘国楠、王树英编：《印度各邦历史文化》，中国社会科学出版社1982年版。
马克思：《不列颠在印度的统治》，载《马克思恩格斯全集》第9卷，人民出版社1961年版。
莫克奇编：《1953年时事年鉴》，第二部分，加尔各答1953年版。
彭树智：《东方民族主义思潮》，西北大学出版社1992年版。
孙士海主编：《南亚的政治、国际关系及安全》，中国社会科学出版社1998年版。
维尔·杜伦：《东方的文明》（下），李一平等译，青海人民出版社1998年版。
吴安其：《多种多样的语言》，中央民族大学出版社1999年版。
姚卫群：《印度哲学》，北京大学出版社1992年版。
赵中建：《战后印度教育研究》，江西教育出版社1992年版。
周定国、纪京慧：《世界行政区划图册》，中国地图出版社1999年版。
周树兴、杨恒大主编：《人文大国》（上册），中国国际广播出版社1997年版。

Barve, S. G., *A Note by the Secretary, Official Language Commission of his Observations during his Short Visit of Deputation to the USSR for a Study of the Language Problem*. New Delhi: Government of India Press. 1957.

Biswas, A., and Agrawal, S. P., *Development of Education in India: A Historical Survey of Educational Documents before and after Independence*. New Delhi: Concept Publishing Company. 1986.

Breton, Roland J. L. *Geolinguistics: Language Dynamics and Ethnolinguistic Geography*. Ottawa: Presses del'Université d'Ottawa. 1991.

de Bary, Wm. Theodore (ed.), *Sources of Indian Tradition*, Vol. 2. New York: Columbia University Press. 1958.

Central Institute of Indian Languages, *Distribution of Languages in India in States and Union Territories, Inclusive of Mother-tongues*. Mysore: Central Institute of Indian Languages. 1973.

Deshpande, Madhav M., *Sociolinguistic Attitudes in India: An Historical Reconstruction.* Karoma, Ann Arbor. 1979.

Dua, Hans R., *Patterns of Language Use and Print Media: Implications for Language Spread.* Paper presented at the International Colloquium on Language Spread and Social Change: Dynamics and Measurement. Quebec, Canada. 1989.

Mukerji, S. N., *History of Education in India* (Modern Period) Acharya Book Depot., Baroda. 1957.

Schiffman, Harold F., *Linguistic Culture and Language Policy.* London and New York: Routledge. 1996.

Staal, Frits, *The Fidelity of Oral Tradition and the Origins of Science*, Vol. 49 (8). Mededelingen der koninklijke Nederlandse Akademie van Wetenschappen, Afd. Letterkunde, Nieuwe Reeks. Amsterdam; New Yotk: North-Holland Publishing Company. 1986.

[原文载于《中国社会科学院研究生院学报》2010年第6期]

基于语言规划观的澳大利亚语言政策模型构建及启示

王 辉

一 引言

澳大利亚是一个实施显性语言政策的典型国家，也被公认为世界上语言规划最成功的国家之一，其制定的语言政策在国际上享有盛誉。澳大利亚语言政策的制定受多种因素的影响，语言规划观是其中最重要的因素之一。语言规划观指的是"对语言及其功能，不同语言及其在社会中的功能的一种复杂的认识取向"。[①]

Ruíz 提出了三种语言规划观：语言作为问题；语言作为权利；语言作为资源。语言问题观将语言多样性看成问题和麻烦；语言权利观则非常重视少数民族的语言权利，强调母语教育是不可剥夺的权利，母语权是最重要的语言权利；语言资源观认为：语言是一种要被管理、发展和保护的资源。少数族群的语言是一种重要的资源。语言资源观强调的是双语或多语能力的重要性。[②]

在过去 100 多年里，澳大利亚的语言政策发生了几次明显的转变，这与语言规划观密切相关。本文结合语言规划观分析百年来澳大利亚语言政策的发展演变，并试图建立一个基于语言规划观的澳大利亚语言政策模型。这个模型在某种程度上也可以用来分析中国或其他国家的语言政策。

[①] Ruíz, R., Orientations in Language Planning. *NABE Journal*. 1984（2）：pp. 15 – 34.
[②] 王辉：《西方语言规划观的演变及启示》，《宁夏大学学报》2009 年第 6 期。

二 澳大利亚语言政策演变及分析

Lo Bianco 依据各个时期盛行的主导政策制定的思想,将二战后至 20 世纪 90 年代前的语言政策分成四个阶段:放任主义阶段;权利—平等阶段;文化主义或多元文化阶段;分化阶段。① 而 20 世纪 90 年代以来,澳大利亚语言政策发生重大变化,体现多元文化的语言政策发生转向,语言的经济价值以及对亚洲语言的教学受到空前重视。这一阶段显然与 70—80 年代的语言政策有所不同。因此,上面划分澳大利亚语言政策发展演变阶段的方法已无法包括澳大利亚 90 年代以来最新的语言政策变化。

本文认为:澳大利亚早期的语言政策可以将澳大利亚联邦建立和"白澳政策"实施为分界,之前为放任政策,之后为同化政策。澳大利亚最有影响力的语言政策出现在上世纪七八十年代末。自 20 世纪 90 年代澳大利亚实施侧重于语言经济价值和亚洲语言的新政策。

按照澳大利亚不同时期语言政策的特点,结合 Lo Bianco 的观点,本文将澳大利亚语言政策分为放任化政策、同化政策、文化多元政策和优先化政策。澳大利亚语言政策的发展相应地经历了四个时期:放任化政策时期(20 世纪以前的殖民时期)、同化政策时期(20 世纪初至 60 年代末)、多元化政策时期(20 世纪 70 至 80 年代末)、优先化政策时期(20 世纪 90 年代至今)。

下面将简要论述澳大利亚这四个不同时期的语言政策,并结合语言规划观进行分析。

1. 放任化政策时期(20 世纪以前的殖民时期)

从 1788 年至 19 世纪末是澳大利亚殖民地时期。英国政府在澳大利亚没有明确的语言政策,此阶段可称为放任主义时期。这一时期没有明确的语言政策并不意味着澳大利亚就没有语言政策,大量隐性的语言政策存在于政府部门、教育、对外交往甚至生活的各个领域,只不过人们往往觉察不到这些政策的存在而已。

---

① Lo Bianco, J., Making Language Policy: Australia's Experience, In R. B. J. Baldauf and A Luke. *Language Planning and Education in Australasia and the South Pacific*. Clevedon: Multilingual Matters, 1990: pp. 55 – 57.

19世纪的后半叶,随着"淘金热"的到来,很多人从欧洲、亚洲和美洲涌入澳大利亚。虽然非英国国籍移民数量很少,但他们的移入开始改变澳大利亚移民的单一来源,使澳大利亚经历了非常显著的文化和语言多样性的阶段。

在英语社区之外,英语之外的其他语言并没有受到政治关注。甚至维多利亚的首任省长 Charles La Trobe 在家里也使用两种语言:法语和英语。到1860年代,使用最广泛的语言除英语之外,还有汉语、德语、爱尔兰语、盖尔语(苏格兰)、威尔士语、斯堪的纳维亚语、法语。那时,墨尔本和阿德雷德几乎所有的商业交易都使用德语,在澳大利亚发行有八种德文报纸。有一段时期,南澳大利亚政府的招标书还不得不出德语和英语两个版本。19世纪晚期,澳大利亚发行的报纸有5个语种类型,在维多利亚有17个教堂使用威尔士语进行布道。[①]

由于在殖民时期澳大利亚非英国移民数量相对较少,英语是事实上的通用语言,移民语言的学习和使用范围很小,影响不大。当时人们对语言及其功能还缺乏认识,语言问题的重要性还没有显现出来,语言规划观尚未形成。因此,非英语社区也没有引起政治上的关注。政府对移民语言基本上采取了容忍的态度,没有多加干涉。

2. 同化政策时期(20世纪初—20世纪60年代末)

1901年澳大利亚联邦建立以来,澳大利亚一直强调同化主义和使用单一英语的国家形象。

1901年澳大利亚联邦国会通过《限制移民法案》,施行所谓的"白澳政策"。"白澳政策"想通过"语言听写测验"来有效排除非欧洲的移民,限制有色人种移民入境。"白澳政策"的出台标志着澳大利亚政府语言同化政策的正式开始,是澳大利亚建国以来的基本国策,影响深远。

在长期的压迫、种族灭绝和同化压力下,澳大利亚的原住民语言自1788年来有100多种灭亡,可能有100种左右濒临灭亡。[②] 双语教育由于第一次世界大战时的恐外情绪而被法律禁止,在一些州直到20世纪80年

[①] Clyne, M., *Australia's Language Potential*. Sydney: University of New South Wales Press. 2005: pp. 1–2.

[②] Clyne, M., Language Policy and Education in Australia, In D. Corson and R. Wodak (eds.), *Language Policy and Political Issues in Education*. New York: Springer, 1997: p. 128.

代中期才合法化。①

这一时期，语言问题观对澳大利亚语言同化政策的出台有重要影响。

澳大利亚是一个多语社会，原住民语言和移民语言构成了多语背景。在"白澳政策"的长期影响下，对待有色人种及其语言采取敌视的态度。原住民及少数族群的语言被看作麻烦，受到强烈排斥和严格限制。在早期的移民中，有技术的专业人员不多，他们在移民初期往往处于困境之中。因此，社会自然将原住民及移民的贫困问题与语言问题联系起来，认为保留他们的语言是一种麻烦，鼓励他们放弃自己的语言，学会英语以融入澳大利亚社会。在这样的社会背景下，语言同化便成为政府解决语言多样性造成麻烦的合理手段。

3. 多元化政策时期（20世纪70—80年代末）

20世纪70至80年代，澳大利亚着手制定目标清晰、兼容并蓄、文化多元的明确的国家语言政策。这一时期政府先后出台多项与语言政策相关的报告，尤其是1987年出台的"国家语言政策"，是澳大利亚历史上第一部明确的官方语言政策，产生了重大的社会影响。

"国家语言政策"承认原住民语言是澳大利亚的本土语言，原住民有使用他们的语言以及让他们的语言被接受、被尊重的权利；承认澳大利亚克里奥尔语和托雷斯海峡克里奥尔语虽然不是本土语言，但同样也是族群身份的标识；承认移民有使用社区语言及让社区语言被接受、被尊重的权利。②

"国家语言政策"是澳大利亚语言政策的重要里程碑，对后来的语言政策影响巨大，意义深远。澳大利亚多元文化的社会现实获得承认，澳大利亚英语的地位得到确认，原住民及少数族群的语言权利受到尊重，语言服务受到重视。

"国家语言政策"的出台与70年代以来人们对语言权利的认识和斗争是分不开的。这一时期人们将语言视为权利，澳大利亚少数族群积极争取语言权利，要求认可母语地位的活动也日益高涨。比如，在维多利亚成立移民教育行动组织，并于1974年9月召开会议，参会代表达到600多

---

① Clyne, M., Grey, F. and Kipp, S., Matching Policy Implementation with Demography. *Language Policy*, 2004 (3): p. 243.

② Lo Bianco, J., *National Policy on Languages*. Canberra: Australian Government Publishing Service, 1987: p. 70.

人。会议对移民工人大会提出的教育建议进行详细的讨论,提出移民有权利在多语社会保持和发展他们自己的文化和语言。1974 至 1975 年,悉尼和墨尔本的移民社区组织成立了少数族群社区委员会。这些组织对教育及语言权利问题的关注日益强烈。语言权利观成为少数族群争取语言获得承认的思想武器,也促使语言政策中不得不体现出对原住民语言和社区语言的认可和保护。

这一时期还出现了一种重要的思想,即将语言多样性看作资源。相对于先前将语言多样性看作问题的观念,这是一个重大的转变,并与语言作为权利的思想互为补充,相得益彰。

语言资源观在澳大利亚有重要的影响,其主张者主要是政府官僚和语言学者。1976 年 11 月新南威尔士州州长 Neville Wran 在介绍该州少数族群事务政策时,将孩子的第一语言看作有价值的资源。该州成立了一个州多元文化教育委员会,委员会组织了一个大规模的会议,教育部长 Eric Bedford 承诺:社区语言在学校教育中将被平等视之,将仿效墨尔本建立社区语言星期六学校。[1]

学者对语言资源的倡导直接体现在政策制定之中。在 Lo Bianco 撰写的《国家语言政策》中,语言资源的观念被申之又申,成为政策的主要指导思想。在"国家语言政策"提出的四条指导语言政策的战略中,有两条都与语言资源有关,即保护澳大利亚的语言资源和开发、扩展这些语言资源。"国家语言政策"中反映了一种既将双语能力看作用于交际的资源,又突出语言作为经济资源的均衡态度。

4. 优先化政策(20 世纪 90 年代至今)

进入 90 年代,国家语言政策的范围缩小,亚洲语言受到官方的特别关注。

联邦政府于 1991 年 9 月颁布了名为"澳大利亚的语言:澳大利亚语言与读写能力政策"的"白皮书"。"白皮书"确定了 14 种优先语言,对非英语语言,尤其是亚洲语言的学习起到重要促进作用。"白皮书"自称是"国家语言政策"的延续,但实际上它的精神和目标却抵触并企图削

---

[1] Ozolins, U., *The Politics of Language in Australia*. Cambridge: Cambridge University Press, 1993: p. 130.

弱"国家语言政策"的多元论基础,剥夺了基于社区的利益联盟的权利。①

1994年2月由澳大利亚政府委员会签署,制定了"澳大利亚国家学校亚洲语言与研究战略",旨在在澳大利亚学校全面实施亚洲语言和文化项目。

2009年1月1日,陆克文政府悄然启动一项"国家学校亚洲语言与研究计划"。该"计划"同样是为了支持汉语、日语、印尼语和韩语四门亚洲语言的学习。"计划"的目标是:到2020年,至少12%的十二年级毕业生能够流利使用四门亚洲语言中的一种,能够胜任与亚洲的商贸工作或达到大学的语言要求。

20世纪90年代以来,语言资源观依然是一种主导的思想,对语言规划与语言政策的影响非常明显。如果说前一时期体现了一种全面、均衡的语言资源观,这一时期则偏重于语言资源的经济价值。而亚洲语言就是一种在经济上重要的语言。学习亚洲语言可以扩大国际贸易,提高经济竞争力。②

这一时期语言权利关注的新主题是:尊重濒危语言使用者的权利,或者说谁也不能剥夺其保持和使用这门语言的权利。尽管澳大利亚政府制定了语言政策来对濒危的语言进行记录和抢救,但是语言濒危、语言转用的情况依然严重。

由于语言的工具性受到高度重视,语言问题观念在这一时期依然颇有影响。甚至语言多样性又被看成缺点。③ 因此,语言政策对这些劣势语言缺乏必要的支持。事实上,语言问题观念作为一种传统思想,从没有消失过,只不过在不同时期其影响力的大小不同而已。

可以说,这一时期语言权利、语言资源及语言问题观念对语言政策都有重要影响,而采用优先化语言政策正是对这三种观念的调和之策。

---

① Lo Bianco, J., From Policy to Anti-policy: How Fear of Language Rights Took Policy Making out of Community Hands. In J. Lo Bianco, and R. Wickert. *Australia Policy Activism in Language and Literacy*. Melbourne: Language Australia Ltd., 2001: p. 28.

② 王辉:《近20年澳大利亚外语教育政策演变的启示》,《北华大学学报》2010年第6期。

③ Kaplan, R. B. and Baldauf, R. B., *Language and Language-in-Education Planning in the Pacific Basin*. London: Kluwer Academic Publishers, 2003: p. 163.

三 基于语言规划观的澳大利亚语言政策发展模型构建

语言问题、语言权利和语言资源这三种语言规划观反映了人们对语言和语言多样性的看法，揭示了语言政策背后驱动力的思想根源，是影响语言政策形成的重要观念。

语言问题同语言权利、语言资源可以看作一种不同的相互竞争的观念。将语言视为问题是一种传统的观念，曾经有过适用的环境和积极的意义，但随着社会的发展，这种观念将越来越不合时宜。语言权利观和语言资源观则是一种新的观念，两者互相补充。语言权利观是现代社会中少数族群社区越来越提倡的一种观念。语言权利观有助于弱势语言争取平等的地位，有助于缓解来自强势语言的压力。从语言资源观来看，语言既是一种人力资源，也体现出不同方面（语言、文化、经济等）的资源特质。

语言规划观也反映了人们对语言功能的认识。当人们将语言仅看作一种交际工具时，语言多样性自然被看作问题，语言统一或同化便成了解决交际问题的良方。当人们越来越意识到语言的其他功能，如思维功能、文化传承功能、身份认同功能的重要性时，语言多样性就被看作权利或资源。

语言政策的制定往往受到语言规划观的影响，因此语言规划观与政府采取的语言政策之间有一定的对应关系。语言规划观的转变是一个过程，在同一时期并非所有人语言规划观都协调一致。因此更确切地说，语言政策的制定或变化受到那一时期主导性语言规划观念的影响。在语言问题观同语言权利及资源观的竞争中，处于强势的观念将对语言政策的导向产生主要影响。

澳大利亚的语言政策在某种程度上是一种观念驱动的政策，受语言规划观的影响非常大。我们可以建立一个基于语言规划观的语言政策发展模型来分析和解释澳大利亚的语言政策发展历程。

如图1所示，从这个矩阵中，我们可以看到：在第一象限，当权利、资源意识和问题意识都强，政府倾向于采取优先化语言政策，以支持部分关键语言或语言项目的优先发展；在第二象限，当权利、资源意识弱，问题意识强时，政府倾向于采取同化政策；在第三象限，当权利、资源意识和问题意识都弱时，政府倾向于采取放任的语言政策，容忍不同语言的共存；在第四象限，当权利、资源意识强，问题意识弱时，政府倾向于采取多元化政策以均衡各语言间的关系。

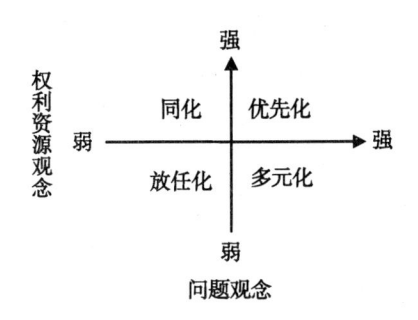

```
              强
              │
权         同化 │ 优先化
利              │
资  弱 ─────────┼───────── 强
源              │
观         放任化│ 多元化
念              │
              弱
           问题观念
```

图1 基于语言规划观的语言政策发展模型

我们用这个模型分析澳大利亚语言政策的演变过程。澳大利亚经历了放任、同化、文化多元与优先化语言政策阶段。早期对语言问题缺少清晰的认识，更没有语言权利或资源观念，因而对移民语言没有过多的干预政策；当政府意识到语言多样性所带来的问题和麻烦，而又缺乏语言权利、资源意识时，则对非英语语言采取同化政策，强调单一英语政策理念；当开始认识到语言是一种权利，而且是一种有用的资源时，便催生了澳大利亚20世纪70至80年代末的多元化政策；当语言权利、资源意识很强，但与此同时语言问题观念也很强时，语言政策如何协调这两方面呢？澳大利亚90年代以来逐步实施优先支持亚洲语言的政策方案。

四 启示

上面基于语言规划观的澳大利亚语言政策发展模型反映了在不同语言规划观影响下的语言政策的四种选择可能。放任化、同化、多元化和优先化政策可能在其他国家和地区中都曾经出现或将会出现。语言规划观也会对其他国家或地区制定语言政策不同程度地发挥作用。因此，这个模型不仅可以用来分析澳大利亚语言政策的发展变化，还可以分析中国或其他国家、地区语言政策的演变。

尽管在现实社会中，语言政策的选择是一个复杂的过程，受到社会语言生态环境中各种因素的影响，但是语言规划观在语言政策选择中有重要的导向作用。本文构建的模型将有助于从语言规划观出发，解释不同语言政策的思想根源。

当前中国的语言规划正处在从语言问题观向语言权利、语言资源观的转型期。语言资源观念日益受到政府和学者的重视，但是传统的语言问题观依然很强烈。在中国当前的现代化进程中，为解决语言交际问题而实施的推广普通话工作与保护方言、少数民族语言、濒危语言之间产生了矛盾。从深层次来说，根据上面的模型，这种矛盾是因语言问题意识和语言权利、语言资源意识都很强烈而产生的。如果中国推广普通话的目标已经实现，那么目前语言权利、语言资源观则更容易被接受，两者之间的矛盾就不会这么突出。但是现实的情况是，语言交际问题还未完全解决，而语言权利、语言资源思想已经有一定影响力。目前在语言问题观同语言权利、语言资源观两种强烈意识的博弈中，参照上面的模型，政府的语言政策应该是在坚持已有的推广普通话这一基本国策的同时，还要考虑方言、少数民族语言的保持和发展，尤其要选择一些濒危语言或方言予以优先支持。

参考文献

[1] Ruíz, R., Orientations in Language Planning. *NABE Journal*. 1984 (2): pp. 15 – 34.

[2] 王辉:《西方语言规划观的演变及启示》，《宁夏大学学报》2009 年第 6 期。

[3] Lo Bianco, J., Making Language Policy: Australia's Experience, In R. B. J. Baldauf and A Luke. *Language Planning and Education in Australasia and the South Pacific*. Clevedon: Multilingual Matters, 1990: pp. 55 – 57.

[4] Clyne, M., *Australia's Language Potential*. Sydney: University of New South Wales Press. 2005: pp. 1 – 2.

[5] Clyne, M., Language Policy and Education in Australia, In D. Corson and R. Wodak (eds.). *Language Policy and Political Issues in Education*. New York: Springer, 1997: 128.

[6] Clyne, M., Grey, F. and Kipp, S., Matching Policy Implementation with Demography. *Language Policy*, 2004 (3): p. 243.

[7] Lo Bianco, J., *National Policy on Languages*. Canberra: Australian Government Publishing Service, 1987: p. 70.

[8] Ozolins, U., *The Politics of Language in Australia*. Cambridge: Cambridge University Press, 1993: p. 130.

[9] Lo Bianco, J., From Policy to Anti-policy: How Fear of Language Rights Took Policy Making out of Community Hands, In J. Lo Bianco, and R. Wickert. *Australia Policy Ac-*

tivism in Language and Literacy. Melbourne: Language Australia Ltd. , 2001: p. 28.
[10] 王辉:《近20年澳大利亚外语教育政策演变的启示》,《北华大学学报》2010年第6期。
[11] Kaplan, R. B. , and Baldauf, R. B. , *Language and Language-in-Education Planning in the Pacific Basin*. London: Kluwer Academic Publishers, 2003: p. 163.

[原文载于《北华大学学报》(社会科学版) 2012年第6期]

近年来日本英语教育的发展及政策变革

李雯雯　刘海涛

一　引言

随着教育的全球化和国际化发展，英语教育已经引起世界各国的广泛关注。一个非英语国家的英语教育规划是涉及其外语教育全局的工作。日本一直以来对英语教学尤为重视。当今日本政府和相关教育部门已经深刻认识到在社会、经济、文化等各方面迈向全球化的同时，提高国民的英语能力对国家今后的发展意义重大。在日本，事实上英语是交际环境中唯一的外语[1]。Seargeant 不仅从语言学角度、更从意识形态方面深入地分析了英语是如何在日本站稳脚跟，并在全球化的背景下持续发展[2]。由于日本在经济上比较依赖进出口，其职员工作在世界上许多国家和地区，外语的应用能力为日本的经济发展发挥着巨大的作用。学习并理解发达的西方文化和科学技术成为日本实现国家现代化的重要步骤，所以英语被视为引入先进文明最重要的语言[3]。但是，总体而言，作为世界上教育最为发达的国家之一，日本民众的英语习得水平并不高，尤其是英语的听说能力和交际能力比较差，与国家在外语教育上的投入不成正比。据1998年相关调查显示，在参加面向外国人的英语托福考试的全世界165个国家和地区的

---

[1] Kaplan, R. B. & Baldauf, R. B. Jr., *Language and Language-in-Education Planning in the Pacific Basin*. Dordrecht: Kluwer Academic, 2003, p. 23.

[2] Seargeant, P., *The Idea of English in Japan - Ideology and the Evolution of a Global Language*. Bristol, Buffalo, Toronto: Multilingual Matters, 2009.

[3] Koike, I and Tanaka, H., English in Foreign Language Education Policy in Japan: Toward the twenty-first Century. *World Englishes*, 1995, (14): p. 15.

考生中，重视教育、有着优越教育条件的日本考生的平均成绩仅居第150位[①]。在80年代，日本做过一次英语教育大调查，回收的问卷表明：日本的英语教学效果不佳。有62.6%的初中教师、58%的高中教师、80.2%从日侨学校归国的教师、74.9%的大学毕业生对他们的英语教学持否定看法。大学毕业生中有74.5%认为自己听说能力差，然而认为自己在商业上需要英语的人却有54.3%之多。多数大学毕业生（达78.3%）认为大学英语教学的主要目的就是为了实现面对面的交流，因此听说应当放在突出的地位[②]。纵观日本英语教育发展的历史过程，我们认为其在诸多方面存在较为严重的问题。进入21世纪以来，日本有关部门针对这些问题，在各方面提出了改革计划以及发展目标。随后的英语教育呈现出很多特点，如，实施具有"实用主义"的战略构想和行动计划、形成明确的外语教育规划和战略发展目标体系等。虽然这些针对英语教育的战略变革对日本英语教育的发展有了很大的促进作用，但也存在不足。本文首先回顾了近年来日本英语教育发展的总体概况；其次介绍了日本针对英语教育政策提出的各种战略目标和改革措施；最后对其做出了评价，并总结了对今后日本以及中国英语教育的启示。

二 近年来日本英语教育的发展

（一）语言教育规划

Kaplan和Baldauf提出的语言教育规划（Language-in-Education Planning）起初被Cooper定义为习得规划（Acquisition Planning），他称之为除地位规划、本体规划外的第三种语言规划[③][④]。这一领域常与语言政策和

[①] Kaplan, R. B. & Baldauf, R. B. Jr., *Language and Language-in-Education Planning in the Pacific Basin*. Dordrecht: Kluwer Academic, 2003, p. 25.

[②] Koike, I and Tanaka, H., English in Foreign Language Education Policy in Japan: Toward the twenty-first Century. *World Englishes*, 1995, (14): p. 19.

[③] Kaplan, R. B. & Baldauf, R. B. Jr., *Language Planning: From Practice to Theory*. Philadelphia: Multilingual Matters, 1997.

[④] Cooper, R. L., *Language Planning and Social Change*. Cambridge: Cambridge University Press, 1989, p. 2.

语言教学大纲的制定及课堂教学相关，旨在探索语言政策的思想、目标和内容与教学的关联以及如何在教育领域内实现这些目标①。语言教育规划涉及语言的教与学，包括外语的教与学②。语言教育规划作为语言规划的一个分支，与语言规划的不同在于，后者是政府职能、关系到社会的各个层面；前者只与教育部门相关，教育部门需要了解哪些语言是社会所需要的以及使用那些语言的目的。在 Kaplan 和 Baldauf 关于语言教育政策发展的框架中，语言教育规划被剖析为六个阶段和六种政策，其中六种政策分别是关于：教育整体；课程设置；教师培训；教学内容；资源投入；测试评估③。本文将从教学方法和内容、课程设置、教师、资源投入和测试评估这五个主要方面来分析日本英语教学的优劣。

（二）教学方法和内容

语言教学的两大重点在于：语言教学的内容和语言教学的方法。教学方法的选用应取决于语言学习的内容和语言课程的目标。语言教育规划必须选择适合的教学方法，必须保证教材及教学内容的选用与教学方法协调一致，提供真实可信的语言，并且与教师的期望效果保持一致④。

Cummins 认为许多国家的外语教学都忽视了交互式的教学方法（interactive model），他们倾向于以教师为中心（teacher-centered）的单方面灌输的教学方法（transmission model），给学生很少的真正用目标语交际、互动和练习的机会。这也是他们听说能力差的主要原因之一⑤。语言学习需要教师的直接指导，但学生与教师的互动对于学生语言的习得能起到更明显的效果。鉴于大约 50% 的高中毕业生要继续大学教育的事实，日本中学阶段英语课堂活动的内容严重地受到大学入学考试内容的影响，严重倾向于对阅读和语法的学习，对听说能力很少顾及。尽管近年来对口语交

---

① Kaplan, R. B. & Baldauf, R. B. Jr., *Language and Language-in-Education Planning in the Pacific Basin*. Dordrecht: Kluwer Academic, 2003.
② 胡文仲：《我国外语教育规划的得与失》，《外语教学与研究》2001 年第 4 期。
③ Kaplan, R. B. & Baldauf, R. B. Jr., *Language Planning: From Practice to Theory*. Philadelphia: Multilingual Matters, 1997, pp. 122 – 126.
④ Kaplan, R. B. & Baldauf, R. B. Jr., *Language Planning: From Practice to Theory*. Philadelphia: Multilingual Matters, 1997, pp. 133 – 134.
⑤ Kaplan, R. B. & Baldauf, R. B. Jr., *Language Planning: From Practice to Theory*. Philadelphia: Multilingual Matters, 1997, p. 133.

际课程逐渐重视起来，但中学教学大纲仍将重心放在了阅读和书写方面①。长期以来，日本学生以及民众学习英语的重心是记忆语法和单词并将其翻译成日语，英语的实用性大大贬值。从 19 世纪 70 年代第一所男子、女子中学建成以来，语法翻译法贯穿英语教学过程始终②；从 20 世纪 80 年代起，他们逐渐意识到自己的英语无法与人进行面对面的交流，于是才开始觉察到英语口语的重要性③。近年来，交际教学法以及以学习者为中心的主张在日本英语教学中产生并发展，目的在于提高其学生及国民的英语交际能力。然而，在缺乏真实交际机会的环境下，交际教学法似乎也不可能成为日本英语教学的万灵药，教师对以学习者为中心的教学模式更无法适应，尽管在此方面有诸多的改革和创新，但事实上，还是有绝大多数的课堂采用以教师为中心的语法翻译法进行授课，翻译也一直是日本现代化进程中非常实用并且重要的手段④⑤。

（三）课程设置

教育部门一旦确定了需要教授的语言，他们就必须集中精力于整体的课程设置（教学大纲）⑥。在此方面，Kaplan 和 Baldauf 提出的建议是班级人数要减少，学生真实交际的机会要增加；非英语课也可用英语进行授课⑦。

日本初、高中的课程设置很大程度上受控于日本教育文化体育与科学技术部（MEXT）制定的方针，因此，教师在此方面的权限就很小了。国

---

① Butler, Y. G. and Iino, M., Current Japanese Reforms in English Language Education: The 2003 "Action Plan". *Language Policy*, 2005, (4): p. 29.

② Koike, I and Tanaka, H., English in Foreign Language Education Policy in Japan: Toward the twenty-first Century. *World Englishes*, 1995, (14): p. 15.

③ Butler, Y. G. and Iino, M., Current Japanese Reforms in English Language Education: The 2003 "Action Plan". *Language Policy*, 2005, (4): p. 28.

④ Kaplan, R. B. & Baldauf, R. B. Jr., *Language and Language-in-Education Planning in the Pacific Basin*. Dordrecht: Kluwer Academic, 2003, p. 25.

⑤ Koike, I and Tanaka, H., English in Foreign Language Education Policy in Japan: Toward the twenty-first Century. *World Englishes*, 1995, (14): p. 16.

⑥ Kaplan, R. B. & Baldauf, R. B. Jr., *Language Planning: From Practice to Theory*. Philadelphia: Multilingual Matters, 1997, p. 127.

⑦ Kaplan, R. B. & Baldauf, R. B. Jr., *Language Planning: From Practice to Theory*. Philadelphia: Multilingual Matters, 1997, p. 129.

家方针规定了各年级教师应该教授的词汇、语法、文化和社会话题等的类型和数量。比如,初中教师应当教授学生 MEXT 规定的 100 个单词,不同学校又可自行选择 900 个单词;高中阶段至多可以学习 1800 个单词等①。在日本,迄今为止小学并不要求开设外语课②。在中学阶段(7 至 12 年级),全部开设英语课程,每周 6 课时左右,以满足国家课程设置中对外语教学的需要。条件较好的学校会开设兴趣小组,请外籍教师来做相应的英语辅导。由于日本社会上的外语教室非常发达,所以很多学生在课后去那里接受辅导。在大学阶段虽然没有国家方针统一指导外语教学,但一般的四年制大学都要求学生修两门外语,其中一门必然是英语③。近年来以语法和翻译为主要教学内容的情况有所改变,口语和口译课的比重逐渐上升。

(四) 教师

Kennedy 认为教师就是高层次语言规划中的实施者④。Kaplan 和 Baldauf 提出了对外语教师的要求:接受过语言教学的训练;目标语流畅。关于教师存在三方面的问题:教师的来源、教师的培训、教师的酬劳。对于一种语言的教学面临一个重要的问题就是有能力的、能够胜任此教学的教师的缺乏⑤。

培养高水平的学生需要高素质的教师,而日本的英语教师水平尤为令人忧虑。据估计,当前在日本学校中的数万名英语教师,他们当中许多人实际上自己也达不到熟练运用语言的程度,只会教学生划分句子成分。解决教师问题可以从短期和长期来考虑,比如对教师的某一语言技能的短期快速培训,或者从目标语国家引入本族语教师。而日本就是长期雇用以英

---

① Butler, Y. G. and Iino, M., Current Japanese Reforms in English Language Education: The 2003 "Action Plan". *Language Policy*, 2005, (4): p. 29.

② 张敏:《中美日外语教学比较》,《玉溪师范学院学报》2006 年第 4 期。

③ Butler, Y. G. and Iino, M., Current Japanese Reforms in English Language Education: The 2003 "Action Plan". *Language Policy*, 2005, (4): p. 30.

④ Kennedy, C. (Ed.), *Language Planning and Language Education*. London: George Allen & Unwin, 1983.

⑤ Kaplan, R. B. & Baldauf, R. B. Jr., *Language Planning: From Practice to Theory*. Philadelphia: Multilingual Matters, 1997, p. 130.

语为母语的教师来满足其对英语教师的需求①。日本许多私立的英语培训学校的课程由以英语为母语的教师来教授,这些教师大多来源于Phillipson所指的"核心国家",即美国、英国、澳大利亚、新西兰和加拿大。这些教师可以给学习者提供更多练习英语听说的机会②。Judd认为教育者肩负着实施语言政策的责任③;而Ricento和Hornberger认为教师不只是语言教育政策的执行者,并且应该是积极的制定者。所以等待日本的真正挑战是如何为了提高英语教学而系统地收集并传播教师们的集体智慧、经验和研究成果,以及如何将教师们的知识和经验以最有效的方式反映在政策制定和实施过程中④。总之,确定、培训并保持一个强有力的教师队伍是语言教育规划的主要目标和任务⑤。

(五) 资源投入

同其他人类资源发展规划一样,语言教育规划的一个目标就是生成某种有效的计划以达到特定的变化或解除某种变化过程中的障碍。另一方面,语言教育规划在一定程度上是昂贵的,它需要相对固定的资源投入⑥。有关资料显示,日本每年投入到英语教学中的资金是300亿美元⑦。众议院代表Hiraizumi在1974年提出的英语教育改革中批判日本的英语教学事倍功半,投入巨大却收效甚微⑧。日本公众对英语教育的评价可以粗

---

① Kaplan, R. B. & Baldauf, R. B. Jr., *Language Planning: From Practice to Theory*. Philadelphia: Multilingual Matters, 1997, p. 130.

② Phillipson, R., *Linguistic Imperialism*. Shanghai: Shanghai Foreign Language Teaching Press, 2000, 17.

③ Judd, E. L., Language-in-education Policy and Planning. W. Grabe and R. B. Kaplan (Eds.), *Introduction to Applied Linguistics*. Reading, Mass.: Addison-Wesley, 1992. pp. 169 – 187.

④ Butler, Y. G. and Iino, M., Current Japanese Reforms in English Language Education: The 2003 "Action Plan". *Language Policy*, 2005, (4): p. 43.

⑤ Kaplan, R. B. & Baldauf, R. B. Jr., *Language Planning: From Practice to Theory*. Philadelphia: Multilingual Matters, 1997, p. 133.

⑥ Kaplan, R. B. & Baldauf, R. B. Jr., *Language Planning: From Practice to Theory*. Philadelphia: Multilingual Matters, 1997, p. 135.

⑦ Koike, I and Tanaka, H., English in Foreign Language Education Policy in Japan: Toward the twenty-first Century. *World Englishes*, 1995, (14): p. 19.

⑧ Butler, Y. G. and Iino, M., Current Japanese Reforms in English Language Education: The 2003 "Action Plan". *Language Policy*, 2005, (4): p. 31.

略地分为两类：多数人认为政府和学校未能很好地履行职责，所以效果不佳；另外一些人则认为不加区别地强制推行英语教育是浪费资源①。在教育层面上，教育制度必须设计出合适的计划，使之与政府的语言政策和语言规划协调一致。通过设立目标和设置课程，学校制度成为传播语言和保证语言使用质量的主要机构。就政治目标而言，人们认为第二语言教学应该使语言使用者与其他群体建立起必要的团结一致关系。这种团结一致的必要性和牢固程度依赖于相互接触的各群体之间的各种关系②。语言教育规划很重要的一个方面是社会团体对待语言的态度的提升问题，如，社会团体对语言教学的态度、对语言教师的态度、对某种特定目标语的态度等等③。语言教学领域的规划应该得到社区人们的支持。语言规划者应该明白，他们必须证实并说服人们相信他们的建议是有益处的，从而赢得社区人们的全力合作和支持④。同时，语言教育规划的实施应当集合社会团体和学校共同的力量。比如，越来越多的不同层次的当地政府指定一些学校成为"领航学校"，他们在政府投入下引导多种英语教学研究和课程改革研究⑤。

（六）测试评估

Kaplan 和 Baldauf 认为测试和评估这一环节直接影响着其他教学领域的方方面面。对整个教育体系的评估是非常必要的，如，教学方法是否合理有效、教学材料是否适合学生、教学项目是否有效、教学成果是否能迎合社会需求等。整个教育系统都需要持续不断的评估，评估的结果需要被反馈以便适当的调整使其更有效地运行。具体来说，对学生的评估是为了检测他们是否达到了预期的目标；对教师的评估是为了测定他们是否掌握了必要的语言技巧并且按要求授课；对整个教育系统的评估是为了评价他

---

① 颜治强：《世界英语概论》，外语教学与研究出版社 2002 年版，第 206 页。

② 周庆生：《语言教学与语言规划》，周庆生《国外语言政策与语言规划进程》，语文出版社 2001 年版，第 491 页。

③ Kaplan, R. B. & Baldauf, R. B. Jr., *Language Planning: From Practice to Theory*. Philadelphia: Multilingual Matters, 1997, p. 135.

④ 周庆生：《语言教学与语言规划》，周庆生《国外语言政策与语言规划进程》语文出版社 2001 年版，第 496 页。

⑤ Butler, Y. G. and Iino, M., Current Japanese Reforms in English Language Education: The 2003 "Action Plan". *Language Policy*, 2005, (4): p. 36.

们所设定的教学目标是否与学生的需要、能力、愿望相一致①。对语言规划的评估同样适用于第二语言规划的实施。在这个阶段，人们将采取步骤来评价大众的第二语言能力是否达到了所要求的水平。对规划的评估总是导致规划的修订，这种评估成为一种滚动过程的组成部分，该过程包括检查、更新规划、实施以及通过对现行规划的进一步修订而产生的评估②。

测试是外语教育的一个重要组成部分，是检查、督促学生学习，提高外语教学水平的重要手段。考试的这一正面效应似乎没有在日本的外语教育中得到充分发挥。日本的教育存在着比较强烈的功利色彩，考试是一件举足轻重的事情，入学考试政策的导向功能十分明显。日本的年轻人学习英语的真正动机在于他们需要掌握一定的英语知识以通过大学入学考试，其中的英语考试存在着很大的弊端，受试者被要求把英语翻译成日语，创造性的技能并未被测试到③。日本的基础教育中的外语考试和中国的考试非常类似，各种评估都侧重语法、阅读和写作能力。日本的学生毕业参加工作之后，一般都还是会通过参加考试来证明自己工作时的外语能力，各大公司在招聘员工和海外派遣的时候也会把这项成绩列为一个参考而且这个成绩还会进一步影响到员工今后的晋升问题④。正规的考试都会普遍用于各公司招聘员工或员工晋升等问题上。

（七）存在的问题及原因

纵观近年来日本的英语教育，可以看出，虽然教学状况逐渐有所改变，但目前仍存在一些问题，最为突出的就是"哑巴英语"和"费时低效"。日本英语教育过分看重考试，这一现实直接影响着课程设置、教学内容和方法以及测试评估等的全部内容；同时，日本缺乏高质量的英语教师，他们的口语水平和交际能力存在很大问题；社会投入与实际的教学效果差距太大，这些都是造成日本英语教育水平不佳的软肋。

---

① Kaplan, R. B. & Baldauf, R. B. Jr., *Language Planning: From Practice to Theory*. Philadelphia: Multilingual Matters, 1997, pp. 137–138.

② 周庆生：《语言教学与语言规划》，周庆生《国外语言政策与语言规划进程》，语文出版社2001年版，第495–496页。

③ Kaplan, R. B. & Baldauf, R. B. Jr., *Language and Language-in-Education Planning in the Pacific Basin*. Dordrecht: Kluwer Academic, 2003, p. 25.

④ 张敏：《中美日外语教学比较》，《玉溪师范学院学报》2006年第4期。

从上述英语教学发展的历程来看,现在和将来,日本的英语教学都应强调交际能力的培养,即,教英语不是只教它的语法规则(English as code),而是教会用英语表达(English as speech),重视言语活动(English in primarily speech)①。

三 近年来日本英语教育的政策变革

(一) 政策的变革

从1970年开始,针对日本英语教育的批评就频繁出现,鉴于问题的严重性,诸多关于如何提高日本人英语能力的改革建议被提出。Funabashi曾从语言地位规划(status planning)的角度提议将英语上升为日本的第二官方语②;Suzuki提出英语教学应当脱离美、英文学的学习,英语学习的重点应放在帮助学生发展其创造性能力,培养他们成为主动的信息传递者(将日本各种文化、经济、科技等信息传递出去)而不仅仅是外国信息的被动接受者③。

面对日本英语教育存在的问题,出于政治、经济、文化、教育各方面发展的需要,日本从2000年开始重视英语教育政策改革:文部省为了使改革确有成效,2000年1月成立了"推进英语教学改革恳谈会"(以下简称"恳谈会"),文部大臣亲自出面致辞、动员,表明了政府的支持和决心。从2000年1月至6月,这个恳谈会共开了8次会,听取各方面意见,全面讨论、研究了有关英语教改的多项问题。这个恳谈会的成员组成也很特别,它不仅有大中小学的校长、大学教授,还有大公司的董事长和总经理,也有行政部门的官员,教育研究所的研究人员,还有广播电台的时事解说员,另外还包括3名外籍专家④;2001年7月日本发表了"关于从国

---

① 《第二次世界大战以后日本外语课程的变迁(九)》,(2002-09-20)[2010-12-20] http://www.cbe21.com/subject/english/html/050202/2002_09/20020920_1819.htm.

② Funabashi, Y. Aete eigo koyogoron. [*Nevertheless, English as an official language.*]. Tokyo: Bungei Shunju, 2000.

③ Suzuki, To. Nihonjin-wa naze eigo-ga dekinaika. [*Why aren't Japanese good at English?*]. Tokyo: Iwanami Shinsho, 1999.

④ 张文友:《日本英语教育的改革动向》,《外语界》2001年第5期。

外招聘ALT（外语指导助教）的新决定"；2002年7月12日日本文部省公布了《培养"能使用英语的日本人"的战略构想》（以下简称"战略构想"），2003年3月31日，又公布了《培养"能使用英语的日本人"的行动计划》（以下简称"行动计划"），明确了2008年之前英语教育改革的目标和方向，即：提高全体国民的英语能力，主要确定初高中要达到的目标，要求初中毕业生能够掌握寒暄以及应答等简单的对话；提高专业人士的英语能力和从事国际社会活动者的英语能力，这主要是确定大学阶段的教学目标，要求大学毕业生能在工作中使用英语，各大学要为此设定具体的实现目标。因此，现在日本的外语课程设置已向实用型发展，在各个教育阶段都增加了口语、口译等实用课程[①]。"行动计划"的一些特点是：（1）对于英语交际使用能力的培养要运用到全民，而不仅仅是一些特定的群体；（2）计划包含了具体的措施、数据；（3）给予教师、政府和社会团体很大的自主权，使得他们有更多的机会成为语言教育政策中主动的参与者而非被动的执行者；（4）允许小学或学校董事会根据自己的判断引入"外语行动"以增强国家教育[②]。这两个文件是日本21世纪英语教育改革的纲领性文件，是对英语教育发展的总体构想和部署。2003年，日本政府又实行的一项新的英语教学计划，称作"Immersion Program"，他们的计划是从2003年7月起，投资1亿8千万日元用于日本英语教师的培训[③]。STEP在2004年把口试也纳入了其整个考试，口试成了必考项目。从2006年1月起大学入学考试改革正式实施，大学入学考试中心的英语考试增加了听力部分[④]。从战略构想到行动计划再到教学计划，日本清晰地勾勒了其英语教育战略的走向，至此，日本英语教育形成了比较完整的战略发展目标体系。从中我们可以看到日本21世纪英语教育发展战略目标，一方面，是提高全体国民的英语能力，培养"能使用英语的日本人"，全体国民应具备使用英语进行日常会话和简单信息交流的能力；另一方面，是进一步提高专业人士和从事国际社会活动人士的英

---

① 张敏：《中美日外语教学比较》，《玉溪师范学院学报》2006年第4期。

② Butler, Y. G. and Iino, M., Current Japanese Reforms in English Language Education: The 2003 "Action Plan". *Language Policy*, 2005, (4): pp. 25 – 45.

③ 宫景然、白亚东：《日本英语教育的新举措及中日英语教育现状的对比》，《长春理工大学学报》2005年第3期。

④ 盛迪韵：《日本英语教育改革及其启示》，《上海师范大学学报》2007年第8期。

语能力，他们要达到在专业领域熟练地使用英语的水平。

（二）政策的实施

政策一旦制定，经过公布取得合法地位后，自然就进入到战略规划实施阶段。

日本在实施英语教育发展战略中，有以下几个重要的战略措施：激发学习者学习积极性，增加使用英语机会，扩大留学机会，改善入学、入职考试；加强英语教学与研究，推进小学英语会话活动，改善课堂教学；提高英语教师任职资格和标准，促进教师录用制度的改革，加强教师在职培训；引入和实施新课程，促进优秀课堂实践的交流与共享；提高学生母语能力等①。日本的英语改革不是肤浅的，而是试图从制度、课程、师资等方面全面深入地下点功夫：（1）主管大臣出面，加强组织领导。（2）从制度入手，加强英语教学：将英语教学起始年限提前，小学3年级以上的学生在"综合学习课时"里开设英语会话课；承认学生在本校以外的学习成果，扩大学生的英语学习空间；改革高中、大学入学考试，注重听说能力的测定，改变过去偏重笔试和知识性测试的做法，增加听说能力的测试；进一步利用各种校外英语考试的成绩来选拔新生；实行小、中、高、大学英语教学"一条龙"（日语叫作"具有一贯性"）的教育体制，实现将"学习英语"改为"用英语学习"的目标。（3）进行课程改革，加强英语教学：新的初中教学大纲规定外语课每周3学时，为必修，原则上为英语。同时规定，其他外语语种作为选修课，第一学年可开设30学时（每周1学时）；第二、第三学年可开设70学时（每周2学时）；新的高中教学大纲规定外语为必修科目。（4）改进教学方法，提高教学效果：摈弃填鸭式教法，注重培养学生的交际能力，首先提高英语教师自身的交际能力，第二是尽可能用英语授课，形成交际环境，第三是充分发挥"外语辅导员"的作用；区别对象，因材施教，利用现代技术进行教学②。

（三）对政策变革的评价

从2000年到2006年期间一系列政策和计划的提出都是为了应对反复

---

① 谢淑莉：《战后日本英语教育及21世纪发展战略研究》，硕士学位论文，河北大学，2005年。

② 张文友：《日本英语教育的改革动向》，《外语界》2001年第5期。

出现的对于英语教学的批判，由于长期以来日本英语教学以考试为中心，忽视了全球化背景下对英语能力的实际需求。国际日趋紧密的经济合作无疑要求各国人民在工作中掌握与外国人交流的本领。英语在经济、科技、文化等领域都起着举足轻重的作用，所以日本英语教学就应更注重培养学生的实际运用的能力。通过对日本英语教育概况以及各方面具体情况的了解，我们认为日本英语教育确实存在诸多问题，但同时也又有很多值得学习的地方，比如：在英语教学改革中出现"实用主义"的倾向，学生可以根据自己的需要、兴趣和学习能力进行学习，日本提出要培养"能使用英语的日本人"这一目标，这是实用主义在英语教育上的体现；其次，为了应对英语教育存在的问题和教育国际化要求，日本英语课程设置和教学内容上出现了多样化的发展趋势，如设置多样化的科目，激发学生的兴趣，培养学生的创造能力；第三，日本人利用各种信息化的手段辅助英语教学，生动直观地再现语言的学习和使用环境，有利于克服没有真实语境的困难；第四，日本在充实师资力量上的一些做法，特别是他们通过"日本教学交流计划"聘请"外语指导助教"、增设外籍外语专任教师以及聘请本社区具有英语专长的人士参与学校的英语教学等措施都具有较大的借鉴意义。另外，Kaplan 和 Baldauf 从语言教育规划的角度对日本的英语教育规划总结了 10 条建议可供我们参考：（1）增加可选语言的数量；（2）撤除全民学习英语；（3）改革大学入学考试，重视技巧能力；（4）重视教师岗前和在职培训；（5）扩大语言教师的数量，增强其能力；（6）增加语言教学的时间；（7）改进语言教学的方法；（8）减少对语法的重视；（9）增加对阅读、写作、语用、口语和听力的重视；（10）更正人们对其他语言的态度[①]。

四　结语

综上所述，我们了解到日本的英语教育有其成功的方面，但更多的是存在许多问题。我们认为外语教育需要统筹规划，而外语教育的规划与改革必须符合国情、符合国民的需要、符合国际大环境的需求，并且规划要

---

① Kaplan, R. B. & Baldauf, R. B. Jr., *Language and Language-in-Education Planning in the Pacific Basin*. Dordrecht: Kluwer Academic, 2003, p. 27.

努力保证其科学性、创新性和系统性，根据整个社会的需求，培养不同层次、不同类型、能够适应不同需求的英语人才。若想迎合全球化的综合需求、提高日本的国际地位和国民的生存、竞争能力，就必须找准问题的根源，把握解决问题的途径。外语教育战略发展的过程需要与时俱进、因材施教、刚柔并济、不断优化，战略改革同样需要对症下药，这样才能保证发展战略的有效实施。日本英语教育的研究对于了解日本乃至中国、亚洲英语学习现状和当代英语教育的发展趋势都极具价值。如何深入研究并解决好具体的实际问题，是日本英语教育走出困境的必由之路。

参考文献

[1] Kaplan, R. B. & Baldauf, R. B. Jr., *Language and Language-in-Education Planning in the Pacific Basin*. Dordrecht: Kluwer Academic, 2003.

[2] Seargeant, P., *The Idea of English in Japan - Ideology and the Evolution of a Global Language*. Bristol, Buffalo, Toronto: Multilingual Matters, 2009.

[3] Koike, I and Tanaka, H., English in Foreign Language Education Policy in Japan: Toward the twenty-first Century. *World Englishes*, 1995, (14): pp. 13 – 25.

[4] Kaplan, R. B. & Baldauf, R. B. Jr., *Language Planning: From Practice to Theory*. Philadelphia: Multilingual Matters, 1997.

[5] Cooper, R. L., *Language Planning and Social Change*. Cambridge: Cambridge University Press, 1989.

[6] 胡文仲：《我国外语教育规划的得与失》，《外语教学与研究》2001年第4期。

[7] Butler, Y. G. and Iino, M., Current Japanese Reforms in English Language Education: The 2003 "Action Plan". *Language Policy*, 2005, (4): pp. 25 – 45.

[8] 张敏：《中美日外语教学比较》，《玉溪师范学院学报》2006年第4期。

[9] Japan carries out basic reforms. (2009-02-23) [2010-12-20]. http://www.i21st.cn/story/49295.html.

[10] Kennedy, C. (Ed.), *Language Planning and Language Education*. London: George Allen & Unwin, 1983.

[11] Phillipson, R., *Linguistic Imperialism*. Shanghai: Shanghai Foreign Language Education Press, 2000.

[12] Judd, E. L., Language-in-education Policy and Planning. W. Grabe and R. B. Kaplan (Eds.), *Introduction to Applied Linguistics*. Reading, Mass.: Addison-Wesley, 1992. pp. 169 – 187.

[13] 颜治强:《世界英语概论》,外语教学与研究出版社 2002 年版。
[14] 周庆生:《语言教学与语言规划》,周庆生《国外语言政策与语言规划进程》,语文出版社 2001 年版,第 490—497 页。
[15] 第二次世界大战以后日本外语课程的变迁(九). (2002-09-20) [2010-12-20] http://www.cbe21.com/subject/english/html/050202/2002_09/20020920_1819.htm.
[16] Funabashi, Y. Aete eigo koyogoron. [*Nevertheless, English as an official language.*]. Tokyo: Bungei Shunju, 2000.
[17] Suzuki, To. Nihonjin-wa naze eigo-ga dekinaika. [*Why aren't Japanese good at English?*]. Tokyo: Iwanami Shinsho, 1999.
[18] 张文友:《日本英语教育的改革动向》,《外语界》2001 年第 5 期。
[19] 官景然、白亚东:《日本英语教育的新举措及中日英语教育现状的对比》,《长春理工大学学报》2005 年第 3 期。
[20] 盛迪韵:《日本英语教育改革及其启示》,《上海师范大学学报》2007 年第 8 期。
[21] 谢淑莉:《战后日本英语教育及 21 世纪发展战略研究》,硕士学位论文,河北大学,2005 年。

[原文载于《外国语》2011 年第 1 期]

塔吉克斯坦独立后的语言政策变迁

李 雅

语言政策是国家政策的一个重要组成部分，是对国内多元化语言种类存在的态度和规划，代表了国家利益方向，反映了各利益阶层的关系。

塔吉克斯坦的语言政策在过去的20年里发生了很大变化。20世纪90年代，随着苏联身份的消失，独立的主权国家逐渐从语言地位开始对语言政策进行调整。像任何一个多民族独立国家一样，塔吉克斯坦从立法到现实对一系列语言问题进行调整：语言立法及现实语言的确定、语言规划及语言地位、民族及语言的认同、塔吉克斯坦居民的语言意识及自我意识、语言冲突的预防及可能性、国家语言政策与语言规划的类型及其本质的确定、语言政策的实施办法及语言规划措施的效果、国语功能发展的进程、语言复兴及其活力的问题。在语言建设方面，实行以全面发展本国的国语、扩展它们在本地区政治、经济和社会生活等所有领域内的功能为主要目的的、新的语言政策[①]。

一 从语言立法看语言政策的变迁

作为独立的国家，塔吉克斯坦的语言政策自然要区别于沙俄、苏联时期的语言政策，1989年颁布的《塔吉克苏维埃社会主义共和国语言法》是塔吉克斯坦过渡时期的语言政策的集中体现，1994年《塔吉克斯坦共和国宪法》以国家根本大法的形式确定了新型语言政策的基本内容，2009年《塔吉克斯坦共和国国家语言法》的颁布标志着语言政策有了新的转向。

---

① 何俊芳：《中亚五国的语言状况》，《世界民族》2001年第1期。

（一）过渡时期凸显"去俄罗斯化"的语言政策阶段

1989年7月22日颁布《塔吉克苏维埃社会主义共和国语言法》。独立前夕的《语言法》第一条规定："塔吉克苏维埃社会主义共和国的国语是塔吉克语"，第二条规定"可在塔吉克苏维埃社会主义共和国的领域内自由使用作为苏联各民族族际交际的语言——俄语"。

该法令的颁布赋予了主体民族语言塔吉克语以国语地位，俄语由其官方语言地位降为族际交际语。从此，塔语的地位在法律上高于俄语。宣布塔吉克语为国语，不会削弱或损害宪法所赋予公民的"母语可以是任何其他语言"的权利。塔吉克苏维埃社会主义共和国承认语言平等，并提供法律保障，对所有在共和国内使用的语言持尊重态度，并且保护任何民族的公民发展其语言和文化这一不可剥夺的权利，不论其母语，所有公民在法律面前一律平等。该语言法明确规定塔吉克语、俄语、乌兹别克语、吉尔吉斯语、土库曼语以及共和国境内其他语言的法律地位和使用范围，同样还确立了公民选择和保护语言的权利和保障。对于帕米尔语，该法案第一章第三条中明确规定，与其地位和功能有关系的问题，由戈尔诺—巴达赫尚自治州独立做出决定。

（二）独立后趋于平稳的语言政策阶段

1994年11月6日，国家《宪法》第一章第二条规定："塔吉克斯坦的官方语言是塔吉克语，俄语是族际交际语言。"

这一时期，语言政策没有明显变化，俄语依然具有其"族际交流语言"的法律地位。原因在于，塔吉克斯坦此时正处于内战期，执政党与反对派的焦灼对峙使国内局势紧张、复杂、多变。一方面，严重的政治危机使当局无暇顾及语言政策的调整；另一方面，各党派也在争取俄罗斯政治力量的支持。为了平衡与俄罗斯及中亚各国的关系，这一政治因素保证了俄语在塔的地位。

（三）加速"去俄罗斯化"的语言政策阶段

2009年10月5日《塔吉克斯坦共和国国家语言法》颁布，该法令第一章第三条规定"塔吉克斯坦共和国国语为塔吉克语"，第四条"其他语言，除本法所考虑到的情况以外，所有居住在共和国境内的民族和部族，有权自由使用其母语。塔吉克斯坦共和国为自由使用、保护和发展巴达赫尚语（帕米尔）及雅格诺布语创造条件"。

新的法令已经初显语言政策的"主体多样性"[1]。所谓主体性是指《语言法》中规定的"国语为塔吉克语"，所谓多样性是指"所有居住在共和国境内的民族和部族，有权自由使用其母语"。但该部语言法最大的特点是：在语言立法上不再提及俄语的地位，俄语失去了"族际交际语"的地位。2009 年 7 月 22 日，塔吉克斯坦总统拉赫蒙在国家电视台发表演讲，他呼吁能够早日通过由自己发起的新语言法，因为 1989 年苏联时期通过的旧的语言法已经过时，有必要采用新的法律来保护和发展塔吉克语。在国家语言法通过之后，在国内至少有四分之一的塔吉克居民快速学习塔吉克语或被迫依靠翻译使用塔吉克语。杜尚别市市长签署了一项法令，根据该法令，市内所有广告载体以及建筑物上的标志必须且只能使用国语——塔吉克语。[2] 塔吉克斯坦在语言政策上走上了加速去俄罗斯化的道路。

从 1989 年的《语言法》到 2009 年的《语言法》的变迁可以看出，塔吉克斯坦在语言立法上对语言政策作调整，主要变化是俄语地位的逐渐下滑及确定塔吉克语为唯一官方语言。在塔吉克斯坦苏维埃共和国时期，俄语和塔吉克语都是官方语言。在 2007—2009 年，由于塔吉克斯坦总统试图取消俄语作为族际语言的地位，俄罗斯和塔吉克斯坦两国间的关系出现了矛盾，虽然俄语对于塔吉克斯坦经济移民来说是日常必备的能力，尤其是大多数人都是塔吉克农村人口，还计划去俄罗斯和哈萨克斯坦等富裕国家工作，但民族独立的意识却让塔吉克人不得不强调塔吉克语的地位。塔吉克语的语言改革是通过国家机构和地方机关以及社会和商业组织彻底完成的，这样在同官员进行交流时，他们只能使用国语，包括权力机关与居民的对话也只能使用塔吉克语，然而过去的法律却允许使用塔吉克语或者俄语。

与中亚其他国家如哈萨克斯坦和吉尔吉斯斯坦相比，塔吉克斯坦与他们的共同之处是独立后都在语言立法上确立和突出主体民族语的国家语言

---

[1] 周庆生：《中国"主体多样"语言政策的发展》，《新疆师范大学学报》（哲学社会科学版）2013 年第 3 期。

[2] http：//www.stoletie.ru/geopolitika/jazyk_kak_zerkalo_bolshoj_politiki_2010-04-09.htm.

地位。不同的是，哈萨克斯坦和吉尔吉斯斯坦在确保主体民族语言地位的同时，都能正视俄语的实际社会功能，哈萨克斯坦甚至一度将俄语定位为"官方语言"，同时大量吸收英语，使该国国际化程度大大加强。然而塔吉克斯坦独立后语言政策变迁的最大特征是过度强化主体民族语，弱化俄语，这也是造成塔吉克斯坦封闭保守的原因之一。

二 从社会语言实践看语言政策的变迁

塔吉克斯坦从沙俄时代，经历苏联时期，再到国家独立，受语言政策的影响，居民日常生活及受教育过程中和大众传媒中语言使用状况发生了巨大变化。

（一）语言政策与社会语言使用出现悖论

塔吉克斯坦独立前、后都是独联体国家中经济发展最滞后的，因此他也是中亚国家中"俄罗斯化"程度最低的国家。

从俄语的掌握程度看，非俄罗斯族掌握俄语的程度比较低。1989年掌握俄语的塔吉克人仅占本民族人数的30%。不过，欧亚遗产基金会提供的一项调查资料却说明，俄语在塔社会上发挥着重要作用：在回答"您本人掌握俄语的熟练程度如何"这一问题时，有35%的居民认为能够用俄语自由交谈、书写和阅读，20%的居民能够熟练使用俄语进行交谈和阅读，但书写上会出错，20%的居民能在一定程度上用俄语与人交谈，17%的居民懂俄语但不说俄语，8%的居民不懂俄语；在回答"您在家通常使用哪种语言"这一问题时，使用俄语的居民占5%，使用俄语和塔语的占12%，使用塔语的占73%，使用其他语言的占11%[①]。

近几年，俄语在塔吉克斯坦的传播有一个新的影响因素，就是塔吉克斯坦公民向俄罗斯迁移。"据各种消息，每年塔吉克斯坦赴俄务工的劳动移民从50万增加到80万，要注意到，劳动移民的组成每年都在发生变化，他们的人数构成十年后会增长为200—250万。"塔吉克斯坦独立后，通过《宪法》确保了塔吉克语的主体民族语言地位的合法性，但此期间，

[①] 张宏莉、张玉艳：《语言法：塔吉克斯坦"去俄罗斯化"的新发展》，《俄罗斯中亚东欧研究》2010年第4期。

经济杠杆与语言政策之间却出现悖论。从语言政策上可以看出，官方对俄语明显的排斥态度与国内经济不景气、大批人员赴俄务工不得不使用俄语这一社会现实之间出现矛盾。在俄罗斯生活期间，劳动移民被迫使用俄语，而讲俄语的语言环境能够促进其水平的快速提高，"劳务移民"成为学习俄语的主要动机。

（二）教育领域的语言使用

十月革命前，伊斯兰教在塔吉克斯坦占统治地位，居民受教育程度非常低，绝大多数是文盲。1913 年，塔吉克人识字人数占 1.5%，当时的教育主要是宗教教育，学校与宗教合一，讲授阿拉伯语和伊斯兰教教义。

苏联时期，政府高度重视教育事业，主要措施是：帮助塔吉克共和国改革文字，将原先的阿拉伯字母拼写改为拉丁字母，后又改为俄文字母（基里尔字母），也是塔吉克文字自身的形成阶段，以确保教育世俗化，使学校同教会分离①。这一时期，由于政府大力发展教育，因此俄语在一定程度上发展较快，俄语成为学习科学技术的语言。在大型企业、建筑工程、发电站和铁路等所有技术领域，都需要用俄语设计文件。俄语拥有很高的声望，掌握俄语对于社会交往、教育、就业十分有帮助。

苏联解体后，各加盟共和国的俄语学校数量骤减。如果在 1989—1991 年苏联时期各共和国一共有 20000 个俄语学校的话，那在 2003—2004 年期间数量已经减少到三分之一：7536 所。在塔吉克斯坦，学习双语的学生人数大幅下滑，学生的俄语书写水平急剧下降。俄语教师的外迁以及在非俄语学校减少俄语作为第二语言学习的课时数量，俄语只是在混合学校也就是多民族多语言的班级中教授，使俄语在居民中的掌握水平大幅度下降，特别是农村地区，低层次教师的教学法培训、缺乏教科书和参考书的保障更导致俄语在教育中的滑坡。

塔吉克斯坦独立后，在教育领域通过法令来确保塔吉克语的地位，新的《语言法》规定：国语（塔吉克语）是各类学校的必修课，是科研（包括论文）、文化活动和大众传媒用语，各种广告、印章、机构名称、信息技术交流都要使用国语。因此，在立法中，语言地位规划作为语言建

---

① 刘启芸：《列国志·塔吉克斯坦》，社会科学文献出版社 2006 年版，第 169—170 页。

设的一部分已经完成,而语言本体规划(教学法参考资料、词典、塔吉克语教科书)作为国家语言建设逐步开始实施,塔吉克语的地位在社会领域中不断扩大。教育领域的有意识倡导民族主体性和塔吉克语作为国家民族语的地位带来的正面作用是培育了民族向心力与凝聚力,而负面影响则是阻碍了塔吉克斯坦走向国际化的步伐。

(三) 大众传媒中的语言状况

在塔吉克斯坦,90%的大众传媒是非政府的。2007年1月1日,在塔吉克斯坦共和国已注册的共有351家媒体机构,包含272家报纸、72家杂志、7家新闻通讯社。这些媒体机构出版的塔吉克语出版物为185册、俄语出版物为45册、乌兹别克语出版物为12册、共同使用塔吉克语和乌兹别克语的出版物为25册、共同使用塔吉克语和吉尔吉斯语的出版物数量为2册、英语的出版物数量为7册[①]。

塔吉克斯坦电视台第一频道基本上用国语进行广播。从2008年2月1日开始,在国家、州以及城市的电视台一周内少数民族语言节目播送时间的情况如下所示:俄语节目,39小时55分钟,音乐会节目不计算在内,但是故事影片和纪录片计算在内;乌兹别克语节目,3小时45分钟,音乐会节目不计算在内;阿拉伯语节目,50分钟;英语节目,50分钟。

广播"杜尚别之声"在一天内播放16个小时,其中播放14小时的塔吉克语节目、2小时的俄语节目。"亚洲之声(Азия плюс)"、"Ватан"、"Тироз",的塔吉克语播出时间占75%,俄语播出时间占25%[②]。

从大众传媒中的出版物及电视、广播媒体中的语言播送比例看,基本使用塔吉克语作为传媒最主要的语言,其次俄语所占时间较长,虽然不如苏联时期那般活跃,但是也作为教学语言使用,并应用于日常生活的各领域中。

总之,从语言立法和社会语言实践上我们可以看出对俄语发展的不利。塔吉克斯坦语言政策的变迁并不"温和",这种明确突出国语地位,降低俄语地位对国内民族团结有其积极的正面作用,而排斥俄语则对国际

[①] Нозимов А. А. Языковая ситуация в современном Таджикистане: состояние, особенности и перспективы развития. Душанбе – 2010.

[②] Нозимов А. А. Языковая ситуация в современном Таджикистане: состояние, особенности и перспективы развития. Душанбе – 2010.

化以及国内操俄语族群造成很大伤害。但经济杠杆与社会语言实践已出现悖论，俄语在居民日常生活中仍然有一定生命力。

三 影响语言政策变迁的因素分析

由于语言与民族联系密切，因此，民族政策、民族人口数量、族际关系等都会对语言状况产生影响，而大规模的人口迁移会使语言群体出现此消彼长，从而改变语言状况[①]。除政策性的因素导致社会语言人口变化以外，国家在语言政策的调整上还会受到国际关系及地缘政治的影响。

（一）社会人口对语言政策变迁的影响

俄语人口新变化。一方面，苏联解体以后，由于塔政府打压俄语的政策而引起了相应的移民潮，大批俄罗斯人纷纷返回俄罗斯，俄语在塔吉克斯坦的功能作用由于大量说俄语的居民的迁移而变得越来越窄。另一方面，塔吉克人口由于高出生率，人口比例在总人口的比例大幅提高。内战结束后，塔吉克人从阿富汗、乌兹别克斯坦以及其他具有"祖国"这一历史意义的国家返回，国内的移民潮以及其他进程导致塔吉克斯坦民族人口的比例发生重大的变化。从人口的角度分析，根据2007年外交部提供的数据可以发现，现在在塔吉克斯坦俄罗斯族的人口接近0.5%，是中亚国家中俄罗斯人口最少的国家。从2000年塔吉克斯坦人口普查的统计数据可以看出，十年间塔吉克族与俄罗斯族人口的比例变化。（见表1）

表1　　　　1989年与2000年塔吉克族与俄罗斯族人口比较　　（单位：万人）

	1989年总人口509.26		2000年总人口612.75	
	人口数量	占总人口比例	人口数量	占总人口比例
塔吉克族	317.24	62.29%	489.84	79.94%
俄罗斯族	38.85	7.6%	6.82	1.11%

数据来源：http://www.demoscope.ru/weekly/2005/0191/analit05.php。

造成俄语人口剧减的主要原因：塔吉克斯坦为了提高主体性民族的合法性，壮大主体民族地位和身份，势必会降低非主体民族人口数量。

---

① 张玉艳：《塔吉克斯坦语言政策与语言状况研究》，硕士学位论文，兰州大学，2011年。

从表象看，内战使大批俄罗斯人口外迁，随着内战的结束，塔吉克人口回迁是造成使用俄语人口剧减，使用塔语人口激增的原因。

从深层次的角度分析，苏联时期，俄罗斯的生活方式被认为是现代化的、西方的，具有苏联时期的价值观，但同时也具有教育和专业高水平的标准。城市化进程不仅对俄罗斯人，对传统居住在农村地区的主体民族来说也是十分典型的，苏联时期的模式对塔吉克斯坦的生活方式具有十分重大的影响。然而，塔吉克斯坦独立后，逐渐回归自己的文化根源，甚至出现"去现代化"和"伊斯兰复兴化"的民族模式的恢复。长期的内战以及专制主义和保守主义的氛围是俄罗斯族人感觉文化不适的重要原因，造成大批俄语精英迁移。不但俄罗斯族人口大量外迁，包括很多操俄语的塔吉克族也因社会地位的变化而选择离开，尤其是2009年的《语言法》颁布以后，立法、行政和司法机构以及军队都要使用国语进行办公，国家和非国家机构在进行口头和书面交际时也要使用国语，这使得相当一部分讲俄语的精英失去了原有的社会地位。"德国之声"援引 Джамшед Наджмиддинов 为例证，他居住在杜尚别，塔吉克族，曾在俄语学校学习，进入高校后就读于俄语班，后工作于"讲俄语"组织。关于塔吉克语他"说不出十个词来"，以至于他不得不从共和国移民[①]。

独立后的中亚国家里，塔吉克斯坦是"伊斯兰化"色彩最浓重的国家之一，宗教情结造就了民族的保守型以及对现代文化的拒斥，甚至有年轻人走向复古的趋势。思想上的保守造成了语言政策上的保守，去世俗化的倾向导致主体民族更加强调对本民族语的学习，对俄语的拒斥。这也是在对待俄语问题上塔吉克斯坦不同于哈萨克斯坦和吉尔吉斯斯坦的深层次原因之一。

（二）地缘政治关系对语言政策变迁的影响

随着苏联身份的消失，塔吉克斯坦的公民们开始寻找属于自己的新的身份。这对于主体民族来说不是一个简单的过程。塔吉克斯坦，南邻阿富汗，北接吉尔吉斯斯坦，西面与乌兹别克斯坦接壤，东与中国相连。独立后，国家既要寻找有共同宗教来源的政治支持，又要在全球一体化的进程

---

① http://www.stoletie.ru/geopolitika/jazyk_kak_zerkalo_bolshoj_politiki_2010-04-09.htm.

中寻求发展，逐渐形成了一个伊斯兰文化—苏联文化—西方文化相互碰撞的综合体。这就为母语的发展及外语政策的调整指明了新的方向。

1. 母语发展的有利因素

塔吉克认为自己是突厥鞑靼族文化中波斯—伊朗文化的"孤岛"。从中亚五国的语言系属划分来看，乌兹别克语、哈萨克语、土库曼语和吉尔吉斯语是阿尔泰语系——突厥语族，而塔吉克语则是同源于阿富汗语和伊朗语的印欧语系——伊朗语族。从文化，尤其是从宗教角度来看，现代的塔吉克斯坦很难被邻居伊朗当作一样的模式，尽管双方有着共同的宗教来源。对于现代的塔吉克斯坦来说，恢复自己的认同身份就只能回到过去，所以为了回应伊朗的什叶派模式，塔吉克斯坦认为自己是在公元800—900年布哈拉昌盛的萨曼王朝的逊尼派①。

塔吉克斯坦向萨曼王朝寻求国家认同的动向从塔独立时就已经开始。1991年，塔吉克斯坦政府开展了对重要的公共设施重新命名的活动，将列宁纳巴德州恢复其原名——索戈特州，同时将该州首府列宁纳巴德市恢复原名——苦盏，把杜尚别的列宁广场更名为自由广场，普托夫街改名为伊斯玛仪·萨曼尼街②。因此，塔吉克斯坦共和国众多散居者的当务之急是保护自己所拥有的语言及语言权利；国家机关依据塔吉克斯坦的战略利益实现国家对塔吉克语的支持；塔吉克的知识精英——语言学家开始认真地从事实现语言规划的工作。

2. 俄语的重要作用

有一项对俄语有利的能够决定民族语言政策的因素——与俄罗斯的政治关系。在该地区，俄罗斯仍然扮演者经济和地缘平衡仲裁者的重要角色。俄语作为国际舞台的工作语言，作为曾经高水平教育的语言，依然有其历史威望，1996年，俄罗斯—塔吉克斯拉夫大学的建立是最有力的证明。在塔吉克斯坦的高等教育中俄语学习显得尤为迫切，知识分子群体经常是通过俄语来提高自己的专业水平，因为在技术和科学领域中，专业术语大部分都是俄语。拉赫蒙总统曾公开发表讲话："我们可以非常明确地表示，在几十年的时间里，俄语对我们来说曾经是并且现在也是我们了解

---

① Beeman W. O. The struggle for identity in Post Soviet Tajikistan. MERIA（Middle East Review of International Affairs）. vol. 3. 1999.

② 曾向红、杨恕：《中亚各国国家民族的构建：以塔吉克斯坦为例》，《国际政治研究》2006年第2期。

科学、与外部世界联系的窗口,浪费这一财富无疑对我们来说是一大损害。"

为了提高高校俄语教师的质量,在塔吉克斯坦国立师范学院、塔吉克斯坦国立语言大学在"俄语世界"基金的帮助下开设了俄语中心。在实现国家纲领的框架内,塔吉克—斯拉夫大学开办了俄语教师培训班。2011年,杜尚别开设了塔俄双方合作的建设性成果——莫斯科大学杜尚别分校①。

不仅仅是高校可以帮助俄语的发展,在经济领域,俄罗斯的投资使俄塔之间可以加深双方关系的互利的各领域合作也可以巩固俄语的发展。

3. 外语的发展

为了发展国际关系,丰富人民的文化和精神生活,创造出有利于加快科学技术进步的条件,更好的掌握现代信息技术,现在的塔吉克斯坦正致力于更加全面的外语教学。

一方面,提高英语的外语地位。塔吉克斯坦通过了《2004—2014年关于完善俄语和英语教学的国家纲领》,毫无疑问,这两种语言是被各个阶层的人们所接受的。塔吉克斯坦不打算放弃俄语,因为这是世界语言之一,是联合国的官方语言之一,而且现在,在信息化的世界里没有英语也是不能生存的。为了实现这一国家纲领,国家每年根据经济预算和社会预算指标,从中拨出一部分资金用于实现这一目标。塔吉克斯坦教育部、科学院以及其他相关的政府部门制定一系列的具体措施用来培养和保证师资力量,提高他们的教学水平。塔吉克斯坦国家电视广播委员会还转播俄语和英语节目并且延长了播放时间。

另一方面,促进汉语在塔吉克斯坦的发展。独立前的塔吉克斯坦国内是没有汉语教学的,独立后,随着两国政治、经济间的往来,汉语在塔逐渐成为热门语言。1997年汉语正式进入塔吉克斯坦教育体系,高校开设汉语专业,但师资、教材的匮乏令汉语教学处于不稳定阶段。直至2008年,孔子学院的建立,使汉语教学有了长足发展,学习者由最初的几十人发展到上千人,培养了大批的本土汉语教师和汉语翻译人才②。来华留学

---

① 刘涛、刘富华:《国际汉语教师课堂教学能力培训策略研究》,《东北师范大学学报》2013年第1期。

② Рахмон. Статус русского языка в Таджикистане остается неизменным. http://inlang.linguanet.ru/Cis/CisRussianLanguage/detail.php.

的塔吉克斯坦籍留学生人数也呈逐年增长趋势。经济促进了汉语在塔吉克斯坦的发展，中塔两国边疆贸易的拓展，急需大批翻译人才，加速了汉语在塔吉克斯坦的发展。

四 结语

综上所述，塔吉克斯坦走上民族独立的道路后，首先从立法上确定了主体民族语言塔吉克语的母语地位，经历了"去俄罗斯化"的过程，又在经济全球一体化的进程中逐步开始实行开放的外语政策。

在民族国家独立的过程中，确立本民族的语言地位是民族独立的一个重要标志，因此，塔吉克斯坦通过颁布法令来确保塔吉克语的母语地位。主权国家独立的同时，民族认同与民族主义不断加强，促使以民族为基础所建立起来的民族国家的力量前所未有地增强[1]。通过使用与所属文化群体相同的语言，其成员可以从中获得精神力量、骄傲，以及一种社会归属感和历史延续感。当他们感到其文化身份受到威胁时，他们会不遗余力坚持使用和维护自己的语言[2]。就塔吉克斯坦而言，对塔吉克民族文化认同的人口数量变化促进了使用塔吉克语人数的变化。随着政治局势的稳定，国家开始走向寻求发展的道路，积极参与到国际组织中，2013年3月2日正式加入世界贸易组织，良好的外部环境促使外语在塔吉克斯坦将有更好的发展空间。

塔吉克斯坦这种语言政策大大促进了如今塔吉克斯坦语言状况的形成，虽然有其不平衡和不协调的特点，然而，一种比较宽容的语言文化已经开始出现，我们期待塔吉克斯坦的语言状况走向持续健康发展的道路。

塔吉克斯坦的语言政策变迁给我们的启示是：国家在制定语言政策的过程中要把握好尺度，不能过分保守，也不可过度开放。语言政策的过度保守会给经济发展和科技进步带来负面影响，使经济发展偏离正确轨道、科技停滞不前；而过度开放的语言政策则会使主体民族失去主体性，失去民族向心力。

---

[1] 叶江、徐步华：《当代跨国社会运动对民族、民族主义与民族国家的冲击与影响》，《西南民族大学学报》（人文社会科学版）2012年第1期。

[2] 罗虹、颜研：《透视语言与"文化身份"》，《中南民族大学学报》（人文社会科学版）2009年第1期。

参考文献

[1] 何俊芳:《中亚五国的语言状况》,《世界民族》2001 年第 1 期。

[2] 周庆生:《中国"主体多样"语言政策的发展》,《新疆师范大学学报》(哲学社会科学版) 2013 年第 3 期。

[3] http://www.stoletie.ru/geopolitika/jazyk_ kak_ zerkalo_ bolshoj_ politiki_ 2010-04-09.htm.

[4] 张宏莉、张玉艳:《语言法:塔吉克斯坦"去俄罗斯化"的新发展》,《俄罗斯中亚东欧研究》2010 年第 4 期。

[5] 刘启芸:《列国志·塔吉克斯坦》,社会科学文献出版社 2006 年版,第 169—170 页。

[6] Нозимов А. А. Языковая ситуация в современном Таджикистане: состояние, особенности и перспективы развития. Душанбе – 2010.

[7] 张玉艳:《塔吉克斯坦语言政策与语言状况研究》,硕士学位论文,兰州大学,2011 年。

[8] 陈茂荣:《全球化背景下多民族国家的国家认同危机》,《中南民族大学学报》2012 年第 5 期。

[9] Beeman W. O. The struggle for identity in Post Soviet Tajikistan. *MERIA* (*Middle East Review of International Affairs*). vol. 3. 1999.

[10] 曾向红、杨恕:《中亚各国国家民族的构建:以塔吉克斯坦为例》,《国际政治研究》2006 年第 2 期。

[11] 刘涛、刘富华:《国际汉语教师课堂教学能力培训策略研究》,《东北师范大学学报》2013 年第 1 期。

[12] Рахмон. Статус русского языка в Таджикистане остается неизменным. http://inlang.linguanet.ru/Cis/CisRussianLanguage/detail.php.

[13] 叶江、徐步华:《当代跨国社会运动对民族、民族主义与民族国家的冲击与影响》,《西南民族大学学报》(人文社会科学版) 2012 年第 1 期。

[14] 罗虹、颜研:《透视语言与"文化身份"》,《中南民族大学学报》(人文社会科学版) 2009 年第 1 期。

[原文载于《新疆师范大学学报》(哲学社会科学版) 2014 年第 1 期]

马来西亚语言政策的变化及其历史原因

李洁麟

引言

马来西亚是一个以马来人、华人和印度人三大族群为主的多元民族国家,据2000年人口统计,马来人为主的当地族群占总人口的65.1%,是该国最大的族群,华人和印度人则分别占26%和7.7%,三大族群都有自己的语言和教育机构。马来西亚的语言主要有马来语、英语、华语和泰米尔语,国家语言和官方语言是马来语,英语作为第二语言或通用语言广泛使用。目前我国学者有关马来西亚语言政策的研究,主要集中在研究有关华文教育及华语地位的问题上,较少论及该国国家语言马来语等其他语言的相关问题等。马来人占马来西亚人口的大多数,因此,本文通过对马来西亚历史上语言政策的发展及2003年开始执行的数理英化问题展开讨论,理解国家语言政策制定的牵制因素及其对社会的影响。本文所引用的外文资料,均出自笔者翻译。

一 语言政策的定义

20世纪60年代,对语言规划和语言政策的研究开始得到语言学界的关注。近十年来,这个研究领域的发展速度很快,越来越受到世界范围内各相关学科学者的重视。关于语言政策,在笔者检索的国内学术文献中,以下几种定义被广泛采用:

国外学者关于语言政策的定义:

Spolsky认为:"语言政策由三部分组成的:语言社区的语言使用状

况、语言忠实度及语言管理。"① Kaplan 与 Baldauf（1997：xi）认为："语言政策是一种实体，它指导或反映语言在社会群体或社会制度中的变革，使社会理想、法律法规得以体现。"② Ronald Wardhaugh 认为：语言政策是一种实现现代国家建设的国家地位规划，它体现了本国家强化民族意识和民族感情的需求，成为加强民族团结的重要手段。③

国内学者关于语言政策的定义：

陈章太（2005：148）认为："语言政策是政府对语言文字的地位、发展和使用所作的行政规定。语言主要包括两方面的内容：（1）就语言文字本身的地位、发展、规范和改革所制定的标准与法规；（2）对语言文字使用的要求与规定。"④

冯志伟认为："语言政策是国家关于语言生活方面的法律法规及其他行政性措施，它将语言规划的内容以法律法规政府行政命令的方式规定下来，是语言规划的制度化、法律化，是语言规划得以推广的重要保证。具体说来，语言政策就是一个国家、一个地区、一个民族规定的语言文字所应遵循的方向、原则以及为此而提出的工作任务。"⑤

结合马来西亚语言政策的发展历史并针对当前数理英化问题，马来西亚有学者认为，2002 年政府宣布的在大学及其各级学校里改用英语作为教学语言的规定并不能视为国家语言政策的转变，因为政府对该政策并无立法行为。这个观点显然与 kaplan 及 Baldauf 的看法一致，认为这只是"属于对语言使用的规定"，"教育领域的语言规划，只是对教育领域产生影响，并不波及整个社会"⑥。而这与最早倡导建立语言规划与语言政策研究的学者 Spolsky 的看法不同，他认为："不管是否有明确的立法形式

---

① Spolsky, Bernard (2004), *Language Policy: Key Topics in Sociolinguistics*. Cambridge: Cambridge University Press, p. 30.

② Kaplan, Robert B. & Baldauf, Richard B. Jr., *Language Planning: From Practice to Theory*. Clevedon, Avon: Multilingual Matters, 1997

③ Ronald Wardaugh, *An introduction to Sociolinguistics*. 转引自王智红《语言规划和语言政策作为一门学科的研究》，硕士学位论文，中国海洋大学，2003 年，第5 页。

④ 陈章太：《语言规划研究》，商务印书馆2005 年版，第148 页。

⑤ 冯志伟：《应用语言学综论》，广东教育出版社1999 年版，第131 页。

⑥ Kaplan, Robert B. & Baldauf, Richard B. Jr., *Language Planning: From Practice to Theory*. Clevedon, Avon: Multilingual Matters, 1997, p. 122.

的语言政策,语言政策的事实都存在。"[1] 马来西亚学者 Gill 则认为:"在马来西亚的社会语境下,将政府和教育这两个因素分开来考虑语言规划及语言政策的制定事实上是没有意义的。马来西亚政府对教育的控制相当严格并规定,任何涉及语言政策的制定都必须经政府层面的批准。"[2]

笔者认为:语言政策的制定是政府部门的工作职能,必须根植于本国的社会政治、经济、教育及文化因素,将国家民族构成、历史文化背景、当前现实国情、国际政治背景等各方面结合起来综合考虑,重点放在促进社会的发展和进步,各民族的和谐共处和、多元文化的并存繁荣上;国家关于语言教育的规定是语言政策的重要组成部分,只有在特定的社会环境下才能客观理解国家语言政策的制定、执行、改革和转变。

二 马来西亚语言政策的变化历程

二战结束后,许多殖民国家独立,为建立国家的民族和身份认同,纷纷开始制定国家语言政策。其中,有些政策与殖民期间的语言政策完全不同,而有些则在官方语言的选择上继承和发展了殖民时期的语言政策,抑或是着手缩减殖民时期规定的官方语言和国家语言对独立后制定国家语言政策的影响。马来西亚独立后制定的语言政策是把焦点放在国家认同和民族团结方面,尤其将改革放在国民教育上。叶玉贤(2002)曾将马来西亚语言政策历史发展划分为四个阶段[3],笔者赞同其观点并采用其截至 2002 年的四阶段分类法。在此基础上,笔者认为,2002 年后出现的数理英化问题较特殊,是该国语言政策发展的一个新时期,有必要单独分阶段来对此做详细讨论。因此,本文将以五个历史阶段的方法梳理马来西亚语言政策的发展。

(一)殖民时期:马来语与英语并重

英国殖民政府为巩固统治权、取得与马来贵族的合作,对马来亚的统

---

[1] Spolsky, Bernard (2004), *Language Policy: Key Topics in Sociolinguistics*. Cambridge: Cambridge University Press, p. 8.

[2] Gill, Saran K. (2005), Language Policy in Malaysia: Reversing Direction. *Language Policy* (2005) 4: p. 244.

[3] 叶玉贤:《语言政策与教育——马来西亚与新加坡之比较》,台湾前卫出版社 2002 年版。

治主要奉行两个原则:"马来亚是马来人的国家,华人与南印度移民系短期移民性质①";"扶持马来人树立一套确保马来人特权以建立马来人政治权威的政治制度"。② 尤其在教育上,1874 年于霹雳州制定了"邦古协定"(Pangkor Treaty),积极建立英语及马来语学校,而对华语及泰米尔语学校则并无积极规划建设。1932 年,殖民政府提出教育构想,其中规定:"除以英文或马来文为教学用语以及已经接受政府津贴的方言学校之外,任何新设立的学校将不再得以设立。"③

1949 英国成立了巴恩马来文教育委员会,开展关于马来语的教育研究规划。1951 发布了《巴恩报告书》(Barnes Report),建议设立国民学校制度,并希望以英语或马来语为教学用语的国民学校取代当时的方言学校,华语课与泰米尔语课仅被视为一个教学科目。该报告书遭到非马来人的反对,尤以华人为最,同年成立芬吴华文教育委员会并发表《芬吴报告书》(Fenn-Wu Report),认为政府应提供华语学校充足的设备与教师,英语是一种沟通语言,马来西亚华人应被鼓励三种语文的教育。《1952 年教育法令》接受《巴恩报告书》的建议,宣布以英、马来文为教学语言的国民学校取代华、印文学校。1956 年,联盟政府教育委员会发布了《拉萨报告书》(Razak Report),在承认三种语文源流的学校并存的前提下支持马来语教学,英文学校逐渐被马来文学校取代,所有学校必须教授马来语,英文为必修科目。

(二) 早期独立时期:确定马来语的国语地位,英语作为考试用语(1957—1969)

独立后,由于政党在早期联盟时期对语言政策的主张各有差异,1960 年政府开始检讨语言上的问题,同年 8 月发布《拉曼达利报告书》(Rahman Talib Report),"承认两种类型的学校:国民小学(National School,以马来语为教学用语)以及国民型小学(National-type School,教学用语

---

① 高德义:《族群霸权体制的形成与解构——马来西亚族群关系的政治经济分析》,《山海文化月刊》第 2 期,第 30 页。转引自 [7],第 13 页。

② 叶玉贤:《语言政策与教育——马来西亚与新加坡之比较》,台湾前卫出版社 2002 年版,第 13 页。

③ 林开忠:《建构中的华人文化:族群关系、国家与华教运动》,吉隆坡,华社资料研究中心出版,第 63 页。转引自叶玉贤(2002,第 15 页)。

为英语、华语与淡米尔语),并认为中学的考试应以马来语与英语来撰写"。① 进而,在1961年制定的教育法令中,除改制为英语学校的华文中学外,其他学校均未能继续领取政府津贴。1967年,马来西亚制定了国家语言法,确立马来语是国家唯一的国语及官方语言(The Educational Statistics System of Malaysia),废除了英语作为官方语言的规定。1969年在吉隆坡爆发的"五·一三种族冲突事件",使马来西亚进入两年的戒严状态,此期间引发了政府关于国家意识形态的讨论,进而为新经济时期语言政策的调整铺设了道路。

(三) 新经济政策时期:英语学校的转型与教学用语的统一(1971—1990)

"五·一三"事件后,1970年,马来西亚开始推行"新经济政策",在第二期马来西亚计划(1971—1975)中,主要目标是"减少并消弭具有经济功能色彩的种族认同"。其教育方案规定:将马来语视为各学校的主要教学用语,并将英语视为第二语言。至1983年,所有大学入学条件中所规定的课程必须以马来语教授。在第三期马来西亚计划(1976—1980)中,其教育目标是缩减城乡之间教育机会的落差,并将马来语视为主要教学用语来达到国家统一的目的。此期间,1975年,英语学校已全部改制为国民小学;1980年,以英语为教学用语的课程也全部改为马来语教授。在第四期(1981—1985)及第五期(1986—1990)马来西亚计划中,政府继续强调马来语作为教学用语的重要性并指出,"在高等教育阶段,必须在1983年所有的大学一年级课程皆以马来语为教学用语,而英语仍是第二语言"。

面对教学用语的统一,华人团体积极维护华文教育,通过复兴已经停办的独立中学及上呈建议书等多种形式向政府表达重视华文教育的意向。而政府对包括华族在内的其他族群的母语教育仍然持消极态度,并未给予政策上的倾斜。

---

① Hashim, R. 1996. *Educational Dualism in Malaysia: Implicications for Theory and Practice*. Oxford University Press, p. 58.

（四）新发展政策时期：强调学生英语能力的培养与各族群语言的融合（1990—2002）

1990 年马来西亚开始推行新发展政策（New Development Policy, NDP），在第六期的马来西亚计划（1991—1995）与第七期的计划中均强调了教育品质改善的必要性和重要性。80 年代末，从小学成就测验的成绩统计上看，"许多学生的数学和英语科目成绩需要进行补救教学"[1]，因此，政府在第六期马来西亚计划中，虽在教育上仍强调使用马来语，但已逐渐重视语言的沟通与分析技能，并强调了将英语列为必修科目之一。1995 年制定的《1995 年教育法令》，规定在国民小学中，英语是必修科目，对于母语课，至少要有 15 位学生的家长提出要求方可开设；国民型小学中，马来语与英语是必修课。同年 12 月，马来西亚教育部教育政策规划与研究处提出了"宏远学校：概念与实施"计划，建议"建立设有两种或三种源流学校的新学校，把不同源流的学校合并，在现有学校中增设其他源流的学校（宏愿学校计划书，1995）"。

（五）新世纪信息科技时期：英语作为数理科目的教学用语重回课堂。（2002 至今）[2]

2002 年，时任马来西亚总理马哈蒂尼发表声明：马来西亚境内的学校，从小学一年级开始推行以英语教授数学和科学的政策。同年 7 月，20 个华社、马来社会和印裔社会文教团体出席的"民族教育交流会"决议，坚持母语教数理，反对英语教数理，并于 12 月提呈备忘录予政府。9 月，首相马哈迪宣布拨款 50 亿令吉，在 2002—2008 年内推行英语教数理。2003 年，政府开始在各教学阶段执行该计划，之后将逐渐在所有教育阶段普及。该政策执行期间，在马来西亚各界，尤其教育领域引起了很大反响。2005 年第二届马来人教育大会上，有数据显示，执行该政策后，50 万名马来学生在数理学习方面严重落后，同时也影响了马来语作为国语的地位。而政府执行该政策的决心非常坚定，以华小问题为例，同年 12 月，

---

[1] 叶玉贤：《语言政策与教育——马来西亚与新加坡之比较》，台湾前卫出版社 2002 年版，第 43 页。

[2] 此段所引用数据出自马来西亚董教总华文教育网站发布的《英语教数理大事纪要》。

教育部长希山幕丁公布了华小第二阶段（四、五、六年级）以"6-2-3-2"方案落实数理英化政策。2007年底，他再次公开表示，将于2008年宣布小学六年级评估考试的数理科考试媒介语。2008年小六检定考试中，政府在国小及淡小使用双语（英语/国语，英语/淡米尔语）作为考试媒介语，华小第二阶段的课程方案暂未公布。

三 马来西亚语言政策变化的原因分析

从以上五个语言政策发展的阶段来看，独立后的马来西亚政府认为"国家意识"的统一与建立是各民族团结的关键，因而对马来语的地位规划上升到国家政策层面显然是必要的。另一方面，在改制英语学校后，随着国家现代化进程的推进，政府也逐渐意识到国民英语能力对国家发展的重要作用，其直接体现，就是语言政策的调整。

（一）选择马来语作为国家语言是培养国家和民族意识、增强民族凝聚力的需要

马来西亚是一个多民族国家。1957年独立后，"马来族是该国境内最大的民族，其人口构成在当时大致占该国国内人口的二分之一，其次是华族，占三分之一强，再次是印度人，占总人口的10%。从人口统计学的角度来看，马来族的人口数量最大，他们认为自己是马来西亚土地上的原住民，理应拥有政治力量，而其他的民族只是外来的，是华人和印度人的后代"[1]。这样的观念使马来族认为他们不但是马来西亚的标志，也是能够影响语言及民族政策制定的实力群体。独立后，马来亚联邦政府在语言政策上曾允许三种语文源流的学校并存，支持母语教育及开展用当地语言教学的学校教育。"但是，其多源流政策并不是最终目标，这种并存现象只是国家制定语言政策过程中的一个必经阶段。"[2] 除 Gill 外，马来西亚社会语言学家 Asmah（1987：65）认为："对于马来西亚境内的民族来说，选择马来语作为国家语言是很自然的事情，马来语是这片土地的语

---

[1] Gill, Saran K. (2005). Language Policy in Malaysia: Reversing Direction. *Language Policy* (2005) 4: pp. 244-245.

[2] Gill, Saran K. (2005). Language Policy in Malaysia: Reversing Direction. *Language Policy* (2005) 4: p. 245.

言，其在行政、文化、文学等知识领域和宗教领域均起着重要作用。"①

笔者认为，国家和民族的因素是制定语言政策的首要条件，对于人口一直占大多数的马来民族来说，选择马来语作为一种国家语言对于多民族国家的统一非常重要，是一种历史必然。

（二）选择马来语作为国家语言是巩固马来民族的政治和经济地位，以此获得良好就业机会和生存环境的需要

笔者认为，另一个对马来西亚语言政策起推动作用的重要原因是：教学用语的采用与经济及社会工作机会的紧密关系。殖民时期，马来西亚英语学校一般在大城市中心，大部分学生属非马来人，或上层马来人子弟。郊区的马来人基本上均在马来语学校接受教育（一般到中等教育阶段还是这个情况）。当时，"英语已是就业领域的强势语言，是获得良好职业、拥有财富的前提和象征"②。而马来人显然无法接受"国家的政治经济权利掌握在讲英语的人手里"③，"感到受屈辱，因为讲英语的人基本上都不是马来本土人，大部分属华人及印度人，且这大部分人居住在市中心，只有少部分上层马来人才能和他们一样接受英语学校的教育，而要改变这样的状况，势必引起国内社会和经济的不平衡"④。因此，政府认为，只有通过将马来语立法成为国家语言和官方语言的途径，才能保障独立国家的教育和行政权力，通过语言政策的改革，使马来语享有一定的社会地位，从而提高马来人的地位：马来语一旦成为国家语言和官方语言，马来人将获得应有的语言权利和经济机会。另一角度，华人及印度人对政府的语言政策并无过分抗争。此前相关立法规定，在马来西亚境内出生的非马来人可直接获得公民身份，独立后政府规定："一个非马来本土人必须满足除居住、良好行为外的第三个条件——掌握马来语——才能成为其公民。而

---

① Hashim, R. 1996. *Educational Dualism in Malaysia: Implications for Theory and Practice*. Oxford University Press, p. 65.

② Asmah, Hj. Omare (1987). *Malay in Its Sociocultural Context*. Kuala Lumpur: Dewan Bahasa dan Pustaka, p. 63.

③ Kelman, Herbert. (1971). Language as An Aid and Barrier to Involvement in the National System. In Joan Rubin & Bjorn H. Jernudd (Eds), *Can Languge be Planned? Sociolinguistic Theory and Practice for Developing Nations* (pp. 21–51). Honolulu: The University Press of Hawaii p. 35.

④ Gill, Saran K. (2005). Language Policy in Malaysia Reversing Direction. *Language Policy* (2005) 4: p. 246.

这是一个非常严厉的规定,掌握马来语是一个非马来本土人成为马来西亚境内公民的必要条件。"① "执政的马来人将这项立法与华人及印度人获取马来西亚公民身份密切联系起来,成为马来人用以作为争论该项立法应予成立的一个条件。"②

笔者认为,马来语以立法的形式在教育和行政领域成为马来西亚国家语言及官方语言,也相应加强了该语言的经济价值和社会话语特权。

(三) 选择英语教授数理科目是国家现代化进程的需要

上世纪80年代末90年代初,不同教育阶段学生英语水平的普遍下降引起了马来西亚教育部门的重视,"在马来语作为教学语言的这个政策执行的随后一段时间内,马来人逐渐意识并注意到,作为国家和民族身份标志的马来语在教育领域内的发展步伐很慢,在高等教育阶段尤其明显"③。事实上,"早在1965年,Malaya大学就曾意识到英语教育的重要性,其采用过渡期的双语教育规定:艺术类课程采用马来语作为教学用语,科技类课程采用英语作为教学用语。直至1983年,所有公立大学的全部课程才都采用马来语作为教学用语。马来西亚高等教育阶段的教学用语转变所需的18年时间告诉我们一个事实:英语教育对于马来西亚的重要作用"④。

笔者认为,基于国家的现代化发展,马来西亚所采取的措施重点开始转移至提高马来人的教育水平、实现马来人的成就抱负上。因此,马来西亚再次直面英语对于国民教育的重要性和必要性。

纵观马来西亚语言政策的历史发展,在马来语与英语的竞争过程中,华语与淡米尔语的教育一直处于次竞争地位,政府对这两种语言的教育与教学的政策持较之消极和模糊的态度,而不可否认的是,这两种语源学校

---

① Asmah, Hj. Omare (1987). *Malay in Its Sociocultural Context*. Kuala Lumpur: Dewan Bahasa dan Pustaka, p. 11.

② Gill, Saran K. (2005). Language Policy in Malaysia: Reversing Direction. *Language Policy* (2005) 4: 247. Springer 2005.

③ 叶玉贤:《语言政策与教育——马来西亚与新加坡之比较》,台湾前卫出版社2002年版,第249页。

④ Gill, Saran K. (2004a). Medium of Instruction Policy in Higher Education in Malaysia: Nationalism Versus Internationalization. In James W. Tollefson & Tsui B. M. Amy (Eds), *Medium of instruction policies-Which agenda? Whose agenda?*. New Jersey: Lawrence Evlbaum. p. 142.

在马来西亚国家语言规划与政策制定中，好比一股隐形的力量，在英语与马来语的竞争夹缝中艰难生存，不断抗争，但还并未能起到左右国家语言政策改革和方向调整的作用。

四 当前数理英化问题的主要分歧及其原因分析

数理英化政策自2002年宣布、2003年执行至今已走过6个年头。马来西亚国内关于该政策的争议主要有三种观点。

第一种观点认为：从经济角度看，目前马来西亚在全球的市场竞争力已明显不足，而英语在全球市场则长期扮演着重要的角色，因此，马来西亚人民必须具备更高的英语水平，从而使马来西亚成为具备信息时代经济竞争力的国家。而这个竞争力的实现，必须从教育入手，从小学阶段开始，以英语教授数理科。

第二种观点认为：用英语教授数理科目对马来西亚来说具有一定的合理性和针对性，对多民族多文化、身处多元文化的马来西亚社会是实用和理智的，多元并存并不会导致马来西亚各民族丧失民族文化或民族特征，也不会出现以三至四种语文做研究，而发生不必要的资源浪费的局面。

第三种观点在马来西亚国内比较强烈，马来西亚华团、华社及董教总认为：母语教育是孩子们接触教育、接受知识的最有效最直接的正确途径，透过最初始、在家中使用的语言，对孩子的启蒙教育效果最好最直接。同时，也将促进孩子们增强本身的民族文化特质，进而使多民族多元文化的马来西亚更具国际竞争力。另一方面，马来社会的文教团体，也都基本倾向于反对英化数理政策，包括印裔社会的文教团体和非政府组织也反对在淡米尔小学实施英语教数理科，认为：该政策有可能边缘化国语马来文的地位，且违反了《联邦宪法》第152条款阐明的马来文为官方语文的规定。

以上三种观点持续角力，马来西亚政府在观点林立，意见纷纭的社会舆论下仍然坚持执行小学数理英化政策，而社会多年来反对该政策的建议和运动均未取得成功，马来西亚学者纳达拉惹博士（Dr Nadarajah Manikam）曾于2007年在"恢复小学母语教授数理运动"研讨会上就此问题指出："真正的问题是我们所持的立场，以及我们能为此立场给予多少的支持力量。一再地举例母语教育的证据，本身是毫无意义的。课题并非关于母语教育的正面效益的资讯或知识不足——问题在于政治本身，而想要透过数据来举证解决问题是困难的。就事论事的正义式行动，或许根本无法让我们取得任何进展。"

笔者认为：母语教学的效果在语言学界早有定论，在小学阶段接受母语教育的正面效益也能得到理论和实践上的支持。问题的关键在于，数理英化已不仅仅是教育问题。马来西亚国内的反对力量并不是从政府重点考虑的市场观点，即从语言经济学的角度来看问题，且目前也未能建立足够的政治层面的力量来推翻支持数理英化的经济论点。因此，角度各异，重点不同，各方不在同一平面对话，其对话内容自然形成分歧。数理英化政策已执行六年，且不论这六年的成绩与不足，从全球化对国家语言规划和政策的影响角度来看待这个问题，科技与经济实力在马来西亚发展的现阶段，决定着这个国家的世界竞争力，并有可能上升为阻碍国家综合发展的主要矛盾，而当这个矛盾在当前超过对政治权利和民族传统的维护时，语言政策的转向成为一种显性的表现，也是短期内维持国家平衡发展的一种出路。综合来看，数理英化政策的出台有以下原因的考虑：

（一）基于国家发展战略的考虑：信息时代的到来和人力资源储备的迫切需要

20世纪80年代末90年代初，在全球化的带领下世界的发展开始转向一个新的阶段。在马来西亚 National Brains Trust on Education (2002) 的报告中设计了2020年马来西亚国家工业化地位的蓝图：马来西亚将成为拥有第三世界国家最好的教育系统的国家之一。该报告结合马来西亚现阶段国内缺乏大量知识型人才的实际情况指出，经济价值的创造主要来源于脑力劳动，必须加快从以生产力为导向的劳动力向世界型的以知识为导向的劳动力转变的步伐。

笔者认为，该报告已清晰指出，马来西亚当前的人力资源及其语言能力是否能满足国家进一步发展的需求？因此，语言能力的提升，暗示着马来西亚国家语言政策的转向和调整。换言之，在这个知识经济时代，全球化和知识经济在科学技术领域上选择了英语。

（二）基于信息时代的考虑：知识和信息的更新对语言能力的要求

国家要取得世界性工业地位，要发展科技领域的知识型劳动力，知识和信息是通向科技领域的重要路径。"这是一个显而易见的事实,科学的过程依赖于以书面形式记录下来的知识,也就是说,科学需要大量信息储备及其信息提取系统。"[1] 如何提取、传播并吸收信息,语言能力是第一关,这也是目前马来西亚面临的挑战。而马来西亚语言政策的成功实施,马来语教育的全面铺开,是否一定意味着一代马来人英语能力的普遍下降?这也是政府担心的问题。以下引用 Gill（2005）在谈到科技书籍翻译问题时所列举的数据来说明这个问题。

"Dewan Bahasa dan Pustaka 和之后的国家翻译局（ITNM）在出版马来语翻译作品方面做了大量工作。但是,这样的翻译速度很慢,进展不明显。据国家翻译局的执行官 Hj. Hamidah Baba 介绍,一个全职翻译员一天的工作量是 5 至 8 页,一个兼职的翻译员一天的工作量加起来只能翻译 3 页左右。除了加快翻译员的翻译速度外,根本没有任何方法可以提高翻译速度,这样的翻译速度和信息的增长速度不成比例,差距越来越明显：1959 至 1995 年间,自 Dewan Bahasa dan Pustaka 成立的 39 年内,共翻译出版了 374 本著作,其中,191 本属于纯科学、应用科学和社会科学类。马来西亚的 6 所公立大学,截至 1995 年,共翻译出版了 168 本著作。其中,鼓励用马来语出版书籍的马来西亚 Kebangsaan 大学,1971 年到 2003 年共翻译了 106 部科技著作。问题在于,世界范围内有超过 100000 种科学期刊,以每日 5000 篇文章的速度增加。显然,这样的翻译速度根本不可能跟上英文科技出版物的速度。"[2]

在马来西亚学者看来,在英语能力并未普及的现阶段,马来西亚仍迫切需要开展一系列有关语言翻译的项目,以语言翻译形式向国民介绍科技知识,而单纯靠译本获取信息时代的科技知识,其速度是滞后的。

（三）基于国家经济发展的考虑：在工商行业使用英语以促进经济发展

英语一直是世界工商业使用的主要语言,在马来西亚的情况也如此。90 年代,马来西亚语言政策对马来语成为国家教育、行政,法律领域的

---

[1] Kaplan, Robert R. (2001). English-the Accidental Language of Science. In Ulrich Ammon (Ed.), *The Dominance of English as a Language of Science* (pp. 3 – 26). Berlin: Mouton de Gruyter.

[2] Gill, Saran K. (2005). Language Policy in Malaysia: Reversing Direction. *Language Policy* (2005) 4: p. 252.

用语是相当有效的。但是"在经济合作领域更多使用的还是英语而非马来语（Asmah，1996）"。尤其"在马来西亚的工商行业中，特别是银行和金融领域，十分保护对英语的使用，甚至在一些原本使用华语的行业内都开始使用英语"①。

可见，未来英语在马来西亚，尤其工商业领域仍将持续拥有特殊话语权。笔者认为，当前马来西亚政府重视经济发展，短期内重点关注经济矛盾，数理英化政策是这个发展思路的一种体现。

（四）基于国内人口就业压力的考虑：公立大学毕业生找工作困难

一个时期语言政策对该国毕业生的就业也有明显影响。有数据显示，从1960年到1990年间，马来西亚公共服务方面，由于强调了使用国家语言马来语，大量的毕业生从事公务员工作，使马来西亚拥有了亚洲国家最庞大的公务员队伍。反观这个现实，如若马来西亚继续拥有这么一支庞大的公务员队伍，经济支出将加大。90年代起情况有所改变，工商行业开始成为毕业生就业的主要选择，而该行业最需要的就是熟练掌握英语的从业者。

就业领域的变化促使马来西亚政府放宽了教育政策，逐步允许外国大学在马来西亚建立分校，私立学校的高等教育也被允许使用英语作为教学语言。这使得马来西亚高等教育领域出现两种教学语言：公立大学采用马来语，私立大学则更多的选择英语。私立大学的毕业生由于具备英语能力而往往更受私人企业和公司的欢迎，而公立大学的毕业生由于语言问题则往往面临工作难找的局面。

"这个就业倾向导致了国内紧张的社会和经济问题。"② 2002年，"40000位公立大学的毕业生找不到工作，其中大部分毕业生都是本土马来人"③。由此看来，马来西亚语言政策调整与各类毕业生的就业情况有关。

---

① Nair-Venugopal, Shanta (2001). The Sociolinguistics of choice in Malaysian business settings. *International Journal of the Sociology of Language*, p. 21.

② 高德义：《族群霸权体制的形成与解构——马来西亚族群关系的政治经济分析》，《山海文化月刊》第2期，第256页。转引自叶玉贤（2002，第13页）。

③ Mustapha, Mohamed. March 14 (2002). NEAC: Institutions must ensure graduates are employable. *New Straits Times*, 1 & 2.

五　若干思考

1. 马来西亚是多族群多语言的国家，语言政策受种族因素影响很大。语言政策是用于培养国家意识、增强民族凝聚力、平衡种族矛盾、保留多元文化的国家公共管理行为。应该说，种族原因对于如马来西亚等东南亚的多元文化国家来说，是考虑语言政策制定的一个重要前提。

2. 马来西亚近年语言政策的调整（数理英化问题），其基调有实用主义的取向。语言有使用价值，就意味着具有商品属性，利用语言这个特殊商品与国家经济发展之间的关系，为国家带来直接的经济效益，这是语言经济学的观点。马来西亚政府显然是在考虑未来国家经济发展的前提下调整语言政策。因此，还必须同时建立相应的政策评估体系，分析评估政策的应用情况并指导未来政策的制定。

3. 华人母语教育在马来西亚面临新的挑战。作为华族标志的华语教育的逐渐边缘化，华人社会的反对和抗争属情理之中。从华人的角度看，语言政策调整的目的并不仅仅是教育和经济的问题，更是未来民族标志、民族生存和民族利益的问题，关涉政治层面的民族诉求。而对于淡米尔语的母语教育也同样存在类似的问题。马来西亚各民族母语教育的维持和发展，是今后一段时期内马来西亚语言问题的一个集中表现。

4. 我国支持华文教育和汉语国际推广的具体措施必须随时根据不同国家的不同情况作出调整。在不同国家开展汉语教学，首先必须理解、尊重不同国家的语言政策，不试图改变对方的语言政策；在相互尊重和理解的基础上，在对方语言政策下寻求支持华文教育和汉语国际推广的空间，并根据实际情况适时调整汉语国际推广的策略；在当前汉语国际化趋势日益增强的前提下，以国别语言政策研究、以区域（如马来西亚等东南亚国家在民族、语言及文化构成上具备相似性）语言政策的共性和特性研究为切入点来认识其他国家的语言问题，因地制宜地指导海外汉语教材的编写、汉语教师的外派等一系列华文教育和汉语国际推广问题，对我国汉语国际传播和国际教育事业将具有针对性和指导意义。

参考文献

[1] Spolsky, Bernard (2004). *Language Policy: Key Topics in Sociolinguistics*. Cam-

bridge: Cambridge University Press.

[2] Kaplan, Robert B. & Baldauf, Richard B. Jr. *Language Planning: From Practice to Theory*. Clevedon, Avon: Multilingual Matters, 1997.

[3] Ronald Wardaugh. *An Introduction to Sociolinguistics*. Beijing Foreign Language 转引自王智红《语言规划和语言政策作为一门学科的研究》，硕士学位论文，中国海洋大学，2003年，第5页。

[4] 陈章太:《语言规划研究》，商务印书馆2005年版。

[5] 冯志伟:《应用语言学综论》，广东教育出版社1999年版，第131页。

[6] Gill, Saran K. (2005). Language Policy in Malaysia Reversing Direction. *Language Policy* (2005) 4: pp. 241 – 260.

[7] 叶玉贤:《语言政策与教育——马来西亚与新加坡之比较》，台湾前卫出版社2002年版。

[8] 高德义:《族群霸权体制的形成与解构——马来西亚族群关系的政治经济分析》，《山海文化月刊》第2期，第30页。

[9] 林开忠:《建构中的华人文化：族群关系、国家与华教运动》，吉隆坡，华社资料研究中心出版，第63页。转引自 [7]，第15页。

[10] Hashim, R. 1996. *Educational Dualism in Malaysia: Implicications for Theory and Practice*. Oxford University Press.

[11] Asmah, Hj. Omare (1987). *Malay in Its Sociocultural Context*. Kuala Lumpur: Dewan Bahasa dan Pustaka.

[12] Kelman, Herbert. (1971). Language as An Aid and Barrier to Involvement in the National System. In Joan Rubin & Bjorn H. Jernudd (Eds), *Can Languge be Planned? Sociolinguistic Theory and Practice for Developing Nations* (pp. 21 – 51). Honolulu: The University Press of Hawaii P. 35.

[13] Amash, Hj. Omar (1979). *Language Planning for Unity and Efficiency-A study on the Language Status and Corpus Planning of Malaysia*. Kuala Lumpur: University Malaya Press P. 11.

[14] Gill, Saran K. (2004). Medium of Instruction Policy in Higher Education in Malaysia: Nationalism Versus Internationalization. In James W. Tollefson & Tsui B. M. Amy (Eds), *Medium of Instruction Policies-Which Agenda? Whose Agenda?*. New Jersey: Lawrence Evlbaum. P. 142.

[15] Kaplan, Robert R. (2001). English-the Accidental Language of Science. In Ulrich Ammon (Ed.), *The Dominance of English as a Language of Science* (pp. 3 – 26). Berlin: Mouton de Gruyter.

[16] Asmah, Hj. Omar (1996). Post-imperial English in Malaysia. IN Joshua

A. Fishman, Alma Rubal-Lopez & Andrew W. Conrad (Eds), *Post-Imperial English*. Berlin, New York: Muton de Gruyter. P. 523.

[17] Nair-Venugopal, Shanta (2001). The Sociolinguistics of choice in Malaysian business settings. *International Journal of the Sociology of Language*, P. 21.

[18] Mustapha, Mohamed. March 14 (2002). NEAC: Institutions must ensure graduates are employable. *New Straits Times*, 1 & 2.

[原文载于《暨南学报》(哲学社会科学版) 2009 年第 5 期]

菲律宾语言教育政策的历史演变及启示

李娅玲

菲律宾是一个多种语言并存、多种文化交融的国家，虽然他加禄语是菲律宾的国语和第一官方语言，英语是第二官方语言，但官方文件、报刊、议会辩论等都使用英语，甚至电视、广播电台等也不例外。英语的影响力远大于他加禄语。菲律宾的语言教育政策经历了从殖民语言政策到民族语言政策再到开放语言政策的发展历程。研究菲律宾语言教育政策变迁历史，可以对我国当前的外语教育政策的制订和规划提供一些经验借鉴。

一 菲律宾语言教育政策的历史发展

语言政策是指人类社会群体根据对某种或某些语言所采取的立场、观点而制定的相关法律、条例、规定、措施，等等。菲律宾各个时期的宪法中都有语言规划的内容。从菲律宾600多年的发展历程来看，菲律宾的语言教育政策经历了从殖民语言政策到国语推广，再到全球化时期的开放语言政策的演变，具体分为以下三个时期。

（一）菲律宾语言教育政策萌芽时期（16世纪中叶—1898年）

古代菲律宾人没有全国性的语言，各部落使用自己的原住民语言。1380年伊斯兰教传入菲律宾南部各岛，菲律宾开始使用阿拉伯语。100年间，伊斯兰教主要在棉兰老岛和苏禄群岛传播；阿拉伯语除用于阅读"古兰经"外，伊斯兰教学校也用它作教学语言（唐继新，1989：60）。这一时期，菲律宾的教育仅处于较原始的阶段。16世纪中叶，西班牙人占领菲律宾，开始了长达400多年的殖民统治，也开启了这个岛国的语言教育发展史。

西班牙人侵占菲律宾之后，为了传播宗教，统治者颁布告令，要求各地的西班牙传教士、管理者担负起向原住民教授西班牙语的义务。1863年西班牙统治者实施改革，在菲律宾开办学校，建立小学教育体制，培养教会所需要的人才，规定学校的教学语言为西班牙语，主要招收在菲律宾出生的西班牙人子弟及少数当地贵族子弟。这一时期西班牙统治者的告令和规定，可以看作是菲律宾语言教育政策的萌芽时期。与此同时，殖民政府对原住民语言采取听之任之的态度，即各地方言可以自由发展，不受政府干扰。

（二）菲律宾语言教育政策基本立法时期（1898年—20世纪末）

菲律宾语言教育政策以立法的形式出台经历了唯英语教育、国语教育和双语教育三个阶段，各阶段不同的语言教育政策反映了语言与社会政治经济发展的密切关系。

第一阶段：美国殖民统治时期的唯英语教育政策

1898年美国与西班牙战争以美国告胜结束，菲律宾归美国统治。美国自占领菲律宾后，就打着"开化"菲律宾的旗号，在岛上兴办学校，大力推行美国式教育。1901年美国殖民当局颁布74号教育法令，设立公共教育局，建立免费的初级英语教育系统，从小学开始，以英语为教学媒介，使用美国课本，引进美国教师（王文良，1993）。从此，英语成为最为重要的语言，成为当时政府部门的官方语言。任何法律条文、告示和政府管理的口头和书面文件都要使用英语。这是菲律宾语言教育政策第一次以立法的形式出现。可以说，美国统治时期，菲律宾的语言政策的历史就是不断扩大英语的使用范围、限制其他语言使用权利的历史。

第二阶段：自治时期的国语教育政策

1935年菲律宾自治政府成立后，全国掀起发展国语、取代英语的爱国运动。自治政府在宪法中强调"发展国语"，确定以"他加禄语"为国语。1936年颁布国语法，并成立国语研究所（Kirkpatrick，2010：37）。1940年自治政府通过教育法令和第58号法令，对公立小学教育制度进行了修订，要求小学必须由学习英语转为学习他加禄语。同年，他加禄语开始在菲律宾所有的学校中教授。1939年时任教育部长Jorge Bocobo亦颁布指令，提出英语仍为各级学校的教学媒介，但允许小学教师使用原住民语言作为辅助教学用语（Bernardo，2004：19）。这一指令后被视为菲律宾双语教育的发端。

第三阶段：独立后的双语教育政策

1946年独立后的政府积极推广他加禄语。宪法正式将他加禄语更名为"菲律宾语"。从此菲律宾语的地位和受重视程度日益增强。随着爱国主义运动的高涨，菲律宾民众的反帝国主义情绪激昂，要求基础教育阶段用菲律宾语作为教学用语、废除英语作为教学媒介的呼声越来越大。为缓解这一矛盾，菲律宾当局成立了"双语教育"委员会，规划双语教育的实施。1957年公立学校局颁布《菲律宾教育修订计划》，规定英语为一门课程而不是教学用语。1974年，双语教育政策出台。该政策规定，英语和菲律宾语同为基础教育和中等学校的教学用语。英语用于数学和自然科学的教学，菲律宾语用于其他课程的教学，各地方言仍然是辅助性的教学语言（同上：20—21）。自此，英语不再是唯一的教学用语。菲律宾语和其他当地原住民语言在菲律宾教育中的作用得到认可。

（三）菲律宾语言教育政策多元化时期（21世纪）

菲律宾是一个多元种族的国家，有180多种语言。由于双语教育政策的实施，许多地方语言濒临消失。事实上，在双语教育政策实施之前，在非他加禄语言区，1—4年级的教学语言是地方原住民语言，5年级是他加禄语和英语（David，2008）。双语教育政策实施之后，原住民语言成为学校教学的辅助语言。由于过度重视英语和菲律宾语在各级教学中的作用，同时许多少数民族出于政治、社会和经济的原因，对英语和菲律宾语的学习持有更加积极的态度，使得地方语言面临生存危机。而经济的全球化呼吁多元的语言生态。据此，2008年，菲律宾开展了一系列基于母语的多元语言教育运动。当年2月27日，在众议院基础教育与文化委员会的听证会上，大多数教育利益相关者强烈要求议会废除英语作为唯一的教学用语，特别是在小学阶段。他们建议制定法令，从学前教育到小学六年级，或者至少四年级，用学生的母语为教学用语。英语和菲律宾语则作为两门课程来学习（Nolasco，2008：1）。2009年7月14日，菲律宾教育部发布第74号令，规定在全国正式、非正式教学中，采用基于母语的多元语言教学，废除执行了35年的以英语和菲律宾语为教学媒介的双语教育政策（Nolasco，2010）。该法令的战略思想旨在用母语即第一语言开发学生的认知和推理能力，然后将其迁移到第二语言的学习中去。该法令标志着菲律宾的语言教育已走向成熟。

二 菲律宾语言教育政策演变的特点

纵观菲律宾语言教育政策的发展,可以看到社会、政治和经济等因素在菲律宾语言教育政策历史演变中起到了重要作用,各时期不同的政策体现了当权者不同的价值取向。

(一) 国家主权决定语言教育政策的取向

"自古以来,语言文字问题始终关系到国家和民族的主权,关系到公民的人权。"(许嘉璐,2003:1) 一个国家的法定语言或官方语言就像这个国家的国旗和国徽一样,是国家主权和尊严的象征,也是国家身份和民族认同的重要纽带。虽然菲律宾是一个多民族、多语言国家,但在国家主权沦丧下的殖民统治时期,殖民者宣布殖民语言为国家的官方语言。在西班牙统治的400多年时间里,西班牙语是菲律宾的官方用语,殖民者选拔亲西的菲律宾贵族子弟进入学校接受教育,培养统治者需要的人才。在美国统治时期,殖民者将美国教育体制全盘移植,英语成为菲律宾官方语言和教学媒介。美国的语言殖民和文化殖民带给菲律宾人不可估量的损失。菲律宾民族主义者甚至发出了"得了英文,失了灵魂"的痛斥。特殊的历史背景和特殊的语言文化历史决定了相应的语言政策选择,这的确让菲律宾人一度迷失在英文与民族灵魂之间(叶萍,2010:106)。

民族觉醒后,菲律宾自治政府开始发展他加禄语为国语。国语确立后,当权者试图兼顾发展民族传统文化和汲取现代文明,于是双语教育政策出台。但由于缺乏合格的他加禄语教师,更由于殖民时期形成的传统影响,大多数地区和学校仍使用英语为教学媒介,或以各种地方语言作为主要教学用语。长期以来,菲律宾的语言政策未能有效保护其民族语言文化遗产,造成了一代代菲律宾国民对本国语言尤其是方言和民族文化的迷惘和无知。

(二) 国家经济发展制约语言教育政策的张力

语言的削弱或消失有时是由外部机构的强力如占主导地位的语言使用者所控制的权力所致。但是,当这种外部压力失去时,一种特殊的语言能否存在则难以保证。即使没人强迫弱势群体使用占主导地位的语言,但弱势语言使用者由于态度和偏好原因,当其融入占统治地位的语言环境后,他们的语言选择是难以预料的(Edwards,1985:127)。

20世纪60年代,随着世界民族运动的高涨和反帝国主义运动的兴起,正规教育中作为教学媒介的英语成为该运动的靶子。许多菲律宾学者攻击英语使得菲律宾人忘了自己的根基,美国教育体制培养出来的是具有美国意识形态和特征的菲律宾人。进步学者呼吁中止英语教育,推广菲律宾语教育。然而,由于英语能力是菲律宾人海外劳务的就业优势,学校和民间仍然重视英语的学习。虽然政府希望通过政策来推动菲律宾人学习菲律宾语,并颁布了双语教育政策,但由于英语的经济价值,大多数菲律宾人还是倾向于学好英语。后来的各届政府亦制定相应的语言教育政策,促进英语的学习。如阿罗约政府源于国家经济发展需要于2003年通过宪法,强迫性地要求实施英语作为主要教学语言。

(三) 国际社会环境促进语言教育政策的开放

21世纪以来,随着全球化进程的发展,英语作为国际通用语在世界范围内广泛传播,这在客观上对世界多元语言生态构成了严峻挑战,很多民族语言处于濒危消失状态。而一旦体现本土文化和身份认同的语言消逝,世界丰富多彩的文化多样性也将逐渐消退。语言本身承载着人类的经验、文化、身份以及期待和梦想。人们越来越意识到生物多样性、文化多样性和语言多样性之间相互依存的关系,世界各国纷纷倡导多元语言政策,以应对这一新的挑战。联合国教科文组织也于2007年推出"语言多元化"战略,以求在全球弘扬、保护和保留语言与文化的多样性。受国际社会环境影响,菲律宾的语言教育政策走向开放。2009年,菲律宾教育部第74号令把加强基于母语的教学放在首位,其次是加强菲律宾语和英语、西班牙语等多种外语的教学(Nolasco,2010)。然而,由于英语在国际上的作用和地位,人们更倾向于学好英语,菲律宾语的学习前景堪忧。

三 对中国外语教育政策规划和制定的启示

菲律宾语言教育政策发展历程凸显了不同时期当权者的语言价值取向。虽然政府高度重视国语和原住民语言的学习和使用,但历史和现实表明,英语和西方教育制度作为西方人留下的一笔文化遗产,引起菲律宾的躁动不安，如何处理文化认同与生存的矛盾是考量菲律宾政府和人民的砝码。

外语教育政策是语言政策的一部分，纵观菲律宾语言教育政策发展历史，针对我国外语教育政策的制定，我们可以从中得到如下启示。

第一，外语教育政策的制定与规划要联系历史与现实

菲律宾历届政府对本国的语言教育政策重视程度不一。从美国殖民统治开始到现在，菲律宾一共制定了四部宪法。虽然关于语言的使用每次都被写进宪法，但由于政权的更迭，导致宪法中语言政策的不连贯性，使得菲律宾的语言政策时断时续，他加禄语的推广不尽如人意。菲律宾历史上，只有马科斯（1972—1986）和阿罗约（2001 至今）执政时期比较重视语言政策的制定与规划，但其最大的不足是法律的贯彻与落实不到位（Rappa & Wee 2006：66—69）。中国建国 60 年以来，外语教育受政治的干预亦很大，外语教育规划缺乏连贯性和系统性。鲁子问（2006：41—42）认为，我国外语教育"费时低效"的主要原因在于我国没有科学的、系统的外语教育规划。

第二，外语教育政策的制定要以"语种多元化"为战略

当今世界，语言运用的总趋势是从单语到双语、多语。现在世界也并不是英语世界，世界是多语言的世界，正如 Kaplan（1994：156）所言："英语虽然是世界通用语言，但是只用英语和世界各国打交道还是不够的。"继联合国教科文组织推出"语言多元化"战略之后，菲律宾教育部顺应这一国际教育发展潮流，于 2009 年出台第 74 号令，在"扬"菲律宾语、英语的同时，并不"抑"多种外语的学习。反观中国今天的外语教育战略布局和外语教育现实，外语教育的语种过于单一，英语独大，而其他外语的学习与应用，缺乏战略层面上的规划（李宇明，2007：1）。因此，我国外语教育政策的制定要朝着外语语种设置的多元化方向发展，外语语种的选择必须考虑到国家对外语的需求。对于那些国家需要储备的"小语种"，我们不能完全靠市场调节，而要靠国家政策的宏观调控。

第三，外语教育政策的制定要处理好文化认同与生存的矛盾

语言是文化的承载者，是文化认同形成的基础和重要的表现形式。菲律宾政府自自治以来一直致力于国语的推广，但由于殖民语言的深远影响和英语的经济价值，国语的推广举步维艰，民族的认同受到影响。中国自 2001 年秋季以来，仅中小学生学习外语的人数就超过两亿。由于对外语教学的片面理解，以致出现"双语（实为单一英语）教学"的现象，这

已大大背离了教育部关于加强英语教学的一系列正确的战略决策。因此，中国在制定外语教育政策时，要以此为鉴，不管在政策层面还是心理层面，都不能把外语凌驾于母语之上（李宇明，2007：2），否则就会削弱对自己民族语言和文化的认同和自豪感。

参考文献

Bernardo, A. 2004. Mckinley's Questionable Bequest: Over 100 Years of English in Philippine Education. *World Englishes* 23: pp. 17–31.

David, M. 2008. Language Policies—Impact on language maintenance and teaching Focus on Malaysia, Singapore and Philippines. http://eprints.um.edu.my/121/ (accessed 20/07/2010).

Edwards, J. 1985. *Language, Society and Identity*. Oxford: Blackwell.

Kaplan, R. 1994. Language Policy and Planning in New Zealand. *Annual Review of Applied Linguistics* 14: pp. 156–176.

Kirckpatrick, A. 2010. *English as A Lingua Franca in ASEAN: A Multilingual Model*. Hong Kong: Hong Kong University Press.

Nolasco, R. 2008. The Prospects of Multilingual Education and Literary in the Philippines. http://scholar.google.com.hk/ (accessed 25/07/2010).

Nolasco, R. 2010. Educating Our Children in their Language. http://opinion.inquirer.net/inquireropinion/columns/view/2010-2-5 (accessed 21/07/2010).

Rappa, A. & L. Wee. 2006. *Language Policy and Modernity in Southeast Asia: Malaysia, the Philippines, Singapore and Thailand*. New York: Springer.

李宇明：《我国目前的语言政策与语言教育》，《中华读书报》2007年9月19日。

鲁子问：《外语教育规划：提高外语教育效率的可能途径》，《教育研究与实验》2006年第5期。

唐继新：《菲律宾语言生活的新发展》，《语文建设》1989年第6期。

王文良：《新殖民主义的发端：二十世纪初美国对菲律宾的统治》，《美国研究》1993年第3期。

许嘉璐：《序言》，载周庆生编《国家、民族与语言—语言政策国别研究》，语文出版社2003年版，第1—2页。

叶萍：《语言政策对菲律宾经济文化的影响》，《东南亚纵横》2010年第4期。

[原文载于《外语教学与研究》2011年第5期]

巴西的语言政策简况

杨 涛

一 巴西国情及语言状况

巴西联邦共和国是拉丁美洲最大的国家，人口居世界第五，面积居世界第五。巴西拥有辽阔的农田和广袤的雨林，世界上面积最大的亚马孙河热带雨林大部分位于巴西境内。得益于其丰厚的自然资源和充足的劳动力，巴西的国内生产总值位居南美洲第一。巴西是南美洲国家联盟的成员国，也是"金砖国家"之一，在全球政治、经济体系中具有越来越重要的影响。中国是巴西第一大商品出口国，两国政治、经济、文化合作与交流日益密切。

由于历史上巴西几次成为移民目的地，巴西的民族构成比较复杂。葡萄牙、西班牙、荷兰、法国曾先后在此建立殖民地，通过奴隶贸易来到巴西的大批非洲黑人主要来自当时的葡萄牙殖民地安哥拉。19世纪随着矿业和农业的发展，欧洲和亚洲的移民纷纷涌入巴西，其中有意大利人、葡萄牙人、日本人、叙利亚人等。巴西人口中白种人和混血人种各占40%左右。巴西的民族熔炉特点体现在文化上，具有非常鲜明的多重民族风格。

"巴西约有200种语言，其中近170种语言是土著语言，其余语言主要源于欧洲与亚洲。因此，巴西与世界上其他94%的国家一样，是一个多语国家。"[1] 巴西的官方语言为葡萄牙语，是拉丁美洲唯一以葡萄牙语为官方语言的国家。拉丁美洲其余各国以西班牙语为通用语，因此西班牙

---

[1] Oliveira, Gilvan Müller de (2002). Brasileiro fala português: monolingüismo e preconceito lingüístico. [Brazilians speak Portuguese: Monolingualism and linguistic prejudice.] In Fábio Lopes da Silva & Heronides M. de Melo Moura (Eds), *O direito à fala-a questão do preconceito lingüístico* [*The right of speaking-The question of linguistic prejudice*], 2nd, revised edition. Florianópolis: Insular.

语和英语都是巴西的主要外语。

二 巴西语言问题

(一) 土著语言

葡萄牙殖民者到达巴西之前,当地的印第安人有 100 万左右,而现今巴西的印第安人口却少于亚洲移民 (200 万),成为少数族裔中的少数。还在使用的土著语种类多达 130 余种,其中 110 种语言的使用人数不超过 400 人,马库语只有 1 人使用。使用人数最多的语言是瓜拉尼语,南部约有 20 个部落使用这种语言。在对外交流比较频繁的部落,土著语正在经历着葡萄牙语的冲击。如今巴西非葡萄牙语语者都是无经济实力的少数民族,即原住民与外来移民。法律与媒体都不承认这类人群的存在。所以,巴西非葡语语者人数在统计数据上并不显著。以致包括电视、广播、报纸在内的媒体都将巴西宣扬为一个单一语言的大国。

对土著语言的保护和研究迫在眉睫。在联合国教科文组织倡导下,从 2000 年起每年的 2 月 21 日被设定为"国际母语日",在世界各地展开了一系列促进语言多样性的活动项目。"在巴西,为加强对濒危土著语言和文化的保护,一项记录工作也正在进行之中。"①

(二) 语言偏见

"近来有关巴西语言偏见的争论再度引发语言学家的讨论,因为语言偏见在巴西尚未消除。首先,语言偏见这一观念残存在包括官方举措的巴西社会中,尤以媒体最为突出。其次,人们对于语言作为权利媒介这一事实的认识,加强了语言使用与社会偏见的相互作用,这是规范主义语言学研究者无法想象的。"② 现代语言学家将语言看作地域、社会、环境与世俗变体的集合。他们根据交际的特定情景分析语言变体。语言的捍卫者不

---

① http://www.chinesefolklore.org.cn/web/index.php?NewsID=8766.
② Silva, Fábio Lopes da & Moura, Heronides Maurílio de Melo (2002). Introdução. [Introduction.] In Fábio Lopes da Silva & Heronides M. de Melo Moura (Eds), *O direito à fala-a questão do preconceito lingüístico* [*The right of speaking-the question of linguistic prejudice*], 2nd, revised edition (pp. 9–15). Florianópolis: Insular.

能规定社会上任何语言的使用,相反,它是历史发展的结果。面对这一事实,语言学家起初就认为规范主义者是蒙昧的,他们希望规范主义带来的社会与语言偏见能自然地消失,同时希望语言学研究的发展与科学的教育体制能消除这些偏见。

语言偏见最具损害性的观点就是将贫穷与认知和智力障碍联系在一起。这种观点认为说话不标准的人思维也不正常。由于对语言本身的评判延伸到了语者本身,所以非标准语言变体的使用者被认为是没有能力的人。这也就解释了为何针对大众阶级的语言偏见如此普遍。既然所有的方言在交际中都行之有效,那么就没有理由反对教育采用非标准变体的葡萄牙语。不过,选择某社区的语言尤其是一些没有声望的变体作为教学语言,会导致学生局限于自己的生活中,妨碍他们扩展视野,进行社交活动。由此看来,学生们讲的语言变体不应受到歧视,因为它是特定群体中进行自我定位的手段,但是教育又必须推崇使用标准变体,学生从中获得的利益显而易见。针对讲方言的学生的非歧视性的教育方法必须鼓励学生在适当的情境中使用方言。如果标准变体被视为是众多语言变体中的一种,那么在巴西,学校教授标准葡萄牙语的决定便不会歧视其他变体。

此外,在没有认识到巴西葡萄牙语多样化的情况下,巴西葡萄牙语单语制这一错误的理念危害着巴西的教育,因为教育制度力图推行的语言形式将葡语看作是巴西1.91亿民众的公用语言,它不受年龄、地域、社会经济状况和教育水平的限制。而巴西社会地位的显著差异却表明了非标准变体的使用者(大多数民众)与标准变体使用者之间的语言深渊。

(三) 语言统一

"葡萄牙语于18世纪中期出现在巴西沿海地区。那时的圣保罗等区的语言都是通用语。这种通用语是源于图皮语的土著语言。除了源自葡萄牙语的克里奥尔语与葡语变体,东北地区还有一些幸免于灭绝的土著语言以及抵抗奴隶制影响的非洲语言。北方有其他土著语言以及另一种通用语,即亚马孙通用语,同样源于一种在该地区广泛使用的土著语言。"[1]

---

[1] Zilles, Ana Maria Stahl (2002). Ainda os equívocos no combate aos estrangeirismos. [Still the misunderstandings in the combat against foreign terms.] In Carlos Alberto Faraco (Ed), *Estrangeirismos-guerras em torno da língua* [*Foreign terms-language wars*], 2nd edition (pp. 143–161). São Paulo: Parábola.

"1757年出版的《印第安人名录》确立了葡萄牙语作为巴西唯一一种语言的地位，禁止使用和教授包括通用语在内的非葡语语言。"[1] 葡萄牙语作为强制性的语言灌输给大众的时候，还是白人的专属语言，白人当时负责行政和疆域的探察，他们仅占人口的一小部分。在无法保证有效的学习方法的情况下，强加给非奴与原生奴的葡萄牙语成了社会排挤的工具。而这种压迫性的语言环境离语言偏见仅有一步之遥。

尽管殖民时代初期的巴西是以通用语为主，但由于葡萄牙殖民者破坏了巴西土著人的社会，造成土著人口锐减。部分印第安传统文化被融入以葡萄牙文化为主流的巴西社会。当时的通用语几乎没有影响到当代巴西的葡萄牙语。通用语仅仅出现在地名、动物名和食物名中。

殖民时代初期，葡萄牙人向巴西大规模运送非奴。为防止他们结盟叛乱，精明的葡萄牙人将同一部落中的非奴成员分成了不同的群体。同样，他们还将操同种语言的人分进不同的群体。也许是因为葡萄牙人这一成功的举措，非洲语言对巴西葡萄牙语的影响远不及巴西土著语对葡语的影响。仅有一些涉及食物、宗教及音乐的词语残留在葡语中。如今在巴西有一个活动是复兴少数术语以及源于非洲宗教的传统，还有一些与种族确立有关的活动，而所有的活动都未使语言起到任何变化。

随着巴西的独立与共和，支持葡语进行语言统一的进程得到了加强，因为官方一直认为葡语是巴西独一无二的语言。二战后经济的复苏使得传媒工具（报纸、广播与电视）遍布巴西各个角落，加强了葡语的主导地位。如前所述，当今的巴西通常被看作是一座庞大的地球村。受巴西环球电视台的影响，巴西葡语的标准由此产生并得到维护。

三 巴西语言政策

巴西政府对加强葡萄牙语的应用、维护葡萄牙语的纯洁和规范非常重视。虽然没有类似英语考级那样的语言应用能力考试制度，但是采取了其他一些措施来加强国民语言素质和能力。据了解，巴西在加强国民语言素

---

[1] Bagno, Marcos (2002b). Cassandra, Fênix e outros mitos. [Cassandra, Phoenix and other myths.] In Carlos Alberto Faraco (Ed), *Estrangeirismos-guerras em torno da língua* [Foreign terms-language wars], 2nd edition (pp. 49–83). São Paulo: Parábola.

质能力、评估国民语言应用能力上有两个重要的评估测试制度：一是 2007 年制定的"基础教育发展指数"，其中一项就是语言的应用能力，测评对象是全国所有城市公立学校四年级到八年级的学生。二是创建于 1998 年的"全国中学生统一考试制度"，每年在全国范围内进行一次普考，其目标是评估中学生的语言能力和语言教学质量。学生可以自愿参加，成绩作为大学入学考试的参考。这两项制度，不仅有利于促进国民语言应用能力的提高和规范，而且对评估学校教学质量和问题也具有重要作用。

巴西也积极参与了葡萄牙语的国际推广。在葡语推广过程中，也存在葡语标准化及如何运用高新技术等问题。"1940 年起，巴西政府就从财政上支持推广葡语和葡萄牙文化，外交部设置文化司，赞助了大量的文化中心。1988 年，巴西文化部长提议建立葡语国际机构。1989 年底，非洲葡语国家负责人会见葡萄牙和巴西总统，正式议定建立葡语国际机构。"[1] "葡萄牙与巴西在以下几方面进行了合作：（1）文学奖制度。该奖授予任何来自葡语国家的为推广葡语做贡献的作家。（2）准备建立国际葡语科学技术研究所，旨在为葡语创制科技术语。（3）根据里斯本电子计算机语言研究所提议，编辑葡语电子学词典。（4）根据里斯本科学院的建议，两国合作共同建立词汇研究所。（5）在负责欧洲葡语规范和巴西葡语规范的人员指导下，分别进行葡语句法方面的研究工作。这些项目大多涉及语言推广中的规范化和标准化问题"。[2] 国会议员阿尔托·里贝洛提出一项法案，要求保护葡萄牙语的纯洁性和规范性，反对滥用外国语词。这个法案得到巴西文学院的支持。全球 7 个葡萄牙语国家也联合起来，共同修改、简化和统一葡萄牙语的语法，以加强各国国民的语言应用能力。

目前，巴西在国外建立了 22 个文化中心，72 个外语中心。巴西葡萄牙语考试 Celpe-Bras 是对母语不是葡萄牙语的外国人进行的葡萄牙语水平测试，由巴西教育部（MEC）主办，巴西阿尼西奥·特谢拉教育研究院（INEP）承办、巴西外交部（MRE）协办，在巴西境内和其他国家开展。Celpe-Bras 证书是巴西政府官方认可的唯一葡萄牙语水平测试证书。

巴西也存在印第安语保护问题，目前主要通过印第安原住民在学校学

---

[1] 苏金智，《葡萄牙和巴西的语言推广政策》，《语文建设》1993 - 8，第 45 页。

[2] Oliveira Gilvan Müller（2002）.

习葡语和本民族语言为途径解决。但经济发展的需求影响着多个印第安语种的传承，较为开放、经济状况较为良好的部落，通常采用葡萄牙语和本民族语混用的方式。在众多拉美国家，虽然"逐渐增强的本土语言意识使得各国纷纷建立本土语言和文化组织，开创双语教育以保护本土语言文化的多样性"，但是"本土语言和文化不但没有因国家的独立而兴盛，相反却处于更加边缘化的境地"，"多数拉美本土父母……不愿教授子女本土语言"，[①]"长期摒弃本土语言的观念在拉美多数国家的农村贫困地区更是根深蒂固，家长认为双语教育会妨碍他们的子女进入社会主流阶层，而各国中高社会阶层的家长则想方设法将子女送入英语双语学校，认为英语是未来求职的一种有利资产"。这一问题带有普遍性，是多语种、多方言国家的共同难题。

　　巴西非常重视国民的外语能力培养。巴西的基础教育分为两个阶段，第一阶段5年，第二阶段4年。基础教育第二阶段和中等教育阶段，学生必须学习外语，主要为英语和西班牙语。近年来，巴西重视促进语言文化多元化，积极推动教育国际化，努力为国民学习多语种外语、提升外语能力创造和提供机会。为落实"科学无国界"计划，巴西拟向全世界派出10万留学生，在亚洲遇到的主要问题就是语言问题。巴西希望通过孔子学院等途径，提高巴西学生的中文水平，将来学生到中国留学可以接受中文授课。巴西教育部拟议中的"无疆界学校"计划，也计划派出基础教育阶段学生到国外交流，以提高学生的外语水平、深入了解当地文化。新华网里约热内卢2009年9月16日电（记者毕玉明）据当地媒体报道，巴西旅游部日前在第三届2014年世界杯举办城市法律论坛上宣布，巴西已经于9月1日启动了世界杯志愿者和工作人员的语言培训计划，计划共培训30.6万人。该项目名叫"游客，您好！"，共投资4.4亿雷亚尔（约合2.4亿美元），主要包括向志愿者、媒体工作者和警察等相关工作人员教授英语和西班牙语以及接待外国游客的礼仪。

　　综上所述，巴西的语言政策主要通过教育途径实现，葡萄牙语作为官方语言的地位是明确的，是各级学校的教学语言，外语教育从基础教育第二段起即作为教学内容。但要看到，由于巴西基础教育的质量偏低，尚存

[①] 李清清，《拉美跨文化双语教育政策：兴起、问题与启示》，《河北民族师范学院学报》，2013-3，p. 104。

在升级率低、辍学率高、文盲数量大、地域差别、性别与种族差别大等问题,[1] 因此,通过基础教育实现国民语言能力的提升——包括葡萄牙语、外语和印第安语等,效果如何还需要进一步的考察研究。在语言培训(包括国民外语能力培训、葡语国际推广等)领域,非官方的机构也起着重要作用。印第安语的保护问题尚需加强。其他少数族裔的母语学习、新移民的语言融入等问题,由于缺乏相关资料,还需要进一步考察研究。

总的来说,随着巴西在全球政治、经济体系中的作用不断提高,其语言战略、语言规划等作为文化发展的构成部分,目前相对落后于经济发展的状况应该会得到改善。巴西与中国同属发展中新兴大国,基本国情有很多相近或相似之处,值得进一步深入研究巴西的语言政策及其发展,借鉴其经验。

[原文载于《中国语言生活状况报告》(2013)]

---

[1] 展敏敏:《全民教育背景下巴西基础教育的发展和问题研究》,硕士学位论文,华东师范大学,2009年。

摩洛哥官方语言政策变迁背景分析

李 宁

2011年7月2日,摩洛哥通过新宪法修改草案,确定柏柏尔语同阿拉伯语并列为官方语言。新宪法第五章规定:"阿拉伯语是官方语言,国家致力于保护和发展阿拉伯语及其使用。作为全体摩洛哥人的共同财富,柏柏尔语也是官方语言,法律正在确定推动柏柏尔语正式化的阶段以及将其纳入教育和公共生活领域的途径,以使其在未来能够履行官方语言的功能。"[①] 在独立50多年后,摩洛哥最终放弃了阿拉伯语独尊的"一元化"官方语言政策,采取了阿拉伯语和柏柏尔语并重的"二元化"官方语言政策。摩洛哥官方语言政策变迁表面上是摩洛哥政府对柏柏尔语态度和立场的转变,但深层折射的是柏柏尔语争取官方语言地位漫长历程背后所隐含的国内外政治与文化背景。

1956年独立之后,为了摆脱法国殖民统治的影响,彰显独立的民族国家的文化标志,在"去法语化"的同时,摩洛哥大力推行"阿拉伯化"进程,在宪法中规定阿拉伯语为唯一的官方语言,取代独立前的法语履行其在国家行政机关、教育机构、媒体领域和社会生活等方面的功能,而对于摩洛哥最早的土著民族、占人口比例20%的柏柏尔民族的语言——柏柏尔语,宪法却没有赋予其相应的地位。由于缺乏语言政策的保护和支持,柏柏尔语丧失了应有的权利,其所承载的柏柏尔文化在摩洛哥国民身份认同中也被抹杀,由此引发了柏柏尔语权利危机,导致了历时40多年的柏柏尔文化运动,柏柏尔文化运动的核心是柏柏尔语官方语言地位的争取。

---

① ((الدستور الجديد)) ((الجريدة الرسمية)) عدد 5964 مكرر 28 شعبان 1432 30 يوليو 2011

一 柏柏尔语权利危机

在多民族国家里，语言权利通常是指少数民族学习、使用和发展自身母语并运用母语参与社会公共生活的权利。任何一个民族语言的命运都与其所在国家政府对这种语言的态度密切相关，因为政府可以通过语言政策的制定保障或削弱一种语言的持续和发展，从而决定该语言的命运。语言权利危机通常指在多民族国家里某一个民族的语言权利由于政府的语言政策而受到限制与排挤，从而威胁到该语言在社会公共生活领域的使用、传播和发展。语言权利危机常常起因于多民族国家的政府在制定语言政策时遵循"同化主义"的理念，推崇本国主体民族的强势语言为唯一的官方语言，忽视其他非主体民族弱势语言的权利，试图用单一的同质官方语言统一多元化的异质语言以实现官方语言认同的构建。事实证明，在多民族国家里，如果政府的语言政策没有相对均衡地关照到各个民族的语言权利，常常会引发弱势语言的权利危机，从而导致强势官方语言与弱势边缘语言之间的矛盾与冲突。

柏柏尔人是摩洛哥最早的土著民族，公元7世纪阿拉伯人征服北非后，柏柏尔人在皈依伊斯兰教的同时接受了阿拉伯语，在与阿拉伯人融合的数千年历史进程中，尽管柏柏尔人在很多方面不可避免地"阿拉伯化"，但依然完整地沿袭和保留了自身民族的语言和文化。因此，柏柏尔人认为，作为摩洛哥第二大民族语言，柏柏尔语应和阿拉伯语享受同等的官方地位。然而，在独立之后阿拉伯语独尊的官方语言政策的导向下，摩洛哥政府对柏柏尔语的权利进行了削弱和排挤，如独立之后摩洛哥政府取缔了法国殖民时期设置的一些教授柏柏尔语的学校和大学院系；在司法诉讼过程中禁止使用柏柏尔语，只允许必要时借助阿语翻译；在医疗领域禁止使用柏柏尔语；禁止用柏柏尔语给新生儿命名；禁止在媒体中使用柏柏尔语，等等。在诸如此类的语言政策的排挤和压制下，柏柏尔语几乎完全退出了摩洛哥社会的公共生活领域，彻底失去了在所有正式场合的话语权，仅局限于狭隘的日常生活范围。摩洛哥官方语言政策及其在各个领域推行的"阿拉伯化"进程在很大程度上侵犯了柏柏尔民族的语言权利。一方面，它剥夺了柏柏尔人接受母语教育的权利，挤占了柏柏尔人使用母语的社会空间；另一方面，它剥夺了柏柏尔语在摩洛哥政治、经济和文化各个领域的话语权和参与权,从而剥夺了柏柏尔语在社会发展中进行自我完善和提升的权利。如果一个民族的语言仅局限和封闭在本民族狭隘的生活空间里,就会失去与社会发展之间的积极互动,丧失与时俱进的发展力和创造力,从而逐渐趋向衰落和消亡。在阿拉伯语独尊的霸权语境下,柏柏尔语面临着严重的语言危机,而其所承载的文化也丧失了应有的地位。

语言是文化赖以生存和持续发展的载体,在多民族国家里,一种民族语言在国家语言政策中地位的缺失意味着它所代表的文化要素在国民身份认同构建中的消亡,因此,语言权利往往与国民身份认同密切相关。在多民族国家里,每一个民族特别是少数民族面临着双重身份认同的构建,即作为本民族成员的身份认同构建和作为国家公民的身份认同构建。一个民族需要通过对民族身份要素如本民族语言、文化和传统习俗等的接纳构建民族认同,同时需要通过对国民身份要素如国家的正式语言、历史、宗教和文化等的认可构建国民认同。民族身份认同的构建是个体主观情感和意识的一种自然归属行为,而公民身份认同的构建则是个体在接纳公民认同要素前提下的一种追求行为。在多民族国家里,任何一个民族,当其民族身份认同由于国家公民身份认同的构建而受到排挤和削弱时,就会对国家公民身份认同产生抗拒。特别是如果政府片面强调和推崇公民认同要素的同质性,忽视少数民族身份认同要素的异质性,强迫少数民族放弃自身民族身份认同而顺从公民身份认同时,就会不可避免地引发少数民族维护自身语言和文化权利的运动。

柏柏尔语官方语言地位的缺失导致了其所承载的柏柏尔文化在摩洛哥国民身份认同中的消失。1961年颁发的相当于宪法雏形的《摩洛哥基本体制》的第一条规定"摩洛哥是阿拉伯伊斯兰王国"。尽管摩洛哥从1962年的宪法中删除了"阿拉伯伊斯兰王国",只保留了"阿拉伯语是国家的正式语言"和"伊斯兰教是国教"的属性定位描述[1],但由于柏柏尔语官方地位的缺失,"阿拉伯"和"穆斯林"便成为构建摩洛哥公民认同的核心要素,摩洛哥政府试图用这两个代表阿拉伯人文化特质的概念作为统一的认同价值标准涵盖全体摩洛哥人的国民身份认同,这一同化行为遭到了柏柏尔民族的抗拒,因为它忽视了柏柏尔文化要素在摩洛哥公民身份认同

---

[1] علي كريمي : الربط بين مطالب الحقوق اللغوية والثقافية للأمازيغية وتطور حقوق الإنسان ص 20 ((أي مستقبل للأمازيغية بالمغرب)) 2009

中的构建作用,抹杀了千百年来柏柏尔文化在摩洛哥文化沉淀过程中的参与和贡献,伤害了柏柏尔民族的文化情感和尊严,从而不可避免地削弱了柏柏尔民族对国民认同的归属感。柏柏尔民族认为,作为摩洛哥最早的土著民族,自公元7世纪以来,柏柏尔人和阿拉伯人有着数千年的交织与融合,两个民族共同见证了摩洛哥的历史发展,一起创造了摩洛哥的多元文化,并肩抗击法国殖民统治建立了独立的摩洛哥。因此,"摩洛哥人的身份不是单一的,而是多元化的,不只是现在,在历史发展过程中也是如此"①。

作为一种文字符号,语言本身承载的是文化,而作为一种交流工具,语言承载的则是话语权。在多民族国家里,随着社会的进步和发展,强势语言所代表的群体便会相应地拥有至高的政治、经济和文化话语权,享受在不同领域的话语权带来的各种资源、机会和利益,从而在社会的各领域占据霸权和主宰的核心地位。相反,弱势语言所代表的群体则会因为语言权利的丧失而逐渐失去在政治、经济和文化各领域的话语权,最终远离各种社会资源、机会和利益,从而在社会的各个领域处于弱势和被动的边缘地位。所以,多民族国家的语言政策代表的并非仅仅是简单的语言格局,在很大程度上更是权力、机会和利益的划分版图。在多民族国家里,当一个民族的语言因所在国家的语言政策受到限制和排挤时,语言权利常常会成为该民族争取文化权利的依据;当一个民族的民族认同和国民认同发生冲突时,民族认同常常会成为该民族凝聚本民族力量和情感追求文化地位的依靠。摩洛哥政府试图用"一元化"的语言政策构建摩洛哥的官方语言认同,用"阿拉伯"和"伊斯兰"两个文化要素构建摩洛哥的国民身份认同,由于这两种认同都忽视了柏柏尔语和柏柏尔文化的权利,因此遭到了柏柏尔民族的反对和抗拒,由此引发了旨在争取柏柏尔语官方地位的柏柏尔文化运动。

二 柏柏尔语官方地位的争取

摩洛哥柏柏尔文化运动的萌芽时期可追溯到20世纪20年代末,但作为真正规模性的文化运动,柏柏尔文化运动起始于摩洛哥独立初期的60

---

① عبد السلام بن ميس : مكونات الهوية المغربية ص 26 ((حول خطاب الهوية بالمغرب)) 2006

年代，由柏柏尔民族的一些文化先锋发起，旨在振兴和恢复柏柏尔文化及其地位，核心目标是争取柏柏尔语的官方地位。自1967年第一个柏柏尔文化协会——摩洛哥文化交流与研究协会正式成立至2011年柏柏尔语被新宪法确定为正式语言，摩洛哥柏柏尔文化运动经历了40多年漫长而曲折的发展历程，见证了摩洛哥政府对柏柏尔语态度和立场的转变轨迹。

1. 摩洛哥政府对柏柏尔语权利诉求的否定

20世纪60年代至80年代末，由于摩洛哥政府对柏柏尔文化运动的压制，柏柏尔语的权利诉求也因此遭到忽视。这一时期的柏柏尔文化运动之所以遭到摩洛哥政府的压制，主要是因为当时摩洛哥国内和外围地区都缺乏柏柏尔文化运动发展的文化氛围和政治空间。

首先，60年代至80年代末，摩洛哥国内的文化氛围和政治形势都不利于柏柏尔文化运动的发展。独立初期的摩洛哥政府为了摆脱法国殖民统治的影响，重塑阿拉伯国家的独立形象，采取了阿拉伯语独尊的"一元化"官方语言政策，同时在政治、经济和文化等领域大力推行"阿拉伯化"进程，排斥一切影响"阿拉伯"和"伊斯兰"纯正性和正统性的异质文化因素。因此，对于独立初期柏柏尔文化运动及其所倡导的语言权利，摩洛哥政府持反对和压制的态度。同时，由于受20世纪中期开始盛行于阿拉伯国家的阿拉伯民族主义思潮的影响，摩洛哥知识和思想阶层的一些学者对柏柏尔文化运动也持否定的立场，认为柏柏尔民族追求语言权利就是拒绝官方阿拉伯语，也就意味着背叛伊斯兰教。摩洛哥伊斯兰组织创始人阿卜杜·萨拉姆·亚辛认为，柏柏尔文化运动旨在与西方联盟勾结，阻碍"阿拉伯化"进程，会引发冲突和争端，导致内战[①]。对柏柏尔语权利诉求持此观点的还有摩洛哥公正性和发展党领袖萨阿德·丁·奥斯曼和思想家穆罕默德·贾伊尔等。毋庸置疑，在各领域全面推行"阿拉伯化"进程是这一时期摩洛哥政府和思想阶层的核心目标，在阿拉伯语的霸权语境下和阿拉伯文化的强势影响下，这一时期柏柏尔语和柏柏尔文化的发展空间完全被压缩和挤占了。

与单一的文化氛围相平行的是，这时的摩洛哥正经历着一个被称之为"沉重岁月"的政治压抑时期。独立初期摩洛哥反对派阵营与国王和政府之间矛盾重重，关系日趋紧张，为了巩固王权统治，穆罕默德五世对反对

---

① محمد سبيلا : ((في تحولات المجتمع المغربي)) ص 57 2010

派采取了强硬的压制手段，当时摩洛哥最有影响的两个政党"独立党"和"人民力量全国联盟"的一些领导人因此被捕。1961年哈桑二世继位后，由于1964和1965年经济危机的影响，摩洛哥一些地方发生了骚乱，其中最严重的是1965年3月23日卡萨布兰卡骚乱引发的流血冲突，第二天骚乱蔓延至非斯和拉巴特等城市。同年哈桑二世宣布国家进入紧急状态，同时宣布解散议会，由国王独揽大权。特别是在1971年7月和1972年8月发生两次企图推翻和谋杀国王的军事政变之后，为了应对反对党阵营对王权的威胁，哈桑二世采取了更为强硬的压制手段，对当时所有反对政府或威胁王权的势力包括伊斯兰和左翼激进分子等都进行了镇压，大批持不同政见者被逮捕或流放。这一时期的柏柏尔文化运动也因此遭到了压制，如1982年柏柏尔文化活动家西德基·艾齐库等被捕入狱；同年柏柏尔文化协会之一——夏日大学协会在阿卡迪尔的第二届会议被勒令禁止；阿卡迪尔市一些饭店的柏柏尔文招牌被强行清除等等。总之，在20世纪60年代至80年代末摩洛哥国内单一保守的文化氛围和紧张压抑的政治气氛下，柏柏尔文化运动处于低迷时期，柏柏语的权利诉求也因此没有得到摩洛哥政府任何积极的回应。

其次，60年代至80年代末，北非马格里布地区的政治形势没能允许凸显诸如柏柏尔文化运动所倡导的多元文化倾向。20世纪中期，相继独立的北非阿拉伯国家在当时盛行的阿拉伯民族主义和伊斯兰主义思潮的影响下，凸显出强烈的民族属性意识，均将阿拉伯语定为唯一的官方语言，同时在政治、文化和经济各个领域大力推行"阿拉伯化"进程，将建立统一的阿拉伯伊斯兰国家推崇为至高无上的目标，排斥所有与之相冲突的异质文化倾向。因此，除了摩洛哥，其他北非阿拉伯国家柏柏尔民族的文化权利诉求也都遭到了压制。利比亚"卡扎菲政府拒绝承认民族的多样性，将'多民族'视为现代国家建构中的一大隐患。从理论和意识形态上否定利比亚少数民族客观存在的事实，希望人为地将少数民族并入统一的阿拉伯民族"。1980年，利比亚政府以非法创建柏柏尔政党的罪名拘捕了利比亚祖瓦拉地区的40多名柏柏尔活动家[1]。同样，阿尔及利亚政府对柏柏尔人的文化诉求也持强硬的压制态度。1980年阿尔及利亚太兹乌祖爆发大规模柏柏尔人游行示威，抗议当局取消一位柏柏尔诗人在太兹乌

---

[1] 明浩：《卡扎菲国家民族观的破产》，摘自《中国民族报》，2011年12月16日。

祖大学的讲座，此次抗议活动因规模和声势空前浩大而被喻为如同"布拉格之春"一样，堪称是"柏柏尔之春"。尽管柏柏尔人在此次示威中与政府发生了激烈的冲突，但阿尔及利亚政府依然没有对柏柏尔人的诉求给予公正的回应。由此可见，60年代至80年代末，柏柏尔人聚集的北非阿拉伯国家对柏柏尔民族争取语言和文化权利的运动都进行了压制，这种对柏柏尔文化运动地区性的否定态度和反对立场在一定程度上形成了消极的互动效应，如80年代初摩洛哥政府对柏柏尔文化运动采取压制手段的主要原因之一就是阿尔及利亚的"柏柏尔之春"事件。值得一提的是，当时世界各国少数民族的语言和文化权利在当时国际人权运动中未能像政治和经济权利那样受到重视和保护，因此，当时北非马格里布地区的柏柏尔文化运动没能获得国际声援和支持。

2. 摩洛哥政府对柏柏尔语权利诉求的接纳

20世纪90年代初至90年代末，柏柏尔文化运动取得了转折性的进展，1994年8月20日国王哈桑二世在讲话中公开承认柏柏尔文化是摩洛哥文化的重要组成部分，同时决定在小学阶段开设柏柏尔语课程，在摩洛哥电视台以"方言播报"的形式将柏柏尔语纳入电视媒体①。哈桑二世的讲话标志着摩洛哥政府开始承认柏柏尔文化运动的合法性，开始积极回应柏柏尔文化运动的权利诉求，这对90年代末柏柏尔文化运动的发展是一个极大的推动。摩洛哥政府对柏柏尔语立场转变的直接原因是20世纪90年代柏柏尔文化运动发展的不断升级迫使摩洛哥政府做出公正积极的回应，此外，20世纪90年代国际人权运动特别是语言与文化权利的发展所形成的国际压力间接软化了摩洛哥政府原先对柏柏尔文化运动的强硬态度。

首先，20世纪90年代初，柏柏尔文化运动在纲领制定、组织协调和行动实施等方面均取得了显著的进展，在摩洛哥民众和政党阶层产生了广泛而积极的影响，从而对摩洛哥政府形成了强大的压力和挑战。90年代初柏柏尔文化运动发展最为显著的标志就是1991年8月5日《阿卡迪尔宪章》的出台，该宪章明确提出了柏柏尔文化运动的基本宗旨和纲领：在宪法中明文规定柏柏尔语同阿拉伯语并列为摩洛哥的正式语言；成立柏

---

① مصطفى عنترة: تأملات في خطاب الهوية عند النظام السياسي والجمعية المغربية للبحث والتبادل ص 37 ((حول خطاب الهوية بالمغرب)) 2006

柏尔文化研究院，振兴柏柏尔语和柏柏尔文化；将柏柏尔语纳入摩洛哥的教育体系；赋予柏柏尔语视听和文字媒体的地位①。《阿卡迪尔宪章》被认为是柏柏尔文化运动发展的里程碑，标志着柏柏尔文化运动在纲领和宗旨方面的成熟。与此同步的是，自90年代初柏柏尔文化运动加强了与国内外各组织之间的联系与互动。如1993年柏柏尔文化协会向维也纳世界人权大会提交了有关柏柏尔文化权利的备忘录，同时向摩洛哥各政党、政府和议会提交了同样内容的信函，旨在扩大柏柏尔文化运动的影响，赢得国内外组织的同情与支持。1994年1月19日国家协调委员会成立，负责协调柏柏尔文化协会之间的活动与合作，1996年该委员会由最初的9个柏柏尔文化协会成员发展为32个，在协调公众舆论和协会合作方面发挥了一定的作用。此外，随着1995年柏柏尔问题的国际化，世界其他国家的柏柏尔文化组织开始关注和声援摩洛哥的柏柏尔文化运动，如1998年5月27日美国柏柏尔文化协会在报纸上发表宣言，要求摩洛哥内务部取消1996年11月颁发的有关新生儿身份登记禁止使用柏柏尔语的法律文件，认为这些法规触犯了柏柏尔文化的权利以及柏柏尔人选择语言的自由。诸如此类的世界各国柏柏尔文化组织之间的互动对摩洛哥柏柏尔文化运动来说是一种声援，而对于摩洛哥政府来说无疑是一种压力。此外，这一时期柏柏尔文化运动的维权活动也在不断升级和发展，1994年3月，柏柏尔文化协会在拉巴特组织了大规模的游行示威，明确要求宪法规定柏柏尔语为正式语言，尽管此次示威被政府指控为破坏宪法、扰乱治安和违反公共结社结盟条例等，但示威活动引起了摩洛哥社会各阶层对柏柏尔文化运动权利诉求的广泛关注和重视。1996年摩洛哥宪法修订前期，为实现柏柏尔语的宪法化，柏柏尔文化协会进行了积极的努力。1996年6月22日，柏柏尔文化运动协会致信国王办公室，建议有关柏柏尔语宪法化的模式，要求"宪法规定柏柏尔语为正式语言，强调摩洛哥人身份包括伊斯兰、柏柏尔和阿拉伯三个要素"②。对于柏柏尔语宪法化的要求，摩洛哥政府在发表的声明中没有明确表态，只是指出"摩洛哥保持几千年来柏柏尔、阿拉伯和非洲文明融合而成的文化，政府将致力于多元文化的发展

---

① علي كريمي: الربط بين مطالب الحقوق اللغوية والثقافية للأمازيغية وتطور حقوق الإنسان ص 24 ((أي مستقبل للأمازيغية بالمغرب)) 2009

② محمد الساسي: دسترة الأمازيغية ص 52 ((أي مستقبل للأمازيغية بالمغرب)) 2009

及其在社会经济、文化方面的参与"①。尽管这一时期摩洛哥政府对柏柏尔语的宪法化没有明确表态，但承认了柏柏尔文化在摩洛哥多元文化中的地位，开始接纳柏柏尔语在摩洛哥教育和媒体领域的参与，这些进展无疑都为2011年柏柏尔语的宪法化进行了铺垫。

其次，20世纪90年代国际人权与民主运动的发展以及有关少数民族语言与文化权利国际公约的颁发积极地影响了摩洛哥国内民主和人权状况的改善，从而间接地推动了摩洛哥柏柏尔文化运动的发展。自90年代起，人权和民主在国际关系中发挥着空前重要的作用，从1992年里约热内卢会议到1996年罗马会议，所有联合国框架下的国际会议都在致力于实现三个目标，即和平、发展和人权。特别是90年代初苏联解体和东欧剧变之后，以美国为首的西方国家提出建立以西方"民主和人权"价值观为基础的世界新秩序，并将对发展中国家的经济援助与人权和民主状况挂钩。如1992年1月，在法国斯特拉斯堡召开的欧盟会议上，以摩洛哥人权状况欠佳为由否决了欧盟对摩洛哥约5亿美元的援助计划。值得一提的是，20世纪90年代，在世界范围内，语言和文化权利特别是少数民族语言和文化权利越来越受到重视，联合国为此所颁发了一系列宣言和公约。如1992年颁布的《在民族或族裔、宗教和语言上属于少数群体的人的权利宣言》，其中第4条第3款规定："各国应采取适当措施，在可能的情况下，使属于少数群体的人有充分的机会学习其母语或在教学中使用母语。"该条明确规定了少数民族享受母语教育的权利。之后随着1994年《保护少数民族框架公约》、1996年《世界语言权利宣言》和1999年《实施以语言多样化为基础的世界语言政策》等国际公约的颁布，语言权利特别是少数民族的语言权利具有了重要的人权价值，这些关于人权方面的国际公约提高了世界各国包括摩洛哥在内维护少数民族语言和文化权利的意识，同时增强了各国少数民族追求自身语言和文化权利的信心。

与国际人权、语言和文化权利发展相呼应的是，20世纪90年代初摩洛哥国内要求扩大民主和政治改良的呼声日益高涨，民众抗议活动和罢工事件频发，如1990年12月非斯北部的一些城市发生市民骚乱，要求政府进行民主改革；1991年2月反对派利用民众不满政府在海湾战争中派兵前往沙特的情绪组织了规模空前的示威游行；1993年2月爆发铁路工人

---

① محمد الساسي: دسترة الأمازيغية ص 52 ((أي مستقبل للأمازيغية بالمغرب)) 2009

罢工，等等。为了应对国内政治局势发展的需要，同时顺应国际民主浪潮，融入经济一体化和全球化浪潮中，国王哈桑二世采取了一系列改革措施。首先，在人权状况方面，1990年至1999年摩洛哥签署了一系列国际人权公约，如《经济、社会和文化权利国际公约》《公民权利与政治权利国际公约》等等。1990年5月成立人权协商委员会，1994年7月4日废除了有关镇压一切反对国家制度和旨在触犯政权的示威游行活动的条令，并根据人权协商委员会提供的名单释放政治犯，允许流放的政治犯回国等等。这些怀柔政策缓解了摩洛哥国内紧张的政治气氛，改善了压抑的人权状况；其次，哈桑二世采取了一系列措施进行政治改良：通过立法扩大民主权利，如在1992年9月和1996年9月两次修改宪法以逐渐扩大议会的权利；适度开放政治权利，如1994年10月国王哈桑二世同意由反对派组阁参与执政以提高多党制和竞争性选举力度；采用民主方式允许更广泛的群体参与国家事务，如1997年6月和12月先后举行了众议院和参议院两院选举，等等。"20世纪最后十年，我们看到摩洛哥明显地倾向有意识的多元化和真正的民主斗争。"[1] 总之，20世纪90年代初至90年代末，随着国际人权运动的发展和摩洛哥国内民主程度的提高，柏柏尔语赢得了部分进入摩洛哥教育和媒体领域的权利。

3. 摩洛哥政府对柏柏尔语官方地位的承认

21世纪初至2011年，柏柏尔文化运动取得了实质性的进展，2001年10月17日，国王穆罕默德六世在艾季迪尔发表历史性讲话，第一次正式承认"柏柏尔语是全体摩洛哥人的政治责任，是全体摩洛哥人的共同财富"[2]。同时，穆罕默德六世宣布成立皇家柏柏尔文化学院，任命柏柏尔文化运动先驱穆罕默德·沙菲克为院长。该学院于2002年1月正式成立，其主要作用是：致力于保护柏柏尔语和柏柏尔文化，加强与摩洛哥政府和有关机构的合作，在教育、社会、文化和新闻等领域振兴和发展柏柏尔语。尽管2001年的艾季迪尔讲话首次将振兴柏柏尔语上升到国家政治责任的高度，但对于柏柏尔语来说依然是一种没有宪法保证的政治承认，缺乏实施的法律准则。2011年7月2日，摩洛哥通过新宪法规定柏柏尔语为正式语言，经过40多年的争取，柏柏尔语终于赢得了官方语言地位，

---

[1] محمد القبلي ((تاريخ المغرب)) ص 620 منشورات المعهد الملكي للبحث في تاريخ المغرب 2011

[2] محمد القبلي ((تاريخ المغرب)) ص 700 منشورات المعهد الملكي للبحث في تاريخ المغرب 2011

其原因主要归结于 21 世纪以来摩洛哥国内民主程度的提高、柏柏尔文化运动的壮大、全球文化多样性趋势的发展以及 2010 年底席卷阿拉伯国家的变革浪潮,如果说前两个因素对柏柏尔语的宪法化进行了重要铺垫的话,那么后两个因素则发挥了决定性和催化剂的作用。

21 世纪以来,随着摩洛哥国内民主程度和人权意识的提高,柏柏尔文化运动不断发展壮大,最显著的标志是:柏柏尔文化运动由早期以柏柏尔人为主体参与的维权运动扩展上升为摩洛哥各社会力量参与的民主和人权运动,柏柏尔文化运动"不仅仅是柏柏尔文化运动的问题,而是摩洛哥所有人权和民主人士的问题"[1]。1999 年国王穆罕默德六世执政以来,以"民主、法制、公正"为口号,采取了更加宽容和民主的措施,如放宽民众言论自由、允许媒体讨论腐败和人权等敏感问题。特别是 2004 年建立了"公正与和解委员会",负责调查国王哈桑二世期间的政治犯案件,为当时受迫害的政治犯平反昭雪。这些举措都极大地提高了摩洛哥国内的民主意识和氛围,由此加强了摩洛哥社会力量对柏柏尔文化运动的关注和参与,这一时期大部分摩洛哥社会组织和政党对柏柏尔文化运动都采取了支持的立场。如摩洛哥人权协会明确表示支持柏柏尔语官方语言地位的争取,2007 年 10 月 20 日人权协会在第三次会议上要求在宪法中确立柏柏尔语同阿拉伯语并列为官方语言[2];人民力量社会主义联盟呼吁重新认定摩洛哥人身份组成,承认其中的柏柏尔成分;公正性与发展党强调摩洛哥是一个阿拉伯和柏柏尔文化相互交织融合的国家;自由者国家联盟认为摩洛哥的认同价值观应建立在阿拉伯、伊斯兰和柏柏尔融合的基础上,呼吁重新评价柏柏尔语和柏柏尔文化;人民运动党认为应致力于改善柏柏尔语的教育状况,承认柏柏尔语是国民身份的基本组成部分;统一社会主义党要求宪法承认柏柏尔语的地位,规定其为国语等等。摩洛哥政党阶层对柏柏尔文化运动的立场形成了一股强大的社会支持力量和民意基础,同时也广泛影响和带动了摩洛哥社会其他各阶层对柏柏尔文化运动的声援和支持,从而为 2011 年新宪法公投通过柏柏尔语为正式语言奠定了坚实的社会民众基础。

21 世纪全球文化多样性的发展趋势为世界不同文化特别是少数民族

---

[1] ((أي مستقبل للأمازيغية بالغرب)) ص 10 2009

[2] أحمد الهايج: أي مستقبل للأمازيغية بالمغرب ص 42 ((أي مستقبل للأمازيغية بالمغرب)) 2009

弱势与边缘文化的发展权利提供了国际声援，从而间接地推动了各国少数民族的维权运动。2001年11月2日联合国教科文组织第31届大会通过了《世界文化多样性宣言》，大会将文化多样性提升到了"全人类共同遗产"的高度，《宣言》第5条规定："每个人都应当能够用其选择的语言，特别是用自己的母语来表达自己的思想……每个人都有权接受充分尊重其文化特性的教育和培训；每个人都应该能够参加其选择的文化生活和从事自己所特有的文化活动。"①《宣言》呼吁世界各国应该将对本国文化多样性的保护视为一种道义责任感。2005年10月20日，教科文组织第33届大会通过《保护和促进文化表现形式多样性公约》，该《公约》的颁布与生效再次表明了国际社会对文化多样性这一重要价值的全面认可。摩洛哥属于联合国教科文组织有关文化多样性协议的签署国之一，肩负着支持和遵守宣言与公约的国际义务，同时承担着实施宣言与公约的国家责任，所有诸如此类的国际公约为摩洛哥柏柏尔文化运动提供了国际法规性的依据、支持和保障，摩洛哥柏柏尔文化运动的倡导者们已经意识到这一国际声援，认为"可以借助摩洛哥倡导通过的一些国际公约所掀起的国际运动，未来的柏柏尔运动必将从国际维护文化多样性的经验中受益"②。值得一提的是，此间阿尔及利亚柏柏尔问题的进展在一定程度上为摩洛哥政府转变对柏柏尔语的立场提供了效仿的模式。2001年4月，阿尔及利亚东部柏柏尔人聚居的卡比利地区发生持续3个多月的严重骚乱，当地民众要求政府在宪法中确定柏柏尔语为官方语言，骚乱造成60多人死亡，2000多人受伤。2002年4月8日，阿尔及利亚通过了宪法修改草案，确定柏柏尔语为官方语言之一。毫无疑问，柏柏尔语在阿尔及利亚争取官方地位的成功对摩洛哥的柏柏尔文化运动是一种极大的鼓舞。日益高涨的世界文化多样性发展趋势使摩洛哥政府意识到承认柏柏尔文化是摩洛哥未来多元文化发展不可逆转的趋势，赋予柏柏尔语官方地位不仅符合摩洛哥未来的全面发展，同时也符合世界文化多样性的发展趋势。

如果说摩洛哥国内民主程度的提高为柏柏尔语官方地位的争取营造了氛围，世界文化多样性的发展趋势决定了柏柏尔语官方地位争取的成功，那么2010年底席卷阿拉伯国家的变革浪潮则是柏柏尔语在2011年7月2

---

① 《世界人权宣言》，http://www.baike.com/。

② عماد المنياري: أي مستقبل للثقافة الأمازيغية في المغرب ص 29 ((أي مستقبل للأمازيغية بالمغرب)) 2009

日成功宪法化的催化剂。穆罕默德六世执政十多年来，尽管在改革和民主方面取得了一些进展，但同很多阿拉伯国家一样，摩洛哥依然面临着贫富差距大、腐败严重和失业率高等社会问题。2011年初，在突尼斯、埃及和利比亚等北非国家接二连三的变革浪潮的冲击下，2月20日摩洛哥爆发了约3.7万人的游行抗议活动，示威者要求修改宪法、削减王权、解散政府和提前举行立法选举等。为了平息事态，避免出现政权更迭，3月9日国王穆罕默德六世发表讲话宣布成立18人修宪委员会修改宪法，6月17日穆罕默德六世再次发表电视讲话公布由修宪委员会提交的新宪法草案修改条款，包括放弃部分王权、扩大议会作用和增加民选政府权力等，同时，将柏柏尔语提升为正式语言，2011年7月2日摩洛哥全民公投通过新宪法草案，经过40多年的抗争，柏柏尔语终于成功地争取到了官方语言地位。

三 结语

摩洛哥官方语言政策的变迁反映了摩洛哥在官方语言政策制定理念上的转变，即放弃早期的"同化主义"，采取现在的"多元化主义"，这种转变从表层看主要是迫于国内柏柏尔文化运动发展的压力、世界文化多样性趋势的冲击和地区变革浪潮的催化，但从深层看应该说是人类文化多样性宏观发展趋势在摩洛哥文化多元化微观发展趋势中的一个投射，即文化多样性发展趋势是人类文化发展的基本规律和必然趋势，是人类文化的历史积淀和自然结晶，同时也是人类文化进步和发展的重要动力和根本源泉。文化的多样性发展态势必然需要能够广泛包容和均衡关照多样性的文化政策和战略，否则，任何一种面临生存和发展危机的文化都会不可避免地引发整体文化发展状态的失衡和紊乱。摩洛哥官方语言政策变迁证明，在多民族国家里，如果政府在制定语言或文化政策时以"同化主义"理念为指导，试图通过一些排挤或压制措施，用主体民族的强势文化强行统一非主体民族的弱势文化，不但不会实现社会稳定和国家统一的愿望，反而会引发各民族之间的矛盾和冲突，最终导致社会的动荡和不稳定，更为严重的是丧失权利的语言或文化会逐渐削弱甚至趋向消亡，这对于一个国家和整个人类无疑都是一种损失和缺憾。所以，在当前世界文化多样性发展趋势下，多民族国家应该意识到每一种文化无论强弱都享有平等的生存和发展的权利，每一种文化的持续和发展对整个人类文化都是一种丰富和充实，采取宽容、多元的文化政策是唯一符合人类文化多样性发展趋势的文化战略，也是唯一能够实现各种异质文化和谐共处、积极互动和有效吸纳的最佳途径。基于这样的文化发展理念，世界各国特别是多民族国家应该尊重本国各民族文化的生存与发展权利，平等宽容地对待各民族文化的差异和区别，将本国的多元文化视为国家全面发展的动力和源泉，而不是发展的障碍和干扰，通过制定宽容的文化政策凝聚各民族的文化合力，充分发挥多元文化的互补作用，从而实现国家范围内文化多样性的和谐发展，推动世界范围内文化多样性的并存共进。

[原文载于《阿拉伯世界研究》2013年第3期]